Reinhold Ortner

Die Finsternis trägt den Namen Luzifer

«Die Macht des Teufels ist dort am größten,
wo man nicht mehr an ihn glaubt.»

Augustinus

Als in den Kriegsjahren der dämonische Druck des Nationalsozialismus auf das Denken und Leben der Menschen sich auszubreiten begann, schrieben die Geschwister Scholl: «Wer aber heute noch an der realen Existenz der dämonischen Kräfte zweifelt, hat den metaphysischen Hintergrund dieses Krieges bei weitem nicht begriffen. Überall und zu allen Zeiten haben die Dämonen im Dunkeln gelauert auf die Stunde, da der Mensch schwach wird, da er seine ihm von Gott auf Freiheit gegründete Stellung im ordo eigenmächtig verläßt, da er dem Druck des Bösen nachgibt.»

Aufzeichnungen der Geschwister Scholl,
die von den Nationalsozialisten hingerichtet wurden

VIA·VERITAS·VITA

Reinhold Ortner

REINHOLD ORTNER

Die Finsternis trägt den Namen Luzifer

Die geleugnete Realität:
das zerstörerische Wirken Satans

Symptome – Ursachen – Diagnose – Fallbeispiele

Nachwort von Dr. Uwe Siemon-Netto

CHRISTIANA-VERLAG
STEIN AM RHEIN

Biographische Notizen

Univ.-Prof. Dr. Reinhold Ortner wurde 1930 als zweites Kind der Hauptlehrer-eheleute Josef und Barbara Ortner in Neukirchen zu Sankt Christoph (Oberpfalz) geboren. Grundschule in Michelfeld, Abitur am Humanistischen Gymnasium in Bamberg. Er studierte Psychologie, Philosophie, Pädagogik, Anthropologie und Musikwissenschaft an den Universitäten München und Würzburg, erwarb das Diplom in Psychologie und den Doktor in Philosophie. 1972 erhielt er den Ruf auf den Lehrstuhl für Grundschulpädagogik an der Universität Bamberg. Er ist Mitglied des bayerischen Landesschulbeirates und Mitglied des Pastoralrates der Erzdiözese Bamberg. Prof. Dr. Reinhold Ortner schrieb über 1'100 Veröffentlichungen, darunter 46 Bücher und Kleinschriften, wissenschaftliche Aufsätze zur Schulpädagogik und hielt Vortäge zu Fragen christlicher Lebensgestaltung in Deutschland, Österreich, der Schweiz und Italien. Als Pädagoge, Psychologe und Psychotherapeut ist er mit Fragen psychischer Krankheitserscheinungen und Verhaltensschwierigkeiten vertraut. Ergebnisse dieser Tätigkeit sind die Bücher «Verhaltens- und Lernschwierigkeiten» (Beltz Verlag, 5. Auflage) und «Kinder in psychischen Nöten» (2. Auflage). Reinhold Ortner ist verheiratet und Vater von 5 Kindern.

(Aus: Kurzbiographie im amerikanischen «Who is who in the world», New Providence, NJ, U.S.A. 1998)

Die Formulierung des Buchtitels «Die Finsternis trägt den Namen Luzifer» stammt aus: Valtorta, M.: Der Gottmensch. Band X. Isola del Liri 1993. S.235

Bildlegenden und Bildnachweis:
1. Umschlagseite: St. Michael im Kampf mit dem Drachen.
4. Umschlagseite: Das Weib Jezabel aus der Geheimen Offenbarung des Johannes 2,10-23. Beide Gemälde stammen vom Schweizer Maler Jakob Häne, entnommen dem Bilderzyklus Apokalypse – Geheime Offenbarung von Prof. Dr. Peter Morant, Christiana-Verlag, Stein am Rhein.
Die Bildnachweise finden sich am Schluss der Bildlegenden.
Wo solche fehlen, entstammen die Bilder dem Christiana-Bildarchiv.

2. Auflage 2002

CH-8260 STEIN AM RHEIN/SCHWEIZ

Satz und Layout: Christiana-Verlag
Druck: Wiener-Verlag, Himberg bei Wien – Printed in Austria

Die Deutsche Bibliothek - CIP-Einheitsaufnahme
Ortner, Reinhold:
Die Finsternis trägt den Namen Luzifer : Die geleugnete Realität: das zerstörerische Wirken Satans. Symptome – Ursachen – Diagnose – Fallbeispiele / Prof. Dr. Reinhold Ortner.
- 2. Aufl. - Stein am Rhein : Christiana-Verl., 2002
ISBN 3-7171-1070-5

Inhaltsverzeichnis

Vorwort **11**

Einleitung **17**

Es ist die Zeit Satans 17

A. Das biblisch-historische Geschehen **21**

1. Die Schöpfung 21
   1.1. Das biblische Geschehen 21
   1.2. Die Engel – Personen reiner Geistnatur 23
   1.3 Visionen zur Schöpfung 26
      1.3.1. Maria von Agreda: Vision zum Schöpfungsgeschehen 26
      1.3.2. Anna Katharina Emmerich: Vision zur Schöpfung 28

2. Woher kommen Satan und die Dämonen? – Der Fall der Engel 29
   2.1. Das weltgeschichtliche Ereignis des Engelsturzes 29
   2.2. Theologisch-dogmatische Präzisierung 32
   2.3. Veranschaulichung durch Visionen 34
      2.3.1. Maria von Agreda: Wie es zum Sturz der Engel kam 36
      2.3.2. Anna Katharina Emmerich: Der Sturz der Engel 42
      2.3.3. Therese Neumann: Der Kampf der guten Engel mit Satan und seinem Anhang 43
   2.4. Psychogramm des Bösen und Dämonischen 45
      2.4.1. Grundsätzliches 45
      2.4.2. Aussagen der Bibel 47
         2.4.2.1. Was sagt die Bibel über Satan? 47
         2.4.2.2. Aussagen der Heiligen Schrift 49
      2.4.3. Satan wurde von Gott als personales Wesen geschaffen 51
      2.4.4. Charaktermerkmale des personalen Bösen 52
         2.4.4.1. Das Verhältnis Satans zu Gott 53

2.4.4.2. Das Verhältnis Satans zum Menschen 55
2.4.4.3. Auszug aus den Schriften der Äbtissin Maria von Agreda: Kampf der bösen Geister gegen die Seelen 56
2.4.4.4. Wesenseigenschaften Satans 60
2.4.4.5. Wesenseigenschaften der Dämonen 60
2.4.4.6. Wirkungsweisen Satans und der Dämonen 62

3. Der Mensch: Personalität, Seele, Bestimmung 65

3.1. Gottes «Bild und Gleichnis» 65
3.2. Person, Personalität, Ich, Entscheidungsfreiheit 66
3.3. Unterscheidung von Psyche und Seele 67
3.3.1. Die Psyche 68
3.3.2. Die Seele 70
3.4. Die Bestimmung des Menschen – der Sinn seiner Existenz 74
3.5. Die Möglichkeit des Verfehlens der Bestimmung 77
3.5.1. «Ein höhnisches Grinsen» – Gibt es die Hölle? ... 78
3.5.2. Endgültiges existentielles Scheitern 83

B. Der empirische Befund 84

4. Beobachtbare Phänomene des Bösen (Beschreibung, Definitionen, Symptomatik) 84

4.1. Der authentische Erlebnisbericht: «Als mich Angst und Verzweiflung der Hölle überfielen» 84
4.2. Das Wirken des Bösen in der Welt von heute 89
4.3. Produkt des menschlichen Gehirns? Krankheit? Dämonische Einflüsse? 95
4.4. Die Gefährdung des Menschen durch dämonische Beeinflussung – Infektion 97
4.5 Infiziertwerden, Vereinnahmung und Belastetsein des Menschen durch Angriffe des Bösen 102
4.6. Die Leugnung Satans als Realität und personale Wirklichkeit («Abschied vom Teufel») 105
4.7. Dämonische Angriffe und dämonischer Befall 112
4.8. Strategien der Versuchung und Verführung 115
4.9. Umsessensein und Besessensein 117

4.9.1. Begriff und Definitionen 117
4.9.2. Besessenheit in Aussagen der Bibel 121
4.9.3. Die Symptomatik dämonischen Befalls
(Überblick) 123
4.9.4. Die Symptomatik dämonischen Befalls
innerhalb verschiedener Bereiche 125
4.9.5. Das Beispiel: Der Fall «Magda» 143
4.10. Satanskulte:
Symptomatik dämonischer Infiltration 152
4.10.1. Die satanistische Szene (Satanskulte) 152
4.10.2. Die Ausbreitung von Satanskulten heute 157
4.10.3. Satanistischer Mißbrauch von Kindern
und seine Symptomatik 164

C. Ursachenforschung und Diagnose des Dämonischen .. 171

5. Wodurch wird eine besondere Gefährdung und
Belastung verursacht? 171
5.1. Grundsätzliches zur Ursachenfrage 171
5.2. Die persönlich bewußt vollzogene Öffnung
für dämonische Einflüsse 173
5.2.1. Zerstören des geistlichen Schutzschildes 173
5.2.2. Aus freiem Willen vollzogene Übergabe
(Verschreibung) an Satan 174
5.3. Der Kontakt mit einem dämonisch infizierten
Handlungsfeld 178
5.4. Verfluchung und Verwünschung 178
5.5. Gefährdung und Belastung ohne erkennbaren
Schuldzusammenhang 183

6. Diagnose: «Krankheit oder dämonischer Befall?» 184
6.1. Krankheiten der Psyche 188
6.1.1. Depression 188
6.1.2. Manie 191
6.1.3. Epilepsie 191
6.1.4. Schizophrenie 192
6.1.5. Hysterie 194
6.2. Was gewichtet die Vermutung «Dämonischer

Befall»? (Fragen der Unterscheidung) 195
6.2.1. Grundsätzliche Vorüberlegungen 195
6.2.2. Beachtung von Symptomgruppen bei der Diagnose 197
6.2.2.1. Symptome im körperlichen Bereich 197
6.2.2.2. Symptome im psychischen Bereich 198
6.2.2.3. Symptome im parapsychischen Bereich 199
6.2.2.4. Symptome im religiösen Bereich 202
6.3. Der Fall «Magda» 206
6.4. Ergebnisanalyse 207
6.5. Diagnostische Hilfen im Falle satanistisch mißbrauchter Kinder, Jugendlicher und Erwachsener .. 210
6.5.1. Psychische Veränderungen 212
6.5.2. Verhaltensauffälligkeiten 213

D. Propädeutik – Abwehr – Therapie 216

7. Maßnahmen und Hilfen – Propädeutik und Prävention 216
7.1. Einfallstore des Dämonischen 216
7.1.1. Bewußtes und willentliches Verharren in schwerer Sündhaftigkeit 217
7.1.2. Bewußtes und willentliches Aufrechterhalten von Haß-, Neid-, Rachegefühlen 217
7.1.4. Kontakte mit okkultistischen und satanistischen Praktiken 219
7.1.5. Bewußte und freiwillige Übergabe an dämonische Kräfte 223
7.1.6. Aufnehmen von antireligiösen und ethisch perversen Inhalten 223
7.1.7. Besuch von Satansmessen und Satanskulten 224
7.2. Sakramente – Gebet – Sakramentalien als geistliche Hilfen 225
7.2.1. Sakramente 225
7.2.2. Gebet 226
7.2.3. Sakramentalien 226
7.3. Heilung durch einfache Gebete und/oder Exorzismus 230
7.3.1. Gebete um Heilung 230

7.3.2. Exorzismus ... 231
7.3.2.1. Was ist ein Exorzismus? ... 231
7.3.2.2. Ablehnung durch die Moderne ... 233
7.3.2.3. Die Bedeutung des Exorzismus ... 234
7.3.2.4. Formen des Exorzismus ... 243
7.4. Befreiungsdienste und Heilungsgottesdienste ... 245
7.4.1. Befreiungsdienste bei charismatischen Gruppen 246
7.4.2. Heilungsgottesdienste ... 246
7.5. Das persönliche Leben ... 253
7.6. Hilfe nach satanischem Mißbrauch ... 254
7.6.1. Verständnis zeigen ... 255
7.6.2. Den Mißbrauch melden ... 257
7.6.3. Das Leben unverkrampft und normal gestalten .. 257
7.6.4. Probleme bei einer Psychotherapie ... 258
7.6.5. Die Sache mit dem «Geistführer» ... 259
7.6.6. Dämonische Belastung ... 259
7.6.6.1. Satanische Verfluchungen ... 260
7.6.6.2. Die Sache mit dem «Kreis» ... 260
7.6.7. Die Bedeutung von Liebe und Geborgenheit ... 261
7.6.8. Maßnahmen der Befreiung ... 263
7.6.9. Exorzismus ... 265

8. Fallbeschreibungen ... 266

8.1. «Michael»803 ... 268
8.2. «Maria Anna Katharina Pfefferkorn» ... 269
8.3. Das Mädchen von Earling ... 271
8.4. Exorzistische Heilungen durch J. J. Gassner ... 273
8.5. Die Frau, die sich Satan verschrieben hatte ... 274
8.6. Anna Maria Wirtenbergerin ... 275
8.7. «Das Folterhaus» –
Ein Fall von satanisch-rituellem Mißbrauch ... 278
8.8. Satanistische Praktiken –
eine Beschreibung von rituellem Mißbrauch ... 282
8.9. Die Brüder Theobald und Josef ... 285
8.10. Germana und Monika ... 286
8.11. Satanismus: Gefügigmachen durch Angst
und Drohung ... 287

8.12. Anneliese Michel 289
Neunzehnjähriger Satanist erschoss 16 Menschen 293
9. Gebetshilfen 298
Gebet für die Segnung von Häusern, Wohnungen und Arbeitsstätten 301
Satanismus erzeugt furchtbare Bluttaten
Aber Kirchen sprechen nicht vom Teufel
Nachwort von Dr. Uwe Siemon-Netto, Journalist 302
Literaturverzeichnis 310
Anmerkungen 313
Polen: Jugendliche ermordeten zwei Mitschüler bei Schwarzer Messe 350
Schrecklicher Ritualmord: Satanisten-Ehepaar bezeugt, im Auftrag Satans einen Menschen getötet zu haben ... 351
Der Satanskult breitet sich aus 354

An dieser Stelle bedanke ich mich für Genehmigungen zum Abdruck von Textpassagen aus folgenden Werken: *«Leben der Jungfrau und Gottesmutter Maria»* (Maria Agreda) *beim Albertus-Magnus-Verein in Gosheim; «Der Gottmensch»* (Maria Valtorta) *beim Parvis-Verlag in Hauteville, Kt. Fribourg; «In Satans Griff»* (Lauren Stratford) *beim Leuchter-Verlag in Erzhausen; «Ein Exorzist erzählt»* (Gabriele Amorth) *beim Christiana-Verlag in Stein am Rhein; «Geheimnisse des Alten und des Neuen Bundes» (*A. K. Emmerich*) beim Christiana-Verlag in Stein am Rhein.*

Vorwort

«Wir haben Gott vergessen», sagt der russische Philosoph Solschenizyn, *«daher kommt alles Unglück.»*[1] Wo Gott im Bewußtsein der Menschen die ihm gebührende zentrale Bedeutung verloren hat, gewinnt das Böse an Einfluß. In erschreckender Weise wächst seine Umsetzung im Lebensvollzug der Menschen und führt so zu einem «Bewußtsein der Selbstverständlichkeit bösen Tuns.»[2] Wir tanzen auf dem Vulkan unserer eigenen existentiellen Bedrohung und leben inmitten der Gefahr, Sinn und Ziel unseres Lebens sträflich zu mißachten oder gar zu verfehlen. Eine verschleiernde Sprachformulierung hat uns unkritisch und sorglos gemacht: Wir sprechen von «dem Bösen». Was aber meinen wir damit wirklich? *Das* Böse, ein undefinierbares abstraktes «Prinzip», dem wir ohnmächtig unterliegen? Oder meinen wir *den* Bösen als Person, Satan, Luzifer, den Fürsten des Reiches der Dämonen, der die Menschen mit seinem Haß in dieser Welt verfolgt?

Fragen wir uns doch einmal, wie sie entstehen, alle die angsterregenden und erschreckenden globalen Erscheinungsformen des Bösen? Woher kommen die ungezählten Lieblosigkeiten bis hin zu den massivsten Sünden der Boshaftigkeit? *Liegt ihre Begründung ausschließlich in den Gehirnzentren der Menschen? Oder werden sie mit gezieltem Haß vom Verführer der Welt und seinem Anhang, den «Fürsten, Gewalten» und «bösen Geistern»*[3]*, angefacht?* Im Evangelium heißt es: «Seid nüchtern und wachsam! Euer Widersacher, der Teufel, geht wie ein brüllender Löwe umher und sucht, wen er verschlingen kann.»[4] Aber hat denn nicht die wissenschaftliche Theologie schon offiziell «Abschied vom Teufel» genommen?

Abschied vom Teufel? Wie gefährlich! Denn die Wirklichkeit unseres modernen gesellschaftlichen Lebens sieht anders aus. Fernsehsendungen über Praktiken des Satanismus und versteckte satanistische Zirkel erfreuen sich hierzulande wachsenden Zuspruchs. In ehemals christlichen Ländern werden Satansmessen gefeiert. Weltweit strecken Okkultismus und Esoterik ihre Fänge nach den Menschen aus.[5] Ihre Vernetzungen mit Rauschmitteln,

Sex und gewinnorientierter Konsumwerbung bleiben oft unerkannt, da sie verdeckt oder in alltäglicher Selbstverständlichkeit ablaufen. Unzählige Kinder, Jugendliche und Erwachsene werden so durch dämonische Einflüsse psychisch-geistig «infiziert». Aber ihre «Krankheit» wird nicht erkannt oder falsch behandelt. *Es ist ein Zeichen sträflicher Sorglosigkeit, ideologischer Engstirnigkeit, theoretischer Wirklichkeitsferne oder bewußter Irreführung, der Frage nach der Realität Satans und der Dämonen auszuweichen, sie ins Abseits der Lächerlichkeit zu stellen beziehungsweise sie konsequent auszuklammern.* Warum finden wir diese Haltung auch in weiten Teilen der Kirche? Steckt dahinter Angst, oder lebt es sich so nur leichter?

Während der letzten Jahre wurden diese Fragen immer drängender. Sie forderten Klärung und Antwort. So ging ich daran, mich kundig zu machen, auch mittels persönlicher Beobachtung und beruflicher Analyse. Dabei zentrierte sich meine Suche weniger auf die heute gängigen theologisch-theoretischen Negationskonstrukte bezüglich des personalen Bösen oder auf mythologische Interpretationsmodelle.

Diese sind großenteils einem ausschließlich rationalistisch-materialistischen Denkschema verhaftet, welches heute zumindest auf Grund parapsychologischer oder auch naturwissenschaftlich-physikalischer Erkenntnisse nicht mehr haltbar ist.

Mein empirisches Interesse erregten vor allem dokumentierte exorzistische Heilungen in Besessenheits- und Umsessenheitsfällen, nachweisbare Praktiken okkult-satanistischer Entwicklungen der Gegenwart[6] und (vorurteilslose) Analysen entsprechender Bereiche in der katholischen Mystik.

Auf Grund heutiger Forschungsergebnisse und des Studiums von Aussagen der Bibel ist es *ein durchaus seriöser Standpunkt und Argumentationsansatz, Visionen als faktisches Geschehen beim Zusammentreffen menschlicher Seelenkräfte mit der Raum-Zeitlosigkeit einer transzendentalen Dimension zu betrachten.* Daher halte ich die in diesem Buch aufgeführten Zitate aus Visionen[7] begnadeter Personen für wichtige und ernst zu nehmende Belege retrokognitiver Wahrnehmung und von daher Vertiefungen der Aussagen der Heiligen Schrift. Die darin vorkommenden Beschreibungen und Erläuterungen zu Ereignissen der Erschaffung der Welt oder zur Präzisierung des Psychogramms und Wirkens des Bösen dürfen zumindest als aufschlußreiche Denkimpulse gewertet werden, welche der Reflexion und Argumentation für das Wort Gottes in der Heiligen Schrift zusätzliche Gewichtung verleihen können.

Mir ist klar, daß sich an diesen Vorgaben des Forschungsgegenstandes die Geister scheiden: Zustimmung bei den einen, heftige Widersprüche und Vorwürfe der «Unwissenschaftlichkeit» bei den anderen. Demgegenüber ist festzustellen: Ein wesentli ches Kriterium jeglicher Wissenschaftlichkeit ist das Bemühen, die Wahrheit herauszufinden. *Die in den folgenden Ausführungen empirisch nachgewiesenen und dokumentierten Fakten* (im Vergleich übereinstimmende Details ebenso wie das Sichtbarwerden der überdimensionalen Struktur des Bösen, welches als Wirkkomplex einer realen personalen Existenz erkennbar wird) *mögen letztlich ihre eigene Sprache sprechen.*

Während der Überlegungen und Vorarbeiten zu diesem Buch habe ich Stöße von Literatur und Dokumentationsmaterial durchgearbeitet. Beunruhigende Inhalte und immer wieder neue Informationen erzeugten in mir zunehmend ein Gemisch aus wachsendem Interesse, neuen Einsichten, unübersehbaren Warnsignalen und Erschrecken vor der Ahnungslosigkeit und Leichtfertigkeit neuzeitlicher Denkweisen.

Mir wurde klar: Auch wenn es nur ein geringer Prozentsatz der Menschen sein sollte, der mit solchen Dingen konfrontiert oder von ihnen bedrängt würde, so ist es höchste Zeit und existenznotwendig, jene tödliche Verharmlosung und kurzsichtig machende Vernebelung hinwegzufegen, die der aufgeklärt-überhebliche «Abschied vom Teufel» über das Bewußtsein unzähliger Menschen ausgebreitet hat. Bei Augustinus steht: *«Die Macht des Teufels ist dort am größten, wo man nicht mehr an ihn glaubt.»* Das paßt genau auf unsere heutige Zeit.

Das vorliegende Buch ist von seiner inhaltlichen Struktur und von seinem systematischen Aufbau her im Stile eines psycholo-

Papst Pius VI.: «Der Rauch Satans dringt in die Kirche ein.»

Einleitung

ES IST DIE ZEIT SATANS

Ganz deutlich konzentrieren sich heute die Angriffe des Bösen. Sie werden heftiger, häufiger, raffinierter, gemeiner. Sie gleichen aber immer der alten Masche: «Ich werde dir alles geben, wenn du niederfällst und mich anbetest, wenn du Gott aufgibst.»[8]

Die Freude am Leben, unser soziales Miteinander, der Ausdruck unserer Dankbarkeit und Liebe Gott gegenüber[9], wie schön, friedlich und harmonisch würde all das sein, wäre es ungetrübt. Aber unsere Sehnsucht und unser Streben nach Verwirklichung erleiden immer wieder massive Einbrüche. *Der Planet Erde ist durchzogen von Rauchschwaden des Bösen.* Millionen von Menschen leiden an quälendem Hunger, tödlichen Krankheiten, unter der Zerstörung durch Vergewaltigung und Ausbeutung, den Furien und Massakern des Mordens, der Kälte der Flucht, dem Erniedrigtwerden im Terror der Unterdrückung und der Verwüstungsspur des Krieges.

Derweil geben sich Millionen anderer Menschen sündhaftem Vergnügen und Erleben hin, machen den Hedonismus zu ihrem Lebensziel, hasten nach immer mehr Besitz und Reichtum, bespiegeln sich in ihrer Eitelkeit, trachten nach Macht und Ansehen und suchen in perverser Lust den letzten Kitzel. Ihr Bewußtsein ist vom Blendwerk egoistischer Ansprüche getrübt. Hier wie dort, überall sind diabolische Kräfte des Bösen am Werk. Die Gottlosen unterdrücken ihr Gewissen, ersticken dabei ihre Beziehung zu Gott und jagen sich und andere die Straße des Verderbens entlang.

Der Mensch zeigt in seinem Wesen einen Hang zum Bösen. Er ist immer wieder geneigt, die in seinem Inneren auftretenden bösen Neigungen, Triebregungen und Egoismen in die Tat umzusetzen. Er sündigt, wenn persönliche Entscheidung und klare willentliche Absicht hinter seinem Tun stehen. Er kann sich somit grundsätzlich nicht damit herausreden, nur Manipulationsobjekt eines bösen Umfeldes zu sein, dem er willenlos und entscheidungsunfähig ausgeliefert sei.

Da gibt es aber auch menschliches Handeln, welches beim Beobachter Befremden und geradezu Horror wegen der damit verbundenen gnadenlosen Brutalität, bösartigen Sinnlosigkeit, sadistischen Abartigkeit oder widernatürlichen Bestialität erregt.

«Wie kann jemand so etwas tun?», fragt man sich dann. Die «Unmenschlichkeit» des Tatbestandes löst schockierendes Entsetzen aus.

Da stellt sich weiter die Frage: *«Kann ein Mensch aus sich heraus in der Lage sein, geradezu unmenschlich Boshaftes zu ersinnen und zu tun?»* Sollte dies wirklich ausschließlich aus ihm kommen, dann liegt sein Handeln und Tun außerhalb jeglicher Verhaltensfähigkeit aller bekannten irdischen Kreaturen. Sollte es aber nicht durch rein menschliches Wollen verursacht sein, *dann kann es nur durch die gnadenlose Bösartigkeit eines real existierenden Wesens angefacht worden sein, welches mit den Eigenschaften satanisch und dämonisch zu identifizieren ist.*

Der Mensch ist ein Geschöpf Gottes. Was Gott erschafft, ist gut. *Daher kann der Mensch kein geschaffenes Zentrum der Bösartigkeit als substantielles Wesensmerkmal in sich tragen.* Vielmehr ist er durch die Erbsünde verwundbar geworden. Er sieht und erlebt sich der Labilität ständiger Auseinandersetzung mit seinem Hang zum Bösen verhaftet. In diese Labilität stößt der anfachende Angriff dämonischer Einflußnahme.

Das Verteidigungspotential, sich dagegen zu wehren oder ihm Einhalt zu gebieten, ist von Mensch zu Mensch sehr unterschiedlich ausgebildet. So kommt es immer wieder vor, daß die Widerstandskraft schnell erlahmt. Schließlich verstricken sich Menschen in Handlungen unmenschlicher Bosheit, von denen sie hinterher oftmals sagen: «Ich kann nicht verstehen, wie ich dies tun konnte.»

Wo das Auftreten exzessiver Bosheit zu beobachten ist, liegt der Schluß nahe, daß hier dämonische Verführung im Spiel ist. Am Beispiel unserer Tage wird solches ganz deutlich bei weltweit immer wieder aufflammenden Ereignissen von Krieg, Gewalt, Vergewaltigung, Mord, sadistischem Quälen und haßerfüllter Zerstörung. Vor mehr als zwanzig Jahren schrieb Ratzinger: «Wer als Christ die Abgründe moderner Existenz, die Macht der sieben Dämonen wirken sieht, die in das leergefegte Haus zurückgekehrt sind und ihr Unwesen treiben, der weiß, daß die exorzistische Aufgabe des Glaubenden heute wieder anfängt, jene Notwendigkeit zu erlangen, die ihr im Aufgang des Christentums zukam. Er weiß, daß er hier der Welt einen Dienst schuldig ist, und daß er an seinem Auftrag vorbeigeht, wenn er den Dämonen hilft, sich in jene Anonymität zu hüllen, die ihr liebstes Element ist.»[10]

In der Zwischenzeit verdichtet und verbreitet sich weltweit diese Anonymität des personalen Bösen, vor allem in der Leugnung seiner Existenz. Den Menschen wird seine Nicht-Existenz vorgetäuscht. Die dämonischen Kräfte haben es daher leicht, sich in dieses Bewußtseinsvakuum einzuschleichen.

Die von ihnen angerichteten Verwüstungen zeigen immer auffälliger die erschreckende Fratze des Bösen. Die Wahrnehmung der exorzistischen Aufgabe der Christen ist damit dringender geworden. Doch sie wird in liberalen Kreisen der Kirche belächelt und bekämpft. Nur eine Handvoll mutiger Bischöfe und Priester erkennt diese brisante Gefahrenlage und handelt.

So kommt es, daß die Kirche auf dem Gebiet exorzistischer Abwehr satanischer und dämonischer Kräfte heute nur einen Bruchteil dessen erfüllt, was ihr ausdrücklich von Christus über- und aufgetragen wurde.[11]

Wir spüren es alle: Die Angriffe des Bösen konzentrieren sich. Sie werden heftiger, häufiger, raffinierter, gemeiner. Sie sind mit der immer gleichen alten Masche der Verführung gestrickt: «Ich werde dir alles geben, wenn du niederfällst und mich anbetest, wenn du Gott aufgibst.» Im gegenwärtigen Weltgeschehen breitet sich das Böse wie ein Krebsgeschwür aus und besetzt das Denken der Menschen.

In ein Bewußtsein aber, das sich von Gott abwendet, schiebt sich zwangsläufig das Besetztwerden von Interessen, Zielen und

Abhängigkeiten in der Ausrichtung auf Ersatzgötter. «Jeder Mensch», so schreibt Warnke, «der nicht Christus in seinem Leben hat, ist bewußt oder unbewußt auf der Suche nach geistlicher Erfüllung, wo immer er sie finden kann, in Drogen, im Okkultismus oder sonstwo.»[12]

Wir alle sind beim Finden und Verwirklichen der existentiellen Bestimmung infolge unseres Hanges zum Bösen verwundbar und vom Bösen bedroht.

Die große Gefährdung der Menschheit ist die Sünde. Eine der schwärzesten Sünden ist der Hochmut. Wer im Hochmut egozentrischer Selbstherrlichkeit, aber auch in sträflicher Fahrlässigkeit Böses tut, zerstört die Widerstandskraft seiner Seele. Eine Infektion des Bösen breitet sich aus. Diese bringt Unordnung in das Seelenleben, hemmt dessen Entfaltung und schafft einen Störfaktor, der schließlich zu ernsten innerseelischen Erkrankungen führt.

Der Psychotherapeut und Pädagoge stößt heute auf das beängstigende Anwachsen gerade solcher Erkrankungen. Deren Symptome sind sehr häufig direkter Ausdruck eines durch die Sünde gestörten Verhältnisses der betroffenen Menschen und ihres soziologischen Umfeldes zu Gott, ihrem Schöpfer, *oder* es handelt sich auffälligerweise um besonders gläubige und gottesfürchtige Menschen, die gerade wegen ihrer tiefreligiösen Haltung vom Bösen verfolgt und attackiert werden.

Erscheinungsweisen, die das Zeichen des Bösen tragen, kommen vom höchsten Bösen, vom Satan.[13]

A. Das biblisch-historische Geschehen

1. DIE SCHÖPFUNG

1.1. Das biblische Geschehen

«Im Anfang schuf Gott Himmel und Erde» (Genesis 1,1). Der Himmel, den Gott schuf, besteht auch aus geistigen Geschöpfen, den Engeln, die Gott umgeben.[14] Gott schuf somit zuerst eine geistige Welt, dann die körperlich-materielle, schließlich den Menschen, der aus Geist und Körper besteht. *Engel sind personale Geistwesen.* Sie haben als geistige Geschöpfe Verstand und Willen und «überragen alle sichtbaren Geschöpfe an Vollkommenheit»[15]. Jeder Engel hat einen Namen. Er ist ein «Ich». Er ist Person.

Katholische Christen glauben «an den einen Gott: Vater, Sohn und heiligen Geist, Schöpfer der sichtbaren Dinge, wie es diese Welt ist, auf der unser flüchtiges Leben sich abspielt, Schöpfer der unsichtbaren Dinge, wie es die reinen Geister sind, die man auch Engel nennt, und Schöpfer der unsterblichen Geistseele eines jeden Menschen»[16].

Was ist der Sinn der Schöpfung?[17] Warum hat Gott die Schöpfung gewollt? Er ist doch der Unendliche, der Allmächtige, der Ewige. Worin sah Er den Sinn des gewaltigen Weltalls, einschließlich der Erde mit ihrer wunderbaren Vielfalt, der Elemente, Materie, Pflanzen, Tiere? Was versprach Er sich davon? «Die Schöpfung macht Gott nicht größer, heiliger oder reicher. Denn Er ist unendlich. Er wäre es auch, wenn es nie eine Schöpfung gegeben hätte. Aber Gott, die Liebe, verlangte nach Liebe.»

Damit Liebe wirksam werden kann, bedarf es der Polarität. Die Schöpfung ist ein Pol der Liebesbeziehung zwischen Gott und dem Geschaffenen. Allein die Schöpfung kann Gott Liebe geben, und diese Liebe, die sich nur bei den Engeln und den Menschen bewußt und frei äußert, «ist die Ehre Gottes, die Freude der Engel und die Religion der Menschen. Wenn eines Tages der große Altar der Erde seine Lobgesänge und sein Liebesflehen einstellen sollte, würde die Erde aufhören zu existieren. Denn wenn die Liebe erlischt, endet auch die Sühne, und der Zorn Gottes würde die zur Hölle gewordene Welt vernichten. Die Erde muß also lieben, um fortbestehen zu können. Und weiter: Die Erde muß der Tempel sein, der liebt und betet durch die Intelligenz der Menschen.»[18]

Die von Gott geschaffene Welt ist wie ein großer Altar. Gott schuf sie, damit sie eine Stätte des mannigfachen und immerwährenden Lobes für den Schöpfer würde. Und in der Tat zeugt das ganze Weltall, die Sterne, die Mächte, die Natur, die Geschöpfe, die Pflanzen von der Allmacht, Größe, Liebe und Güte des Schöpfers. Sie ist ohne Entscheidungsfreiheit und kann sich gar nicht anders entscheiden, als aus ihrem jeweils individuellen Wesen der Zweckmäßigkeit, des Phantasiereichtums, der Intelligenz und vor allem der Schönheit heraus Gott zu «preisen» und zu «lieben».

Doch diese «Liebe» des Geschaffenen und der nicht-personalen Lebewesen ist in Wirklichkeit keine vollkommene Liebe, da sie in die Geschöpfe hineingelegt, in ihnen gewissermaßen vorprogrammiert ist.

Vollkommene Liebe gibt es nur, wo sie sich zwischen zwei Personen in freier Entscheidung entwickelt und vollendet. Freie Entscheidung aber schließt hierbei immer auch die Entscheidung zur Nicht-Liebe oder zum Haß in sich ein. *Dies war und ist das große Risiko Gottes bei der Schöpfung der Engel und der Menschen, also von Personen, die mit der personalen Würde der Entscheidungsfreiheit ausgestattet wurden.* Sie können sich zur Sünde und Ablehnung Gottes entscheiden. Und trotzdem hat Gott sie erschaffen. Er liebt sie von sich her mit unbeschreiblich unendlicher Liebe. Seine Liebe wartet auf ihre Gegenliebe. Sie sind keine Marionetten der Liebe, aber durchaus fähig, aus der Tiefe ihrer Herzen ihre Liebe zu Gott entflammen zu lassen.

Die Engel wurden hinsichtlich ihrer Entscheidung geprüft. Wie sie, sind auch die Menschen, wenn sie ihre Prüfung bestehen, dazu bestimmt, «Gott zu erkennen und zu besitzen, durch die Gnade zuerst, im Paradies später[19]». Der Mensch ist eine Synthese aller

Seinsstufen und «hat eine Aufgabe, welche die anderen Geschöpfe nicht haben.»[20] Sie darf für ihn viel mehr sein als eine Pflicht, nämlich eine Freude: Gott zu lieben. Der Mensch sollte Gott bewußt und freiwillig lieben, verehren und dankbar sein für das Leben und den zu erwartenden «Himmel»[21]. Die Sterne, die Pflanzen, die Elemente und die Tiere gehorchen und «preisen auf ihre Art den Herrn».

Im Verlaufe der Geschichte der Menschheit wurde immer wieder offensichtlich, daß die Menschen den Weg der Undankbarkeit Gott gegenüber beschritten. Auch in unserer Zeit verharren viele in Ungehorsam und Liebesverweigerung. Von daher ist die verborgene Bedeutung und Notwendigkeit von «Opferseelen» zu verstehen, «die für alle lieben und sühnen.»[22]

Christus ist «aufgefahren in den Himmel und wird wiederkommen aufs neue, und zwar dieses Mal in Herrlichkeit, um die Lebenden und die Toten zu richten: einen jeden nach seinen Verdiensten – jene, die der Liebe und dem Erbarmen Gottes entsprochen haben, werden eingehen zum ewigen Leben. Jene aber, die bis zum Ende ihres Lebens die Liebe und das Erbarmen Gottes ablehnten, werden dem Feuer überantwortet, das niemals erlischt. Und Seines Reiches wird kein Ende sein»[23].

1.2. Die Engel – Personen reiner Geistnatur

Wie schon erwähnt, hat Gott vor der Erschaffung der körperlichen Welt Geschöpfe der geistigen Welt erschaffen, die Engel.[24] Sie stehen in unmittelbarem Dialog mit Gott und sind personale Geistwesen. Damit ist ihnen auch ein unzerstörbares «Ich» zu eigen. Jeder, der eine Geistseele hat, ist ein «Ich» und hat Personalität wie Gott, der von sich selber sagt: «Ich bin der ‹Ich-bin-da›.» (Exodus 3,14) Gott jedoch ist Person in drei Personen.

Gott zeichnete jeden, dem er eine Geistseele geschenkt hat, als Person aus und machte ihn damit sich selber ähnlich.

Jeder Mensch ist sein personales Du mit persönlichem Namen. Gott ruft ihn mit seinem Namen. Der Engel ist ein rein geistiges Geschöpf. Als «Ich» trägt er einen persönlichen Namen. Nur so ist es möglich, daß sich Gott, die Engel und die Menschen untereinander als «Du» ansprechen und damit geistig-sprachlich in Verbindung treten können.

Wie aber sollen wir uns Engel vorstellen? Was wissen wir von ihnen? *Engel existieren außerhalb der Raum-Zeit-Dimension und sind körperlos.*[25] Sie sind verschiedenen Hierarchiegruppen zugehörig. Aus der Bibel erfahren wir die Unterteilung in neun Chöre: Herrschaften, Mächte, Throne, Fürsten, Kräfte, Engel, Erzengel, Cherubime und Seraphime.[26] Namentlich kennen wir nur wenige, so zum Beispiel die Erzengel Michael, Gabriel, Rafael und Uriel. Engel haben Verstand und Willen. Da ihnen ein unzerstörbares Ich zu eigen ist, sind sie unsterblich. Ihr Auftrag ist es, Diener und Boten Gottes zu sein. Als solche sind sie unter anderem den Menschen zu deren Schutz zugeordnet.

In der Bibel wird dies belegt. Dort heißt es: «Siehe, ich sende meinen Engel aus, daß er vor dir hergehe und dich behüte auf dem Wege und dich an den Ort führe, den ich bereitet habe. Achte auf ihn und höre auf seine Stimme und glaube nicht, daß du ihn geringschätzen dürftest. Denn er läßt es dir nicht durchgehen, wenn du sündigst, und mein Name ist bei ihm. Wenn du aber auf seine Stimme hörst und alles tust, was ich dir sage, dann werde ich der Feind deiner Feinde sein und jene schlagen, die dich schlagen, und vor dir herziehen wird mein Engel.»[27]

Nach Thomans von Aquin verlassen die Engel die ihnen Anvertrauten nie ganz, so gottlos sie auch leben mögen. Wir dürfen davon ausgehen, daß die Engel vom Moment der Empfängnis bis zum Sterben den Lebensvollzug des ihnen anvertrauten Menschen begleiten und umsorgen und ihn auch nach dem Tod vor Gottes Angesicht geleiten. «Einem jeden Gläubigen», so schreibt Basilius, «steht ein Engel als Beschützer und Hirte zur Seite, um ihn zum Leben zu führen.»[28]

Auf Grund des geistigen Wesens der Engel können wir diese mittels unserer rein materiell-physiologischen Sinnesfunktion nicht wahrnehmen. Unter bestimmten Umständen kann diese Schranke jedoch durchbrochen werden. Engel erscheinen dann aufgrund ihrer Sendung in einer für den Menschen sichtbaren

Gestalt. «Will Gott den Menschen die Gunst gewähren, diese Engel zu sehen», so sagt die Äbtissin Maria von Agreda, «so nehmen sie einen Scheinleib an, der für die Sinne wahrnehmbar ist und dem Zweck der Erscheinung entspricht.» Wie aber zeigen sie sich? Wie sehen sie dann aus? *Am ehesten ist das Sinnbild des Lichtes geeignet, die Natur der Engel zu verdeutlichen.*

> *«In ihm wurde alles erschaffen im Himmel und auf Erden, das Sichtbare und das Unsichtbare, Throne und Herrschaften, Mächte und Gewalten; alles ist durch ihn und auf ihn hin geschaffen.»*[29]

Therese Neumann von Konnersreuth sah in ihren Visionen immer wieder Engel, zum Beispiel bei der Verkündigung Mariens. Sie erwähnte einen Engel auch immer dann, wenn sie die Seele eines gerade Verstorbenen in die Ewigkeit gehen sah und er an der Schwelle des Todes von seinem Schutzengel abgeholt wurde. In ihrer einfachen Ausdrucksweise beschrieb sie Engel als «Lichterer» oder «lichte Männer», also Lichtgestalten. Einmal wurde sie im Zustand ekstatischer Eingenommenheit gefragt, wieviele Personen jetzt gerade im Zimmer seien. Sie fing zu zählen an, zeigte mit der Hand zunächst neben sich und sagte «Einer». Dann deutete sie der Reihe nach immer wieder neben jeden der Anwesenden. Schließlich kam sie zum Schluß zur doppelten Anzahl der Anwesenden. Darauf angesprochen, wen sie denn da zusätzlich gesehen habe, erwiderte sie: «Die lichten Männer.»

Auch Maria von Agreda[30] schreibt, daß Engel, wenn sie sich zeigten «von außerordentlicher Schönheit und Anmut» waren. «Ihr Leib hatte nicht viel Irdisches an sich; er war gleichsam ein lebendiger Kristall, im höchsten Grade rein, von Glorie ganz umflossen und an Glanz dem verklärten Leib ähnlich.»

Die Schönheit der Engel war *«gepaart mit hoher Würde, ehrfurchtsvoller Haltung und liebenswürdigem Ernste. Ihr Gewand war majestätisch, gleichsam ganz Licht, funkelnd wie lauteres Gold und durchwoben mit den reinsten Farben, so daß sie dem Auge einen wunderbar schönen Anblick boten.»* Dieser Glanz der

anfangs wüst und leer gewesen; von dem Himmel sagt er dies nicht; denn im Himmel schuf Gott die Engel, und zwar in jenem Augenblick, den Moses mit den Worten andeutet: «Gott sprach: Es werde Licht! Und es ward Licht.»

Moses redet hier nicht bloß von dem körperlichen Lichte, sondern auch von den geistigen Lichtern, welche die Engel sind. Auf diesen Moment folgte ein kleiner Zeitraum, in welchem allen der Wille ihres Schöpfers kundgetan und vorgestellt wurde. Es ward ihnen ein Gesetz und eine Vorschrift des Handelns gegeben, wonach sie ihren Schöpfer als ihren Herrn anerkennen und damit den Zweck, zu dem er sie erschaffen hatte, erfüllen sollten.»

1.3.2. Anna Katharina Emmerich: Vision zur Schöpfung[34]

«Bisher war alles grau gewesen, nun wurde alles lichter, und ich sah wie Sonnenaufgang. Es war, als wie es am frühen Morgen ist auf der Erde, und als erwache alles aus dem Schlafe. Alles andere von dem Bilde verschwand in mir. Der Himmel war blau, die Sonne zog an ihm hervor. Ich sah einen Teil der Erde allein von ihr beschienen und erleuchtet und diesen ganz herrlich und lustig und dachte, dies ist das Paradies.

Alles aber, wie es sich auf der dunklen Kugel veränderte, sah ich gleich einem Ausströmen aus jenem höchsten Gotteskreise. Es war, als die Sonne höher stieg, alles wie morgens im Erwachen; aber es war der erste Morgen; und doch wußte dies kein Wesen. Sie waren, als seien sie ewig dagewesen, sie waren in Unschuld.

Wie die Sonne stieg, sah ich auch die Bäume und Pflanzen größer geworden und immer größer werdend. Das Wasser war heller und heiliger, alle Farben waren reiner und leuchtender, alles war unaussprechlich angenehm; es war keine Spur da, wie jetzt die Geschöpfe sind. Alle Pflanzen, alle Blumen und Bäume hatten andere Figuren; jetzt sieht alles ganz wüst und verkrüppelt dagegen aus, es ist jetzt alles wie ganz ausgeartet.»

2. WOHER KOMMEN SATAN UND DIE DÄMONEN? – DER FALL DER ENGEL

«Ein in Ketten geschlagener Haß tritt an die Stelle aller befreienden Liebe.»[35]

2.1. Das weltgeschichtliche Ereignis des Engelsturzes

Am Anfang der Schöpfung der Welt betraute Gott die Engel mit verschiedenen Aufgaben. Sie erhielten teilweise verschiedene Rangstufen. Von daher teilt man sie in verschiedene Chöre (z.B. Thronen, Herrschaften, Mächte, Gewalten) ein. Aus diesen Chören spalteten sich in einem dramatischen Ereignis gigantischen Ausmaßes Engel ab, die sich in Rebellion aus freiem Willen[36] und freier Entscheidung gegen Gott stellten[37] und dabei «Gott und sein Reich von Grund auf und unwiderruflich zurückwiesen»[38]. Dieser Sündenfall ereignete sich in einem gewaltigen geistigen Kampf mit jenen Engeln, welche Gott die Treue hielten.

Der Erzengel Michael trat dem rebellischen Anführer Luzifer (Lichtträger) mit der herausfordernden Kampfansage «Wer ist wie Gott!» entgegen. Das Ergebnis dieses geistigen Kampfes war der Engelsturz, bei dem die in der Rebellion bleibenden Engel aus der Gegenwart und Anschauung Gottes vertrieben wurden. Ihr Anführer, Luzifer, ist Satan, der Teufel, der Böse geworden. Seinen Anhang nennt die Bibel Dämonen.

Nach Auer/Ratzinger liegt bei den gefallenen Engeln keine Kollektivschuld vor. «Jeder Engel hat selbst und allein diese Sünde begangen, selbst wenn anzunehmen ist, daß bei Feststellung von Rangstufen niedrigere Engel dabei frei und bewußt einem höheren Engel auch im Sündigen gefolgt wären. Als letzte und innerste Selbstentscheidung des freien Geistwesens wird diese Engelssünde zu einer Selbstbestimmung oder Selbstverwirklichung der eigenen Geistnatur, die für diese Geschöpfe eine endgültige und unwiderrufliche Ausformung bedeutet.»[39] Diese in so hoher geistiger Klarheit vollzogene Engelssünde[40] könnte von Gott nur durch eine «Neuschöpfung» getilgt werden.[41]

Wie konnte es zu dieser Rebellion kommen? Welche Motivation stand dahinter? *Da ist zunächst die Ursünde des Stolzes zu nennen.*[42] *Satan wollte sein «wie Gott».*[43] *Die Wurzel des Stolzes war der Neid.*[44] «Kirchenväter und Theologen zögern nicht, von Verblendung zu sprechen, hervorgerufen von der Überschätzung der Vollkommenheit des eigenen Seins und so weit getrieben, daß sie die Oberhoheit Gottes verschleierte, der einen Akt williger und gehorsamer Unterwerfung verlangte [...]. Sie zeigen die radikale und nicht rückgängig zu machende Weigerung, am Aufbau des Reiches Gottes in der geschaffenen Welt teilzunehmen.

‹Satan›, der rebellische Geist, will sein eigenes Reich, nicht das Reich Gottes, und er erhebt sich zum ersten Widersacher des Schöpfers, zum Gegner der Vorsehung, zum Widerstreiter gegen die liebende Weisheit Gottes [...]».[45]

Der biblische Bericht vom Sündenfall der Engel faßt das Ereignis in bildhafte Worte, die es den Menschen verständlich machen wollen. Das gigantische Drama, welches dahintersteht, kann daher nur in Ansätzen erfaßt werden. Doch handelt es sich um ein Urereignis, das «zu Beginn der Geschichte des Menschen stattgefunden hat»[46]. *Satan*[47] *und sein Anhang waren Engel und von Gott ihrer Natur nach gut geschaffen. Sie wurden jedoch «selbst durch sich böse»*[48]. Die Bibel spricht von der «Sünde der gefallenen Engel». Sie bestand darin, daß sie «Gott und sein Reich von Grund auf unwiderruflich zurückwiesen»[49]. Der Charakter dieser Entscheidung bedingt sich aus der vollen Erkenntnis, bedeutet die Erhärtung in der Unwiderruflichkeit[50] und kann daher nicht mehr vergeben werden.[51] Nach Laurentin ist diese Sünde der Engel «unumkehrbar, da sie nicht in jener Ambivalenz leben und nicht jene Formbarkeit, jene Umkehrfähigkeit haben», die der Mensch in seiner Fähigkeit zur Erneuerung besitzt.[52]

«Es gibt», so sagt beispielsweise Johannes von Damaskus, «für Satan und die Dämonen nach dem Abfall keine Reue, so wenig wie für die Menschen nach dem Tode.»[53]

J. Bonsirven[54] meint, daß sich Satan weigerte, im zukünftigen Menschen das Abbild Gottes zu ehren und zu respektieren. Diese Haltung setzte sich nach seiner Verbannung auf die Erde unun-

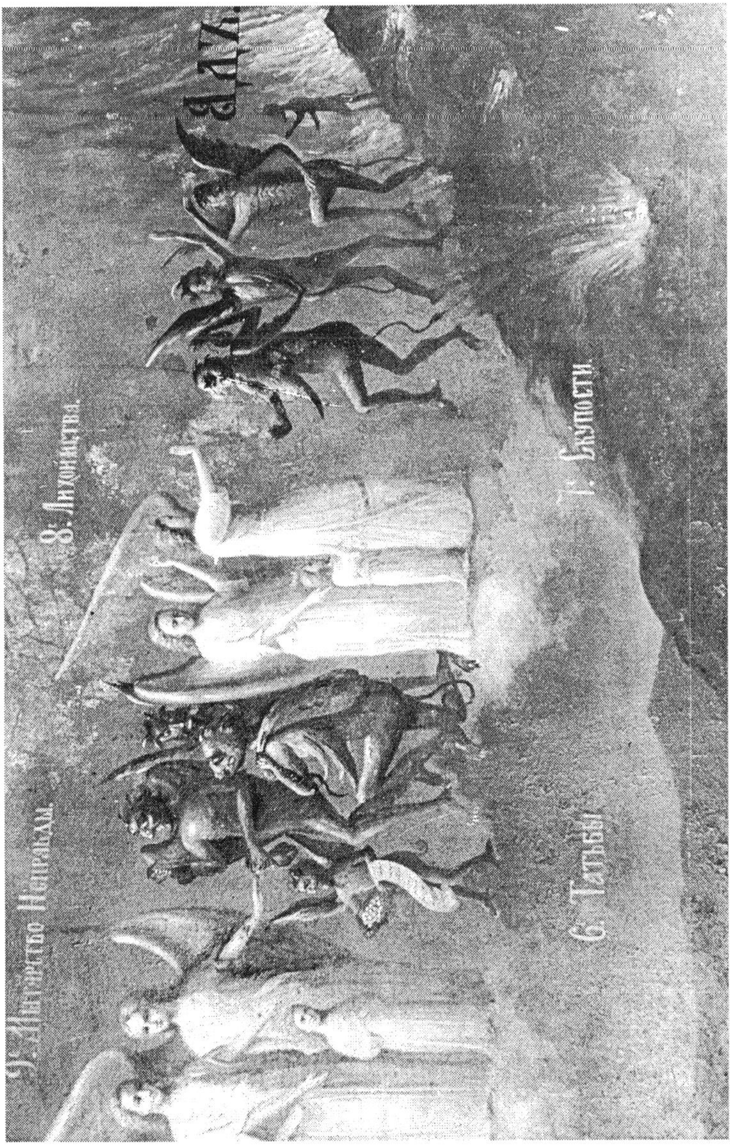

Fresko aus dem Höhlenkloster Kiew: Die guten und die bösen Geister. KNA-Bild, Frankfurt/Main.

terbrochen fort, und er ist seither «voll Bitterkeit, Neid und Schlechtigkeit gegenüber den Menschen.»[55] Als Gott dann den Menschen erschuf, begannen Satan und seine Dämonen, jeden einzelnen Menschen «in ihren Aufstand gegen Gott hineinzuziehen»[56]. Ihre Motivation nährt sich aus Stolz, Haß, Neid und Eifersucht. Die Liebe Gottes zu jedem der von ihm geschaffenen Menschen beantworten sie mit mannigfachen Ansätzen der Verführung. *Sie möchten den Menschen seiner ewigen Bestimmung entreißen. Hierzu benützen sie vor allem das Anfachen böser Leidenschaften, um den Menschen immer mehr in den Sog des Bösen zu bringen und ihn dadurch in ihren Abfall von Gott mithineinzuziehen.*[57] Die verhängnisvollste Verführung war die von Satan suggerierte Lüge, welche den Menschen zum Ungehorsam gegen Gott brachte.[58]

> *«Da entbrannte im Himmel ein Kampf; Michael und seine Engel erhoben sich, um mit dem Drachen zu kämpfen. Der Drache und seine Engel kämpften, aber sie konnten sich nicht halten, und sie verloren ihren Platz im Himmel. Er wurde gestürzt, der große Drache, die alte Schlange, die Teufel oder Satan heißt und die ganze Welt verführt; der Drache wurde auf die Erde gestürzt, und mit ihm wurden seine Engel hinabgeworfen.» (Offb 12,7-9)*

2.2. Theologisch-dogmatische Präzisierung

Am Anfang der Weltengeschichte, nachdem Gott Engel verschiedener Chöre und Rangstufen erschaffen hatte, ist nach den Aussagen der Bibel unter diesen eine Rebellion entstanden. *Antrieb und Motivation* für diese Rebellion waren nach Thomas von Aquin ein *«Sich-frei-Machen von Gott» im Bestreben, sich selbst zu Gott zu machen, unabhängig vom Schöpfer zu sein und sein Glück in sich selbst zu begründen.*[59]

Luzifer nahm in der Schöpfungsordnung der Engel die höchste Stufe in Machtausstattung und Schönheit ein. Nach Duns Scotus war daher die Triebfeder zur Opposition gewissermaßen eine exzessiv narzißtische Selbstliebe. Diese ließ die Liebe zu Gott nicht mehr zu und führte konsequent zum Hochmut und zur hemmungslosen Ablehnung Gottes.[60] Der damit zusammenhängende Sündenfall geschah im Neid und Stolz[61] des Ungehorsams. Wie schon erwähnt, gab nach teilweise christlicher Tradition auch das den Engeln mitgeteilte Wissen um die Menschwerdung Christi den Ausschlag für den Aufstand Luzifers und der ihm anhängenden Engel.

Heilige Schrift und Überlieferung benennen den Anführer der von Gott abgefallenen Engel Satan oder Teufel.[62] Seit dem Beginn des frei vollzogenen Abfalls von Gott gestaltet sich das Wirken Satans und seiner Dämonen als *haßerfüllte und gnadenlose Opposition gegenüber Gottes Schöpfung, vor allem gegen die Menschen*. Die Schrift bezeugt diesen verhängnisvollen Einfluß Satans.[63] Am Beginn seines Neides und Hasses gegen die Menschen steht die lügnerische Verführung «Ihr werdet sein wie Gott» (Gen 3,5), welche die Stammeltern Adam und Eva dazu gebracht hat, Gott nicht zu gehorchen.[64]

In der Bibel werden neben den guten Engeln auch «böse Engel» («böse Geister»; «unreine Geister»; Dämonen) erwähnt. Da diese aus Gottes Schöpfung hervorgingen, stellt sich immer wieder die Frage, ob sie nicht doch böse geschaffen wurden oder wirklich erst böse geworden sind.

Auer/Ratzinger betonen diesbezüglich die Grundaussage der Offenbarung, «daß ein ethisch-personal Böses nicht von Gott geschaffen, daß es nur aus sich dazu geworden sein kann. Der heilige und gute Gott schafft nur Gutes.»[65] Augustinus schreibt hierzu: «Der Teufel selbst ist ein unreiner Geist, und zwar gut, weil er Geist ist, böse, weil er unrein ist. Geist ist er von Natur, unrein durch seine Schuld, das erste von beiden ist von Gott, das zweite von ihm selbst.»[66]

Oft wird auch die Frage gestellt, warum Gott überhaupt Engel geschaffen hat, die dann böse wurden und in so gewaltigem Umfang die Menschen in den unheilvollen Ungehorsam der Sünde hineinzogen, wenn er doch im voraus wußte, wie sich alles entwickeln würde. Dies ist sicherlich ein großes Geheimnis. Es kann nur mit der Würde geschenkter Freiheit und frei entstehender Liebe zusammenhängen. Letztlich wissen wir, daß «Gott bei denen, die ihn lieben, alles zum Guten führt»[67]. *Gott kann selbst das böse Wirken Satans zu guten Zielen verwenden.*[68]

Obwohl Satan seit dem Zeitpunkt des Engelsturzes mit einer Mischung aus großer Intelligenz, hämischer Raffinesse und unerbittlichem Haß auf das Verderben der Menschen abzielt, ist seine Macht keinesfalls unbegrenzt. Er ist zwar mächtig, weil er seiner Natur nach ausschließlich als Geistwesen geschaffen wurde, letztlich aber ist er auch nur ein Geschöpf. «Sein Tun bringt schlimme geistige und mittelbar selbst physische Schäden über jeden Menschen und jede Gesellschaft. Und doch wird dieses sein Tun durch die Göttliche Vorsehung zugelassen, welche die Geschichte des Menschen und der Welt kraftvoll und milde zugleich lenkt.»[69]

Satan ist bis auf den heutigen Tag «aus Haß gegen Gott und gegen dessen in Jesus Christus grundgelegtes Reich tätig. Obwohl er dabei seinen verdeckt-listenreichen, erschreckenden, haßerfüllten und gnadenlosen Kampf gegen den Menschen fortführt, *ist seine Macht keinesfalls unendlich. «Er kann den Aufbau des Reiches Gottes nicht verhindern.»*[70] Gott bindet das Weltgeschehen in allen seinen Wegen unerschütterbar in seine Allmacht und Weisheit ein und bringt bei denen, die ihn lieben, alles zur guten Vollendung.»[71]

2.3. Veranschaulichung durch Visionen

«Die Finsternis kann den Anblick des Lichts nicht ertragen.»[72]

Für viele Menschen stellen Visionen keine anerkannte und ernst genommene Tatsache dar. Nun gibt es aber zweifelsfrei die Tatsache dieses Phänomens. Visionen gab es zu allen Zeiten der Menschheitsgeschichte. Diese müssen nicht immer religiösen Charakter tragen. Forschungsergebnisse der Parapsychologie reihen *Hellsehen*, *außersinnliche Wahrnehmung* und auch *Visionen* in menschliche Erkenntnismöglichkeiten ein, die mit einem Durchbrechen der Raum-Zeit-Schranke zu erklären sind. Für den Bereich der christlichen Religion können solche Phänomene mit der Existenz der Seele erklärt werden, die sich im Körper des Menschen befindet und eben durch die körperliche Bindung in der Regel auch den existentiellen Bedingungen der Raum- und Zeitgebundenheit unterworfen ist.

Manche Menschen besitzen nun (auf Grund persönlicher außersinnlicher Fähigkeiten oder auf Grund ihnen von Gott geschenkter besonderer Erkenntnismöglichkeiten) *die Fähigkeit, mit der Erkenntniskraft ihrer Seele die Raum-Zeit-Schranke zu durchbrechen.*

Sie können dann Vergangenes, Zukünftiges und räumlich Entferntes in bestimmten Grenzen erkennen, «sehen», «hören» und auch «geruchsmäßig» wahrnehmen. Von solchen Voraussetzungen muß ausgegangen werden, wenn die folgenden Beispiele aus Visionen für den Leser zumindest einen veranschaulichenden Wertcharakter besitzen sollen.

Wer allerdings von der Echtheit (d.h. von einer tatsächlichen außersinnlichen Wahrnehmung) der Visionen ernst zu nehmender Personen überzeugt ist, wird darin, vor allem wenn es sich um biblische Ereignisse handelt, eine bestätigende Vertiefung und konkretisierende Veranschaulichung dieser Ereignisse erkennen können.

Von dem im «Alten Testament» kurz beschriebenen Engelsturz gibt es einige voneinander unabhängige Visionen verschiedener Personen. Die Dramatik dieses Geschehens muß gewaltig gewesen sein. Da es sich um ein Ereignis handelte, an dem nur Geistwesen beteiligt waren und die materiell sichtbare Welt noch nicht bestand, *haben es Visionäre offensichtlich schwer, mit unseren Worten wiederzugeben, was sie in ihren Schauungen erlebt haben.* So finden wir teils ein Wahrnehmen von personalen Wesen (Engeln), teils auch den Versuch, geistige Gewalten, die zur substantiellen personalen Ausstattung der Engel gehören, mit sinnbildlichen Umschreibungen zu verdeutlichen.

In allen vorliegenden Visionen wird der biblische Tatbestand mit seinen Hintergründen übereinstimmend und überzeugend bestätigt. Die intervisionäre Analyse läßt keine wahrheitlich substantiellen Unterschiede erkennen.

2.3.1. Maria von Agreda[73]: Wie es zum Sturz der Engel kam

«In diesen Zeitraum[74] nun fällt jener große, vom heiligen Johannes im zwölften Kapitel der Geheimen Offenbarung beschriebene Kampf des heiligen Michael und seiner Engel mit dem Drachen und dessen Anhang. Die guten Engel verharrten in der Gnade und verdienten sich die ewige Seligkeit, die ungehorsamen aber empörten sich gegen Gott und verfielen dadurch der Strafe, die sie nun erleiden.

Wenn auch in diesem zweiten Zeitraum sowohl wegen der natürlichen Beschaffenheit der Engel kraft der göttlichen Allmacht sich alles in kürzester Frist hätte vollziehen können, so hat doch, wie ich erkannt habe, die göttliche Güte einige Zögerung gewährt, während der sie den Engeln alles gezeigt und vorgestellt hat, das Gute und Böse, das Wahre und Falsche, das Gerechte und Ungerechte, die Gnade und Freundschaft Gottes und umgekehrt die Bosheit der Sünde und die Feindschaft Gottes, den ewigen Lohn und die ewige Strafe sowie den Untergang Luzifers und seines Anhangs.

Die göttliche Majestät zeigte ihnen auch die Hölle mit ihren Peinen, und die Engel sahen alles; und weil ihre rein geistige, erhabene Natur fähig ist, alle erschaffenen, endlichen Dinge so zu erkennen, wie sie in sich selber sind (d. h. in ihrer Wesenheit), so hatten sie vor dem Falle aus der Gnade eine ganz klare Anschauung von dem Ort der Strafe. Den Lohn der Glorie erkannten sie noch nicht in genannter Weise, sie erkannten ihn aber auf andere Weise und hatten überdies die offenbare und ausdrückliche Verheißung desselben vom Herrn.

Hiemit hatte der Allerhöchste Seine Sache gerechtfertigt, und was Er tat, war höchst billig und gerecht.

Alle diese Güte und Gerechtigkeit von seiten Gottes reichte nicht hin, den Luzifer und seine Engel zurückzuhalten.

Darum wurden sie als Verstockte gezüchtigt und in die Tiefe des höllischen Abgrundes geschleudert. Die guten Engel aber wurden in der Gnade und Glorie auf ewig befestigt. Dies alles geschah im dritten Moment, und damit war tatsächlich erwiesen, daß kein Geschöpf, sondern nur Gott allein von Natur aus unfähig ist, zu sündigen, da selbst ein Teil der Engel in ihrer erhabenen, mit so vielen Gaben der Erkenntnis und Gnade ausgerüsteten Natur zuletzt sündigten und verlorengingen [...].

Ich wünschte noch zu wissen, aus welchem Beweggrund Luzifer und seine Genossen gesündigt und aus welcher Veranlassung und Gelegenheit es zu ihrem Ungehorsam und ihrem Fall gekommen ist.

In dieser Hinsicht erkannte ich, daß sie der Verschuldung nach (secundum reatum) vielerlei Sünden begehen konnten, wenn sie auch nicht alle dem Akte oder der Tat nach begingen. Jene Sünden aber, die sie mit ihrem bösen Willen tatsächlich begingen, erzeugten in ihnen den Habitus, das ist die Neigung zu allem Bösen, auch zu jenem, das sie selber nicht begehen konnten. Daher kommt es, daß sie zu Sünden letzterer Art die Menschen verleiten und sich freuen, wenn solche geschehen.

Was nun die böse innere Verfassung betrifft, in welcher sich Luzifer damals befand, so bestand diese in einer sehr ungeordneten Selbstliebe. Diese aber entsprang daraus, daß Luzifer sich selber mit größeren Gaben und Schönheiten der Natur und Gnade ausgerüstet sah als die übrigen, unter ihm stehenden Engel. Bei diesem Anschauen seiner selbst hielt er sich zu lange auf, und das Wohlgefallen, das er an sich selber hatte, bewirkte, daß er in der Dankbarkeit, die er Gott als der einzigen Ursache all dessen, was er empfangen, schuldig war, träge und lässig wurde.

Er schaute sich wiederum an, hatte aufs neue Wohlgefallen an seiner Schönheit und seinen Gnaden, schrieb sie sich selber zu und liebte sie als seine eigenen.

Diese ungeordnete Selbstliebe bewirkte aber nicht bloß, daß er um dessentwillen, was er von einer anderen, höheren Kraft empfangen, sich selbst erhob, sondern sie trieb ihn auch an, nach anderen, fremden Gaben und Vorzügen, die er selbst nicht besaß, in heftigstem Neide zu begehren.

Weil er diese aber nicht erlangen konnte, so faßte er einen tödlichen Haß und Zorn gegen Gott, der ihn aus nichts erschaffen hatte, und gegen alle Seine Geschöpfe.

Hieraus entstanden dann Ungehorsam, Anmaßung, Ungerechtigkeit, Treulosigkeit, Gotteslästerung und selbst eine Art Abgötterei, da er die Ehrfurcht und Anbetung, welche Gott gebührt, für sich selber verlangte.

Er schmähte die Größe und Heiligkeit Gottes, verlor den Glauben und die schuldige Treue, er wünschte, alle Geschöpfe zu vernichten, und schmeichelte sich vermessentlich, alles dieses und noch viel mehr ausrichten zu können. So ist sein Stolz «immer steigend» (Ps 73,23) und andauernd, obwohl «sein Übermut größer ist als seine Macht» (Jes 16,6); denn in letzterer kann er nicht wachsen, hinsichtlich der Sünde aber «ruft ein Abgrund dem anderen zu» (Ps 41,8).

Der erste Engel, welcher sündigte, war, wie wir aus dem vierzehnten Kapitel des Propheten Jesaja wissen, Luzifer (Jes 14,12), und dieser verführte die anderen, daß sie ihm folgten; darum wird er Fürst der bösen Geister genannt, nicht als wäre er dies seiner Natur nach (denn vermöge letzterer konnte er diesen Titel nicht erhalten), sondern mit Rücksicht auf die Sünde. Diejenigen aber, welche sündigten, gehörten nicht bloß einer Ordnung oder Hierarchie an, sondern aus allen Chören fielen Engel ab, und zwar viele.

Zur Erklärung dessen, was mir über die Ehre und Auszeichnung, welche Luzifer in seinem Stolze sich anmaßte, mitgeteilt worden ist, bemerkte ich folgendes:

Da Gott in Seinen Werken «alles nach Maß, Zahl und Gewicht ordnet» (Weish 11,21), so beschloß Er in seiner Vorsehung, den Engeln unmittelbar nach ihrer Erschaffung, bevor sie sich noch verschiedenen Zielen zuwenden konnten, dasjenige Ziel zu offenbaren, für welches Er sie erschaffen und mit einer so erhabenen, ausgezeichneten Natur begabt hatte.

Die Art, wie ihnen dies geoffenbart wurde, war folgende: Zuerst empfingen sie eine sehr klare Erkenntnis von der Wesenheit Gottes, wie Er eins ist in seiner Wesenheit und dreifach in den Personen; zugleich erhielten sie Befehl, Gott als ihren Schöpfer und höchsten Herrn, der unendlich ist in seiner Wesenheit und in seinen Vollkommenheiten, ihre Anbetung und Huldigung zu leisten. Gehorsam unterwarfen sich alle diesem Befehl, jedoch nicht alle in gleicher Weise. Die guten Engel gehorchten aus Liebe und Gerechtigkeit, indem sie ihren Willen gerne unterwarfen, das, was ihre Erkenntniskräfte überstieg, gläubig annahmen und das Befohlene mit Freude vollzogen.

Luzifer aber unterwarf sich deshalb, weil ihm das Gegenteil als unmöglich erschien. Seine Unterwerfung geschah nicht aus vollkommener Liebe; denn er teilte seinen Willen zwischen sich und der untrüglichen Wahrheit des Herrn. Dieses bewirkte, daß er das Gebot etwas schwer und lästig fand und es nicht mit voller Liebe und aus Gerechtigkeit erfüllte, wodurch er sich selbst in eine Verfassung setzte, die seinen Ungehorsam herbeiführte.

Die Schlaffheit und Zurückhaltung, womit er seine ersten Akte wirkte, beraubten ihn zwar nicht der Gnade, aber seine schlimme Verfassung nahm davon ihren Anfang, indem ihm eine gewisse Schwäche und Unentschiedenheit in der Tugend und im Eifer zurückblieb, und der Glanz seiner Schönheit verdunkelt wurde.

Die Wirkung, welche dieser Rückfall Luzifers in ihm hervorbrachte, gleicht meines Erachtens jener Wirkung, welche eine überlegte läßliche Sünde in der Seele verursacht. Damit will ich nicht sagen, Luzifer habe damals schon läßlich oder gar schwer gesündigt. Er erfüllte ja das Gebot Gottes, nur erfüllte er es saumselig und unvollkommen, und mehr durch die Macht der Vernunft als durch die Liebe und den Gehorsam angetrieben; dies war sein erster Schritt zum Falle.

An zweiter Stelle offenbarte Gott den Engeln, daß er eine menschliche Natur, d.h. vernünftige Geschöpfe niederer Ordnung erschaffen wolle, damit auch sie Gott als ihren Schöpfer und als ihr ewiges Gut lieben, fürchten und ehren möchten. Er werde diese menschliche Natur durch große Gnaden auszeichnen, die zweite

Person der allerheiligsten Dreifaltigkeit werde selbst die Natur annehmen und dieselbe kraft der hypostatischen Union mit der Gottheit persönlich vereinigen.

Die Engel aber würden diese Person, nämlich den Gottmenschen, nicht bloß als Gott, sondern auch, sofern Er Mensch sein werde, als ihr Haupt anzuerkennen und Ihm Ehrfurcht und Anbetung zu leisten haben; sie sollten an Würde und Gnaden Ihm nachstehen und Seine Diener sein. Dabei ließ Gott die Engel erkennen, wie geziemend, wie billig, wie gerecht und vernünftig diese Unterwerfung sei, weil die Annahme der vorausgesehenen Verdienste des Gottmenschen ihnen die Gnade, die sie besaßen, sowie die Glorie, die sie besitzen sollten, verdient habe; auch seien sie zu Seiner Verherrlichung erschaffen worden, gleichwie auch alle übrigen Kreaturen zu Seiner Verherrlichung erschaffen werden sollten, weil Er der König der ganzen Schöpfung sein werde.

Alle Geschöpfe, die fähig wären, Gott zu erkennen und zu genießen, sollten Sein Volk und gleichsam die Glieder Seines Leibes sein, um Ihn als Haupt anzuerkennen und zu ehren. Dann wurde den Engeln alsbald das Gebot gegeben, den Gottmenschen als ihr Haupt anzuerkennen

Die gehorsamen, heiligen Engel unterwarfen sich alle diesem Gebote und leisteten mit der ganzen Kraft ihres Willens, mit demütigem, liebeglühendem Herzen vollkommenen Gehorsam.

Luzifer dagegen, von Stolz und Neid getrieben, widersetzte sich und forderte auch die Engel, die ihm folgten, auf, dasselbe zu tun. Sie taten es auch wirklich, schlossen sich ihm an und versagten dem göttlichen Gebot den Gehorsam. Dafür versprach ihnen der Fürst der Finsternis, daß er ihr Haupt sein und eine von Christus unabhängige, gesonderte Herrschaft führen werde. So konnten also Neid, Hochmut und ungeordnete Begierlichkeit in einem Engel eine solche Verblendung hervorrufen, daß er die Ursache wurde, warum unzählige Engel mit der Pest der Sünde angesteckt wurden.

Nun erhob sich jener große Kampf im Himmel, den der heilige Johannes in der Geheimen Offenbarung beschreibt (Offb 12). Die gehorsamen und heiligen Engel entbrannten nämlich von Eifer, die Herrlichkeit des Allerhöchsten und die Ehre des menschgewordenen Wortes, das sie im Gesichte geschaut, zu verteidigen und baten darum den Herrn um die Erlaubnis und gleichsam um seine Genehmigung, dem Drachen entgegentreten und wider ihn streiten zu dürfen. Diese Erlaubnis ward ihnen erteilt.

Hier muß ich noch ein anderes Geheimnis erwähnen, das gleichfalls damals vorging. Als allen Engeln der Befehl erteilt wurde, dem menschgewordenen Wort Gehorsam zu leisten, ward ihnen gleichzeitig noch ein anderes, drittes Gebot auferlegt, nämlich jene «Frau», in deren Schoß der Eingeborene des Vaters menschliches Fleisch annehmen sollte, als ihre Gebieterin anzuerkennen; diese Frau werde ihre Königin und die Herrin aller Geschöpfe sein; an Gaben der Gnade und Glorie werde sie alle Engel und Menschen übertreffen.

Mit noch größerer Demut unterwarfen sich die guten Engel gehorsam diesem Gebot des Herrn und lobten und priesen die Macht des Allerhöchsten und seine Geheimnisse. Luzifer aber mit seinem Anhang erhob sich bei Eröffnung dieses Geheimnisses und des Gebotes in noch größerem Stolz und Hochmut. In höchster Wut forderte er, daß die Auszeichnung, das Haupt des ganzen Menschengeschlechtes und aller Engelchöre zu sein, ihm verliehen werde und daß, falls diese Auszeichnung an die hypostatische Union geknüpft sein solle, letztere in ihm geschehe.

Was die Unterwerfung unter die Mutter des menschgewordenen Wortes, unsere Liebe Frau, betrifft, so widersetzte sich der Drache diesem Gebot unter schauerlichen Lästerungen. In unbändigem Zorn wandte er sich gegen den Urheber so großer Wunder, forderte Genossen auf und rief:

«Ungerecht sind diese Gebote. Meiner Größe geschieht Unrecht. Darum werde ich die Natur, die Du, Herr, mit solcher Liebe ansiehst und mit solchen Auszeichnungen schmücken willst, verfolgen und vernichten. Zu diesem Zweck werde ich alle meine Kraft und List aufbieten. Dieses Weib, die Mutter des Wortes, werde ich von der Höhe, auf die Du sie zu erheben gedenkst, herunterstürzen, und Dein Plan wird unter meinen Händen zunichte werden.»

Solch schrecklicher Hochmut reizte den Zorn des Herrn, und Er sprach zu Luzifer: «Diese Frau, die du nicht ehren wolltest, wird dir den Kopf zertreten (Gen 3,15). Sie wird dich besiegen und deine Macht vernichten. Und wenn durch deinen Stolz der Tod in die Welt kommen wird (Weish 2,24), so wird durch die Demut dieser Frau das Leben und Heil der Sterblichen kommen. Diese werden den Lohn und die Krone empfangen, die du mit deinem Anhange verloren hast.»

Kaum hatte der Drache den Willen und die Ratschlüsse Gottes vernommen, als er voll Zorn und Stolz antwortete und Drohungen gegen das ganze Menschengeschlecht ausstieß. Die guten Engel aber erkannten den gerechten Zorn des Allerhöchsten gegen Luzifer und die übrigen abtrünnigen Engel und kämpften gegen sie mit den Waffen des Verstandes, der Vernunft und der Wahrheit.»[75]

2.3.2. Anna Katharina Emmerich[76]: Der Sturz der Engel

«Zuerst sah ich einen unbegrenzten Raum voll Licht vor mir aufgehen und hoch in demselben wie eine lichtere Kugel gleich einer Sonne und in derselben, fühlte ich, sei die Einigkeit von Dreien [...]. Da entstanden unter der Kugel wie ineinander liegende leuchtende Kreise, Ringe, Chöre von Geistern, unendlich leuchtend und kräftig und schön. Diese Lichtwelt stand wie eine Sonne unter jener höheren Sonne.

Erst bewegten sich diese Chöre alle wie in Liebe aus der höheren Sonne. Auf einmal sah ich einen Teil aus allen Kreisen stillstehen in sich, versenkt in eigene Schönheit. Sie empfanden eigene Lust, sahen alle Schönheit in sich; sie besannen sich, sie waren bei sich.

Erst waren sie alle in höherer Bewegung außer sich; nun stand ein Teil in sich. Und in demselben Augenblick sah ich diesen ganzen Teil der leuchtenden Chöre niederstürzen und sich verfinstern und die anderen hindringen und ihre Räume ausfüllen, die nun kleiner waren [...].

Da sie niedergestürzt waren, sah ich unten eine Schattenscheibe entstehen, als sei dies ihr Aufenthalt. Seit ich diese als Kind hatte niederfallen sehen, war ich bei Tag und Nacht bange vor ihrem Wirken und dachte immer, sie müßten der Erde viel schaden. Sie sind immer rund um sie her; gut, daß sie keine Körper haben, sie würden sonst die Sonne verfinstern und man würde sie immer wie Schatten vor derselben schweben sehen; das wäre entsetzlich. Es wurde mir aber bewußt, daß dies Gottes Erklärung und ewiger Anspruch gegen sie war: bis diese gefallenen Chöre wiederhergestellt seien, so lange solle Streit sein [...]. Der Kampf aber solle auf Erden sein und dort oben sollte kein Kampf mehr sein, das befestigte Er.

Nach diesem Innewerden konnte ich kein Mitleid mehr mit dem Teufel haben; denn ich habe ihn aus freiem bösen Willen sich mit Gewalt niederstürzen sehen.»

2.3.3. Therese Neumann[77]: Der Kampf der guten Engel mit Satan und seinem Anhang

«Pfarrer Naber berichtet über die schauerliche Vision des Engelsturzes (29. September 1928): Heute, am Feste des hl. Erzengels Michael, schaut Theres die Engelwelt (Jünglingsgestalten aus Licht in lichten weißglänzenden wallenden Gewändern) in verschiedenen Abteilungen, zwölf Erzengel an der Spitze. Erst sind die Engel noch alle schön und gut und singen. Dann entsteht ein Streiten in Mienen, Worten u. Gebärden, währenddessen etwa der dritte Teil der Engel sich verfinstert und entstellt, darunter der mächtigste der Erzengel und noch vier andere Erzengel.

Nun sammeln sich die lichtgebliebenen und die finster gewordenen Engel in zwei Heerlager, die unter Führung des mächtigsten Erzengels auf der bösen und unter Führung des nächstmächtigsten Erzengels auf der guten Seite unter dem Kampfruf «Michael» auf dieser Seite gegeneinander mächtig kämpfen, bis die guten Engel die bösen in die Tiefe verdrängt haben. Freudig singen hierauf die siegreichen Engel «Kadosch, kadosch, kadosch» (hebräisch, = heilig, heilig, heilig).

Als Pfarrer Naber Therese Neumann nach der Schauung anredete, erschrak sie auf das heftigste und schrie laut auf. «Während der Schauung selbst hatte sie schon stärkste Zeichen der Furcht und des Entsetzens, untermischt mit Zorn, gezeigt. Sie erzählte dann: «I hab viele liechte Manner (= lichte Männer = Engel) g'sehn, aber nicht den Heiland. Die liechten Manner haben sich nicht vertragen. Die oin san (= einen sind) droben bliebn» – sie zählt auf ihre bekannte Weise sieben – «die andern ham (= haben) fortgehn müssen», hier zählte sie auf die gleiche Weise fünf.

«Viele andere liechte Manner sind noch dag'wen (= dagewesen), die war'n aber net so machtig (= mächtig). So was hab i im Leben noch net g'sehn. Da wird dir anderst (= anders). Das ist was Fürchterliches g'west (= gewesen). G'redt hams bald (= Geredet haben sie beinahe) so, wie der Heiland red't. So hin- und herg'redt hams.»

Sie gab auf Befragen an: «ad nai» (adonai; hebräisch: der Herr) gehört zu haben. Dann fuhr sie fort: «Einer, der ärger g'wen (= gewesen) is, der hat ang'fangt. Wie der Heiland sei Mutter in' Himmel g'holt hat, war auch so ein Machterer (= mächtiger Engel = Erzengel) dabei. Den mag i. Woißt, den liechten Mö, der zu dem Moidl kemma (= Mädchen gekommen) is.» (Offenbar meinte Therese Neumann den Erzengel Gabriel von Mariä Verkündigung.) «Der geh'n hat müssen, is bald noch machterer gwen (= mächtiger gewesen). Wenn i dran denk, fürcht i mi. Nacha (= darnach) hätt i zuschlag'n mögen.»

Befragt, wie der Kampf stattgehabt habe, erklärte sie «Sie ham (= haben) net zug'schlagn. In die Händ hams nix ghabt. Sie ham nur g'winkt, daß die andern gehn mögen. Dahin möcht i net.» Auf die Frage, ob sie sprechen oder rufen gehört habe, antwortete sie: Micha[el].» (Wer wie Gott) Auf eine weitere Frage, ob sie lichte Männer gekannt habe, sagte sie: «Die liechten Manner warn mir allesamt fremd. Wie i im *Himmel* g'wen (= gewesen) bin, is der Heiland da g'wen und sei Mutter und ander (= andere). Da mag i hin. Wie's fort san, sans (= sind sie) dir so worn, wie der finster Mo (= finstere Mann), der amal beim Heiland g'wen is.» (Christi Versuchung durch Satan.)

Die droben ham (= haben) g'siegt. Das g'freut mi. Anfangs ham allesamt g'sunga. Wie sie aber unterm Streiten g'wen san, san die ein auf einmal finsterer g'wen (= finster gewesen). Die liechten Manner sind nicht oiner g'wen (= einer gewesen) wie der ander. Die finsteren auch nicht oiner wie der ander. Wie die liechten g'siegt ham, ham sie kadosch immer wieder g'sungen», berichtete sie ferner auf eine Frage, Dann: «Mir is ganz angst. Als ausg'wen (= ausgewesen) is, war i froh.»

Dann nach einer Pause: «Aber g'fürcht ham sie sich doch, die finstern Manner». Als der Pfarrer ihr zuredete, sich nicht so zu fürchten, erklärte sie: «I möi (Ich meine), die liechten Manner helfen mir, weil mi eana helfen wollt. Na fürcht i mi nimmer.» Doch faßt sie heute noch ein Grauen, wenn man sie an diese Schauung erinnert, und sie will nichts davon hören. In einem nachfolgenden Zustand der erhobenen Ruhe erklärte sie, die Engel hätten nicht hebräisch gesprochen. Sie, Therese Neumann, habe ihre Worte hebräisch gehört, weil das die alte Kirchensprache gewesen sei. Den obersten der gefallenen Engel nannte sie Samiel.»

> *«Es begann ein großer Kampf im Himmel. Michael und seine Engel kämpften mit dem Drachen, und der Drache und seine Engel kämpften. Aber sie vermochten nicht standzuhalten, und ihr Platz im Himmel ging verloren. Es wurde der große Drache gestürzt, die alte Schlange, die auch Teufel und Satan heißt und die Welt verführt. Er wurde auf die Erde geworfen, und mit ihm wurden auch seine Engel gestürzt.» (Offb 12,7-12)*

2.4. Psychogramm des Bösen und Dämonischen

2.4.1. Grundsätzliches

Was die Offenbarung über den Fall der Engel aussagt, ist *welthistorische Wirklichkeit und reales Ereignis in der Geschichte der*

Schöpfung. Von dieser Prämisse her sind auch *Satan und die Dämonen und ihr Wirken* bis auf den heutigen Tag *Realität.*[78]

Satan heißt «Widersacher», «Feind». Die Charaktereigenschaften dieses Widersachers und Feindes sind geprägt von höchster Unerbittlichkeit und Verachtung für die körperliche oder psychisch-geistige Not eines Menschen.

Wer die Bösartigkeit seines Vorgehens erlebt hat, weiß, *daß er vor allem die heiligsten Dinge eines Menschen mit Haß, Zerstörung und Infamie in den Schmutz zu ziehen sucht, insbesondere heilige geistige Intimbereiche wie Gottesverehrung, Liebe, Demut, Glauben oder Erhabenheit der Hinwendung zu Gott, aber auch körperliche, wie die Sexualität.*

Oft bedient er sich hierzu bestimmter Menschen, die er zu Bösem anstachelt und sie in die Begegnung mit demjenigen Menschen führt, den er mit Bösartigkeit treffen möchte.

Er führt hierbei mit einer Raffinesse Regie, die seine *hohe Intelligenz* verrät. Er wägt genau ab, wen er hierfür aussuchen kann, und er weiß genau, wo er einen Menschen mit der Infamie seines Hasses am tiefsten und schmerzhaftesten treffen kann.[79]

Der *Haß Satans* ist wie ein *verzehrender Abgrund zerstörender Aggression.* Doch ist es Satan (und seinen Dämonen) nicht möglich, mit diesem Haß Gott zu treffen. Er schlägt daher den *Umweg über die Menschen* ein.

Verführung, zerstörerische Attacken und gnadenlose Häme, mit denen er beispielsweise bestimmte Menschen trifft, gelten in Wirklichkeit Gott, der diese Menschen liebt.

> *«Wer die Nähe des Herrn sucht, sollte auf dämonischen Widerstand gefaßt sein.»*[80]

Theozentrierte Werte wie Liebe, Güte, Gerechtigkeit, Treue, Heiligkeit, Barmherzigkeit, Leben, Frieden fordern den Diabolos, wie der Teufel auch genannt wird, weil er alles «umdreht», pervertiert, zum Entfachen konträrer zerstörender Unwerte heraus.

Die Liebe versucht er mit Haß zu zerstören, Güte mit Quälerei, Gerechtigkeit mit Ungerechtigkeit, Treue mit Treulosigkeit,

Heiligkeit mit Verderbtheit, Barmherzigkeit mit Gnadenlosigkeit, Leben mit Tod und Frieden mit Streit.

Das *Aktionsfeld*, auf dem Satan alles dies verwirklicht, ist das *Fühlen, Denken und Tun der Menschen.* Geschickt schleicht er sich ein, stachelt an, vernebelt, weckt Begierden und leitet so das böse Fühlen und Denken in Kanäle des menschlichen Wollens.

Setzt der betroffene Mensch keine Willensentscheidungen dagegen, hat Satan das erste Nahziel innerhalb seines gegen Gott und die Menschen gerichteten und vernetzten Aktionssystems erreicht.

2.4.2. Aussagen der Bibel

2.4.2.1. Was sagt die Bibel über Satan?

Die Heilige Schrift enthält zahlreiche klar und eindeutig auf die personale und dämonische Realität Satans verweisende Ausagen von Jesus Christus[81], die im folgenden in Bezugnahme auf ihre Quellen im Evangelium aufgelistet werden. Entsprechende Textpassagen[82], die sich gehäufter im Evangelium nach Markus finden, liefern *überzeugende Beweise für die Realität des Teufels* und seines unheilvollen Wirkens unter den Menschen.

So erfahren wir aus der Heiligen Schrift, daß Satan und die Dämonen gefallene Engel sind, die Gott zusammen mit den guten Engeln erschaffen hatte[83] und daß die Anzahl der Dämonen gewaltig sein muß.[84] Der Stolz Satans, der ihn in Opposition zur Unterordnung führte[85], ist zugleich auch seine Motivation im Kampf gegen Gott. Er will Gott besiegen und sich damit über Gott stellen.[86] In den Sog seiner Opposition zu Gott möchte er auch die Menschen hineinziehen und sie dazu verführen, letztlich auch gegen Gott zu fluchen.[87] Sein beständiges Bestreben, zu betrügen und zu verführen, gipfelt in dem Versprechen *«Ihr werdet sein wie Gott».*[88] Satan möchte das Gute ersticken und «sät Unkraut unter den Weizen».[89] Sein Wesen ist durchzogen von Neid, und dieser ist die Ursache, daß der Tod in die Welt gekommen ist.[90]

Auch Christus blieb in seinem menschlichen Erleben die Begegnung mit Satan nicht erspart.[91]

Christus nahm *Exorzismen* vor und *befreite Besessene von Dämonen. Diese Heilungen setzen sich in den Berichten eindeutig von Krankenheilungen ohne dämonische Belastung ab.*

Es werden deutlich Heilungen oder Wunderheilungen vom Austreiben der Dämonen oder bösen Geister aus einem Menschen unterschieden. Mehrere Male werden hierfür Unterscheidungskriterien angeführt, zum Beispiel das erlöste und befreite Verhalten des jeweils Betroffenen.

Parallelen bei exorzistischen Heilungen (zu späteren Zeiten bis heute) sind offensichtlich.

Christus hat seinen *Jüngern* ausdrücklich die *Vollmacht* erteilt, *Dämonen auszutreiben*. Die Jünger erfüllten diesen Auftrag.[92] Christus weist darauf hin, daß sich Dämonen nicht so leicht vertreiben lassen. Der unreine Geist will immer wieder in den zuvor von ihm besetzten Menschen zurück und versucht sogar, noch mehr Dämonen einzuschleusen.[93]

Der Mensch kann der Versuchung erliegen, sich diabolischem Verhalten zu nähern oder es zu praktizieren. Christi Worte hierzu sind deutlich, teilweise von harter Klarheit. Wer das im Sinn hat, was die Menschen wollen, aber nicht das, was Gott will, gerät in das Fahrwasser Satans.[94]

Schon im Alten Testament finden wir die Aussage: «Verflucht sei, wer sich auf Menschen verläßt!»[95] Nicht was Fleisch und Blut den Menschen nahelegen, sondern was Gott offenbart, muß als Verhaltenskriterium gelten.[96]

Christus läßt keinen Zweifel daran, daß jeder Mensch eine unsterbliche Seele besitzt. Das irdische Leben stellt die existentielle Phase der Entscheidung und Bewährung in der Liebe zu Gott und zu den Menschen dar.

Es geht um das Schicksal der Seele. Er warnt eindringlich davor, die Annehmlichkeiten und den Kult des Körperlichen vorzuziehen und das Wohl der Seele zu vernachlässigen: «Fürchtet euch vor dem, der Seele und Leib in das Verderben der Hölle stürzen kann!»[97]

Satan ist es, der versucht, die Seele des Menschen in den Abgrund des ewigen Verlorenseins zu stürzen. Er ist «Mörder von Anfang an, Lügner und Vater der Lüge, keine Wahrheit ist in ihm».[98] Satan verlangt, die Anhänger Christi radikal auf die Probe zu stellen, wobei er sich der List, Bosheit und Raffinesse bedient.[99] Die Aufgabe des obersten Hirten[100] ist es, in diesen gefährlichen Angriffen seine «Brüder» zu stärken.[101]

Der *«Abschied vom Teufel»*[102] gleicht einer *theologisch-illusorischen Seifenblase.* Sie sieht sich schön an, aber die von ihr vorgegaukelte Harmonie muß platzen. Sie war noch nie vorhanden.

Die Kirche Jesu Christi wird zu allen Zeiten im Kampf gegen die Anstürme und Angriffe Satans bestehen müssen. Den Gläubigen bleibt es nicht erspart, unter diabolischen Attacken Leid, Not, Verfolgung und Tod auf sich zu nehmen. Doch Christus verspricht auch, daß seine Kirche (und in ihr alle Gläubigen) aus allen Kämpfen siegreich hervorgehen wird: «Ich aber sage dir: du bist Petrus, und auf diesen Felsen werde ich meine Kirche bauen, und die Mächte der Unterwelt werden sie nicht überwältigen.»[103]

Beim großen Weltgericht wartet auf Satan, seine Engel und alle unbußfertigen Sünder ein «ewiges Feuer».[104]

2.4.2.2. Aussagen der Heiligen Schrift

(Schriftstellen über Satan, Teufel, Dämonen, böse Geister)[105]

a) Bibelstellen zu «Satan»

1 Könige 22,19-23; **1 Chronik** 21,1
Ijob 1,6-12; 2,1-7; **Sacharja** 3,1f.
Matthäus 4,10; 12,26; 16,23
Markus 4,15; **Lukas** 10,18; 13,16; 22,3.31
Apostelgeschichte 5,3; 26,18; **Römer** 16,20
1 Korinther 5,5; 7,5; **2 Korinther** 2,11; 11,14; 12,7f.
1 Thessalonicher 2,18
2 Thessalonicher 2,7.9
1 Timotheus 1,20; 5,15
Offenbarung 2,9.13; 3,9; 12,9; 20,2.7

b) Bibelstellen zu «Teufel»

Weisheit 2,24; **Matthäus** 4,1-11; 13,39; 25,41
Johannes 6,70; 8,44; 13,2; **Apostelgeschichte** 10,38; 13,10
2 Korinther 6,15; **Epheser** 2,27; 6,11
2 Timotheus 2,26; **Hebräer** 2,14
Jakobus 3,15; 4,7; **Petrus** 1 Petrus 5,8
1 Johannes 3,8.10; **Judas** 9
Offenbarung 2,10; 12,9.12; 20,2.10

c) Bibelstellen zu «Dämon»

Genesis 4,7; **Tobit** 3,8.17; 6,8.15.17; 8,3
Baruch 4,7.35
Matthäus 9,32f.; 10,8; 11,18; 12,24.28; 15,22; 17,18f.
Markus 1,34.39; 3,15; 6,13; 7,26.29f.; 9,1.28; 16,17
Lukas; 4,33.35.41; 7,33; 8,2.27.29.35; 9,1.42; 11,14.18-20
Johannes 7,20; 8,48f.52; 10,20f.
1 Korinther 10,20f.
1 Timotheus 4,1
Jakobus 2,19
Offenbarung 9,20; 16,14; 18,2

d) Bibelstellen zu «Böse, unreine Geister»

Deuteronomium 32,17;
1 Samuel 16,14-16.23; 18,10
1 Könige 22,19-23
Matthäus 8,16; 12,43.45; 12,24 (Beelzebul)
Markus 1,23.26f.; 3,11; 5,2.8.13; 6,7; 7,25; 9,17-26
Lukas 6,18; 7,21; 8,2; 10,20
Johannes 14,30
Apostelgeschichte 8,7; 16,18; 19,12-16
Römer 11,8
Epheser 2,2; 6,12
1 Timotheus 4,1
Offenbarung 16,13

2.4.3. Satan wurde von Gott als personales Wesen geschaffen

Satan wurde von Gott ursprünglich als Person geschaffen und mit einem einmaligen personalen Ich[106] ausgestattet, ebenso alle Engel. Wer ein Ich ist, hat Willen, Verstand, Handlungsfreiheit. Auch der Mensch ist Person, er besitzt ein Ich. Menschsein heißt jedoch, auch einen Körper zu haben. Solange wir auf dieser Erde leben, ist unser Ich eng mit unserem Körper verbunden. Wir nennen dies die Einheit von Körper und Seele. *Der Mensch ist ein Körper-Seele-Wesen. Das Tier ist nur ein Körperwesen.*

Es gibt *personale Wesen ohne Körper*. Wir nennen diese auch reine Geistwesen oder Engel. Deren Ich, deren Geistseele, ist *nicht an einen materiellen Körper gebunden.* Sie besitzen daher *Möglichkeiten hinsichtlich der Überwindung von Raum und Zeit*, die ein an seinen Körper gebundenes Wesen nicht hat.

Satans Name bei der Erschaffung der Engel war Luzifer (Lichtträger). Es darf angenommen werden, daß er zu den *mächtigsten und höchstausgestatteten Engeln* gehörte, ja sogar an deren Spitze stand. Seine ihm geschenkten Einsichten, Intelligenz, Fähigkeiten und körperliche Ungebundenheit stehen weiterhin zu seiner Verfügung.

Seit seiner Entscheidung zur Ablehnung Gottes und zum Haß verwendet er diese Fähigkeiten zur Verwirklichung seines Hasses und seiner bösen Pläne. *Satan ist kein Prinzip des Bösen. Satan ist kein bloßer Name für böses Geschehen. Satan ist vielmehr Person*[107]. Er ist ein Ich, das mit Unzerstörbarkeit ausgestattet ist. Er hat daher Intelligenz, Denkfähigkeit, Entscheidungsfähigkeit, Willen, Einsichten, Wissen und geistige Wirkkräfte auch in Bezug auf Materielles.

In gleicher Weise, nur in Abstufungen dieser personalen Ausstattung, sind auch Dämonen Personen. Dämonen sind gefallene Engel, die von Gott gut erschaffen wurden, dann jedoch aus klarer und freier Einsicht Gott den Dienst verweigerten und ihm die Liebe versagten. Zusammen mit Satan bilden sie eine (unbekannt große) Schar dämonischer Geistwesen.

Deren *Wirksamkeit* ist uns Menschen nicht mittels unserer Sinne objektiv erkennbar. *Sie kann jedoch innerhalb des Bereichs menschlicher Gefühle und Triebe erspürt und im denkenden Erfassen von Symptomen, Ursachen, Wirkungen und Zusammenhängen analysiert und erkannt werden.*

2.4.4. Charaktermerkmale des personalen Bösen

«Im Stolz ist Satan.»[108]

Hinsichtlich der Wesensbestimmung Satans und der Dämonen ist noch einmal zu präzisieren, daß Satan (Luzifer; der Böse) ein von Gott erschaffener und mit hohen Vorzügen ausgestatteter Erzengel innerhalb der ungezählten Schar der Chöre der Engel war. Er wurde mit Autorität und Vorrang den anderen Engeln gegenüber ausgestattet.[109] In der Konsequenzhandlung seiner Opposition zu Gott *hat er sich von Gott hinwegdistanziert*. In dieser Position existiert er heute nach wie vor als Realität inmitten des weltallgeschichtlichen Geschehens. Prinzipiell muß die Auszeichnung des Personalen auch Satan und den Dämonen als (abgefallene) Engel zuerkannt werden.

Als Person ist Satan mit einem Willenszentrum, mit Verstand, Intelligenz[110], *Entscheidungsfähigkeit und Handlungspotenzen* ausgestattet, welche von den Wirkfähigkeiten her seiner ursprünglichen hohen Auszeichnung als «Lichtträger» (Luzifer) entsprechen. Wenn Kardinal Ratzinger und Hans Urs von Balthasar trotzdem von Satan als einer «Un-Person» sprechen, so ist damit in erster Linie dessen Willenstendenz zur Zerstörung der von Gott gewollten Sinneinheit von Liebe und Person zu sehen[111], jedoch nicht die Annahme, Satans Wirkfähigkeit als Person sei aufgelöst.

Die Behauptung von Haag, die Verwendung des Namens «Satan» sei in Wirklichkeit eine Personifikation des Bösen im Verhalten und Handeln der Menschen, ist weder biblisch richtig noch empirisch haltbar.[112]

Im Neuen Testament nehmen Hinweise auf Satan und die Dämonen einen nicht wegzudiskutierenden Stellenwert ein.[113]

Ihre Namen bzw. Bezeichnungen sind *Teufel*, der *Böse*, der *Widersacher*, der *Ankläger*, der *Versucher*, der *Lügner*, *Vater der Lüge*, *Mörder von Anfang an*, *Beelzebub*, *Belial* oder *Beliar* und *Drache*.

2.4.4.1. Das Verhältnis Satans zu Gott

Das Verhältnis Satans zu Gott ist das eines Geschöpfes zu seinem Schöpfer. Satan wäre ohne Gott nicht existent. Stolz und Hochmut[114] trieben ihn in den Ungehorsam und in die Auflehnung.[115] Die von Gott unwiderruflich geschenkte Entscheidungsfreiheit ermöglichte Auflehnung, Abfall und Antihaltung.

Gott ist daher Satan und den Dämonen gegenüber *nicht etwa «machtlos»*, sondern *verbleibt in der Treue zu seinem unwiderruflichen Entschluß, Freiheit zu schenken und diese zu respektieren, auch wenn sie sich gegen Ihn richtet.*

Satan kann daher nur wirken, weil Gott sich an die Respektierung Seiner Schöpfungsgabe personaler Freiheit hält. Über allem aber ist und bleibt Gott alleiniger Schöpfer und Herr.[116]

Gott vermag alle Ansätze Satans, auch die bösartigsten, in Wege zu leiten, welche für den betroffenen Menschen unter dem Aspekt irdischer und ewiger Dimension trotzdem oder gerade deshalb zum Guten führen.[117]

Wie Laurentin schreibt, hat Satan «nicht mehr die geringste Sehnsucht nach Gott, sondern nur noch das Verlangen, ihn zu bekämpfen und andere Geschöpfe in seine Revolte und seine Gotteslästerung hineinzuziehen»[118].

Satan hat Gott abgelehnt und verharrt in seinem Gotteshaß.[119] Er ist *«der Feind des Heiligen Geistes*[120] und bekämpft seine sieben Gaben».[121]

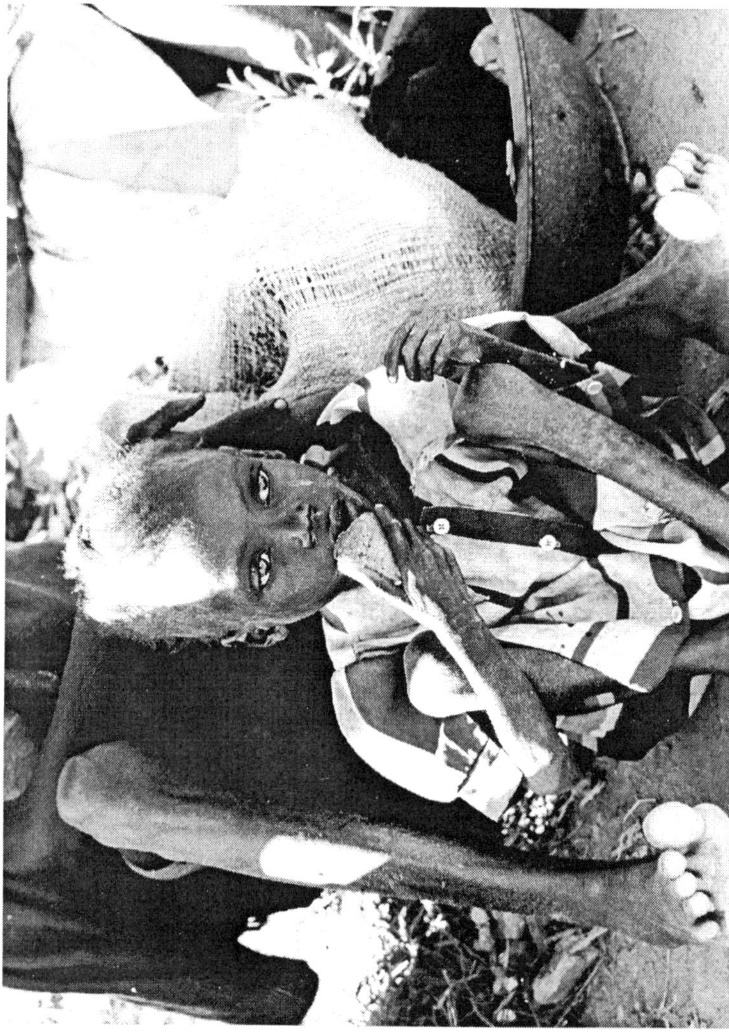

Der Bürgerkrieg in Angola löste 1994 eine Hungersnot aus. In den Kämpfen zwischen Regierungstruppen und UNITA-Rebellen wurden von Mitte 1991 bis Anfang 1994 500'000 Menschen getötet. Die Industrie wurde zu 50 % zerstört und die Versorgung mit Lebensmitteln brach zusammen. dpa-Bild, München.

2.4.4.2. Das Verhältnis Satans zum Menschen

«Wir sind aus Gott, aber die ganze Welt steht unter der Macht des Bösen» (1 Joh 5,13-21).

Schon bei den Quellenaussagen im Zusammenhang mit dem Engelsturz wurde deutlich, daß Satan Gott Haß entgegenbringt. Er kann ihn aber damit nicht treffen. Der Mensch ist Gottes Ebenbild und dazu bestimmt, zur ewigen Anschauung Gottes zu kommen. *Daher richtet Satan seine Haß- und Vernichtungsstrategien auf den Menschen, indem er Gottes Ebenbild erkennt und es treffen möchte.*[122]

Zugleich versucht er alles, um den von Gott geliebten Menschen von seiner ewigen Bestimmung abzubringen, sein Heil zu verhindern und seine unsterbliche Seele in den Sog seines Abgrundes zu bringen.[123]

Das Hauptfeld, auf dem er den Menschen in Opposition zu Gott stellen möchte, ist die eigene Sünde des Ungehorsams und des Hochmutes. Und «noch immer», schreibt Laurentin, «ist der gefallene Engel *auf den Menschen eifersüchtig und begegnet ihm mit gnadenlosem Haß, der noch durch Verachtung gestärkt wird.*»[124]

Christus hat warnend aufgezeigt, wie Satan den Menschen zu Fall bringen und von ihm Besitz ergreifen kann.[125] Satan stellt eine Macht dar[126], der die Menschen Widerstand leisten müssen[127] und die nicht unterschätzt werden darf. *Er attackiert den Menschen körperlich, psychisch und geistig.* Seine Strategie ist tödlich, unermüdlich und von Fallstricken, Hinterlist und Überredungs- und Verführungskunst geprägt.

Die Mächte der Hölle sind durchdrungen von Haß, Lüge, Verleumdung, Betrug, Ungerechtigkeit, Streit, Spaltung, sexueller Perversion, Gewalt, Habsucht, Geiz, Neid, Mord und vielfältigen Schattierungen des Bösen.[128]

Die Geschichte der Menschheit bestätigt, daß sich dämonische Angriffe ganz besonders intensiv und ausdauernd gegen zwei konträre Gruppen von Menschen richten. Das sind einerseits

Menschen, die sich in der Kontinuität der Sünde befinden[129], *andererseits jene gottesfürchtigen und getreuen Menschen, welche Gott ehren und seinen Willen zu erfüllen trachten. Insbesondere trifft dies für geistliche Berufungen*[130] *und heiligmäßige Menschen*[131] *zu.*

Damit würde auch die Frage einer Klärung entgegengeführt, warum gerade oft gute, fromme und gottesfürchtige Menschen unter dem Bösen zu leiden und große Schwierigkeiten im Leben haben.

«Denn wenn es der Teufel auf manche Personen besonders hartnäckig abgesehen hat, so deshalb, weil ihre Sendung und ihr Wirken von vitaler Bedeutung für die Kirche ist.

Diese Menschen verspüren auf verschiedene Weisen und meistens verborgen, daß sie in ihrem Gebetsleben, in ihrem Wirken, in ihren menschlichen Beziehungen blockiert sind.

Sie werden so sehr zermalmt, daß man es gar nicht beschreiben kann, ja manchmal werden sie sogar zum Selbstmord gedrängt. Die Verantwortlichen denken dann eher an Unausgeglichenheit, an eine Depression, an eine verborgene physische oder psychische Krankheit; sie versuchen das Problem zu lösen, jedoch ohne Erfolg.

Schließlich geben alle auf, auch der Betroffene, während in diesen Fällen die spezifische Lösung in Befreiungsgebeten oder im Exorzismus besteht, was besonders häufig zum Erfolg führt.»[132]

2.4.4.3. Auszug aus den Schriften der Äbtissin Maria von Agreda: Kampf der bösen Geister gegen die Seelen[133]

«Die Heilige Schrift (Gen 3,1; Bar 21,1; Ijob 2,1; Zach 3,1; Mt 13,19; Lk 8,12 und 13,16; Apg 5,3; Eph 6,11 ff.) und die Werke der heiligen Lehrer beweisen die nimmer ruhende Bosheit und Grausamkeit der Hölle, die alle Glieder der heiligen Kirche ins ewige Verderben reißen möchte.

Durch dieselben Schriften wissen wir aber auch, wie der Herr uns mit seiner unendlichen Macht und seinem unüberwindlichen

Schutz mit Sicherheit den ewigen Belohnungen zuführt, die uns durch die Verdienste Christi bereitet sind, wenn wir mit der Gnade mitwirken.

Der heilige Paulus (Röm 15,4) sagt, daß unsere Hoffnung nicht eine eitle sei. Der heilige Petrus, nachdem er uns aufgefordert hat, alle unsere Bekümmernisse auf den Herrn zu werfen, fügt hinzu: «Seid nüchtern und wachet; denn euer Widersacher, der Teufel, geht umher wie ein brüllender Löwe, und sucht, wen er verschlingen könne». (1 Petr 5,7)

Diese und andere Warnungen gelten für alle Menschen. In Verbindung mit unseren täglichen Erfahrungen könnten sie genügen, uns eine wahre Vorstellung von den Schlingen und Nachstellungen der Teufels zu geben.

Aber die fleischlichen Menschen beachten nur, was sie mit den Sinnen wahrnehmen, leben in falscher Sicherheit und kennen gar nicht die geheime Grausamkeit, mit der Satan sie in das Verderben lockt und auch hineinstürzt.

Ebensowenig kennen sie den Schutz, mit dem Gott über sie wacht und sie verteidigt. In dieser Unwissenheit und Blindheit sind sie weder für diese Wohltat dankbar, noch fürchten sie jene Gefahr. «Wehe der Erde,» sagt der heilige Johannes in der Geheimen Offenbarung (Offb 12,12), «denn der Teufel ist zu euch hinabgekommen und hat großen Zorn.» Diesen Schmerzensruf hörte der heilige Evangelist im Himmel.

Selbst die Heiligen des Himmels würden über den geheimen Krieg, den ein so mächtiger, erzürnter und tödlicher Feind gegen die Menschen führt, Schmerz empfinden, wenn sie eines solchen fähig wären.

Doch sie bemitleiden uns. Wir aber, versunken in eine schaudervolle Gedankenlosigkeit und Gleichgültigkeit, haben weder Schmerz noch Mitleid mit uns selbst.

Damit nun jene, die dieses Buch lesen, hellhörig werden, sind mir im Verlaufe dieser Geschichte die geheimen Pläne der Bosheit aufgedeckt worden, welche die bösen Geister gegen die Geheimnisse Jesu Christi, gegen die Kirche und ihre Kinder geschmiedet haben und immer noch schmieden.

Nach der Bekehrung des heiligen Paulus hat der Herr mich noch mehr über diese Wahrheit erleuchtet, damit man den unablässigen Kampf unserer Schutzengel gegen die bösen Geister klar erkenne [...].

Die Feindschaft Luzifers und seiner Genossen gegen die Menschen ist so alt wie sein Ungehorsam. Seine Wut und Grausamkeit gegen die Menschen ist so groß, wie sein Hochmut gegen Gott groß ist seit dem Augenblicke, da er im Himmel inne wurde, daß das ewige Wort die menschliche Natur annehmen und von jenem Weibe geboren werden wolle, das er mit der Sonne bekleidet sah (Offb 12,1).

Weil er nun seinen Haß an dem Herrn selbst nicht befriedigen kann, befriedigt er ihn an den Werken Gottes. Da ferner der Dämon gemäß seiner Engelnatur an seinen Entschlüssen unbeweglich festhält, so legt er wohl nach Umständen die eine Kampfesweise ab, um eine andere zu versuchen, nie und nimmer aber die Wut, mit der er die Menschen verfolgt. Im Gegenteil!

Sein Haß ist gewachsen und wächst fort und fort in dem Maße, als Gott die Gerechten und Heiligen seiner Kirche mit Gnaden bereichert. Da aber dieser Feind ein reiner, unkörperlicher Geist ist, den keine Wirksamkeit ermüdet, ist er in unserer Verfolgung so eifrig, daß er damit vom ersten Augenblicke des Daseins eines Menschen im Mutterschoße beginnt und den Kampf nicht eher aufgibt, bis die Seele sich vom Leibe trennt.

So bewahrheitet sich das Wort Ijobs: «Ein Streit ist das Menschenleben auf Erden» (Ijob 7,1). Dieser Kampf besteht nicht nur darin, daß wir in der Erbsünde empfangen sind und deshalb mit dem Zunder der Begierlichkeit (fomes peccati) und mit ungeordneten Neigungen geboren werden. Außer diesem Krieg und Aufruhr in unserer Natur bekämpft der Teufel uns von außen her mit einer noch weit größeren Heftigkeit.

Dazu bietet er all seine List und Bosheit und alle Macht auf. Er bedient sich dazu unserer Sinne, Seelenkräfte, Neigungen und Leidenschaften.

Besonders aber bemüht er sich, uns das leibliche Leben und die Möglichkeit zu rauben, zum ewigen Heile zu gelangen. Es gibt keine erdenkliche Gefährdung und Schädigung, die er unversucht ließe, um uns auf Abwege zu bringen und der Gnade zu berauben, und zwar vom Augenblick unserer Empfängnis an bis zum letzten unseres Lebens.

Die Nachstellungen des Teufels richten sich ganz besonders gegen die Kinder der Kirche.»

> *«Der Satan hat verlangt, daß er euch wie Weizen sieben darf» (Lk 22,31-34).*

Eine übertriebene Furcht vor dem Ausgeliefertsein an satanische Angriffe entspricht nicht christlicher Lebenshaltung.[134] Wachsamkeit ist gefordert[135], aber ausgesprochene Angst vor Satan und vor Dämonen ist der biblischen Offenbarung fremd.[136]

Im Gegenteil: *Christus hat seinen Aposteln und Jüngern ausdrücklich «Gewalt über die unreinen Geister» gegeben.*[137] Verschiedene Stellen aus der Bibel lassen (verkürzt) folgende Aussagen zu: Gott ist Herr über das ganze Weltengeschehen.

So vermag Satan auch nichts über den Menschen, wenn Gott es nicht zuläßt. Den Schutzschild, den der Mensch von sich aus aufbauen kann, ist das beständige willentliche Bemühen[138], sich von der Sünde zu distanzieren.

Er darf weder durch eigene innere Begierlichkeit noch durch vertrauensbrechende Furcht dem Satan Raum geben[139] und so Gemeinschaft mit den bösen Geistern pflegen.

Eine der gefährlichsten Einstiegsschneisen für böse Infiltration ist der *Hochmut*, «dieses bösartige und satanische Gewächs, diesen Parasiten, der, wenn er sich einmal in einem Menschenverstand eingenistet hat, diesen *beherrscht, überwuchert, erstickt und alles Gute vernichtet*, alle Tugendhaftigkeit, die den Menschen groß macht auf Erden, nicht durch Reichtum und Kronen, sondern durch Gerechtigkeit und übernatürliche Weisheit, und ihn selig macht im Himmel in alle Ewigkeit.»[140] Über allem aber gilt: *Wer im lebendigen Glauben an Christus und seine Erlösung bleibt, über den hat Satan keinerlei Macht.*[141]

2.4.4.4. Wesenseigenschaften Satans

> *«Durch den Neid des Teufels sind der Tod und der Schmerz in die Welt gekommen.»*[142]

Luzifer wird eine «hierarchische Macht über die Hölle» zugeschrieben. Diese Macht ist eine negative, «vernichtende, spaltende und niederdrückende Diktatur»[143]. Satan wird «Herrscher dieser Welt»[144] und «Gott dieser Welt»[145] genannt. Er greift alle Menschen an. Dabei bringt er zunächst die Versuchung ins Spiel[146], legt seine Schlingen[147] und erzeugt Durcheinander.

«Es ist Satan», so schreibt Valtorta, «der den Rauch verbreitet, damit sie [die Menschen] nicht sehen und wie trunken nicht verstehen und daher unvorbereitet leichter unterliegen.»[148]

Satan stachelt zum Stolz an[149], spinnt Ränke[150], bereitet (auch von langer Hand) einen Nährboden auf[151], auf dem seine Pflanzen der Versuchung rascher gedeihen können, *nützt geschickt allgemeine und individuelle menschliche Leidenschaften aus, um in der Versuchung zum Erfolg zu kommen*[152], übervorteilt den Menschen [153], tarnt sich als «Engel des Lichtes»[154] und verblendet dem Ungläubigen Sinn und Wahrheitserkenntnis.[155]

Reichtum ist eine ständige Verlockung des Dämons.[156] Satan ist intelligent, gerissen, gnadenlos, verschlagen und grausam. Er «kauert im Schatten und versteht es sehr geschickt, sich zu verbergen»[157].

Sein Ziel ist die Zerstörung des Guten in den Herzen der Menschen[158] und seine ewige Herrschaft über dessen Seele in der Schwärze des ihm anhaftenden ewigen Abgrundes.

2.4.4.5. Wesenseigenschaften der Dämonen

> *Die Dämonen hausen nicht nur in der Hölle, sondern auch im Innern des Menschen.*[159]

Die auffallendsten *Wesenseigenschaften der Dämonen sind Hochmut, Argwohn, Auflehnung und Haß.*

Sie trachten danach, das Ebenbild Gottes im Menschen zu ihrem Ebenbild zu pervertieren und es zu erniedrigen, indem sie ihn in ihren kämpferischen Aufruhr hineinziehen.[160]

Ihr Wirken ist gekennzeichnet durch Vernichten und Irreführen, Schänden, Desorientieren und Zerstören.[161] Sie besitzen weiterhin ihre ursprüngliche Intelligenz als Engel, welche der unsrigen weit überlegen ist, und bringen sie in ihr böses Wirken ein.

Dieses breitet sich oftmals geradezu furchterregend aus. Darüber empfinden sie Genugtuung, die sich in einer «satanischen, fratzenhaft verzerrten Freude»[162] äußert, in welche sie auch die Sünder hineinziehen. *Dämonen haben sich von der Ursache ihres existentiellen Sinnes, von Gott, der Quelle der Liebe, abgesetzt und sich in der Schwärze des Hasses festgekrallt.*

Dämonen bezeichnen sich oft mit *Namen*, welche ein *Pseudonym* darstellen. Es sind zum Beispiel Namen von Persönlichkeiten, die in der Geschichte der Menschheit verbrecherische oder grausame Handlungen vollzogen oder schwerwiegende Irrlehren verbreitet haben, zum Beispiel Judas, Hitler, Voltaire oder Kain.

Amorth[163] nennt als solche Pseudonyme Satan, Beelzebul, Luzifer, Aschmodai, Meridiano, Zabulon usw. Andere Namen bezeichnen mehr das Ziel ihres Auftrags, z.B. Zerstörung, Verlust, Ruin. Wieder andere identifizieren sich mit Bezeichnungen für bestimmte Übel, z.B. Schlaflosigkeit, Terror, Zwietracht, Neid, Eifersucht, Ausschweifung.[164]

Dämonen ist dieselbe Rangstufe zu eigen, die sie als Engel geschenkt erhalten hatten. In einem Besessenheitsfall sagten die Dämonen: «Wir haben das Licht verloren, den Glanz, aber nicht unseren Rang (Rangstufe in der Engelwelt). Unsere Herkunft können wir nicht verbergen.»[165] Der psychisch-seelische Zustand der Dämonen ist durchdrungen von Haß und Gnadenlosigkeit ohne Mitleidgefühle gegenüber dem Menschen.[166] Dämonen versuchen, das Denken und den Willen des Menschen zu schwächen und zu steuern.[167] Daß sie dabei immer auch *versuchen zu suggerieren, daß Satan und Dämonen nicht real sind, daß es sie nicht gibt und alles nur überkommene theologische Erfindungen sind, gehört zu einer gezielt angesetzten logischen Vernebelungstaktik.*[168]

2.4.4.6. Wirkungsweisen Satans und der Dämonen

Die Feindschaft Satans und der Dämonen gegen die Menschen ist eine Tatsache. Diese ist nicht nur biblisch, sondern auch in ungezählten Fällen belegbar.

Nach Maria von Agreda sind Satans Wut und Grausamkeit gegen die Menschen ebenso groß wie sein Hochmut gegenüber Gott. Diese Haltung begann von dem Moment an, als ihm bekannt wurde, daß Gott menschliche Natur annehmen und von einer Frau geboren werden wolle, die er «mit der Sonne bekleidet» sah (Offb 12,1)»[169].

Satan und die Dämonen richten ihren Haß, ihre Nachstellungen und ihre Aggressionen gegen die Menschen, welche sie stellvertretend für Gott treffen wollen.

Dieser Einsatz ist unermüdlich[170] und lebensumspannend.[171] Ihr unheilvolles Wirken wird man *«überall dort vermuten können, wo die Leugnung Gottes radikale, scharfe und absurde Formen annimmt, wo die Lüge sich heuchlerisch und mächtig gegen die offenkundige Wahrheit behauptet, wo die Liebe von einem kalten, brutalen Egoismus ausgelöscht wird, wo der Name Christi mit bewußtem und aufrührerischem Haß bekämpft wird, wo der Geist des Evangeliums ins Reich der Märchen verbannt und verleugnet wird, wo die Verzweiflung das letzte Wort behält.»*[172]

Scanlan und Cirner[173] stellen Versuchung, Widerstand und Abhängigkeit als die drei hautpsächlichen Wirkungsweisen Satans und der Dämonen heraus.

Der Aktivitätskomplex dämonischer *Versuchung* umfaßt insbesondere Verführung zur Sünde und die Trübung, Lähmung und schließlich Unterbindung der Beziehung des Menschen zu Gott. «Viele Christen», so Scanlan/Cirner, «haben sich der Versuchung gegenüber einschläfern lassen. Sie wollen Versuchungen als solche überhaupt nicht anerkennen. Ziel aller satanischen Versuchung ist es, den Menschen Gott zu entfremden.»[174]

Treffen die dämonischen Angriffe auf glaubensstarke Christen, gehört es zur Angriffsstrategie, *geradezu eine Flut von Versuchungen auf den Betroffenen loszulassen, um ihn zu ermüden und zu verwirren.* Dabei ist festzustellen, daß solche Angriffe und Versuchungen genau auf dic Schwächen dieser Menschen abgestimmt sind. Satan unternimmt offensichtlich zuerst immer eine genaue und raffinierte Persönlichkeitsanalyse.

Es ist aber auch deutlich zu betonen, daß nicht jede Versuchung zur Sünde dämonischen Einflüssen zugeordnet werden kann. Wir Menschen können also unsere Schuld nicht einfach mit einer Ausrede abschieben.

Beim *Infiltrieren von Widerstand* blocken die Dämonen Gutes ab, stören und zerstören die Beziehungen der Menschen untereinander und verführen zu Müdigkeit und Lustlosigkeit im Beten.

Aktivitätslähmung äußert sich in Versuchen, die Verkündigung des Evangeliums und die Ausbreitung des Reiches Gottes zu verhindern. *Infiltrieren von Widerstand* äußert sich auch in Blockierungen der Beziehung und Annäherung des Menschen an Gott[175] und in Versuchen, seine Gottesbeziehung zu behindern bzw. abzubrechen.[176]

Sobald man sich im Sog solcher körperlich, psychisch und geistig infizierter Widerstände spürt, ist es daher wichtig, Antiwiderstände (erkennend und abwehrend) zu mobilisieren und zu forcieren.[177]

Einen Menschen *abhängig* zu machen, heißt, seine persönliche Freiheit zu knechten und so die Verfügungsgewalt über ihn zu erhöhen. *Abhängigkeit* ist daher ein weiteres Ziel dämonischer Destruktionsarbeit.

Abhängigkeit betrifft vor allem menschliche Leidenschaften, Triebhaftigkeit und Süchte. Letztere sind geradezu ein Paradebeispiel dafür, wie Menschen körperlich, psychisch und geistig versklavt werden können. Besessenheit gilt dabei als intensivste und bösartigste Erscheinungsweise der Abhängigkeit.

Die genannten Wirkungsweisen Satans und der Dämonen zielen darauf ab, zerstörerische Spuren beim Menschen zu hinterlassen, zum Beispiel Verharren in sündhaften oder lästigen Gewohnheiten, «körperliche Krankheiten, psychische Verletzungen, Mißgeschicke aller Art, gestörte Beziehungen, Probleme in der Gottesbeziehung, Ängste und Zwänge».[178]

Nach Scanlan und Cirner ist anzunehmen, daß manche «auf körperliche, seelische und geistige Faktoren zurückgeführte Probleme» auch das Werk böser Einflüsse sind.

«Vielleicht», so schreiben Scanlan und Cirner, «besteht die tückischste List der bösen Geister darin, sich verborgen zu halten. Sie treiben ihr Werk so geschickt, daß man meint, der Schaden, den sie anrichten, könne nur durch natürliche Ursachen entstanden sein.»[179]

Schließlich ist im Hinblick auf dämonische Wirkungsweisen an die immer wieder beobachtete Möglichkeit zu erinnern, daß Satan zum Erreichen seiner Ziele Menschen auch *bestimmte Fähigkeiten vermitteln* kann.

In manchen Fällen (allerdings vom Wertungsmaßstab her in gottwidriger Bedeutung und Zielprojektion) kann die bewußt vollzogene Bindung an Satan (z.B. in Satanszirkeln) oder bei (auch unverschuldet erfahrener) Besessenheit *Fähigkeiten parapsychischer Art* zur Folge haben.

Hierzu gehören beispielsweise *Hellsehen, spontanes Schreiben* seitenlanger Botschaften, eine *außergewöhnliche Sensibilität für Ausstrahlungen einer Person und heftige Reaktionsbereitschaft der Abwehr gegenüber Sakramentalien.*[180]

3. DER MENSCH: PERSONALITÄT, SEELE, BESTIMMUNG

3.1. Gottes «Bild und Gleichnis»

«Und Gott schuf den Menschen nach Seinem Bilde.» (Gen 1,27) Gott hat den Menschen nach seinem Bild und Gleichnis erschaffen.[181] In allen Menschen ist daher diese Würde grundgelegt, und «bei jedem Menschen muß das Ebenbild Gottes anerkannt werden»[182].

Der Mensch ist *von Gott mit einer Seele beschenkt* worden, der ihm zugeeigneten unzerstörbaren geistigen Ichsubstanz. Damit besitzt er auch Verstand, Willen und Freiheit.[183]

Im Menschen steckt die *Sehnsucht*, seine durch die Erbsünde bewirkte Verwundbarkeit[184] zu überwinden und das in der Verbannung des Erdenlebens *verdeckte, verkrustete und teilweise zerstörte Ebenbild Gottes wiederherzustellen.*

Daher erklären sich die Sehnsucht nach dem Grenzenlosen und nach der Unsterblichkeit, das Streben nach Vollkommenheit. Alle schöpferischen Anlagen des Menschen weisen auf die enge Verbindung mit der Schöpfungsvollkommenheit Gottes hin.

Gott schuf den Menschen nach Seinem Bilde heißt auch, daß er ihn als ein schöpferisches, denkendes, erkennendes und aktivordnendes Wesen erschuf. Gott hat, als er den Menschen nach seinem Bild schuf, auch im Herzen des Menschen die *Sehnsucht nach all den Eigenschaften und Werten eingesenkt*, die Gott zu eigen sind: *Liebe, Wahrheit, Gerechtigkeit, Güte, Schönheit, Friede, Barmherzigkeit*, um nur einige zu nennen.

So erfährt der Mensch bei der Verwirklichung dieser Werte in seinem Leben Glücklichsein, weil er damit seiner Bestimmung, sich Gott anzunähern, gerecht wird. Andererseits empfindet er Unglücklichsein, wenn er die Sehnsucht nach diesen Werten in sich zu ersticken sucht, sie vernachlässigt oder in Wert-Widrigkeit pervertiert. Schiebt er dann den Gedanken an seinen Schöpfer, seine Dankbarkeit und Verantwortung auf die Seite, endet dies in Stolz, Überheblichkeit, Selbstherrlichkeit und letztlich in Zerstörung. So wird der Mensch seiner existentiellen Grundanlage, Ebenbild Gottes zu sein, nicht mehr gerecht und entfernt sich von seiner eigentlichen Bestimmung.[185]

Den Menschen in dieses Abgleiten zu bringen, ist die Absicht Satans. Er verführt und attackiert physisch, psychisch und geistig auf vielfältige Weise, um den Menschen, den Gott so liebt, von seiner ewigen Bestimmung abzubringen und damit seinen eigentlichen Haß auf Gott zu befriedigen.

3.2. Person, Personalität, Ich, Entscheidungsfreiheit

Nach der Definition von Boethius[186] wird das Wesen der Person bestimmt als die individuelle Substanz einer geistigen (vernunftbegabten) Natur.

Mit dieser Definition ist schon angedeutet, daß die Begriffe «Person» und «Individuum» sich wesentlich voneinander unterscheiden. Ein «Individuum» ist bereits dort anzutreffen, wo irgendein einzelnes, aus der Bedingtheit seiner Natur heraus unteilbares, Lebewesen im Pflanzen- oder Tierbereich selbständiges Dasein hat.

«Person» jedoch reicht in eine andere und höhere Dimension. Bei ihr kommt zur Individualität eine «innere geistige Einheit und Ordnung» hinzu. Zugleich gründet jede «Person» auf der Substanz des eigenen «Ich», auf Grund dessen sie in sich selbst steht und die Freiheit hat, über sich selbst zu verfügen.

Im neuzeitlichen philosophischen Verständnis christlicher Ausrichtung wird «Person» eng mit der Existenz eines Menschen in Verbindung gebracht. Idee und Begriff der «Person» wurden im Verlaufe vieler Jahrhunderte mitgeprägt von der christlichen Theologie.

Der Ursprung dieses Ansatzes ist zurückzuführen auf die Stelle im Alten Testament, wo sich dem Menschen zum ersten Male Personalität offenbarte.

Ratzinger[187] bezeichnet den Personbegriff christlich-theologischer Prägung «als einen jener Zuschüsse, der das christliche Glauben an das menschliche Denken ermöglicht und geleistet hat». Und allein von diesem Ursprung her ist die Berücksichtigung der religiösen Dimension von Personalität eigentlich unumgänglich.

Jede *«Person»* ist etwas *Einmaliges in Raum und Zeit.* Dies bedeutet, daß der Sinn der Person nicht mehr erfüllt wäre, wenn es sie zweimal gäbe, denn «Person» bedeutet, daß es sich dabei um ein individuelles Wesen handelt, das aus seinem Selbstsein letztlich von keiner anderen Instanz verdrängt werden kann, sondern sich allein als selbst gehörig vorfindet.

«Person» ist der Mensch nicht erst in einem bestimmten Alter oder auf einer willkürlich festgelegten Entwicklungsstufe seines existentiellen Daseins, sondern von dessen Beginn an.

Damit ist ausgesagt, daß das Kind, auch das ungeborene, ebenso wie der alternde Mensch im vollen Sinn Person ist und daß von daher die Respektierung der Personwürde ein durchgehendes Prinzip zwischenmenschlicher Begegnung sein muß. Der Mensch als Person ist etwas Ganzes, Einmaliges und Unteilbares.

Als Person besitzt er eine unveränderliche und unzerstörbare geistige Substanz, von der eine innere Einheit ausgeht. Als «Ich» kann er über sich selbst verfügen, wobei nur äußere Bedingungen seines Menschseins Graduierungen dieser Tatsache mit sich bringen.[188] *Jeder Mensch ist Person. Es gibt keine Ausnahme, unabhängig vom Lebensalter oder dem körperlichen, psychischen oder geistigen Entwicklungsstand eines Menschen.*

3.3. Unterscheidung von Psyche und Seele

Ist die Behauptung, daß jeder Mensch eine unsterbliche Seele hat, nur ein überkommener religiöser Mythos? Seit der frühesten Menschheitsgeschichte versuchen Menschen, solche Fragen zu beantworten. Schon bald erforschten sie das Innere des Körpers, Krankheiten und Todesursachen. Jene Vorgänge, die nicht körperlich-materiell faßbar waren, wurden dem Wirken der Seele zugeschrieben.

Schon bei den Urvölkern ging man davon aus, daß jeder Mensch neben dem Körper auch eine «Seele» hat, die nach dem

Tod im Jenseits weiterexistiert. Viele Jahrhunderte lang beschäftigten sich Philosophen vorwiegend mit dieser Auffassung. Im 19. Jahrhundert begannen Wissenschaftler «seelische Erscheinungsweisen» mit experimentellen Methoden zu erforschen. Sie wollten die bislang vorwiegend spekulativ und theoretisch getroffenen Aussagen über die Seele endlich durch empirische Forschungsergebnisse überprüfen.

3.3.1. Die Psyche

Es begannen geradezu revolutionierende Entwicklungen in der Erklärung der «Seele». Die Psychophysik setzte naturwissenschaftliche Experimente an. Sinneswahrnehmungen wurden unter verschiedenen Bedingungen getestet. Verhaltensweisen untersuchte man im Zusammenhang mit Reaktionen, Reflexen, Trieb- und Instinkthandlungen.

Der russische Physiologe Iwan Pawlow (1848-1936) führte eine Reiz-Reaktions-Analyse an Hunden durch und beschrieb den «bedingten Reflex» als Erklärung menschlichen Verhaltens. Seine Ergebnisse beeinflußten nachhaltig Erziehungsmethoden im materialistisch-atheistischen Kommunismus.

Fast gleichzeitig begründete John B. Watson (1878-1950) den «Behaviorismus». Dieser übertrug Erfahrungen aus Ratten- und Schimpansen-Versuchen auf menschliches Verhalten. Siegmund Freud (1856-1939) fand in der Psychoanalyse im Unter- und Unbewußten verdrängte Komplexe als Bestandteile der «Seele». Immer mehr spezifische Richtungen mit eigenen Denk- und Forschungsansätzen etablierten sich. Heute müssen sich Forscher definitorisch abgrenzen, da man von keinem allgemein gültigen Kenntnisstand innerhalb der Psychologie ausgehen kann.

Was also erforschen die Psychologen heute? Geht es dabei wirklich um die Seele des Menschen, die nach dem Tod im Jenseits weiterexistiert? – Nein. Mancher Psychologe mag innerhalb seiner persönlichen Privatsphäre über eine von Gott geschaffene unsterbliche Seele nachdenken. *Die Wissenschaft jedoch zieht in der Regel eine unsterbliche Seele nicht in Betracht und geht von einer physiologisch-körperlichen Auffassung von «Seele» aus.* Damit definiert sich die heute an den Universitäten etablierte wissenschaftliche Psychologie als eine «Psychologie ohne Seele».

Was sie erforscht und worüber sie Aussagen macht, ist überhaupt nicht die Seele im religiösen Sinn. Vielmehr handelt es sich um die *«Psyche» von Menschen und Tieren, deren unterschiedliche Ausprägung man von der Evolution her zu begründen versucht.*

Was aber ist die «Psyche»? Diese Frage läßt sich am besten in einem Überblick beantworten, womit sich die Psychologie heute beschäftigt. Da ist zunächst das Nervensystem. Es gilt als Grundlage von Bewußtseinsprozessen und Verhaltensweisen. Einbezogen werden Hormone als Faktoren bei der Entstehung von Gefühlen und Stimmungen und der Beeinflussung von Triebregungen.

Seit den Forschungen von Wilhelm Wundt spielt das Zustandekommen von Empfindungen und Sinneswahrnehmungen eine wichtige Rolle. Erbanlagen werden im Hinblick auf das Vorhandensein verschiedener Eigenschaften untersucht. Fragen des Bewußtseins werden ebenso miteinbezogen wie die Erforschung des Unter- und Unbewußten.

Die Entwicklungspsychologie legt seit Beginn dieses Jahrhunderts zahlreiche Ergebnisse zur Entfaltung psychischen Erlebens und Verhaltens vor. Die Schulpsychologie beschäftigt sich mit Fragen des Lernens, des Gedächtnisses, der Sprache, der Konzentration, der Intelligenz, der Begriffsbildung und der Motivation. Weitere Fragen der Psychologie sind zum Beispiel: Wie kommen Träume und Phantasien zustande? Wie wirkt Hypnose?

Ein Zweig der medizinischen Psychologie, die Psychotherapie, erforscht mit entsprechenden Erkenntnissen das Entstehen und die Heilung psychischer Schwierigkeiten und Krankheiten. Die Persönlichkeitspsychologie weist auf die geschlossene Einheit und Sinnausgerichtetheit des ganzen Menschen hin. Seit kurzem gibt es die Evolutionspsychologie.

Dieser Überblick macht deutlich, daß sich das, was die Psychologie untersuchen, erfassen, erklären, interpretieren und verdeutlichen möchte, *sich klar von dem unterscheidet, was die Theologie, die alte Psychologie der Philosophen oder die transzendenzorientierte Anthropologie mit «Seele» meint.*

Es geht nicht um diese «Seele», sondern um die «Psyche», einem System von Wirkfaktoren und Verhaltensabläufen. «Psyche» ist dabei Ausdrucksform physiologisch-materiell bedingter, und daher empirisch faßbarer, Bewußtseinserlebnisse, Verhaltensweisen und Reiz-Reaktions-Mechanismen.

Es ist wichtig, daß wir klar unterscheiden: «Psyche» ist nicht dasselbe wie «Seele». Eine «Psychologie ohne Seele» birgt in sich Konsequenzen: Wo dem Menschen kein personales Ich, keine unsterbliche Seele, und damit kein Weiterexistieren nach dem Tode, zugestanden wird, ist alles Streben und Trachten rein diesseitsbezogen.

Wo man nicht an die von Gott geschenkte Willens- und Entscheidungsfreiheit glaubt, sind Fühlen, Denken, Tun und Verhalten Ergebnis und Ausdruck von hormonellen Wirkungen, Erbanlagen, Konditionierungsprozessen, Instinkten und erlerntem Verhalten. Gewissen und ethische Verantwortung sind Resultate einer erziehlichen Konditionierung.

Erziehung wird ein von soziologisch ermittelten Bedürfnissen her zu rechtfertigender Ansatz der erwünschten Verhaltensänderung, deren Erfolg durch entsprechende auslöschende oder verstärkende Wirkbedingungen herbeigeführt werden soll.

3.3.2. Die Seele

Der katholische Glaube stützt sich bei Aussagen zur Seele auf die Heilige Schrift. Aus ihr erfahren wir, daß *die Seele unmittelbar von Gott geschaffen* ist. Wie aber kann man sich eine solche Seele vorstellen?

Gehen wir zunächst davon aus, daß jeder Mensch eine Seele hat. Diese Seele ist einmalig und beim Beginn der einzelnen menschlichen Existenz von Gott für jeden persönlich geschaffen.

Biologisch definiert der Beginn der irdischen Existenz die Verschmelzung der väterlichen Samenzelle mit der mütterlichen Eizelle.

Gott bindet gewissermaßen die zur Einheit verschmolzenen Zellen in die Seele ein und zeichnet damit das entstandene menschliche Lebewesen als unsterbliche Persönlichkeit aus.

Was ist diese Seele? Woraus besteht sie? Wie sieht sie aus? Es ist nicht einfach, darauf eine umfassende Antwort zu geben.

Die Seele ist nichts Materielles. Daher können wir sie nicht mit unseren Sinnen erfassen. Wir lernen sie aber näher kennen, wenn wir intensiv über uns nachdenken. Immer, wenn jemand «ich» sagt, meint er auch seine Seele. Der Philosoph Descartes setzte an den Anfang seines Denksystems die Erkenntnis: «Cogito, ergo sum – Ich denke, also bin ich.»

Die Tatsache, ein Bewußtsein von seinem eigenen Ich zu haben und als ein solches denken und wollen zu können, besagt im Grunde dasselbe, wie eine Seele zu besitzen.

Auf den Punkt gebracht kann jeder von uns (freilich stark vereinfacht und auf das Wesentliche konzentriert) sagen: «Meine Seele – das bin ich.»

Das Wesen der Seele kann man selbstverständlich auch wissenschaftlich umschreiben. So definiert zum Beispiel die Glaubenskongregation der Katholischen Kirche «Seele» als ein *«geistiges Element, das mit Bewußtsein und Willen ausgestattet ist»,* und bezeichnet sie als *«das Ich des Menschen, welches nach dem Tod fortbesteht, obwohl ihm zwischenzeitlich der ergänzende Teil seines Körpers fehlt».*

Diese theologische Definition läuft im Grunde genommen auf genau dieselbe Feststellung hinaus: Die Seele ist eine geistige Substanz. Sie ist das für jeden einzelnen Menschen von Gott geschaffene einmalige «Ich».

Warum aber spricht die Kirche dann immer von «Seele» anstatt vom «Ich»? Der Grund hierfür erklärt sich vor allem aus der Jahrtausende alten Bezeichnung in der Geschichte der Menschheit. *Die Kirche hält an dem Begriff «Seele» deshalb fest, weil er sich durch den Gebrauch der Heiligen Schrift und in der Tradition fest eingebürgert hat.*

Allerdings wird in der Bibel die Bezeichnung «Seele» nicht immer so ganz eindeutig verwendet. Gelegentlich vermischt sich in manchen Aussagen das, was wir heute mit «Psyche» auf der einen und mit «Seele» auf der anderen Seite meinen.

Immer wenn Christus etwas zur ewigen Bestimmung des Menschen sagt, trifft er eindeutige Aussagen. Zum Beispiel diese: «Fürchtet euch nicht vor denen, die den Leib töten, die Seele aber nicht töten können.» (Mt 10,28). Wenn der Leib tot ist, sind auch die materiellen psychischen Funktionen des Menschen tot und erloschen. Mit «Seele», die «nicht getötet werden kann», *ist eindeutig die unsterbliche Seele gemeint. Seele ist auf jeden Fall das, was nach dem Tod weiterexistiert, nachdem der materielle Körper den Weg alles Irdischen gegangen ist.*

Seele ist ein unabdingbarer und zentraler Bestandteil menschlicher Existenz. Sie ist das unzerstörbare «Ich» des Menschen, der geistige Kern seiner Person. Im Leben ist sie eng mit dem Körper verbunden und stellt als «Ich» die Mitte seines Daseins dar. Sie ist Entscheidungsträger und Zentrale des Wollens und Handelns.

Die Seele ist nach heutiger Erkenntnis auch nach dem Tod mit Bewußtsein, Wahrnehmung und Erinnerung ausgestattet. Sie besitzt also weiterhin wesentliche psychische Elemente auf nunmehr nichtmaterieller Basis. Alle anderen materiellen, physiologischen oder funktionellen Bestandteile der Psyche verabschieden sich beim Tod zusammen mit dem Körper.

In 2 Kor 5,6f. finden wir zum Beispiel einen Hinweis auf diese «Verabschiedung» vom Körper. Dort steht: «Wir wissen, daß wir, solange wir im Leibe weilen, fern vom Herrn in der Fremde wohnen [...], doch sind wir frohgemut und möchten lieber aus dem Leibe ausziehen und daheim sein beim Herrn.»

Jeder kann also sagen: Meine Seele ist nicht irgendein Teil meines Körpers, wie etwa das Herz, das Gehirn oder irgendein nicht näher definierbarer tiefenpsychischer Komplex. – Nein, meine Seele, das bin ich, insoweit ich in meinem Körper lebe und er meine persönliche Struktur hat. Daher ist sie auch zentraler Träger meines Bewußtseins, meiner Willensentscheidungen, meines Denkens und Handelns.

Wenn ich zum Beispiel bete, stellt die Seele die Zentrale meines Betens dar. Wenn ich mit Gott Verbindung aufnehme, dann «erhebe ich meine Seele zu Gott». In Psalm 146 heißt es: «Lobe den Herrn meine Seele! Ich will den Herrn loben, solange ich lebe.» Hier wird deutlich, daß der Psalmist «Seele» mit «Ich» verbindet.

Damit wird deutlich: Wenn meine Seele mit Gott Kontakt aufnimmt, dann ist dies eine Begegnung zwischen mir und meinem Schöpfer. Was mein Leben angeht, so ist die Seele der zentrale «Speicher» meiner Verantwortung für alles, was ich aus freier Entscheidung in diesem Dasein vollzogen habe und noch vollziehe. *Im Leben, im Sterben und nach dem Tod trägt sie meine Lebensverantwortung in sich und mit sich.*

Es gibt einen weiteren Weg, wie ich mir die Existenz meiner Seele deutlicher erfahrbar machen kann. Ich denke zum Beispiel über meine Existenz nach. Hat sie einen Sinn, wenn es mit mir nach dem Tod aus und vorbei ist?

Wie begrenzt wäre der Sinn des Lebens, wenn ich ausschließlich aus meinem Körper bestehen würde? Er zerfällt nach dem Tod in Staub. Welche Logik soll hinter einer solchen totalen existentiellen Auslöschung stehen?

Alles, was mit mir angefangen hat, was ich bin, sollte plötzlich wieder vernichtet sein? Warum und wofür lebe ich dann überhaupt? Wie könnte ich noch froh sein, wenn ich meine Lebenszeit ständig schwinden sehe?

Mein Nachdenken schenkt mir eine hoffnungsintensive Einsicht: Ich bin mehr als mein Körper.

Es gibt noch ein anderes Etwas, das der Tod nicht vernichtet. Dieses «andere Etwas» ist meine unsterbliche Seele. Sie ist das im Tod Unzerstörbare. Sie ist der Träger meiner Identität und Kern meiner Persönlichkeit. Weil sie mir geschenkt wurde, bin ich auch nach dem Tod ein «Ich».

Meine Seele existiert dann sogar in erweiterter Daseinsdimension, nämlich ohne die Raum- und Zeitschranke, d.h. ohne Einengung und Vergänglichkeit.

Für den, der von der Unsterblichkeit seiner Seele weiß, ist die Angst vor dem Tod in ihrer existentiellen Betroffenheit entschärft. Was bleibt, ist nur die kreatürliche Angst vor dem Verlust des körperlich-irdischen Lebens, nicht aber die Angst vor der Sinnlosigkeit und dem Vernichtetwerden.

Hic iacet pulvis, cinis et nihil.[189]

3.4. Die Bestimmung des Menschen – der Sinn seiner Existenz

Die Bestimmung des Menschen geht über den Tod hinaus. Die Frage nach dem Sinn seines Lebens bliebe unbeantwortet oder müßte negativ beantwortet werden, wenn mit dem Tod die Existenz des Menschen, die im Verlauf eines zum Teil mühsamen und langen Entfaltungsprozesses ihre individuelle Ausprägung erreicht, im Nichts aufgelöst würde.

Der Sinn personaler Existenz erfüllt sich dagegen dann, wenn der Tod nicht eine das «Ich» auslöschende und vernichtende Endstation ist, sondern Anfang einer Vollendung, die jeder Person in gleicher Weise offensteht.

Diese Sinnvollendung im Tod ist dann gegeben, wenn die Seele zu ihrem existentiellen Grund, zu Gott, zurückfindet. So gesehen ist die Station «Tod» Beginn der Chance einer «Vollendung» bei Gott.

Der Tod ist damit nicht Inbegriff einer lähmenden Existenzangst, die – will man nicht der Verzweiflung anheimfallen – ständig verdrängt werden muß, sondern lebensimmanente und damit «lebensspendende Kraft des Werdens, welches ohne den Vorgang des Vergehens nicht möglich ist»[190].

In der Zustimmung zum Tod als dem eigentlichen Beginn der Sinnvollendung «wird der Mensch frei für eine die ganze Person erfüllende Begegnung», er wird frei für eine kraftvolle, hoffnungsvolle und zukunftsorientierte Entfaltung seiner Person, ohne in eine Lethargie existentieller Aussichtslosigkeit fallen zu müssen. So gesehen ist der *Tod nicht «telos» des Lebens, sondern «finis», nicht «Endzweck», sondern lediglich Beendigung einer Phase personaler Existenz.*[191]

Gott hat jeden Einzelnen von uns erschaffen, ihm personale Würde[192] verliehen und ihn mit einer unsterblichen Seele ausgestattet. Um diese Seele geht es im gesamten Daseinsgeschehen. *Gott wirbt mit unbeschreiblicher Liebe, Güte, Geduld und Zartheit um die Seele eines jeden Menschen. Jede einzelne Seele ist Ihm wertvoller als das ganze seelenlose Weltall.*

Der Mensch richtet seine Seele auf Gott hin aus, wenn er Ihm und den Mitmenschen echte Liebe entgegenbringt und diese in seinem Fühlen, Denken und Handeln verwirklicht.[193]

Gott nimmt dann diese Seele in Seine himmlische Herrlichkeit auf, um sie am Ende der Welt wieder mit einem neuen und strahlenden Körper zu vereinen.

Es ist die unsterbliche menschliche Seele, um deren ewiges Schicksal es im irdischen Leben geht: Erreicht sie in der eigenen willentlichen und liebenden Entscheidung[194] *für Gott ihre Bestimmung im nie endenden Glück bei Gott?*

Oder verfehlt sie dieses Ziel durch eigenes klares und willentliches Verschulden in der Zurückweisung der Liebe Gottes und entsprechendes Unterdrücken bzw. Abkappen der eigenen Liebe Gott gegenüber und bleibt damit in ewiger Gottesferne im Reich des Hasses bei Satan?

Satan und seine Dämonen versuchen mit allen ihnen zur Verfügung stehenden Mitteln, die Menschen in den Sog ihrer kalten Lieblosigkeit zu ziehen und hoffen auch auf deren ewige Trennung von Gott. Damit steht jede menschliche Seele immer auch im Brennpunkt eines unerbittlichen Kampfes, der bis in die allerletzte Phase der Todesstunde[195] reicht.

Satan und seine Dämonen sind voll Haß und Neid auf den Menschen. Ihr Haß richtet sich ursprünglich auf Gott. Sie können Ihm nicht schaden. Aber sie möchten Ihn treffen, indem sie die Seelen möglichst vieler Menschen in den Sog ihrer bösen Strategien zu bringen versuchen und sie dabei von der Liebe zu Gott und zu den Mitmenschen entfernen.

Ihr *«Non serviam»* (Ich will nicht dienen) am Beginn des Engelsturzes möchten sie *in das Bewußtsein und Denken eines jeden Menschen infiltrieren*. Dadurch entfernen sie ihn von Gott. Können sie einen Menschen bis zum Zeitpunkt seines Todes in der negierenden Gottesferne gefangen halten, geht dieser Mensch Gott und dem Himmel verloren. Denn Hölle ist Gottesferne auf ewig und Verlust von Gottes Anschauung und Liebe.[196]

So stellt jedes einzelne menschliche Leben einen kontinuierlichen Entscheidungsfluß zwischen Gut und Böse, zwischen Licht und Schwärze, im eigentlichen aber zwischen Gott und Satan dar. Es geht um die Seele des Menschen. Durch die Sünde der Stammeltern hat der Teufel eine gewisse Herrschaft über den Menschen erlangt, obwohl der Mensch frei bleibt.

Die Erbsünde führt zur Knechtschaft unter der Gewalt dessen, der danach «die Herrschaft des Todes innehatte, das heißt des Teufels» (Hebr 2,14).

«Zu übersehen, daß der Mensch eine verwundete, zum Bösen geneigte Natur hat, führt zu schlimmen Irrtümern im Bereich der Erziehung, der Politik, des gesellschaftlichen Handelns und der Sittlichkeit.»[197]

Das Leben ist Bewährungsprobe. Alle Strategien der Versuchung, der Verführung und alle Angriffe dämonischer Art haben nur das eine Ziel, den Menschen von der Hinwendung zu Gott abspenstig zu machen, seine Liebe zu Gott zu ersticken, eine egoistisch-böse Gedankenwelt in ihm aufzubauen, die sich gegen Gott richtet. Zugespitzt und komprimierend heißt dies: *Es geht letztendlich immer um die Seele des Menschen. Es geht um das ewige Sein in Gottes Geborgenheit und Liebe oder um die Hölle der Gottesferne, gefangen in der haßerfüllten Gedanken- und Erlebenswelt eines dämonischen Infernos.*

Der Mensch wird weder zum einen noch zum anderen gezwungen oder vorherbestimmt. Seine (bei jedem Menschen individuell verschiedene) freie Entscheidung zur Liebe (oder auch gegen sie) wird das Kriterium seines ewigen Schicksales sein.[198]

Aber oft beginnt eine solche existentielle Entscheidung schon relativ früh im Leben eines Menschen. Dann prägt die Hölle der Gottesferne bereits Teilbereiche des Erlebens und Handelns. «Die Hölle ist nicht *in* der Erde, sie ist *auf* der Erde, in den Herzen der Menschen, und im Jenseits vervollständigt sie sich.»[199] Alles, was im folgenden über Satan und die dämonische Realität aufgeführt wird, soll Anstoß dafür sein, wieder ernsthafter über die tödliche

Brisanz dieser dramatischen Entscheidung zwischen Gott und satanischer Gottesferne, zwischen Gut und Böse, zwischen Himmel und Hölle nachzudenken.[200]

3.5. Die Möglichkeit des Verfehlens der Bestimmung

> *Es gibt keine Schuld, die so groß wäre, daß du verzweifeln müßtest. Tiefste Verzweiflung entsteht allein in der existentiellen Einsamkeit eines Menschen, der sich bewußt von Gott losgesagt und in dieser Isolierung niemanden mehr hat, dem er die innerste Not seines Alleinseins anvertrauen könnte.*[201]

Die heutige Gesellschaft ist in den Fängen des Materialismus, Konsumismus und Egoismus verstrickt. Sie sucht den Sinn des Lebens im Erfolg, im Besitz, im Erleben und Genießen. Der Letztsinn bleibt dabei ungefragt, denn die Diesseitsideologen sind am Werk.

Ihr Lebensziel ist die Konsumsteigerung, ihr Sinnen und Trachten der Gewinn, ihre Trophäe die Absatzquote, ihr Lebensinhalt der lustorientierte Konsum.

Die Bestimmung des Menschen aber ist es, Gott zu suchen, in der Liebe zu ihm und zu seinem Nächsten zu wachsen. Der Mensch, der sein Leben ohne Gott durchlebt, «findet sich allein vor, ohne einen Grund zum Leben und ohne Zukunft»[202].

Der Sinn unseres menschlichen Daseins ist es, Gott immer mehr zu finden, bis wir ihn von Angesicht zu Angesicht schauen dürfen.[203] Zugleich müssen wir auch den Ernst der Möglichkeit des Scheiterns zur Kenntnis nehmen und nicht in leichtsinniger Heilssicherheit dahinleben. *Der Mensch lebt immer in der Gefährdung des Verfehlens seiner Bestimmung.*

«Die Versuchung der Ursünde», schreibt Laurentin, «die wie ein schöner Mythos erscheint, hat in unserer Welt greifbare Formen angenommen. Der Mensch wollte sich von Gott befreien. Er denunzierte die Transzendenz als zermalmende Diktatur und zugleich als Trugbild, das es aufzulösen gilt.

Gott der Schöpfer und die Quelle alles Guten wurde nun als Tyrann diffamiert, den man aus den Gewissen der Menschen, die für die Entstehung dieses Peinigers verantwortlich waren, tilgen müsse.

Die Danksagung wich dem Argwohn; die Zustimmung der Weigerung; die kindliche Liebe der Auflehnung; der Glaube der Verweigerung; das «Es-lebe-Gott» dem «Tod» Gottes; die Demut der Kinder Gottes dem Ruhm einer siegreichen Emanzipation.»[204]

Auf den tödlichen Ernst des existentiellen Scheiterns weisen die Worte von Christus hin:

«Weg von mir, ihr Verfluchten, in das ewige Feuer, das für den Teufel und seine Engel bestimmt ist!»[205]

Der Apostel Paulus warnt:

«Zieht die Rüstung Gottes[206] *an, damit ihr den listigen Anschlägen des Teufels widerstehen könnt. Denn wir haben nicht gegen Menschen aus Fleisch und Blut zu kämpfen, sondern gegen die Fürsten und Gewalten, gegen die Beherrscher dieser finsteren Welt, gegen die bösen Geister des himmlischen Bereichs.*

Darum legt die Rüstung Gottes an, damit ihr am Tag des Unheils standhalten, alles vollbringen und den Kampf bestehen könnt.»[207]

3.5.1. «Ein höhnisches Grinsen»[208] – Gibt es die Hölle?

> *«Das Paradies – Licht, Freude, Friede und Liebe; die Hölle – Finsternis, Schmerz, Schrecken und Haß»*[209]

Die Frage nach einer ewigen Hölle hat ungezählte theologische Diskussionen ausgelöst. Die endgültige Antwort darauf wird wohl kein Mensch geben können.

Nur Gott allein kann das Faktum und entsprechende Zusammenhänge ergründen und begründen.

Oft wird die Frage gestellt: *Kann die Barmherzigkeit Gottes es überhaupt zulassen, daß eines seiner Geschöpfe auf ewige Zeit seiner Herrlichkeit entzogen wird?*[210]

Die drei Seherkinder von Fatima Francesco (Mitte), Jacintha (rechts) und Lucia (links) hatten bei der Marienerscheinung am 13. Juli 1917 eine Höllenvision.

Hier müssen der freie Wille und die Entscheidungsfreiheit in die Überlegungen miteinbezogen werden. Gott respektiert den freien Willen des Menschen in konsequenter Unabänderlichkeit. Die Todsünde[211] des Menschen ist ein aus dem freien Willen hervorgegangenes «Nein».

Daher nimmt Gott das «Nein» des Menschen ihm gegenüber und die Zurückweisung seiner Liebe ernst. *Liebe kann niemals erzwungen werden. Gott wirbt mit unbeschreibbarer Zartheit und Ausdauer um die Liebe des Menschen. Wenn der Mensch ihm seine Gegenliebe nicht freiwillig erwidert, muß alles einseitig bleiben. Der Mensch, der Gott die Liebe bewußt verweigert, schließt sich von seiner Erfüllung in Gottes Liebe aus. Dieser Ausschluß und diese Gottesferne sind die Hölle.*[212]

Insofern haben sich die «Bewohner» der Hölle das Erleben der Hölle selber geschaffen.[213]

Die Frage nach der realen Existenz der Hölle wurde von allen Generationen gestellt.[214] In unserer heutigen Zeit dominiert diejenige theologische Literatur, welche zum Teil vehement die Ansicht vertritt: «Es gibt keine Hölle. Es gibt keinen Satan. Es gibt keine Dämonen.»

Außerdem ließe sich die Existenz einer ewig währenden Hölle nicht mit der Liebe Gottes und der jedem Menschen verliehenen personalen Würde vereinbaren.

Diese Argumente haben bei den Menschen nicht zuletzt deshalb so «überzeugende» Erfolge, weil sie einen *enormen Beruhigungsfaktor* in sich tragen. Wenn es Hölle und Satan nicht gibt, braucht man sein eventuell sündiges Leben nicht zu ändern. Ich brauche keine Furcht vor dem zu haben, was als «Schrecken der Hölle» behauptet wird.

Die Menschen nehmen in allen Lebensbereichen gerne an, was ihrer Selbstberuhigung entgegenkommt. Besonders wenn Theologen den Abschied von Satan und der Hölle als wissenschaftliche Erkenntnis vorstellen und sagen, das Evangelium dürfe keine «Drohbotschaft» sein, ist dies ungemein beruhigend.

Doch alles dies könnte statt beruhigend auch narkotisierend sein. *Letztlich ist nicht unbedingt das wahr, was Theologen in wis-*

senschaftlichen Abhandlungen behaupten, sondern wahr ist, was die Wahrheit ist.

Das Evangelium jedenfalls spricht eindeutig von der Existenz Satans und der Hölle. Die Aussagen von Jesus Christus hierüber lassen sich wohl nur mit dem exegetischen Hintergrund des «Was nicht sein darf, kann nicht sein» in ein anderes Verständnis uminterpretieren.

Schon der Prophet Jesaja spricht im Alten Testament von einem Ort, wo der Wurm nicht stirbt und das Feuer nicht erlöscht.[215] In der Bibel ist über 70 mal die Rede von der Hölle.

Den Evangelisten zufolge hat Christus 25 mal von ihr gesprochen. Christus fordert sogar dazu auf, die Furcht vor der Hölle nicht zu vernebeln: *«Fürchtet euch nicht vor denen, die den Leib töten, die Seele aber nicht töten können. Fürchtet vielmehr den, der Seele und Leib in der Hölle verderben kann.»*[216]

Er kündigt in ernsten Worten an, daß er «seine Engel aussenden» wird, welche alle zusammenholen, die andere verführt und Gottes Gesetz übertreten haben, und «in den Ofen werfen wird, in dem das Feuer brennt»[217]. Die Lehre der Katholischen Kirche rückt nach wie vor nicht von der Aussage ab, «daß es eine Hölle gibt und daß sie ewig dauert»[218].

Obwohl Sterbeerlebnisse immer kritisch hinterfragt werden müssen und entsprechende Aussagen niemals das Zustandserleben unwiderruflichen Gestorbenseins dokumentieren, sei auch auf neuere Publikationen über Sterbeerlebnisse (Reanimation von Patienten mit Herzstillstand) hingewiesen, denen zufolge nahezu die Hälfte der Berichte Wiederbelebter auf die reale Existenz einer Hölle schließen lassen.[219]

Was aber ist die Hölle? Sie ist zunächst *nicht lokal-materiell zu definieren*, sondern bedeutet primär die *«endgültige Selbstausschließung aus der Gemeinschaft mit Gott und den Seligen»*[220]. Wie geschieht eine solche Selbstausschließung? Sie hat etwas mit der zentralen Aufgabe und Bestimmung des Menschen zu tun, sein Leben in die Liebe Gottes einzubringen.

Diese Liebe umfaßt die Gottes- und die Nächstenliebe.[221] Beide stellen eine integrative Verbundenheit dar. Man kann nicht vorgeben, Gott aus ganzem Herzen zu lieben, wenn man den Menschen, sein Geschöpf, nicht liebt.

Man täuscht sich auch, wenn man meint, soziale Zuwendung zum Mitmenschen sei allein in sich vollkommen.[222] *«Wer nicht liebt, bleibt im Tod. Jeder, der seinen Bruder haßt, ist ein Mörder, und ihr wißt: Kein Mörder hat ewiges Leben, das in ihm bleibt.»*[223] So wird das ehrliche Bemühen des Menschen um *Verwirklichung personaler Liebe*[224] in seinem Leben zu einem *wesentlichen Kriterium*, der Gemeinschaft mit Gott würdig zu sein oder sich selbst aus dieser Gemeinschaft aus eigener freier Entscheidung gegen die Liebe auszuschließen. Letzteres aber mündet direkt in die endgültige Gottesferne. Das ist die Hölle.[225]

> *«Die Hölle ist nicht in der Erde, sie ist auf der Erde, in den Herzen der Menschen, und im Jenseits vervollständigt sie sich.»*[226]

Wie diese Hölle aussieht, wo sie sich befindet[227], welches Geschehen sich dort abspielt, ist nur in übergreifenden Aussagen aus der Heiligen Schrift bekannt. Manche Aussagen vergangener Epochen mit zum Teil abstrus anmutenden Details von Folterszenen *müssen zu Recht sehr kritisch hinterfragt* werden.

Satan und die Hölle stellen sich sicherlich nicht als solche Simplifizierungen dar. Dies heißt jedoch nicht, daß die Pein der Hölle, deren zentrales Kriterium die selbstverschuldete Gottesferne ist, eine Erfindung sei.[228] Letztlich bleibt die *Hölle* mit dem, was sie ist und wer ihr verhaftet sein wird, ein *ernstes Geheimnis*, jedoch auch eine *Realität postmortaler Existenz*, welche erst am Ende der Zeiten allen Menschen enthüllt sein wird. «Wir wollen die Wahrheit von der Hölle annehmen, als einen Akt des Glaubens Gott gegenüber und als feierliche Warnung an uns.»[229]

3.5.2. Endgültiges existentielles Scheitern

Die große Gefährdung des Menschen ist sein Hochmut.[230]

Zwar kann der Mensch sich nicht selbst retten. Doch Gott «will, daß alle Menschen gerettet werden».[231]

Dies bedeutet allerdings nicht einen Barmherzigkeits-Automatismus der Heilssicherheit. [232]

Niemand ist von Gott dazu vorherbestimmt, in die Hölle zu kommen.[233] *Aber der Mensch muß sich des Ernstes der Möglichkeit bewußt sein, in seiner ihm von Gott zugedachten Bestimmung der Vollendung in seiner Liebe und Gemeinschaft scheitern zu können.* «Eine Person, die sich der Liebe verweigert – der Liebe der anderen und der Liebe Gottes, die eng miteinander verbunden sind – zerstört den Wesenszug seines Personseins.»[234]

«Könnt ihr gleichzeitig die Wege, die rechts und links bergab führen, gehen?» schreibt Valtorta. «Nein, das könnt ihr nicht, denn wenn ihr den einen Weg einschlagt, dann müßt ihr den anderen verlassen.

Selbst wenn beide Wege nebeneinander verlaufen würden, könntet ihr nicht lange mit dem einen Fuß auf diesem und mit dem anderen Fuß auf jenem gehen. Ihr würdet ermüden und den Tritt verfehlen.

Doch zwischen dem Weg Gottes und dem Weg Satans liegt eine große Entfernung, und sie wird immer größer [...]. So ist es mit dem Leben. Es verläuft zwischen der Vergangenheit und der Zukunft, zwischen dem Bösen und dem Guten.

In der Mitte ist der Mensch mit seinem Willen, einem freien Willen; an den beiden Enden: auf der einen Seite Gott und sein Himmel, auf der anderen Satan und seine Hölle.

Der Mensch kann wählen. Niemand zwingt ihn.»[235] Wer aber sein irdisches Leben höher wertet und mehr daran hängt als an seiner Seele, wird das wahre Leben verlieren. Wir müssen uns aber immer auch ständig bewußt machen, daß die Macht Gottes stärker ist als alle Kräfte des Bösen.[236]

B. Der empirische Befund

4. BEOBACHTBARE PHÄNOMENE DES BÖSEN (BESCHREIBUNG, DEFINITIONEN, SYMPTOMATIK)

4.1. Der authentische Erlebnisbericht: «Als mich Angst und Verzweiflung der Hölle überfielen»[237]

«Ich möchte Ihnen von einem grauenvollen Erlebnis berichten, bei dem eine unheimliche Macht mich zwingen wollte, aus dem Fenster zu springen und mich hinunterzustürzen. Eigentlich war es bereits das dritte Mal in meinem Leben, daß mir so etwas passierte, nur bisher nie in dieser Heftigkeit und Kürze. Bei den ersten beiden Malen blieb mir noch die wahre Ursache der Angstbesetzung verborgen.

Die Ärzte sagten mir, ich hätte eine Depression. Ja, es war ein von Angst durchzogener depressiver Zustand über Jahre hinweg. Aber heute bin ich fest von einer dämonischen Mitverursachung überzeugt. Die Abläufe waren für eine dämonische Vergewaltigung typisch. Bei der letzten Attacke, von der ich anschließend berichten werde, stellte sich der Dämon bloß, seine Maske war gefallen.

Zunächst aber: Was war schon längere Zeit vorher mit mir geschehen? Es war im Jahre 1956, als mich bei meinem Studium an der Universität das erste Mal vollkommen unvorbereitet diese entsetzliche Angst überfiel. Drei Jahre lang litt ich an diesen Beklemmungen. Ich versagte im Examen und mußte das Studium abbrechen. Während dieser Jahre erlebte ich Ängste und Verzweiflung in geradezu höllischer Dichte. Ich greife nur zwei Erlebnisse heraus, die sich unauslöschlich in meine Erinnerung eingegraben haben.

Eines Tages saß ich an meinem Schreibtisch. Plötzlich überfiel mich blitzartig entsetzlich große Angst. Von meiner Gefühlsbelastung her würde ich sie als tiefschwarz bezeichnen. Ich mußte ertragen, wie sie mich so stark abschnürte, daß alles an mir nur mehr Angst und Verzweiflung war. Ich kam mir vor, als ob ich in den letzten Winkel meines Bewußtseins gequetscht worden wäre. Dort harrte ich aus, des Denkens ohnmächtig, verzweifelt und wie eingekerkert. Um mich herum aber war nur mehr dieses Inferno der Angst, etwa eine halbe Stunde lang. Dann löste sich alles ganz langsam auf, und mein Kopf sank erschöpft auf den Tisch, an dem ich mich krampfhaft festgehalten hatte. Der entsetzliche Spuk war vorüber.

Des öfteren erlebte ich in dieser Zeit, daß ich nachts plötzlich aus einem Angsttraum vom Schlaf auffuhr und einen schrecklich unangenehmen brenzligen Geruch in der Nase hatte. Damals dachte ich, mein Geruchssinn stehe unter krankhafter Einwirkung, möglicherweise hatte ich Störungen im Geruchszentrum. Doch heute weiß ich: Mein Geruchssinn war damals völlig in Ordnung. Ich hatte auch im Zimmer gesucht, ob etwas angebrannt sei oder ob von irgendwoher Rauch komme. Das war nicht der Fall. Jahre später fiel es mir wie Schuppen von den Augen, und es wurde mir klar: Es war ein dämonischer Begleitgeruch.

Ein andermal fuhr ich von einem Traum hoch, in dem ich eine starke Ohrfeige bekommen hatte. Ich spürte noch den Schlag im Gesicht. Ich stand auf. Wieder roch es brenzlig. Ich ging an den Spiegel meines Waschbeckens, sah mich an und traute meinen Augen nicht: Auf meiner linken Wange, an der Stelle, wo ich den Schlag gespürt hatte, erblickte ich den geröteten Abdruck einer Hand. Finger waren erkennbar. Damals dachte ich, ich würde langsam verrückt.

Ein zweites Mal traf mich die Angstbesetzung im Jahre 1967. Inzwischen war ich 36 Jahre alt geworden. Wiederum setzte diese undefinierbare Angst schlagartig ein. Jetzt aber verspürte ich ein mich in Panik versetzendes Drängen, aus dem Fenster meines Zimmers zu springen. Um mich davon abzuhalten, rannte ich ins Freie. Ich rief aus einer Telefonzelle einen Nervenarzt an und ging sofort in seine Sprechstunde. Auch er sagte, ich hätte eine Depression. Langsam erholte ich mich. Aber die dunkle Angstphase hielt sich in verschiedenen Tiefen noch einige Zeit. Damals dachte ich auch noch nicht an das, worüber viele Leute heute lachen und es nicht wahrhaben möchten.

Das dritte Ereignis jedoch brachte für mich die Demaskierung. Jetzt wurden mir mit einem Schlag viele Zusammenhänge klar. Gott und die «Mutter der immerwährenden Hilfe» sind mir beigestanden und haben den Dämon gezwungen, sich zu entlarven. Mag mich belächeln, wer da will. Ich danke Gott für die Erkenntnis, die er mir schenkte: Satan existiert. Es gibt Dämonen. Es gibt die Hölle. Ich weiß es, denn sie haben mich gestreift, bedroht und wollten mir ans Leben.

Dieses dritte Ereignis geschah im Sommer 1981. Ich war wieder einmal zu einem Ferienseminar in eine südliche Stadt gefahren. Zwei meiner Töchter begleiteten mich. Ich schlief in einem Einzelzimmer im 2. Stockwerk der Tagungsstätte. Das Ende der Seminarwoche rückte näher. Es war die letzte Nacht dieses Aufenthaltes, als mich das bislang schrecklichste Erlebnis der Angstbesetzung überfiel. Während ich die Nächte vorher ruhig und erfrischend geschlafen hatte, konnte ich in dieser Nacht vor starker innerer Unruhe nicht einschlafen. Ein beinahe schmerzendes Gequältsein der Unruhe hatte mich erfaßt, und ich wälzte mich im Bett von einer Seite auf die andere. Doch es kam kein Schlaf.

Schon war es 1 Uhr nachts, als ich aufstand, um Beine und Arme kalt abzuduschen und mir dadurch etwas Erleichterung zu verschaffen. Kaum hatte ich dies getan und wollte mich abtrocknen, da durchdrang mich schlagartig ein entsetzliches Angstgefühl. Es zentrierte sich in meinem Kopf und trieb eine Verzweiflung in mir hoch, gegen die ich mich nicht wehren konnte. Tiefste Hoffnungslosigkeit senkte sich über mein Denken und Fühlen, bis ich ganz und gar davon durchdrungen war. Das Leben erschien mir plötzlich nur mehr als schwarze Angst und Verzweiflung, die ich nicht mehr zu ertragen glaubte.

Ich wollte laut um Hilfe schreien, aber ich brachte keinen Ton über die Lippen. Und da – plötzlich war es wieder da, nur ungemein heftiger als das erste Mal: Mich besetzte und attackierte ein heftiger Drang, aus dem Fenster zu springen. Er trieb mich zum offenen Fenster meines Zimmers. Und nun wurde der unheimliche Druck übermächtig. In mir hörte ich ständig «Du muß jetzt hinunterspringen! Du mußt! Du mußt!» Ich konnte mich nicht dagegen wehren. Die Angst steigerte sich in Unermeßliche. Ich war ganz konfus. Ich hatte Angst vor der Angst, es zu tun und mich hinauszustürzen. Irgendetwas (oder irgendwer) ließ nicht nach, mich zu drängen, einfach hinauszuspringen, zwei Stockwerke hinab in die Tiefe.

Verzweifelt suchte ich nach einem Ausweg. Niemand war in der Nähe, bei dem ich Schutz hätte finden können. In meiner Not kam mir der Gedanke, einen Arzt zu rufen. Doch es gab kein Telefon. Dann wollte ich zu meinen Kindern. Doch was hätten die vermocht? Ich sagte zu mir: Du darfst sie nicht mit hineinziehen. In mir brach alles zusammen. Was sollte ich tun? Was sollte mit mir geschehen? Wie würden die Menschen reagieren, wenn sie mich als dieses irre, von Angst gejagte Bündel sehen würden? Und was würde wohl aus mir werden, wenn jemand von meiner entsetzlichen und undefinierbaren Angst Kenntnis erhielte?

Während mir alles so durch den Kopf schoß, wurde schon wieder dieser Drang so stark, mich aus dem Fenster zu stürzen. Wieder trat ich ans Fenster. Ich schaute hinaus. Jetzt aber war mir, als ob ich mich plötzlich in einer anderen Zeit befände. Ich nahm in der Nacht draußen Gebäude und eine Mauer wahr, die es in Wirklichkeit dort gar nicht gab. Doch ich sah sie, hoch aufgerichtet wie zum Schutze der Stadt.

Als ich auf diese Mauer blickte und ihren dunklen Schatten bemerkte, durchdrang mich wieder diese bodenlose Hoffnungslosigkeit. Sie war so extrem, daß jeder Funken von Hoffnung in mir abgestorben war. Ich fühlte mich erfüllt und gequält von einem einzigen Gefühl: Alles ist verloren. Es gibt auf dieser Welt nur mehr düstere, tiefe und ewige Hoffnungslosigkeit.

Um der tödlichen Gefahr, aus dem Fenster zu springen, zu entgehen, warf ich mich schließlich in meiner ausweglosen Angst auf das Bett. Ich klammerte mich am Bettgestell und am Kopfkissen fest, um nicht durch das Fenster getrieben zu werden oder einfach aus Angst davonzulaufen. Mit letzter Kraft zentrierte ich meinen ganzen Willen auf den einen Gedanken: «Nicht nachgeben! Nur nicht nachgeben!» Und so hielt ich mich weiter am Bett fest, verkrampft vor Angst, die mich in einem Verzweiflungsgriff des Ausgeliefertseins hielt. Ich habe mir dieses Kopfkissen aufgehoben, an das ich mich damals festkrallte. Ich hatte es selbst von zu Hause mitgebracht. Noch heute erinnert es mich an diese Nacht.

Wie lange ich so gelegen hatte, weiß ich nicht mehr. Ganz langsam flauten Angst und Hoffnungslosigkeit ab. Schweißgebadet fand ich wieder zu mir. Dieser entsetzliche Würgegriff der Angst hatte mich wieder losgelassen. Doch die Nachwirkungen saßen noch tief.

Woher kam dieser mit entsetzlicher Angst verbundene Drang, aus dem Fenster zu springen? *Ich* wollte es ja nicht. Wer aber wollte es? Wer, so fragte ich mich, hat mich in diese entsetzliche Angst hineingestoßen? Wer hat so von mir Besitz ergriffen, daß ich mich nicht mehr wehren konnte, daß ich nicht mehr aus noch ein wußte? Wer hat diese entsetzlichen Angstgefühle in mich hineingepumpt, plötzlich und ohne Anlaß, so daß ich glaubte, die Hölle zu erleben? Wer hatte diesen Würgegriff der Angst bei mir angesetzt und mußte dann doch davon ablassen? Wenn die Hölle allein aus dieser Angst bestünde, ich würde Gott täglich auf den Knien anflehen, mich davor zu bewahren.

Heute frage ich mich: Warum habe ich eigentlich nicht gebetet? Warum habe ich nicht zu Gott gerufen, wo solches doch zu meiner gewohnten Lebenspraxis gehört? Warum habe ich nicht mir nahestehende Heilige angerufen? Warum tat ich es nicht? Ich kann es mir nicht erklären. Im nachhinein gibt es für mich nur eine Erklärung: Ich hatte keine Chance. Ich war unfähig, daran zu denken. Ich war hierzu unfähig gemacht worden.»

Wer die Möglichkeit dämonischer Angriffe auf einen Menschen als indiskutabel zurückweist, wird für diesen Erfahrungsbericht anderweitige «natürliche» Erklärungsansätze liefern, zum Beispiel «Verursachung durch Bewußtseinsstörungen», «neurotische Angstkomplexe» oder «endogen depressive Zwangsbelastung». Wer jedoch einen persönlich flexibleren Zugang zur Erfassung des

Geschehens im Erlebensraum eines Menschen zuläßt und nicht auf ein rein materielles Weltbild fixiert ist, vielleicht weil er selbst empirische Erfahrungen gesammelt hat, wird auch einer außermateriellen und außersinnlichen Realität in seinem Denken Raum geben und in diesem Fall der signifikant hohen Wahrscheinlichkeit des Wirkens nicht natürlicher Kräfte zustimmen.

4.2. Das Wirken des Bösen in der Welt von heute

«Ich sah den Satan wie einen Blitz vom Himmel fallen» (Lk 10,18).

Wenn wir die *Geschichte der Menschheit* durchforschen, so bleibt ganz klar die Erkenntnis, daß im Umgang der verschiedensten Völker miteinander, aber auch im Leben jedes einzelnen Menschen neben einer Fülle des Guten auch Abgründe des Bösen festzustellen sind.[238]

Wir kommen zu dem Ergebnis, daß Menschen, die sich um Werte wie Liebe, Gerechtigkeit, Frieden, Wahrheit, Leben in der Verantwortung vor einem höchsten Wesen bemühten, ihren existentiellen Daseinsvollzug glücklicher erlebten als solche, welche diese Werte mißachteten und statt ihrer Haß, Ungerechtigkeit, Krieg und Zerstörung, Lüge und Mord praktizierten. *Letztere sind Unwerte und Ausdruck des Bösen.* Sie führten noch niemals zu einem guten Miteinander oder einem glücklich machenden Lebensvollzug.

Werfen wir einen Blick auf das kurz vor dem Abschluß stehende 20. Jahrhundert. Es hat im Verlaufe der Geschichte der Menschheit die ausgedehntesten Kriege, die größten Verbrechen gegen die Menschheit, den umfassendsten Raubbau an Gottes Schöpfung, mörderische Ideologiesysteme und haßerfüllte Kirchenverfolgungen gebracht.

«Wir haben den heißen Atem der Hölle verspürt», sagte ein KZ-Häftling. «Der Holocaust», so schreibt Stiefvater, «war doch offensichtlich ein Werk der Hölle, eine Ausgeburt des Bösen. Mit der angeborenen Schwachheit des Menschen, mit seiner armseli-

Auf dem deutschen Soldatenfriedhof Fort de Malmaison bei Laom (Frankreich) sind ca. 12'000 Tote begraben. dpa-Bild, München.

Bewohner von Belfast (Nordirland) fliehen im August 1971 auf einer brennenden Straße vor den britischen Angreifern. dpa-Bild, München.

1991 wurde ein Anschlag auf die Münchner Paulskirche an der Theresienwiese verübt. Ein Seiteneingang und ein Teil der Sakristei wurden zerstört. dpa-Bild, München.

In Mogadischu (Somalia) wurden 1993 zwölf amerikanische Soldaten bei Kämpfen mit den Anhängern des Rebellenchefs Aidid getötet. Die Leiche eines von ihnen wird von Somalis an Stricken durch die Stadt gezogen. Seit Beginn der UNO-Intervention wurden Blauhelme als Geiseln genommen. dpa-Bild, München.

gen Beschränktheit und verständlichen Sündhaftigkeit kann man so etwas nicht mehr erklären.»[239] Und die bestialischen Greuel bei den Kriegswirren in Uganda und Zaire, dem heutigen Kongo, oder im bosnisch-serbischen Bürgerkrieg der 90er Jahre können durchaus als unmenschlich-dämonisch bezeichnet werden.

Trotz aller Aufklärung, aller Wissenschaftlichkeit und allem technischen Machbarkeitsdenken müssen wir feststellen, daß die dominierende Tendenz in der Entwicklung der Menschheit immer noch der Hang zum Bösen ist.

Warum, so fragen wir, sind Menschen bis auf den heutigen Tag nicht fähig, diese Erkenntnis zum Maßstab des politischen, gesellschaftlichen oder auch des individuellen Lebens zu machen?

Warum explodieren bis auf den heutigen Tag Haß, Neid und Zerstörung? Warum müssen uns immer wieder perverse Verstümmelungen, Vergewaltigungen, Mord und Raub in Kriegshandlungen und im menschlichen Zusammenleben innerhalb der Städte dieser Erde schockieren? *Woher kommt all die Perversität und Gewalt? Warum nimmt die Lieblosigkeit so erschreckend zu?*

Es gibt keinen Zweifel: Böses Denken und Tun sind uns immer gegenwärtig. In unserer heutigen Welt gewinnt das Böse ganz deutlich an Einfluß. «All das», so Laurentin, «deutet einen noch nie dagewesenen Gesamtkomplex an.»[240]

Die Umsetzung des Bösen im Verhalten und Handeln zahlreicher Menschen der Gegenwart gewinnt eine Selbstverständlichkeit, die erschrecken läßt. *Dieses Böse frißt sich wie ein Krebsgeschwür in das menschliche Leben.*

Warum ist es da? Warum können es Menschen nicht eliminieren. Warum nehmen sie zwar «Abschied vom Teufel», aber nicht Abschied von bösem Verhalten und Tun? *Irgendetwas stimmt doch hier nicht.*

«Es ist egal», so sagte kürzlich ein bekannter Psychologe im CNN[241], dem amerikanischen Cabel News Network ‹Turner Broadcasting Network›, «ob man an den Teufel glaubt oder nicht. Fest steht: Das Böse ist auf dem Vormarsch.[242] Und es greift auch nach unseren Kindern.» Wir sollten fragen: *Ist es wirklich so egal, ob, beziehungsweise wo, wir nach der Ursache suchen?*

4.3. Produkt des menschlichen Gehirns? Krankheit? Dämonische Einflüsse?

Wir unterscheiden begrifflich und sprachlich *«das Böse»* und *«der Böse»*. Der Böse ist in der sprachlichen Terminologie, wie sie Christus verwendet, identisch mit «Satan». Es handelt sich dabei um ein personales Wesen, eine real als Geistwesen existierende Person. Was den Begriff «das Böse» angeht, so meinen wir damit den Vorgang oder das Produkt eines Verhaltens, Denkens, Tuns oder Handelns mit negativen Absichten, Auswirkungen und Resultaten. So kann «das Böse» ein relativ kleines und einmalig begrenztes Geschehen sein oder auch die Summation ungezählter böser Geschehensvorgänge und Ergebnisse. *Immer aber ist das Böse inszeniert von Personen.*

Es geschieht erst, wenn es in Form von Einstellungen, Bereitschaften, Verhaltensweisen und Handlungsvollzügen durch Personen in Aktion gesetzt wird. Entscheidend für eine ethische Wertung solchen Tuns mit «böse» ist die Frage, ob es mit gezielter, klarer Absicht und aus der Freiheit des Wollens heraus angesetzt wurde. Menschen werden zwar versucht, Böses zu tun, haben aber (in freilich zum Teil recht verschieden gespannten Grenzen) die Willens- und Entscheidungsfreiheit der Zustimmung oder Ablehnung. Inzwischen hat sich im theologischen und kirchlichen Sprachgebrauch eine *unkritische Vermischung zwischen beiden Begriffen* eingenistet. Die Existenz Satans wird geleugnet. Daher ist *«der Böse» sprachlich und begrifflich ein Tabuwort geworden*, das offensichtlich möglichst umfassend eliminiert werden mußte. An seine Stelle ist «das Böse» getreten.

Dieses bewußtseinsmäßige Auslöschen des Bösen als Person hat aber entscheidende Folgen in der Bewertung bösen Handelns durch den Menschen. Gibt es Satan, den «Bösen», und personale dämonische Wesen nicht, entfallen alle Versuchungen, Verführungen, Verblendungen und dämonischen Zugriffe auf den Menschen. *Somit müssen selbst die exzessivsten Haßausbrüche, Vergewaltigungen, Perversitäten und Greueltaten, welche das Weltgeschehen laufend durchziehen, aus dem Menschen selbst kommen.*

Damit wäre der Mensch ein potentielles Monsterwesen. Die totale persönliche wie kollektive Verantwortung, die er für das von ihm produzierte Böse trägt, müßte abgrundtief erschrecken. Doch wir wissen: Der Mensch ist als Gottes Ebenbild geschaffen. Und Gott ist die Liebe. Wie ließe sich so etwas vereinbaren?

Ich kann mich mit einer solchen Version nicht abfinden. Vielmehr habe ich die Erfahrung gemacht, daß jeder Mensch sehr wohl mehr oder minder stark im Sog realer dämonischer Verführungen steht, die im Extremfall die Freiheit seines Handelns nahezu ausschalten können. Daher ist es unrealistisch, «alle Übel auf natürliche Ursachen zurückführen zu wollen.»[243]

Was soll demgegenüber «das Böse» als «Prinzip»? Ein *Prinzip* ist ein *geistiges Konstrukt* und hat aus sich heraus keine lebendige Aktivitätspotenz. *Somit ist es einfach absurd, sündhaft böses Verhalten in die Schuld eines «Prinzips» verlegen zu wollen.* Nochmals: «das Böse» ist Vorgang oder Produkt menschlichen Tuns. Damit es sich ereignet, muß gezielte Aktivität dahinterstehen, die nicht von einem «Prinzip» ausgehen, sondern nur von Personen inszeniert werden kann.

Gott ist Person. Doch von ihm geht niemals Böses aus. Die Engel und Menschen sind Personen. Wenn wir aber erstere einfach hinwegdiskutieren, *bliebe alles Böse, was jemals auf Erden passiert ist und sich noch ereignen wird, ausschließlich in der Totalschuld des Menschen.* Gehen wir jedoch von der Möglichkeit aus, daß der Mensch dämonischen Versuchungen und Beeinflussungen ausgesetzt ist, *reduziert sich seine Schuld auf dasjenige Maß, in welchem Grade er seine Entscheidung bewußt, klar und gezielt in die Strategie des dämonisch angefachten bösen Handlungsgeschehens eingebracht hat.* Doch die Bewußtseinsveränderung der Gegenwart ist ja bereits den Schritt gegangen, alles Transzendente, was mit Gott oder dem christlichen Glauben zu tun hat, als überholt zu bezeichnen. Wer Gottes Realität aber bestreitet, muß zwangsläufig auch der infernalen Realität den Abschied geben. Beides hängt unmittelbar zusammen.[244]

Offensichtlich aber können die Menschen ohne Übernatürliches doch nicht auskommen. Zunehmend ist heute der Trend erkennbar, sich eine mythische Scheinwelt des Aberglaubens zu bauen und davon abgeleitete Phantasiewesen mit Hilfe der modernen Medien (einschließlich Fernsehen, Videos und Internet) sogar schon in das Bewußtsein unserer Kinder zu infiltrieren. Daß sie dabei in ihrer Kitschigkeit oder furchterregenden Häßlichkeit in Kinderseelen Schaden anrichten, ist anscheinend nicht wichtig. Doch damit *wird die wirkliche von Gott erschaffene Realität vernebelt oder ausgeschaltet.* Dies wirkt sich ohne Zweifel psychologisch und pädagogisch negativ und verhängnisvoll auf das Gelingen ihrer Daseinsbewältigung aus.

4.4. Die Gefährdung des Menschen durch dämonische Beeinflussung – Infektion

Wer Böses tut, zerstört die Widerstandskraft seiner Seele und wird vom Bösen infiziert.[245]

Die Eskalation des Bösen ist nicht nur weltweit spürbar. Irgendwann erfährt jeder von uns, wie gefährlich nahe er von Abgründen des Bösen bedroht ist. Es gibt Momente, in denen unvermutet und fast überfallartig Gedanken ins Bewußtsein schießen, über deren bösartige Tendenz man vor sich selbst erschrickt. *Jeder Mensch erlebt immer wieder in seinem Innern Anfechtungen des Bösen.* Wer von uns hat es nicht schon erlebt: das Hin- und Hergerissenwerden in einer Entscheidung zwischen Gut und Böse. Auf der einen Seite steht deutlich das Wissen um die Notwendigkeit und Richtigkeit einer sittlichen Entscheidung zum Guten. Wir erleben die Kraft des Guten, des Hingezogenseins zu einem Verhalten und Handeln, das motiviert wird von der Ausrichtung auf absolute Werte wie Liebe, Güte, Wahrheit, Gerechtigkeit. Aus der Tiefe des Fühlens und Denkens steigen dann Erlebenskräfte auf, die unser Streben auf das Gute ausrichten und unser Wollen auf Gott hinorientieren.

Auf der anderen Seite werden Gedanken und Phantasie besetzt von einem quälenden und dumpfen Gedrängtwerden zum Bösen. Wir versuchen, uns dagegen zu wehren und zu widerstehen. Doch oft ist die Hartnäckigkeit der Attacken erstaunlich. Es gibt kaum einen Menschen, der nicht zuweilen erkennen müßte, wie gefährlich nahe auch er von Abgründen des Bösen bedroht sein kann. Augustinus bekennt dies in aller Offenheit, wenn er sagt: «Es gibt keine Sünde, derer ich mich nicht für fähig hielte.» Aus dem Leben zahlreicher Heiliger wissen wir, wie oft sie massiven Versuchungen dämonischer Art ausgeliefert waren, die ihnen so zusetzten, daß sie sich geradezu von Gott verstoßen vorkamen.[246]

Es gibt keinen Zweifel darüber: *Wir alle stehen ein Leben lang immer wieder im Einfluß von Kräften des Guten und des Bösen.* Wir verspüren ihr Wirken und wissen gleichzeitig nicht, ob wir sie selbst geplant in Aktion gesetzt haben. Wir erleben, daß sie uns nicht in Ruhe lassen und unsere Entscheidung herausfordern. Was aber sind das für Kräfte, denen wir ständig mit unserem Wollen und Entscheiden begegnen müssen, denen wir nachgeben, aber auch widerstehen können?

Wir stoßen hier auf einen *Erlebensbereich des Menschen, dessen letzte Gründe wissenschaftlich nicht erfaßbar sind.* Dies zeigt sich ganz deutlich an solchen Fällen, bei denen der Drang zum Bösen so übermächtig wird, daß der davon betroffene Mensch sich geradezu verzweifelt dagegen zu wehren versucht.

Vor mir liegt ein Brief.[247] Er spiegelt die ungeheure Not einer Bedrohung wider, sich gegen eine Kraft zu wehren, die das Böse und Tödliche geradezu aufdrängt:

«Drei Uhr früh. Ich habe einen solchen Panikanfall von Angst und kann die Traurigkeit und Verzweiflung nicht mehr verkraften. Die Gedanken, mir die Adern aufzuschneiden und von ‹hier› fortzugehen, bedrängen mich so stark, daß ich kaum dagegen ankomme. Es fehlt nicht mehr viel, und ich muß diesem Zwang nachgeben.»

Die Medizin versucht, mit Hilfe verschiedener Erklärungsmodelle, solches als Depression oder Angstpsychose zu diagnostizieren und zu behandeln. Das ist sicherlich medizinisch-fachspezifisch richtig. Doch es ist immer wieder erstaunlich, wie bei manchen Fällen der Hang zum Bösen so starke Durchschlagskraft besitzt. Zudem sind Übergänge zum «normalen», nichtpathologischen Bereich fließend. Und auch hier kann es vorkommen, wie die Berichte zahlreicher Menschen bestätigen, *daß mancher geradezu vom Bösen bedrängt wird, aber nur in Ansätzen dagegen ankommt.*

Diese zutiefst beunruhigende Feststellung, den Drang zum Bösen und die Bedrohung durch das Böse zu verspüren und sich nicht davon befreien zu können, ja immer wieder die Zügel im bösen Tun schleifen zu lassen und vom Bösen hin- und hergerissen zu werden, *ist mit rein medizinischen oder tiefenpsychologischen Analyseversuchen nur unzureichend zu erklären.*[248]

Laurentin berichtet folgenden Fall: *«Ein bemerkenswerter junger Mann, der ins Priesterseminar eingetreten war, sah sich auf einmal mit neuen und unerwarteten Phänomenen konfrontiert.*

Er war versucht, Gotteslästerungen auszusprechen, besonders, wenn er die Kommunion empfing. Sein Leben war innerlich angespannt und aus dem Gleichgewicht geraten. Er litt unter einer allgemeinen erdrückenden Niedergeschlagenheit. An Prüfungstagen brachen sein Gedächtnis und alle seine Fähigkeiten zusammen. Medikamente halfen nichts. Als ich Befreiungsgebete sprach, redete der Dämon durch seinen Mund und wiederholte ständig: «Laß das, er wird das Priestertum nicht erreichen!»

Erst der Exorzismus oder ein adaptiertes Gebet, das aus der Entfernung gesprochen wurde, befreite ihn. Diese Hilfe mußte häufig erneuert werden, besonders vor mehreren Prüfungen. Er wurde geweiht und war innerlich an dieser Prüfung gereift.[249]

Was sind das für Kräfte und Energien, so müssen wir uns fragen, in deren Wirkfeld unser Erleben steht? Werden sie von den Gehirnzellen produziert? Werden sie von verdrängten psychischen Energie-Komplexen bewirkt?

In der wissenschaftlichen Literatur fehlt es nicht an mannigfachen Erklärungsmodellen, vom Freud'schen «Über-Ich» bis zur Bewußtseinsspaltung.

Befaßt man sich näher damit, dann stellt sich heraus, daß solche Erklärungen zwar ausreichen, um echte Krankheitserscheinungen therapeutisch anzugehen, daß aber zahlreiche Erscheinungsweisen im Leben der Menschen, welche Erlebnissituationen in der Konfrontation zwischen Gut und Böse darstellen, damit nicht hinreichend und letztgültig begründet werden können.[250] *Meine Erfahrung bestätigt mir zunehmend, daß der Mensch es immer auch mit Kräften zu tun hat, die nicht von ihm selbst stammen, die ihn aber berühren, bedrängen und manchmal im negativen Sinn so in den Griff bekommen, daß sein «Ich» Mühe hat, sich dagegen zu behaupten.*

Gewissermaßen im Gegenzug bewegen und drängen den Menschen auch Kräfte, die ermutigend und disponierend für das Gute wirken und dem Denken und Fühlen entsprechende Impulse geben. Ein junger Mann erzählte mir folgendes Erlebnis:[251]

«In meiner Studentenzeit wohnte ich in einer Großstadt im Norden Europas. Ich hatte noch keine Erfahrung mit Mädchen. Gespräche mit meinen Freunden motivierten mich, in eines der öffentlichen Häuser zu gehen. Eines Abends wuchs der Drang, dies zu tun, ins Überstarke. Ich fühlte nur mehr den einen Wunsch, dorthin zu gehen, und machte mich auf den Weg.

Kurz vor dem Ziel aber geschah etwas Seltsames. In mein Bewußtsein drängte sich immer intensiver der Gedanke: Kehre um! Tue es nicht!› Ich dachte: ‹Seltsam. Was soll das?› Und wieder kam etwas in mein Bewußtsein. Es legte sich wie das sichere Wissen über mein Denken: Wenn ich umkehre, lerne ich bald ein nettes Mädchen kennen, mit dem ich glücklich verheiratet sein werde. Ich kehrte um. Und ob Sie es glauben oder nicht: Wenig später traf ich auf das Mädchen, das heute meine Frau ist und mit dem ich glücklich verheiratet bin.»

Die beiden oben angeführten Beispiele können selbstverständlich keinen allgemeingültigen Beweis darstellen, daß der Mensch im Kräfte- und Wirkfeld einer «metaphysischen Umwelt» personaler Geistwesen steht.[252] Die Hl. Schrift spricht diesbezüglich deutlich von Engeln einerseits und Dämonen andererseits.

«Aufgeklärtes» Denken versucht heute, solche Aussagen in den Randbereich der Mythologie und der Rückständigkeit zu drängen. Es gibt jedoch ungezählte ernst zu nehmende Erfahrungen von Menschen und Erkenntnisse im Bereich der Humanwissenschaften, die solche Aussagen der Bibel bestätigen.

So stößt man zum Beispiel auf *«äußerliche Belästigungen* (z.B. Pfarrer von Ars), *Teuflische Besessenheit, teuflische Quälereien*[253], *teuflische Zwangsvorstellungen*[254] oder auf *teuflische Verheerungen* (bezogen auf Häuser, Gegenstände oder Tiere)».[255]

In unserer Zeit wächst die Macht des Bösen erschreckend und bricht in die Realität der Menschen ein. Horrormeldungen gehören zum Alltag. Böses und sündhaftes Tun schwillt wie selbstverständlich an und darf sich unwidersprochen ausbreiten.

Liegt der Grund vielleicht in der Tatsache, daß die Realität der metaphysischen Umwelt personaler Geistwesen im religiösen Bewußtsein als eine Randerscheinung abgetan oder gar mit einer Nicht-existent-Erklärung geleugnet wird? Durch die Erbsünde hat der Mensch einen Hang zum Bösen. Daher mißbraucht er immer wieder seine Freiheit auch zum Bösen. «Eine Betrachtung der allgemeinen Menschheitsgeschichte sowie persönlicher Lebensprozesse läßt erkennen», so Groß, «daß der Mensch auf Grund der Verwundbarkeit durch eine generell individualitätsübergreifende Disposition *ständig in der Gefährdung lebt, vom Bösen infiziert zu werden*, da er die entsprechenden Bereitschaften («Hang zum Bösen») hierfür in sich trägt. Diese anthropologische Grundtatsache ist in ihrem vollen Umfang *weder genetisch noch milieutheoretisch zu erklären* und zu begründen.»[256]

Es läßt sich nicht übersehen: Ganz deutlich konzentrieren sich heute die Angriffe des Bösen.[257] Sie werden heftiger, häufiger, raffinierter, gemeiner und treffen bevorzugt vor allem auch jene Menschen, welche für Satans Wirken durch ihren gottesfürchtigen Lebenswandel eine Gefahr darstellen.

Solche Angriffe gleichen aber der immer alten Masche der Versuchung: *«Ich werde dir alles geben, wenn du niederfällst und mich anbetest, wenn du Gott aufgibst.»* In konsequenter Folgewirkung dieser Angriffe erzielt in unserer heutigen Welt das Böse wachsende Erfolge. Seine Umsetzung im Lebensvollzug des Menschen nimmt zu und führt so zu einem Bewußtsein der Selbstverständlichkeit bösen Tuns.

Niemand jedoch sollte einen Menschen verurteilen, bevor er nicht in seiner Haut gesteckt hat. Das schlimmste seelische

Erkältungsvirus steckt in der selbstüberheblichen Diagnose des Verhaltens eines sich in Schwierigkeiten befindenden Mitmenschen. «Demgegenüber steht der Kampf gegen das Böse, das so gewaltig in unsere Gegenwart einbricht. Das Böse provoziert die Sünde. *Sündhaftes Verhalten ereignet sich überall dort, wo die freie Entscheidung des Menschen sich den bösen Einflüssen öffnet und entsprechende Verhaltensdispositionen zum bösen Handeln aktiviert.*

Die daraus entstehende Sünde wiederum zerstört die Harmonie der Psyche und bringt Unordnung in das Seelenleben.»[258] Das heute sogenannte «Böse» ist somit kein undefinierbares Prinzip, keine biogenetische Disposition oder milieubedingte Prägung, sondern vor allem *Ausfluß des Wirkens böser Personalitäten.*[259]

4.5 Infiziertwerden, Vereinnahmung und Belastetsein des Menschen durch Angriffe des Bösen

> *«Ihr habt Satan zum Vater und das Fleisch zur Mutter, als Amme den Hochmut, als Knecht den Haß, als Schatz die Sünde und als Perlen die Laster. In euren Herzen steht geschrieben: ‹Selbstsucht›, und eure Hände sind beschmutzt vom Raub an euren Brüdern. Fort von hier! Weichet von mir, ihr alle, die ihr Werkzeuge der Bosheit seid!»*[260]

Der Mensch ist beim Finden und Verwirklichen seiner existentiellen Bestimmung infolge seiner Schwäche für das Böse verwundbar und gefährdet. *Die Finsternis haßt die Menschenseelen.*[261] Sie will nicht, daß wir die Wahrheit erkennen, durch die wir uns heiligen können.[262] Die Geschichte der Menschheit und ebenso historisch-ethnologische Forschungen zeigen, daß bei nahezu allen Völkern zu allen Zeiten das Phänomen der Infektion, der Vereinnahmung, des Belastetwerdens und der Erkrankung durch Einflüsse böser Wesenheiten bekannt war. Nur das «aufgeklärte» rationalistische und rein auf materialistische Empirie beruhende Denken der modernen Zeit tut dies als magisches

Verhaftetsein in geistigen Frühstadien der Evolution ab. Demgegenüber ist festzustellen, *daß empirisches Forschen immer auch an Grenzen stößt und manche Erscheinungsweisen nicht mehr erklären kann.* Hier wird es doch notwendig, nicht mehr ausschließlich rein sinnlich in Raum und Zeit Erfaßbares als Realität zu werten, sondern auch Außersinnliches in der Raum- und Zeitlosigkeit als existent zu akzeptieren.

Wer die Raum-Zeit-Begrenztheit dieses irdischen Lebens als nicht mehr hinterfragbar erklärt und außersinnlich Existierendes leugnet, kann folgerichtig mit Phänomenen wie Engel, Dämonen oder Visionen nichts anfangen. Er muß sie auf (unserer wissenschaftlichen Forschung nur noch nicht zugängige) rein zerebral bedingte psychologische oder bestenfalls parapsychologische Phänomene reduzieren. *Die Leugnung der Übernatur verhindert das Erfassen der ganzen Realität des Schöpfungsgeschehens und damit menschlichen Erlebens überhaupt.*[263]

Als in den Kriegsjahren des Nationalsozialismus der dämonische Druck dieser Ideologie sich auf das Denken und Leben der Menschen auszubreiten begann, schrieben die Geschwister Scholl: «Wer aber heute noch an der realen Existenz der dämonischen Kräfte zweifelt, hat den metaphysischen Hintergrund dieses Krieges bei weitem nicht begriffen. Überall und zu allen Zeiten haben die Dämonen im Dunkeln gelauert auf die Stunde, da der Mensch schwach wird, da er seine ihm von Gott auf Freiheit gegründete Stellung im ordo eigenmächtig verläßt, da er dem Druck des Bösen nachgibt.»[264]

T. Goritschewa mußte die Realität kommunistischer KGB-Verfolgung, Unterdrückung und Grausamkeiten persönlich erfahren. Sie schrieb über ihre damaligen Erfahrungen: «Die Dämonen waren die ersten, die von Jesus bezeugten, daß er der Messias ist. Mit ihrem Hellsehen erkennen sie die Wahrheit, die tiefer liegt als die empirische Wahrheit. Die KGB-Leute haben den Instinkt des falschen Geistes. Die KGBler sind am meisten versklavt. In ihrer Seele ist alles Menschliche abgestorben. An ihren Gesichtern konnte ich ablesen, daß sie keine Menschen mehr sind. Man muß zwar nicht die These vertreten, sie wären verkörperte Dämonen, aber es ist nicht daran zu zweifeln, daß sie sich im Grenzbereich der Unterwelt befinden.»

Bekannt ist ein Ausspruch von Papst Paul VI. «Ich habe den Eindruck», so sagte er, «daß durch irgendeinen Spalt der Rauch Satans in den Tempel Gottes eingedrungen ist [...] *Wenn Christus so häufig im Evangelium diesen Feind des Menschen erwähnt, dann erkennen wir darin etwas, das der Natur fremd ist, das in die Welt gekommen ist, um Verwirrung zu stiften*, die Früchte des ökumenischen Konzils zu zerstören und um die Kirche daran zu hindern, den Freudenhymnus anzustimmen, indem es Zweifel, Ungewißheit, Problematik, Unruhe und Unzufriedenheit sät. *Die Wirklichkeit des Bösen ist nicht nur ein Mangel, sondern eine wirkende Macht, ein lebendiges geistiges Wesen, das pervertiert ist, selbst pervertiert: eine furchtbare, geheimnisvolle und beängstigende Wirklichkeit. Wer sich weigert, diese Realität anzuerkennen, verläßt den Boden der biblischen und kirchlichen Lehren* [...] Der Dämon ist der Feind Nummer eins, er ist der Versucher schlechthin.

Wir wissen, daß dieses finstere, verführerische Wesen wirklich existiert und nicht aufhört, seinen Einfluß auszuüben. Er ist der listige Zerstörer des moralischen Gleichgewichtes des Menschen, der heimtückischen Verlockung, der es versteht, in uns einzudringen, über die Sinne der Phantasie, der Begierde, utopische Logik oder ungeordnete soziale Kontakte, Irrtümer zu verbreiten.»[265]

«Wohl nie in der Weltgeschichte war es so wahr wie heute», schreibt J. G. Raupert, «daß sich der Satan in einen Engel des Lichtes verwandelt und oft sogar die besten und klügsten unter den Menschen verführt.»[266] *Die schlimmste Irreführung aber ist die Leugnung, daß der Mensch «in eine Entscheidung gestellt ist, daß es ein Gericht und daß es eine Hölle gibt.»*[267]

Eine besondere Kategorie der Infektion durch Einflüsse des Bösen stellt der Kontakt mit okkult-satanistischen Praktiken oder die (auch unfreiwillige) Vereinnahmung im Zusammenhang mit Satanskulten dar. Hierbei ergibt sich immer wieder der Persönlichkeitsbefund massiver psychischer Zerstörungen und seelischer Verwüstungen.[268]

4.6. Die Leugnung Satans als Realität und personale Wirklichkeit («Abschied vom Teufel»)

«Der Teufel! Ja, es gibt nicht nur das Böse, es gibt den Bösen» (Alfred Delp[269]).

«Die Einflüsse», so schreibt Laurentin, «die darauf abzielen, die Existenz des Teufels und die Legitimität des Exorzismus zu bestreiten, kommen hauptsächlich aus dem Lager *rationalistischer Ideologien*, die ihre Namen verbergen.»[270] 1969 wurde dem Teufel durch eine Theologenschrift der «Abschied» gegeben.[271] *Die heutige Theologie tut sich schwer, real existierende personale Geistwesen in ihren interpretativen, mythologischen und zeitbedingten Linien wissenschaftlicher Aussagen anzunehmen.*[272] Paulus, so sagt man, sei es noch möglich gewesen, den Teufel in seinem Weltbild unterzubringen. Aber aufgeklärtes Denken im beginnenden 21. Jahrhundert hat für ein derartiges mythisches Phantasiemodell kein Verständnis mehr.

Hier wird die Hypothese vertreten, daß es keinen Teufel gibt, weil er nicht mehr in unser heutiges Weltbild paßt.[273] Es gibt in dieser Denkschablone nicht mehr *den* Bösen, sondern nur noch *das* Böse, sei es als in der Evolution immanentes «Prinzip» oder als Ergebnis eines sozialkonträren Verhaltens. Satan ist damit nicht «jemand», sondern «etwas».

Dies ist dann «der mythologische Ausdruck einer Abstraktion und ein selbsterzeugtes Alibi, das uns dazu dienen soll, unseren Mißerfolgen und Niederlagen auszuweichen, indem wir das Ergebnis unserer unverantwortlichen Verirrungen oder das Zusammentreffen unglücklicher Zufälle auf ein zu Diensten stehendes «Teufelchen» projizieren»[274].

Damit gilt die reale Existenz eines personalen Wesens als Wollens- und Wirkzentrum, welches mit Absicht plant und aktiv ist, als «überwunden» und «veraltet». Übrig geblieben ist nur mehr etwas nicht Greifbares, ein neutrales «Böses».[275] Hinzu kommt die geradezu einem *wissenschaftlichen Minderwertigkeitskomplex* gleichende Befürchtung, innerhalb der universitären Forschungsbereiche *mit zu wenig Empirie aufwarten zu können* und daher nicht ernst genommen zu werden.

So hat die Universitätstheologie in den letzten Jahrzehnten immer wieder versucht, zum Beispiel Methoden der modernen Naturwissenschaften auch auf die theologische Forschung anzuwenden. Daß sie dabei *an für die Theologie bedeutsamen und zentralen Forschungsgegenständen scheitern muß, welche empirisch nicht meßbar und auf systematisch reproduzierbare Sinneswahrnehmungen nicht anwendbar sind,* ist selbstverständlich.[276]

Anstatt aber weiterhin mit den bedeutenden Forschungs- und Erkenntnisansätzen theologischer Tradition das rein empirisch nicht erfaßbar Transzendente zu untersuchen und zu reflektieren und die naturwissenschaftliche Empirie auf das in der Theologie tatsächlich Erforschbare zu begrenzen, *wurden ganze religiöse Glaubensbereiche auf die Seite geschoben, die einfach nicht empirisch beweisbar sind.*

Hierzu gehören eben auch Engel, Satan, Dämonen und Hölle. Es wundert nicht, daß man dabei auch Gott nicht ausgenommen und ihn mit Hilfe psychologischer Konstrukte ins Mythische abgeschoben hat. «Die raffinierteste List des Teufels ist», so sagte Baudelaire, «euch zu beweisen, daß es ihn gar nicht gibt.»[277]

«In der Moderne», so Laurentin, «besteht Satans größter Erfolg darin, daß er sein unmittelbares Wirken, das zur Angst vor dem Teufel führte, durch ein anonymes, unsichtbares und damit beruhigendes Wirken ersetzt hat; ein Wirken, das sich lautlos immer weiter in das soziale Geflecht hineinarbeitet, ohne daß es die «Unterschrift» des Herrschers dieser Welt trägt.»[278]

Um Aussagen zur Realität der Person Satans und seines dämonischen Wirkgeflechts als veraltete und durch nichts gestützte Hypothese zu entkräften, wird heute der Argumentationsansatz der Mythologisierung und Interpretation ins Feld geführt. Dabei werden einesteils «archetypische» Bilder vorgeschoben, die nach der Modellvorstellung zum Beispiel von C. G. Jung in einem Urgrund der Tiefenpsyche des Menschen verborgen gespeichert und als «Kollektives Unbewußtes» der Menschheit weitervererbt werden. Dazu gehören auch Satan, Dämonen und personifizierte böse

Kräfte. Tiefenpsychisch interpretiert würde das heißen, daß es die Realität Satans nicht gibt, sondern daß sich das Böse in der Menschheitsgeschichte in einem psychologischen Urmythos verdichtet, der in der Tradition der Völker als Personifizierung mit verschiedenen Bezeichnungen auftritt.

So seien eben auch die Bezeichnungen Satan, Luzifer, Teufel, Dämonen in den Text der Bibel geraten. Daher müßten alle diese Stellen vom mythologischen Ansatz her interpretiert werden. Die Worthülse «Teufel» wird zwar noch verwendet, der damit verbundene Inhalt ist jedoch kein personales Wesen, sondern ein mythologisches Konglomerat des Bösen, ein böses Prinzip. Man sagt «Teufel», meint aber «das (abstrakte) Böse».

Diese Argumentationskette ist raffiniert und für viele Menschen überzeugend, da sie beruhigend wirkt. Als Beweis für die Nichtexistenz Satans werden (sicherlich erforschbare) Mythen verwendet, die sich im «kollektiven Unbewußten» der Menschheit eingegraben haben, weil über Jahrtausende hinweg das von den Menschen als unheimlich und erschreckend erlebte «Böse» sich dort als Urerfahrung verdichtet habe. Damit ist jedoch *die Frage nicht beantwortet, woher dieses «Böse» schon immer kam und weiter kommt.* Auf den Punkt gebracht heißt dies: Eine mögliche mythische «Verdichtung» des Bösen im Unbewußten der Menschen, welches mit der Begriffshülle «Teufel» verbunden wird, ist das *Ergebnis* erlebter böser Kräfte und nicht deren *Ursache.*

Worin liegt dann aber die Ursache dafür, daß Menschen schon immer böse Kräfte erlebten? Da bietet es sich doch an, daß (wie es die Bibel klar und deutlich formuliert) Satan und seine Dämonen real existieren und ihr böses Wirken sich als mythische Grunderfahrung im «kollektiven Unbewußten» eingegraben hat.

Wer die Existenz Satans als personales Wesens leugnet, muß entweder irgendein «Prinzip» zur Ursache des Bösen deklarieren oder alle bösen und perversen Motive und Kräfte in den Menschen selbst verlegen. Damit aber wird der Mensch zu einem potentiellen Monster. Ein solches kann er aber nur sein, wenn er sich aus einer anonymen, gottlosen «Evolution» dazu entwickelt hat oder wenn Gott ihn so erschaffen hat.

Wer an Gott glaubt, der die Liebe und Güte ist, kann beide Versionen nicht akzeptieren. Ist damit der atheistische Kern theologischer Mythologisierungstendenzen eigentlich nicht schon entlarvt?

Eine andere Methode, Menschen lächerlich zu machen, die von der personalen Existenz Satans sprechen, ist die Unterstellung, sie würden an Fabelwesen mit Hörnern, Schwänzen, Bocksfüßen etc. glauben.[279] Derart geistige Unbedarftheit braucht keine Widerlegung. Satan und Dämonen sind personale Geistwesen. Ihr Wirken bedarf keiner Verkörperung des Personseins. Es ist in seiner Boshaftigkeit, Haßerfülltheit und Raffinesse unheimlich genug. *Sich mit billigem Aufklärungsgehabe darüber lustig zu machen, zeugt von Realitätsferne und Erfahrungsdefizit.*

Es kommt hinzu, daß die offensichtliche Zunahme von Satans-Sekten, okkult-satanistischen Zirkeln und Praktiken, die innerhalb einer Grauzone im Vorbereich satanistischer Zeremonien und Einbindungen stattfindet, nicht so einfach wegzudiskutieren ist. Das Faktum steht. Nun kann man sich auf den Standpunkt stellen, diese Erscheinungsweise gehöre ausschließlich zum Sektenwesen und sei von dieser Perspektive aus zu werten.

Aber gerade in der okkultistischen Satansszene werden im Namen Satans Mädchen, Jungen und Frauen in rituellen Praktiken sexuell auf perverse Art mißbraucht. Dies kann man nicht einfach als «sektiererisch» abwiegeln. Wer jemals Erfahrungen aus den Berichten von Mitgliedern solcher Sekten und von mißbrauchten Menschen gewonnen hat, der bringt es nicht mehr fertig, Satan und Dämonen einfach als «symbolische Konstrukte» menschlichen Denkens zu verharmlosen. *Was hier geschieht, kann nicht nur «kranken menschlichen Gehirnen» entspringen, sondern ist Ausdruck und Ergebnis dämonischer Infiltration oder zumindest satanischer Umklammerung der betreffenden Täter.*

Ich möchte jene Theologen, die allein aus ihrem theologischen Denkmuster des «Es kann nicht sein, was meiner Denkweise nicht entspricht» Abschied vom Teufel nehmen, auffordern, einmal der Perversität und Grausamkeit dieser Realität ins Auge zu sehen. Ich denke, sie haben sich noch kaum damit befaßt, welchen langen und mühsamen therapeutischen Weg vom Satanskult betroffene Opfer gehen müssen, bis wenigstens die schlimmsten Verletzungen so weit vernarbt sind und das Leben wieder angenommen werden kann.

Es ist leichter, am Schreibtisch eine theologische Theorie zu konstruieren, worüber die Öffentlichkeit und die Medienwelt Beifall klatschen, und sich selbstzufrieden in Ruhm zu sonnen, als hautnah miterleben zu müssen, daß Satan Realität ist und von seiner Intelligenz her Denkweisen okkupieren und diese sich skrupellos, gnadenlos und raffiniert zunutze machen kann.

Wer jemals mit Erlebnissen und seelischen Verwüstungen von Opfern bei Satansmessen, satanistischen Zirkeln oder entsprechend sexuell-perversen Quälereien konfrontiert wurde, *nimmt die theoretischen Konstrukte eines «Abschieds vom Teufel» nicht mehr ernst und erschrickt über die ihnen zugrundeliegende gefährliche Naivität «liberal-aufgeklärten konservativen» Denkens.*

Nach Auffassung rationalistisch-materialistischer Weltanschauungskonzepte sind auch Engel und Dämonen keine real existierenden Wesen, sondern Symbole für «Gut» oder «Böse».

In weiten Teilen der Theologie hat der Rationalismus das Feld besetzt.[280] Der damit vorgenommene Kahlschlag trifft außergewöhnliche Ereignisse ebenso wie Wunder, Anwesenheit von Heiligen oder außersinnliche Erscheinungen. Alles dies wird *nicht mehr mit Dankbarkeit wahrgenommen*, sondern *mit Mißtrauen bedacht*. Es wird «ohne Prüfung abgelehnt.»[281]

Diese Leugnung personaler Geistwesen wie Satan oder die Dämonen führt zwangsläufig auch zur Nicht-existent-Erklärung personaler Geistwesen, wie es die Engel sind, und letztlich (im Verbund mit einer rein materialistischen antitranszendenten Sichtweise der Welt) zur Leugnung Gottes. Es heißt dann lapidar: «Gott ist tot.»

Für eine Welt, welche Unwerte des Hedonismus, gottloser Freizügigkeit und egoistisch-moralischer Autonomie sich zu eigen gemacht hat, «bleibt die Vorstellung eines auf totale Zerstörung ausgerichteten Bösen kaum noch Platz»[282]. So aber wird sie unfähig, «die Existenz eines objektiven, persönlichen und unversöhnlichen

Bösen anzunehmen»[283]. Und trotzdem ist «der Dämon heute ganz besonders aktiv, um die Menschen zu quälen»[284].

> *«Die Macht des Teufels ist dort am größten, wo man nicht mehr an ihn glaubt» (Augustinus).*

Empirisch gewonnene Erfahrungen vom menschlichen Verhalten, von Masseneskalationen der Gewalt, des Terrors, der Vergewaltigung oder der Praxis von Satanskulten müssen zum Ergebnis führen, daß Satan keinesfalls ausschließlich eine sprachliche Umschreibung für ein böses Prinzip sein kann und auch keine undefinierbare Urmacht in der Entwicklung des Weltgeschehens.

«Der Teufel und die anderen bösen Geister», so sagt das vierte Laterankonzil, «sind von Gott ihrer Natur nach gut erschaffen, aber sie sind durch sich selbst schlecht geworden.» *Die Wirklichkeit des Bösen sei «eine wirkende Macht, ein lebendiges geistiges Wesen, das pervertiert ist, selbst pervertiert: eine furchtbare, geheimnisvolle und beängstigende Wirklichkeit»*[285].

Ausgerechnet Christen scheuen sich (offensichtlich als Folge jahrzehntelanger theologisch-pastoraler Desinformation) allzu leichtfertig vor der Auseinandersetzung mit dem personalen Bösen. Viele von ihnen wollen die Existenz des Teufels und der Dämonen nicht mehr anerkennen.

Die einen machen den Glauben an die Existenz des Teufels als einen mittelalterlichen Mythos lächerlich.[286] Andere wiederum betrachten den Teufel als ein archetypisches Symbol alles Bösen, dessen die Menschen fähig sind, oder als eine Ausrede, mit der man die persönliche Verantwortung für sein Tun nicht mehr zu übernehmen braucht.

So ist Satan, «bestens abgeschirmt durch so viel Unglauben und Unwissen, in der Lage, die Geschicke der Kirche gründlich zu verwirren und die Menschen dazu zu bewegen, sich selbst zu ruinieren»[287]. Ganze Bereiche christlichen Lebens «werden auf diese Weise lahmgelegt»[288].

Christen können sich die Feindseligkeit Satans nicht mehr vorstellen, weil «das hohe Ansehen von Werten wie Verständnis,

Dialog, Kompromiß und persönliche Toleranz innerhalb der westlichen Welt» in ihrem Denken dominiert.[289]

> *«Die Geschopfe mogen vom Fürsten des Bösen befreit werden, von dem alle Verbrechen, aller Götzendienst, alle Sünden, Versuchungen und Irrtümer der Geschöpfe herrühren. Befreie sie, o Herr, von dem schrecklichen Fürsten, auf daß sie zum ewigen Lichte kommen können.»*[290]

Konkrete und eindeutige Erfahrungen veranlassen Scanlan/Cirner zu der Aussage: «Wir sahen uns mit einem bösartigen persönlichen Wesen konfrontiert[291], das nicht nur Gott selbst vollständig feindlich gegenübersteht, sondern auch dem Gottesvolk und Gottes Absichten mit der Welt.»[292]

Der Exorzist und Satansforscher Balducci bescheinigt unserer Zeit «eine neue Art der Gottesferne». Schuld daran seien nicht die Atheisten mit ihrer Parole «Gott ist tot», sondern die Theologen mit der unhaltbaren Behauptung «Der Teufel ist tot». Dringend notwendig sei ein Dogma «Über die Existenz des Teufels».[293]

In seinem Buch «The Satan Seller» bekennt M. Warnke, daß er eine Zeitlang in den USA Priester einer Satanssekte war, aus der er nur unter Lebensgefahr entkommen konnte. Er schreibt: «Der Gedanke ging mir durch den Kopf, daß viele Leute, die nichts mit Zauberei und Satansdienst zu tun haben, nicht einmal an Dämonen glauben. Viele Leute weigern sich zu glauben, bis sie selbst etwas sehen oder fühlen.[294]

Wenn irgendein Skeptiker bei unserer Zeremonie dabei gewesen wäre, hätte er sich bis zum Ende derselben in einen überzeugten Gläubigen verwandelt.»[295]

Die Menschen der Gegenwart wiegen sich in einer gefährlichen Selbstsicherheit diabolischer Nicht-Existenz. Sie haben aus den Greueln des letzten Krieges und der Gewaltdiktatur des Nationalsozialismus nicht einmal den Verdacht gezogen, daß dabei haßerfüllte Einwirkungen real existierender dämonischer Kräfte am Werke gewesen sein könnten.

Eine weit um sich greifende Bewußtseinshaltung innerhalb der Christen der Gegenwart geht nicht mehr davon aus, daß «die Existenz von Dämonen eine christliche Glaubenswahrheit ist»[296].

Für den Christen ist sie aber eine Offenbarungswahrheit, und die Bibel sagt uns, daß solche Wesen existieren. *Es ist Zeit, Abschied vom «Abschied vom Teufel» zu nehmen, denn es ist letztlich eine «Gefährdung des Glaubens», die Existenz des Teufels zu leugnen»*[297]. Es wäre «Satans größter Erfolg, wenn möglichst viele Menschen, weil sie sich für aufgeklärt halten, seine Existenz leugneten»[298].

> *«Der Welt, die Satan leugnet, weil sie schon so von ihm besessen ist, daß sie seiner nicht einmal mehr gewahr wird, die ihn aufgenommen und zu einem Teil ihrer selbst gemacht hat, zeige ich, daß Satan existiert. Ewig und immer gleich sind die Mittel, die er anwendet, um euch zu seinen Opfern zu machen.»*[299]

4.7. Dämonische Angriffe und dämonischer Befall

Die Zahl der Dämonen, der gefallenen Engel, ist unbekannt, dürfte aber ein riesiges Ausmaß haben. Da die Engel hierarchisch geordnet sind[300] und diejenigen Engel, die gefallen sind, aus allen Gruppierungen kommen, ist anzunehmen, daß auch Dämonen den Rang bewahrt haben, den sie einstmals hatten, und durch eine strenge Hierarchie einander untergeordnet sind.[301]

Dementsprechend würden dann Dämonen *verschiedene Aufgaben in der Beeinflussung der Menschen, sozialer Gruppen, bestimmter Personen oder ganzer politischer Systeme übernehmen.*

Ihre Angriffe und die dadurch erzielten Ergebnisse äußern sich im dämonischen Befall. Es gibt eine große Variationsbreite dieses Befalls. Da werden zum Beispiel menschliche Schwächen raffiniert und schamlos ausgenützt, menschliche Begierden unlenkbar angefacht[302], Widerstände gegen Gott, Religion und Kirche aufgebaut, falsche Leidenschaften wie Haß, Neid, Egoismus, Hochmut geschürt, Menschen Gefühle des Selbsthasses und der

Selbstentfremdung infiltriert oder eigenes und fremdes Leben verflucht. Manchmal versuchen von dämonischem Befall Betroffene, den Vulkan des Bösen in ihrem Innern vor ihrer Umwelt zu verbergen, indem sie sich nach außen ruhig, objektiv und scheinbar gutgesinnt geben. Der Volksmund sagt von solchen Menschen, daß sie «zwei Gesichter» haben.

Steht jemand unter dämonischer Belastung, bezeichnet man dies auch als *«Dämonopathie»*. Darunter versteht man «Leiden auf Grund eines diabolischen Einflusses, bei denen jede übliche Arznei sich als wirkungslos erweist»[303].

Diabolischer Befall steht von der symptomatischen Wirkintensität her weit unter der Symptomatik einer Besessenheit. Er wird «durch einen Dämon hervorgerufen, der für physische oder psychische Störungen sorgt, die auf keine medizinische Behandlung ansprechen»[304]. Im Leben der Opfer ist oftmals eine normalerweise nicht erklärbare Kette von Unglücksfällen nachzuweisen. Liegt eine echte Dämonopathie vor, hat die ärztliche Schulmedizin kaum Möglichkeiten zu echter Abhilfe. Erfahrungsgemäß wird dies jedoch kaum offen zugegeben.[305]

> *«Wo keine Zustimmung in der Versuchung ist, gibt es keine Sünde. Es ist schon Sünde, wenn man, auch ohne die Tat auszuführen, der Versuchung soweit nachgibt, daß man sie betrachtet. Es ist eine läßliche Sünde, aber es ist schon der Weg zur Todsünde und bereitet sie vor. Denn die Versuchung wirken zu lassen und in Gedanken bei ihr zu verweilen, im Geist die Phasen einer Sünde zu verfolgen, bedeutet, sich selbst zu schwächen. Satan weiß dies, und daher greift er mit immer neuen Flammen in der Hoffnung, daß eine von ihnen eindringt und wirkt. Danach ist es leicht zu erreichen, daß aus dem Versuchten ein Sünder wird.»*[306]

• **Tagebucheintragung: «Ist er wieder da?»**[307] *«Ist er wieder da? Vor drei Nächten packte mich eine starke nächtliche Unru-*

he. Nach quälendem Halbschlaf wachte ich auf, und da war sie wieder, diese gräßliche Angst destruktiver Hoffnungslosigkeit.

Sie dauerte nur etwa fünf Minuten. Aber das war schon mehr als genug. Ich hatte so gehofft, niemals mehr so etwas erleben zu müssen. Es ist wieder vorbei, und ich will Gott auf den Knien dafür danken.»

Belastetsein durch Dämonen ist in der Regel nicht einfach zu erkennen. Ihre dem Menschen weit überlegene Intelligenz äußert sich vor allem in der Täuschung. Exorzistisch erfahrene Priester rufen manchmal sensitiv oder hellseherisch veranlagte Personen zu Hilfe. Erstere «fühlen», letztere «sehen» Zusammenhänge mit möglichen okkulten Belastungen.

«Einige», so schreibt Amorth, «spüren sofort etwas Eigenartiges, sobald sie Besessene oder Betroffene sehen oder sich in ihrer Nähe aufhalten. Manchmal fühlen sie sich krank, wenn sie solchen Personen nahe sind. Manchmal sehen (oder spüren) sie die Negativität und beschreiben sie.

Meist genügt es schon, ihnen eine Fotografie, einen Brief oder einen Gegenstand in die Hand zu legen, welcher der verdächtigten Person gehört, um eine Antwort zu bekommen [...]. Sie weisen auf verwünschte Gegenstände hin, die verbrannt werden müssen [...]. Aber manchmal erforschen sie das Leben einer Person und stellen mit erstaunlicher Genauigkeit fest, in welchem Alter sie verwünscht wurde, wie und zu welchem Zweck es gemacht wurde, und welche Störungen sie gehabt hat. Gelegentlich entdecken sie auch den Verursacher.»[308]

Es ist sehr schwierig, sehr oft unmöglich, körperlich oder psychisch bedingte Schwankungen des Fühlens und Empfindens von zum Beispiel phasenspezifisch leicht krankheitsbedingten, hormonell bewirkten oder individuellen biorhythmischen Schwankungen des Lebens von Belastungen dämonischer Herkunft zu unterscheiden. *Die Auswirkungen im persönlichen Erlebensbefinden gleichen sich oft oder überlagern sich.*

Es muß daher davor gewarnt werden, prinzipiell und exklusiv nur eine einzige Möglichkeit anzunehmen. Sicherlich sind Belastungen nichtdämonischer Art die Regel. Wo aber die Unerklärlichkeit offenkundig wird und Befindlichkeiten rätselhaften Charakter annehmen, sollte einseitig materielles Denken auch andere Möglichkeiten zulassen.

Die folgende Tagebucheintragung stammt von einem im Leben nüchtern denkenden Mann und ist mit Krankheitserscheinungen zumindest allein nicht zu erklären.

• **Tagebucheintragung: «Die Planung ist meisterhaft»**[309] *«Ich spüre es: ein Generalangriff läuft. Die Planung ist meisterhaft, die Raffinesse ausgefeilt. Hinzu kommen die massive Besetzung meines Gemütszustandes und die Kurzschaltung des Denkens. Dämonische Kräfte vermögen es, einen Menschen bis hin zur Ohnmacht des Wollens zu fesseln. Sie können im wahren Sinne des Wortes Besitz ergreifen.*

Wer davon besessen ist, dessen klare Entscheidung ist stark dezimiert. Wer könnte da überhaupt noch beurteilen, wie schuldig jemand in Wirklichkeit ist? Allein Gott kennt bis ins einzelne genau das vorhandene Quantum an Schuld. Er kennt den Zustand eines Menschen besser als dieser selbst. Was aber soll man tun, um den massiven Angriffen der Dämonen zu entkommen?»

Dämonischer Befall kann auf verschiedene Weise verursacht werden. Oft bildet ein Einfallstor die Teilnahme an *Wahrsagepraktiken*[310], *spiritistischen Sitzungen* oder an *satanistischen Kulten.*[311] Diese breiten sich heute weltweit aus. Menschen, welche sich entsprechenden Riten und Anrufungen unterziehen, sind besonders stark gefährdet, nicht nur in Bezug auf ihre psychische Gesundheit, sondern hinsichtlich echter Dämonopathie.[312]

4.8. Strategien der Versuchung und Verführung

«Die ganze Geschichte der Menschheit durchzieht ein harter Kampf gegen die Mächte der Finsternis, ein Kampf, der schon am Anfang der Weltzeit begann und nach dem Wort des Herrn bis zum letzten Tag andauern wird. Der einzelne Mensch muß, in diesen

Streit hineingezogen, beständig um seine Entscheidung für das Gute kämpfen, und nur mit großer Anstrengung kann er in sich mit Gottes Gnadenhilfe eine eigene innere Freiheit erreichen.» [313]

Dämonische Kräfte verstehen es sehr gut, «sich in die Seelen einzuschleichen und sie aus dem inneren Gleichgewicht zu bringen»[314]. Selbstverständlich ist nicht jedes negative oder krankmachende Erleben auf Einflüsse des Bösen zurückzuführen.

Dennoch können psychisch-geistige Attacken dämonischer Art den dominierenden bis ausschließlichen Verursachungshintergrund darstellen. Mitunter *überschneiden und überlagern sich beide Ursachenkomplexe.*

Strategien des Bösen bevorzugen sinnliche Versuchungen im Essen, Trinken, Habenwollen, im Stolz und in der Eitelkeit oder im sexuellen Begehren und nützen dabei geschickt vorhandene Dispositionen oder ungeordnete Neigungen aus.

Hinzu kommen Blockierungen der Motivation und des Lebensantriebs. Bei Betroffenen lösen diese Mutlosigkeit, Entschlußunfähigkeit, depressives Zwangsdenken und Stimmungsgrundlagen der Hoffnungslosigkeit aus. Umsessenheits- und Besessenheitsattacken gehören zu den massivsten und übelsten Vereinnahmungsstrategien des Bösen.

Nach Laurentin sind diabolische Attacken und Einflußnahmen darauf gerichtet, den Menschen einesteils zur «gefährlichen Unklugheit der Abenteurer» zu verführen, anderenteils ihn durch eine «Trägheit der ineinander gelegten Hände» zu lähmen.[315]

Der Philosoph H. Beck spricht davon, daß Engel und Dämonen geistig formenden Einfluß auf die Menschen haben, die Engel im positiven, die Dämonen im negativen Sinn. Dieser Einfluß, so Beck, ist «nicht determinativ (den Menschen unweigerlich festlegend), sondern dispositiv (ermöglichend, begünstigend)».[316].

Es bleibt für den Menschen immer ein Einwilligungs- oder Entscheidungsraum. Je nachdem, ob solche auf den Menschen treffende Impulse guten oder bösen Ursprungs sind, wirken sie sich für den davon Betroffenen «entweder durch Aufhellung und

Erleuchtung oder Verfinsterung und Verwirrung (Diabolos), entweder durch Führung (Schutzengel) oder Verführung, entweder durch Ermutigung und Stärkung oder Entmutigung, Ängstigung und Lähmung bis zur Vergewaltigung und zeitweisen Verdrängung des Ich»[317] aus. Die Tendenz läuft nicht selten analog einer «schrittweisen Einwilligung des betroffenen Menschen zum Guten oder Bösen», so schreibt Beck.

Sobald man also in Böses einwilligt, verliert man immer mehr über sich die Kontrolle und erlebt sich «wie von einer höheren Gewalt fortgerissen».

Die guten, gemäß den göttlichen Schöpfungsideen Einfluß nehmenden Engel begünstigen «sinnvolle Entwicklungen der Natur und verantwortliche Entscheidungen des Menschen und wirken so befreiend»[318], schreibt Beck.

Die bösen, von Gott abgefallenen Engel, die Dämonen, «wirken auf sinnwidrige Entwicklungen und Entscheidungen hin und respektieren so nicht die selbstverantwortliche Freiheit des Menschen».[319] Dies kann so weit gehen, daß Phänomene wie Umsessenheit oder Besessenheit auftreten, von denen die Literatur einschließlich der Bibel Beispiele liefert.[320]

Der Mensch ist «nie ganz bei sich selbst und seiner selbst mächtig», sagt Beck, «und daher versuchbar, für Sinnwidriges anfällig und zu bösen Handlungen disponiert. Es liegt an uns, unserer metaphysischen Umwelt um uns bewußt zu werden, die uns aus ihr angebotenen Kräfte und Hilfen des Guten in Anspruch zu nehmen»[321] und die bedrohende Verführung abzuwehren.

4.9. Umsessensein und Besessensein

«Wer dazu neigt, Satan zu folgen, setzt sich der Gefahr aus, ganz in Satans Gewalt zu geraten.»[322]

4.9.1. Begriff und Definitionen

Es gibt verschiedene Stufen oder Schweregrade der Einflußnahme satanischer oder dämonischer Art auf den Menschen.[323]

Die schwerste Form ist zweifellos die *Besessenheit* (possessio oder obsessio). Hier wird von der aus Körper, Psyche und Geistig-Kognitivem bestehenden Individualität des Menschen Besitz ergriffen, ohne den Personkern des Opfers vereinnahmen zu können. Von *Besessenheit* spricht man dann, «wenn der Teufel sein Opfer in Besitz nimmt, es so sehr «bewohnt», wie Christus sagt, daß er sich dessen Körper und dessen Stimme bedient, um sich dem Exorzisten zu widersetzen, um aufzubegehren und sich während des Exorzismus gegen Gott zu richten. Bei diesen extremen Angriffen ist das Opfer meistens nicht bei Bewußtsein, sondern in eine Art Koma getaucht.»[324]

Eine wesentlich abgemilderte Form, deren Intensität jedoch sehr große Wirkschwankungen aufweist, ist die *Umlagerung* oder *Umsessenheit* (circumsessio), bei welcher bedrängende, belastende oder anstachelnde Störkräfte in Zeitintervallen auf den Menschen einbrechen, ohne ihn in Besitz zu nehmen.[325]

Typisch hierfür sind attackenartiges und überfallartiges Sichbreitmachen[326] von (oft zu diesem Zeitpunkt nicht real hervorgerufenen) emotionalen Bedrängnissen wie z.B. Eifersucht, Erregungszustände, sexuelle Attacken, Neidgefühle, starke Stimmungsabfälle, Schlafausfälle usw.[327]

Besessenheit ist die in verschiedenen Graden auftretende Inbesitznahme des Körpers, der Psyche und des Geistig-Kognitiven eines Menschen durch einen Dämon oder mehrere böse Geister. Diese können daraufhin körperliche Funktionen, psychische Befindlichkeiten, Sprechen, Denken usw. beeinflussen, steuern oder blockieren.

Man kann prinzipiell zwei verschiedene Besessenheitszustände unterscheiden. Einmal wird die von Besessenheit betroffene Person gegen ihren Willen dämonisch besetzt. Sie ist ein Opfer. Es kann aber auch vorkommen, daß ein Mensch willentlich «einen intelligenten Dämonen in sich aufgenommen» hat.

«Früher war er nur eine Herberge, die von Dämonen gewalttätig besetzt worden war. Es fehlte seine Zustimmung, sie in sich zu haben. Nun aber hat seine Intelligenz Satan gewollt, und Satan hat eine dämonische, intelligente Kraft in ihn gelegt.» Von dieser gravierenden Folgestufe ursprünglicher Besessenheit ist keine Befreiung möglich[328], da der freie menschliche Wille auch von Gott nicht angetastet wird.[329]

Besessenheit muß nicht immer an entsprechenden Symptomen und Auffälligkeiten nach außen hin sichtbar sein. Sie kann lange Zeit verborgen bleiben, wobei die Dämonen es vorziehen, unerkannt zu bleiben. Besessenheit gehört nach Scanlan/Cirner «zum Schlimmsten, was einem Menschen überhaupt widerfahren kann. Es ist die Hölle schlechthin.

Im Zustand der Besessenheit verbergen sich die Damonen nicht länger, sondern zeigen sich in ihrer ganzen zerstörerischen Macht und all ihrem Haß. Die wahre Natur des Teufels tritt nun klar zutage. Wer je einen Besessenen gesehen hat, kann an der unmittelbaren, unbeugsamen und unversöhnlichen Gegenwart des Bösen nicht mehr zweifeln.»[330] Neben solchen nach außen hin sich offenbarenden Besessenheitszuständen, bei denen verschiedene Bereiche der betroffenen menschlichen Persönlichkeit behindert oder ausgeschaltet werden, gibt es auch eine meist unerkannte verborgene Form geistiger Besessenheit[331], bei welcher Geisteskräfte und emotionale Triebstrukturen dämonisch verstärkt werden, um böse Tendenzen anzufachen.[332] In der heutigen Literatur und öffentlichen Meinungsbildung *wird versucht, Besessenheit mit tiefenpsychischen Mechanismen zu erklären.*

So werden «ambivalente Gemütslagen», «Bewußtseinsspaltungen», «Identifikation mit einem anderen», «Oktroyierung durch einen Arzt oder Priester» oder ein Schuldbewußtsein, welches autosuggestiv zu «Besessenheit» führt, als ursächlich angegeben.[333] Solche Erklärungsursachen gehen relativ häufig auf beruflich oder rational bedingte Voreingenommenheiten zurück.

In früheren Jahrhunderten war man allzu schnell geneigt, dämonische Besessenheit anzunehmen. Heute führt rationalistisch-materialistische Denkbegrenzung zum Ausschluß der Annahme oder Inbetrachtziehung dämonischer Einwirkung. Das eine ist so verkehrt wie das andere.

Medizinische Therapie und pastorale Theologie werden gut daran tun, keines von beiden auszuschließen. Es gibt derart frap-

Die heilige Hildegard von Bingen (1098-1179), die größte deutsche Visionärin des Mittelalters, wurde in vielen schweren Besessenheitsfällen zu Hilfe gerufen und hat jedesmal wirksam geholfen. Ihre Interventionen haben weitherum großes Aufsehen erregt und ihren Ruf im ganzen Abendland verbreitet.[881]

pierende Fälle von dämonischer Besessenheit und damit im Zusammenhang stehender rational-materialistisch unerklärlicher Phänomene, daß eine rein «natürliche» medizinische Erklärung einer hilflosen Konstruktion gleicht. Dies gilt auch für die vorschnelle Annahme eines Besessenseins, welches in Wirklichkeit ein natürliches medizinisches Krankheitsbild darstellt.

Die Existenz von Dämonen und ihre Einflußnahme auf Besessenheitsverhalten wird heute vielfach zurückgewiesen. Man begründet es unter anderem damit, daß die wissenschaftliche Forschung in absehbarer Zeit rationale Erklärungen für heute noch Unerklärliches finden wird.

Doch kann man genau dieselbe Begründung in umgekehrter Richtung ansetzen, daß nämlich zukünftige Forschungsergebnisse eines Tages auch den Nachweis der Existenz dämonischer Realität und Einflußnahme erbringen werden.

4.9.2. Besessenheit in Aussagen der Bibel

> *«Der Satan aber ergriff Besitz von Judas» (Lk 22,1-6).*
> *«Als Judas den Bissen Brot genommen hatte, fuhr der Satan in ihn» (Joh 13,21-30).*

«Am Sabbat lehrte Jesus in einer Synagoge. Dort saß eine Frau, die seit achtzehn Jahren krank war, weil sie von einem Dämon geplagt wurde; ihr Rücken war verkrümmt, und sie konnte nicht mehr aufrecht gehen. Als Jesus sie sah, rief er sie zu sich und sagte: Frau, du bist von deinem Leiden erlöst. Und er legte ihr die Hände auf. Im gleichen Augenblick richtete sie sich auf und pries Gott.

Der Synagogenvorsteher aber war empört darüber, daß Jesus am Sabbat heilte, und sagte zu den Leuten: Sechs Tage sind zum Arbeiten da. Kommt also an diesen Tagen und laßt euch heilen, nicht am Sabbat! – Der Herr erwiderte ihm: Ihr Heuchler! Bindet nicht jeder von euch am Sabbat seinen Ochsen oder Esel von der Krippe los und führt ihn zur Tränke?

Diese Tochter Abrahams aber, die der Satan schon seit achtzehn Jahren gefesselt hielt, sollte am Sabbat nicht davon befreit werden dürfen? Durch diese Worte wurden alle seine Gegner beschämt; das ganze Volk aber freute sich über all die großen Taten, die er vollbrachte.» (Lk 13,10-17)

In der Bibel werden Besessenheitsfälle genannt, die sich eindeutig von Krankheiten durch die Form ihrer Symptomatik, aber auch bezüglich der exorzistischen Heilung durch Christus unterscheiden. Christus heilt viele Kranke, bei denen nicht die Rede von Besessenheit ist, er treibt aber auch Dämonen aus, was zur Befreiung und Gesundung von Besessenen führte.

«In ihrer Synagoge saß ein Mann, der von einem unreinen Geist besessen war. Der begann zu schreien: Was haben wir mit dir zu tun, Jesus von Nazareth? Bist du gekommen, um uns ins Verderben zu stürzen? Ich weiß, wer du bist: der Heilige Gottes. Da befahl ihm Jesus: Schweig und verlaß ihn! – Der unreine Geist zerrte den Mann hin und her und verließ ihn mit lautem Geschrei. Da erschraken alle, und einer fragte den andern: Sogar die unreinen Geister gehorchen seinem Befehl. Und sein Ruf verbreitete sich rasch im ganzen Gebiet von Galiläa.» (Mk 1,23-28)

Nach Auer/Ratzinger sind für das Phänomen der Besessenheit drei Bestimmungen von grundsätzlicher Bedeutung. Sie schreiben: «Das eine ist, daß es sich um ein Ergriffenwerden des Menschen durch Kräfte handelt, durch welche die Verfügungsgewalt über die psychischen und oft auch physischen Funktionen beschränkt bzw. aufgehoben wird, durch die jedoch in keinem Fall der Personkern des Menschen selbst erfaßt oder verändert wird.

Zum andern sind mit diesem Zustand vielfach Erscheinungen verbunden, die echte Krankheitssymptome darstellen, so daß eine liberale Interpretation vielfach nur Krankheitsbilder darin erkennen möchte.

In der Schrift sind jedoch Besessenheit und das damit vielfach verbundene Krankheitsbild deutlich unterschieden (Christus heilt viele Kranke, bei denen nicht die Rede von Besessenheit ist), und da Besessenheit Gegenstand des Glaubens ist, Krankheitsphänomene in jedem Fall Gegenstand einer empirischen Erfahrung oder Feststellung sind, können die Krankheitserscheinungen nicht als Kriterien für Besessenheit angenommen werden.

Diese werden vielmehr – das ist das dritte – aus Reaktionen des Besessenen gegenüber Heiligem und geweihten Dingen (Kreuz; Eucharistie) und Vorgängen (Exorzismus und Gebet) erschlossen und durch die Fragen der bösen Mächte selbst (vgl. Teufelsaustreibungen im Evangelium) eruiert.»[334]

«Geh nach Hause, der Dämon hat deine Tochter verlassen. Und als sie nach Hause kam, fand sie das Kind auf dem Bett liegen und sah, daß der Dämon es verlassen hatte.» (Mk 7,24-30)

4.9.3. Die Symptomatik dämonischen Befalls (Überblick)

«Der Dämon verhält sich so, als sei er die Seele der Person, die er in Besitz genommen hat.»[335]

Wie schon erwähnt, unterscheidet die Fachterminologie je nach Schweregrad die Einwirkungen des Dämonischen zwischen dämonischer *Bedrängung, Belastung, Umsessenheit* und *Besessenheit*. Während Bedrängungen und (vorübergehende) Belastungen wohl jeden Menschen immer wieder einmal treffen, sind Umsessenheit und Besessenheit schwerere Formen, die verhältnismäßig selten vorkommen. Umsessenheit ist vergleichbar mit dem Belagerungszustand einer Festungsanlage, bei dem der Feind seine beabsichtigte Bedrängung bereits deutlich anzeigt, aber noch nicht hinter die Mauern der Festung eingedrungen ist.[336]

Liegt Besessenheit vor, hat der Feind bereits den Schutzschild durchbrochen, ist in die Festungsanlage eingedrungen und hat dort passive wie aktive Machtpositionen eingenommen. Besessenheit ist die schwerste Form des dämonischen Befalls.

Es ist wichtig, nicht allzu schnell und leichtfertig an einen solchen Befall zu denken, wenn das Verhalten eines Menschen unverständliche Auffälligkeiten aufweist. Zunächst ist daran zu denken, daß alle Möglichkeiten ausgeschöpft werden, die wahrgenommene Symptomatik echten Krankheitsbildern zuzuordnen.

Nur dann, wenn ärztliche Kunst offensichtlich selbst vor einem Rätsel steht, sollte (von den Angehörigen, aber auch ärztlicherseits) an die Möglichkeit eines ernsten dämonischen Befalls gedacht werden.

Hierzu ist es Voraussetzung, die Symptomatik der Besessenheit genau zu kennen.

Nimmt man das *Neue Testament* zu Hilfe, ergeben sich folgende Kriterien für echte Besessenheit, die aber nicht alle gleichzeitig auftreten müssen:

- *Deutlich erkennbarer heftiger Widerstand gegen das Wirken Gottes*
- *Auftreten übermenschlicher Körperkräfte*
- *Mit medizinischen Mitteln nicht heilbare Störungen von Körperfunktionen*
- *Sprechen mit fremder Stimme (eine andere Stimme spricht aus dem Menschen)*
- *Deutliche Neigung zu Selbstverstümmelungen oder zur Selbsttötung*
- *Aggressivität gegen die Mitmenschen (auch die der eigenen Familie)*
- *Erstaunliche parapsychische Fähigkeiten (z.B. Wahrsagen; Gedankenlesen)*

Das Rituale der Katholischen Kirche setzt dementsprechend strenge Maßstäbe für den Befund «Besessenheit» und eines daraufhin vorzunehmenden Exorzismus. Neben anderen sind die Hauptkriterien:

- *Die betroffene Person gibt zu erkennen, daß sie (mehrere) fremde Sprachen (die sie nicht gelernt hat) versteht und diese Sprachen auch zusammenhängend sprechen kann.*
- *Sie zeigt die Fähigkeit, verborgenes Wissen oder Zusammenhänge und weit entfernte Begebenheiten ohne Verwendung irgendwelcher Hilfsmittel zu offenbaren.*
- *Sie legt Fähigkeiten und Leistungen an den Tag, die über ihr jeweiliges Alter und über ihren Bewußtseinszustand deutlich hinausreichen.*

Geht man von empirischen Befunden in all den Fällen aus, bei welchen eindeutig Besessenheit vorlag, so äußert sich Besessenheit durch einen Symptomenkomplex, dessen Einzelsymptome (Auffälligkeiten) verschiedenen Bereichen zuzuordnen sind, nämlich:

- *dem Religiösen,*
- *dem Körperlichen,*
- *dem Psychischen,*
- *dem Geistig-Kognitiven (Denken und Wollen) und*
- *dem Parapsychischen.*

4.9.4. Die Symptomatik dämonischen Befalls innerhalb verschiedener Bereiche

Schon in der Normalverfassung eines Menschen fließen die oben genannten Lebens- und Erlebensbereiche ineinander über und beeinflussen sich gegenseitig. Wenn man *Besessenheit als «Syndrom»* definieren wollte, so müßte man von einem variablen Syndrom (die Beteiligung der obengenannten Bereiche sind variabel) sprechen. Die dabei auftretenden Einzelsymptome müßten, falls tatsächliche Besessenheit vorliegt, sorgfältig auf Wirkzusammenhänge mit dämonischem Ursachenhintergrund zurückgeführt werden.

a) Symptomatik im Bereich des Religiösen

Übergreifend läßt sich sagen, daß eines der auffälligsten Symptome im Bereich des Religiösen eine deutlich bis heftig sich äußernde Abneigung und Abwehr gegenüber allem ist, was religiöse Prägung oder sakramentalen Charakter hat.

Rodewyk nennt diese Abneigung «nicht zufällig und blind», sondern «ständig und dabei zugleich erhellt» und «von einem Gespür für das Göttliche».[337]

Am einfachsten äußern sich emotionale Abneigung und körperliche Abwehr bei den Sakramentalien der Katholischen Kirche. Am Fall «Magda»[338] läßt sich dieses Abwehrsyndrom sehr deutlich aufzeigen. «Magda» wurde im Alter von sechs Jahren zu Verwandten gebracht, die es gewohnt waren, abends den Rosenkranz zu beten. Sie regte sich sofort darüber sehr auf «und war durch nichts mehr zu beruhigen»[339]. Als sie zur Schule ging, zeigte sie Desinteresse an der ganzen biblischen Geschichte. Interessanterweise schlug sie aber immer wieder das Bild von Kain und Abel auf, «weil sie sich davon angezogen fühlte, und malte Kain bewußt mit ausgesucht schönen Farben an»[340].

Als eine Beerdigung mit Gebeten stattfand, hielt sie es nicht mehr aus, begab sich in den Garten «und köpfte, um sich auszutoben, in einem Blumenbeet sämtliche Blüten».

In einem Zimmer fand sie ein Kruzifix. Sie schlug Nägel in die Augen und Gliedmaßen des Corpus, «so wie sie es später noch sehr oft getan hat». Im Anschluß an eine religiöse Feier «verfiel sie abends in eine merkwürdige Starre, verdrehte die Augen und war ganz unempfindlich».[341]

Nach eigenen Aussagen empfing sie bereits die erste heilige Kommunion unwürdig, was sich dann in der Folgezeit fortsetzte. In ihrer Zeit als Lehrmädchen «lästerte sie mit Blick auf die gegenüberliegende Kirche in unflätiger Weise».

Später sollte sie in eine «Marianische Kongregation» aufgenommen werden. Aus diesem Anlaß erhielt sie eine Medaille. Dabei «wurde ihr so schlecht, daß sie brechen mußte. Es wurde ihr erst wieder besser, als sie beides abgelegt hatte.»[342]

Geradezu typisch für Besessenheitsfälle war «Magdas» heftig abwehrende Reaktion auf Weihwasser. Sie konnte auch Weihwasser von gewöhnlichem Wasser unterscheiden. Wenn man ihr beides zu trinken gab, bezeichnete sie das eine als «gut», das andere als «Mistwasser», das sie fluchend ausspuckte.

Eine Zeit lang versah sie in einer Kirche Mesnerdienste. Sie schloß heimlich den Tabernakel auf und entwendete zwölf konsekrierte[343] Hostien, die sie durch nicht konsekrierte ersetzte. Die gestohlenen Hostien streute sie unter den Altarläufer, so daß der Priester sie am anderen Morgen zertreten mußte. Andere Hostien verfütterte sie an Hühner.»[344]

Sie entwendete auch Hostien im Auftrag von NS-Leuten[345], welche damit Jugendlichen gegenüber demonstrieren wollten, «daß Gott hier nicht zugegen sei, indem sie die Hostien vor den Augen der Zuhörer zerbrachen und schändeten.» Öfter warf «Magda» ein Kreuz auf den Boden, verbrannte ein Kreuz und zertrümmerte ein großes Zimmerkreuz. Sie spuckte auf Gebetbücher, warf Weihwasserbehälter zu Boden, zerstach ein Altarbild und löschte das «Ewige Licht» aus. Sie reagierte aggressiv auf den Rosenkranz und riß zeitweise jeden Rosenkranz, den sie in die Hände bekam in Stücke.

Ihr Haß auf Priester und Klosterschwestern wuchs ständig. Als einmal jemand anderes in Verdacht kam, besessen zu sein, machte «Magda» dort einen Besuch. Als sie zurückkam sagte sie: «Die kann nicht besessen sein, das ganze Zimmer hängt voll von Heiligenbildern. Darin würde ich es nie aushalten.»[346]

Aufschlußreich ist auch der Klinikbericht einer Ärztin über «Magda». In diesem Bericht steht: «Unter der Einwirkung des Exorzisten entstand ein dramatischer Kampf. Magda bäumte sich heftig auf, spie den Pater an, schimpfte in schrecklichen Ausdrükken, wand sich wie ein Wurm und zeigte mehrfach eine scheußliche Fratze, bei der die Augen aus dem Kopf quollen und die Zunge bis unter das Kinn herausgestreckt wurde. Sie mußte von fünf Personen festgehalten werden, um nicht sich und andere zu verletzen. Mit übermenschlichen Kräften suchte sie sich gegen diese zu wehren.

Nach einem etwa 2½ stündigen Kampf wurde das Stichwort ‹Sei gegrüßt, o Königin›[347] gesprochen.

Dann fiel Magda in einen Zustand völliger Erschöpfung. Als der Priester danach eine Medaille, ohne daß Magda es merkte, von hinten an ihren Kopf heranführte, blieb sie ruhig. Vorher dagegen wurde sie bei der Annäherung von geweihten Gegenständen unter Flüchen und Schimpfen wild.»[348]

Vergleichbares Verhalten trifft man in nahezu allen Besessenheitsfällen an. So zerriß zum Beispiel einer der beiden Knaben im Fall «Illfurt»[349] sofort ein Kleidungsstück mit einer eingenähten Medaille und «klopfte den geweihten Gegenstand heraus»[350].

Vom Fall der beiden besessenen Knaben von Illfurt berichtet Sutter: «Brachte man zufällig einen geweihten Gegenstand – Kreuz, Medaille oder Rosenkranz – in ihre Nähe, gerieten sie in heftige Wut. Sie beteten nicht mehr. Sprachen die Anwesenden die heiligen Namen Jesus, Maria, Josef aus, zitterten und bebten beide. Die leiseste Anspielung auf die heiligste Dreifaltigkeit jagte den Besessenen den größten Schrecken ein.

Ganz auffällig war die Angst der Kinder vor geweihten Gegenständen, ihr heftiger Widerwille gegen Kirche, Gebet und Gottesdienst, ihre häufigen entsetzlichen Flüche und unflätigen Reden, die den Kindern vorher völlig fremd gewesen waren.»[351]

Auch die *heftige, teilweise nicht mehr rational erklärbare Reaktion auf Weihwasser* zeigte sich bei den beiden Knaben unmißverständlich. Dies war besonders dann der Fall, wenn man sich ihnen mit geweihten Gegenständen (Weihwasser; Medaillen; Rosenkränze) näherte.

«Dann fingen sie an heftig zu toben; der Schaum stand ihnen um den Mund, und sie wehrten sich mit Leibeskräften gegen eine Berührung mit diesen Gegenständen. Mischte man, selbst ganz heimlich, einige Tropfen Weihwasser in die Speise, dann rührten sie diese nicht an. ‹Weg mit deinem Dreck, er ist vergiftet!› riefen sie alsdann. War aber kein Weihwasser in der Nahrung, dann verschlangen sie diese ganz gierig. Ein andermal bot man ihnen Feigen an, die ein Priester gesegnet hatte.

Da schrie der eine Besessene: ‹Weg mit deinen Rattenköpfen, der Pfaff hat Grimassen darüber gemacht!›»[352] Nicht durch unmittelbare Suggestion oder Telepathie zu erklären ist folgende Begebenheit im Fall der Knaben von Illfurt (wobei erst der unmittelbare Objektkontakt die Abwehrhaltung auslöste, nicht etwa telepathische Suggestion, die schon vorher hätte wirksam sein müssen): Eine Wirtin schickte ihre Nichte mit der Lieblingssuppe der Knaben, einer gut zubereiteten Linsensuppe zu den Kindern.

Sutter schreibt: *«Sie freuten sich schon beim Anblick der duftenden Suppe und schickten sich an, sich ihren Teller damit zu füllen. Plötzlich stießen sie jedoch die Schüssel zurück und schrien: ‹Fort, schnell fort mit dem Dreck!› ohne die Suppe auch nur zu versuchen.»*

Als man sich bei der Wirtin erkundigte, sagte diese, «daß sie nicht an die Besessenheit geglaubt und deshalb einen Eßlöffel voll Weihwasser in die Suppe getan habe, um die Kinder zu prüfen. Nun sei sie überzeugt, daß es kein Schwindel sei.»[353]

Immer wenn einer der Knaben (von Illfurt) in die Nähe einer Kapelle gebracht wurde, sträubte er sich heftig und war nicht mehr zu bewegen, weiterzugehen.

«Dabei heulte er wie ein Hund. Brachte man ihn mit Gewalt hinein, dann ließ er sich hinfallen wie ein Klotz, sein Gesicht war gräßlich entstellt. Besprengte man ihn mit Weihwasser, krümmte er sich wie ein getretener Wurm. Er wurde erst wieder ruhig, wenn man ihn zur Kapelle hinausgebracht hatte.»[354]

Auch in anderen Besessenheitsfällen ist die Aversion gegenüber Religiösem und Heiligem ein deutliches Symptom dämonischer Belastung. So berichtet zum Beispiel Beda von dem Fall einer jungen Person, welche die Statue eines Heiligen, welche ihre Mutter kurz zuvor gekauft hatte, wütend mit dem Hammer zertrümmerte. Der Priester, der zu ihr gerufen wurde, fand auch weiteres Verhalten dieser Person unerklärlich.

Eines Tages kam ihm der Gedanke, es mit einem kurzen Exorzismus zu versuchen. Ohne ihr etwas davon zu sagen, sprach er nach der Absolution in der Beichte einige Worte in Latein gegen den Dämon. «Da verlor die Person augenblicklich das Bewußtsein und der Dämon verriet sich. Von mir befragt sagte er, es seien ihrer drei in ihr»[355]. Sutter schildert den Fall eines besessenen Mädchens namens «Germana». *Legte man ihr eine geweihte Stola um den Hals, so schrie sie: ‹Weg damit! Sie ist schwer und drückt mich gewaltig!›. Bespritzte man sie mit Weihwasser, so klagte sie: ‹Laß das, das brennt, das brennt!›*[356]

Als ihr eine Schwester die geweihte Medaille der «Unbefleckten Empfängnis» umband schrie sie: «Schwester, du brennst mich ja!»[357] *Im Zimmer von Germana hing ein Bild mit der Abbildung Marias als «Unbefleckte Empfängnis», wie sie mit dem Fuß der Schlange den Kopf zertritt.*

Sooft Germana dieses Bild sah, «geriet sie in fürchterlichen Zorn und wurde ganz rasend. Sie versuchte, das Bild mit Nägeln oder Nadeln zu zerstechen, spuckte es an und schäumte vor Wut.»[358]

Gelegentlich wird gegen Geistliche eine haßerfülle Reaktion des Besessenen erkennbar.[359] Beim Besuch der heiligen Messe reagieren besessene Personen besonders heftig bei Zeremonien oder Gebeten, welche den Dämonen «nahegehen».[360]

So lösen zum Beispiel Bibelstellen, in denen von Jesus und der Macht seines Blutes gesprochen wird, deutliche Reaktionen aus. Das Mädchen Germana «knurrte, winselte und bellte»[361] bei entsprechenden Worten.

Bei den Worten ‹Et incarnatus est› tobte und brüllte sie und knirschte mit den Zähnen.»[362] Analoge Reaktionen treten bei Heilungsgottesdiensten auf.[363]

b) Symptomatik im Bereich des Körperlichen

In der körperlichen Symptomatik der Besessenheit wird eigentlich am deutlichsten, daß hierbei eine rein medizinische Diagnose fehl am Platze ist. Oft wird trotzdem versucht, auch diese Erscheinungsweisen mit psychiatrischen Konstrukten zu erklären. Dem objektiven Beobachter muß dabei der Verdacht kommen, daß die offensichtliche Hilflosigkeit in der Ursachenerklärung nur den Zweck haben kann, etwas «wissenschaftlich» zu fassen, was nicht sein kann, weil es nicht sein darf.

Als erstes sind hier anomale Körpererscheinungen zu nennen. Bei vielen Besessenheitsfällen wurden seltsame Anschwellungen im Körper des Betroffenen beobachtet.

Sutter berichtet von dem afrikanischen Mädchen Germana Cele: *«Bald war die Brust, dann wieder der Unterleib hoch aufgeschwollen, aber nur für kurze Zeit. Ein andermal wurde plötzlich der Kopf unförmlich dick, der Hals unnatürlich lang, dann wieder die Backen unheimlich aufgeblasen oder es bildete sich im Nu am Halse ein Riesenkropf, der ebenso schnell wieder verschwand. Dann wieder verdrehte und krümmte sie auf unnatürliche Weise den Körper und züngelte mit der Zunge wie eine Schlange.»*[364]

Im Fall der beiden Knaben aus Illfurt beschreibt der anwesende Polizist Werner, daß der Leib des Knaben «unnatürlich schwoll»[365], sein Atem pfeifend wurde, und seine Brust auf und ab ging «wie ein Schmiedebalg». Vier Männer haben daraufhin versucht, den aufgeschwollenen Leib zurückzudrücken. Es gelang nicht.[366] Auch von «Magda» berichtet Rodewyk, daß Halsumfang und Leib unförmig dick» wurden.[367]

In verschiedenen Besessenheitsfällen beobachtete anomale Körpererscheinungen waren «verzerrte Gesichter»[368], «einen Gesichtsausdruck, den man als Teufelsfratze bezeichnen möchte»[369], ein bisweilen völlig veränderter Gesichtsausdruck[370], knotenartige Anschwellungen[371] oder unnatürliches Verdrehen der Augen[372]. Insbesondere am auffälligen Blick der Augen lassen sich dämonische Hintergründe vermuten. «Das Unheimlichste bei diesen Anfällen», so schreibt Sutter, «waren die glühenden, funkelnden Augen. Wut, Zorn, Haß und Spott flammten dann aus diesen wie Feuer lodernden Augen.»[373]

Als anomales Verhalten im Zusammenhang mit dem eigenen Körper ist weiter die *Tendenz zur Selbstverstümmelung* zu nennen. Bei «Magda» war es besonders auffällig, daß sie sich «auf Anordnung der Dämonen»[374] immer wieder Schnitte zufügte, die medizinisch versorgt werden mußten. «Einmal», so schreibt Rodewyk, «hatte sie Schnitte an den Waden. Wenige Tage nachher mußte sie zum Klang des Radios in diesem Zustand tanzen, stundenlang. Früher hatte sie, von Leidenschaft beschwingt und von Alkohol halb betäubt, in einer Bar Nächte durchgetanzt. Jetzt mußte sie es tun – völlig nüchtern und von Schmerz durchwühlt. So ging es mehrere Tage hintereinander.»[375]

Des weiteren sind *Tobsuchtsanfälle*[376] zu nennen, bei denen trotz starker Verletzungsgefahr keine ernsthafte Gefährdung eintritt. Das Mädchen Maria Tien zum Beispiel begann, sich selbst zu würgen.[377] Sie «rannte mit voller Wucht gegen eine Wand oder einen Pfosten»[378]. Das Mädchen Germana tobte fürchterlich, «riß ihr Oberkleid in Stücke, knirschte mit den Zähnen, bellte wie ein Hund und schrie um Hilfe»[379]. «Magda» begann während des Exorzismus am Boden auf dem Gesicht liegend, «mit dem Kopf mehrfach heftig aufzuschlagen»[380]. Auffällig kann auch das *Eßverhalten* sein. Dabei geht die Kontrolle über das Essen verloren[381], ebenso das Gespür für die Genießbarkeit der Nahrung.[382] Maßloses Essen[383] tritt ebenso auf wie Nahrungslosigkeit über längere Zeiten hinweg. Dies kann *nicht mit «Anorexie» oder*

«Bulimie» identisch gesetzt werden, denn beim Besessenen treten kaum Gewichtsverluste oder -zunahmen auf.

Medizinisch weitgehend nicht erklärbar sind die *veränderten Stimmlagen.*[384] So sprechen plötzlich Kinder und Frauen mit rauhen Männerstimmen[385], bedienen sich unflätiger Ausdrucksweise insbesondere gegenüber Heiligem, bellen wie Hunde oder produzieren ein schauerliches Heulen.

Gelegentlich wird auch von unerklärlicher *sexueller Anziehungskraft* in Besessenheitsfällen berichtet. «Magda» zum Beispiel hatte eine «unwiderstehliche, fast unnatürliche Anziehungskraft für Männer. Sie mußte sich ihrer unter den vielen Soldaten und Offizieren erwehren, wo sie ging und stand. Einige spürten es nur, andere sprachen es klar aus, daß Schwester Magda etwas Dämonisches habe, dem man nicht widerstehen könne.»[386]

Unerklärliches Verfolgtwerden und damit zusammenhängende Quälereien bei Besessenen könnten zunächst krankhaften Wahnvorstellungen zugeordnet werden. Selbst wenn man intensivste Selbstsuggestion als Ursachenhintergrund annimmt, bleiben die dabei zustandegekommenen körperlichen Verletzungen reichlich mysteriös[387].

So berichtet Rodewyk: «Jetzt brachte fast jeder Tag etwas Neues: Eine Gallenkolik, plötzliche Taubheit und an den Beinen Verbrennungserscheinungen in erheblichem Ausmaß. Es waren rein teuflische Quälereien.

In manchen Nächten fühlte sich Magda jetzt von einer schwarzen Katze verfolgt, die ihr ins Gesicht sprang oder die Krallen in ihren Leib schlug, oder von Ratten, die an ihrem ganzen Körper herumnagten, oder sie sah vor sich 30 übereinander stehende leere Eimer, die alle mit großem Getöse ins Zimmer fielen, oder, wenn sie Gift genommen hatte, wurde sie gelähmt, so daß sie hilflos dalag und niemanden rufen konnte. So löste ein Leid das andere ab. Dagegen waren wir machtlos.»[388]

c) Symptomatik im Bereich des Psychischen

Die Unterscheidung zwischen psychischer Krankheitssymptomatik und einer möglichen Beteiligung dämonischer Herkunft läßt sich sehr schwer treffen. Insofern ist die psychische Symptomatik bei Besessenheitsfällen meist nur als Ergänzungssymptomatik zu werten. Die folgenden Ausführungen sind daher unter dieser Einschränkung zu sehen.

Man trifft bei Besessenheitsfällen häufig starke *depressive Verstimmungen* an, welche dem manisch-depressiven Krankheitsbild gleichen.

Dabei auftretendes tiefes, von Selbstmordgedanken begleitetes Absinken stellt dabei den einen Pol dar, in Aggressivität kulminierende Ausbrüche den anderen. Besessene gehen oftmals gegen sich selbst oder andere deutlich aggressiv vor.[389]

Zu nennen sind auch *halluzinative Wahrnehmungen.* Diese gleichen teilweise solchen des Drogenrausches. Die Betroffenen nehmen eklige, furchterregende Tiere (z.B. Spinnen) wahr, haben den Eindruck gewürgt zu werden, empfinden Taubheit, Stummheit, Blindheit oder sprechen von Geschmacksstörungen (Blut- oder Schwefelgeschmack im Mund).

Hinzu können *visuelle Störungen* (visuelle Agnosie)[390] kommen, übergreifende *sensorische Ausfälle*[391] und tiefe Einbrüche[392] bzw. *schnelle Wechsel der Gemütszustände* (Feindseligkeit; Wut; Haß; Ironie; Spott; Angst).

Die überfallartige Tendenz von Gemütseinbrüchen beschreibt «Magda» so: *«Wenn die Sinne anfangen zu schwinden, ist es mir, als ob in mir eine Schnur wäre, wie bei einem Kinderkreisel, an der gezogen wird, so daß ich mich ganz schnell um mich selber drehe, bis ich nichts mehr weiß.»*

Dies kann sich auch in der religiösen Gefühls- und Denklage äußern. Man bemerkt mit einem Mal, «daß eine dämonisch beeinflußte Person sich ohne jeden Grund schlecht, gottlos, haßerfüllt, zornmütig erweist und zwar im äußersten Maß. Dann ist man versucht zu sagen: Sie ist es nicht mehr selbst, sie selbst würde nicht so sprechen und so handeln.»[393]

Es können auch *sexuelle Anomalitäten* auftreten, zum Beispiel exzessiver Sexualtrieb auf der einen Seite, sexuell-aggressives oder zudringliches Belästigtwerden durch Obszönitäten und Schamlosigkeiten auf der anderen Seite.

Nach Scanlan/Cirner läßt sich insbesondere bei einem Befreiungsgottesdienst die Gegenwart von Dämonen durch eine Reihe körperlicher, aber auch psychischer Zeichen erkennen, deren häufigste «Unruhe (rein äußerlich sichtbare Verlegenheit; der Wunsch, den Raum zu verlassen), Apathie (Gähnen, Lustlosigkeit), Übelkeit und manchmal Grimassen und Krampfzustände»[395] sind.

Die Andersartigkeit der Verursachung psychischer Besessenheitssymptomatik läßt sich in allen echten Besessenheitsfällen daran erkennen, daß nach einem erfolgreichen Exorzismus in der Regel entspannte Erschöpfung, normale Gemütslage und Beschwerdefreiheit eintreten.[396]

d) Symptomatik im Bereich des Geistig-Kognitiven

Auch der geistig-kognitive Bereich der menschlichen Persönlichkeit kann dämonisch belastet werden. Schwache Formen (leichte Infiltration) verursachen bisweilen *«merkwürdige Tagträume, Gedanken und Wünsche, unbeherrschtes Denken oder Realitätsverlust»*[397]. Dies ist nicht immer ausschließlich aus psychischer Bedingtheit zu erklären. Nach Scanlan/Cirner kann «der Wahn des Psychotikers durchaus Besessenheit zur Ursache haben. Der zwanghafte Todestrieb des Neurotikers kann auf ein Spinnennetz dämonischer Abhängigkeit zurückgehen.»[398] Im konkreten Fall sind immer die Symptome erkennbar.

Die Meinungen scheiden sich oft in der Frage der Verursachung. So können zum Beispiel psychisch-geistige Wahnvorstellungen von zerstörerischen zerebralen Prozessen oder vom tiefenpsychischen Durchschlagen verdrängter aggressiver Komplexe verursacht sein. Es ist aber auch möglich, daß dahinter ein Besessenheitsphänomen steckt. Im letzteren Fall hat das bessere diagnostische Instrumentarium der Exorzist.

Es gibt auch noch massive Beeinträchtigungen, zu denen zum Beispiel die *«Bewußtseinsspaltung»* gehört. Doch gerade hier ergibt sich in der Regel ein eindeutiger Unterschied zwischen der psychiatrischen Ätiologie und der Besessenheitsätiologie.

Bei ersterer handelt es sich um die Abspaltung zweier oder mehrere Bewußtseinskomplexe, die aus krankhafter Ursache nicht mehr miteinander koordiniert werden können. Bei letzterer sind eindeutig zwei «Ichs» erkennbar, und dies nicht im Sinne irgendwelcher Erlebnisabspaltungen im Unter- oder Unbewußten ein und derselben Person, sondern in der Faktizität zweier ganz voneinander verschiedener Personen.[399]

Bei echter Besessenheit äußert sich dies in der Regel so, daß man meint, es würden zwei Persönlichkeiten[400] sprechen, «die einander ablösen, indem die eine das Gegenteil von dem denkt, redet und tut, was die andere denkt, redet und tut.»[401] Doch hierbei verfügt die zweite (dämonische) Person über Kenntnisse und Fähigkeiten, welche die von der Besessenheit betroffene Person niemals (auch nicht aus verdrängten Bewußtseins- oder Erinnerungskomplexen) haben kann. *Diese zweite Person «ist voller Leben und Geist, voll Affekt und Dynamik, ein Gegner von unversöhnlichem Haß und zielklarem Wollen, ein Feind voll List und Trug.* Sie ist ganz Herr ihrer selbst, von starkem Selbstbewußtsein ohne Minderwertigkeitsgefühle...»[402]

Damit aber setzt sich Besessenheit durch das Phänomen zweier personaler «Ichs» im selben Körper von «Zwangsvorstellungen» oder «Bewußtseinsspaltungen» ab.

Besessenheit kann auch spezifisch kognitive Störungen verursachen. Nach Sutter äußerte sich ein Dämon so: «Ich lasse sie alles vergessen. Ich bringe sie zum Stottern. Ich lasse sie lachen und lasse sie weinen, und das ist alles.»[403]

e) Symptomatik im Bereich des Parapsychischen

Bei Besessenheitsfällen sind beinahe sämtliche Phänomene beobachtet worden, welche die moderne wissenschaftliche Parapsychologie kennt. Auch hierbei ist es wichtig, zunächst die Frage zu stellen, ob es nur um die Symptomatik geht oder gleichzeitig um die Ursachenfrage. Jedes zunächst unerklärliche (anomale) Symptom des Verhaltens eines Menschen kann mit einem Namen aus der Parapsychologie belegt werden. Insofern kommen sich Parapsychologie und Dämonologie kaum in die Quere.

Der Unterschied jedoch liegt in der Suche nach der Verursachung. Hier liefert die Parapsychologie nur teilweise befriedigende Erklärungsmodelle. In vielen Fällen muß sie sich mit der Feststellung des Phänomens begnügen oder mit dem Modell «Psi» (als Ursache extrasensorischer Phänomene[404]) argumentieren.

Bezieht man jedoch die Existenz von Dämonen und ihre Einwirkungsmöglichkeiten mit ein, liegt eine solche Verursachung bei gleicher Symptomatik in manchen (sicherlich nur in einigen) Fällen nahe. Eine solche Symptomatik des Parapsychischen in Besessenheitsfällen läßt sich im wesentlichen auf folgende Aspekte[405] zentrieren:

• **Telepathie.** Gedankenübertragungen mischen sich hier mit dem «geheimen Wissen» von Geschehnissen oder dem Seelenzustand von Personen. Interessant ist die Beobachtung von Rodewyk, daß in einer kurzen Zeitspanne auffallend viele Menschen «Magda» begegneten, mit denen sie es früher zu tun hatte oder die «Mitwisser ihrer Sünden» waren. «Es war zum Staunen, woher sie auf einmal alle kamen.»[406]

• **Hellsehen.** Von fast allen Besessenheitsfällen wird berichtet, daß die Betroffenen über Ereignisse Bescheid wußten, die sich räumlich weit entfernt zu gleicher Zeit abspielten.[407]

• **Kryptognosie.** Mitunter kann es für Anwesende peinlich sein, wenn Besessene ihnen geheime Regungen oder sündhafte Zustände offen ins Gesicht sagen. Das Mädchen Germana «sagte vieles, was sie auf natürliche Weise unmöglich wissen konnte.»[408]

Der besessene Knabe Theobald «sagte den Besuchern auf den Kopf zu, was sie Böses getan hatten. Er warf ihnen ihre geheimsten Sünden vor, so daß sie vorzogen, schleunigst wieder zu verschwinden.»[409]

In der Literatur wird mehrmals davon berichtet, daß Sünden, welche durch das Sakrament der Beichte vergeben worden waren, von den Dämonen nicht mehr erkannt werden konnten. Sutter berichtet: «Wenn jedoch die Leute gut gebeichtet hatten, dann schwieg die Besessene (Germana). Dagegen offenbarte sie alle in der Beichte verschwiegenen Sünden.»[410]

Aus Magda erklärte ein Dämon: «Wir sehen dann (wenn die Sünden gebeichtet waren) nur eine Wand.» Besessene Personen haben eine sehr sensible kryptognostische Fähigkeit bezüglich des Wissens von Medaillen, Reliquien oder Kreuzen, die jemand versteckt oder unter seinen Kleidern verborgen hat.

• **Prä- und Retrokognition.** Gelegentlich äußern sich Dämonen über Zukünftiges und Vergangenes. Dabei ist vor allem bei Voraussagen für zukünftige Entwicklungen Vorsicht geboten. Es muß immer mit Lüge und Täuschung gerechnet werden.

Vergangenes kann man jedoch nachprüfen. Diesbezüglich ist Retrokognition bei Besessenen nachgewiesen. «Von Ereignissen, die zwanzig, dreißig, ja hundert Jahre zurücklagen, redete er [Theobald] mit einer Sicherheit und Genauigkeit, als ob diese sich in der Gegenwart ereignet hätten.»[411]

• **Xenoglossie.** Das Verstehen und Sprechen in fremden (nicht erlernten) Sprachen, die Xenoglossie, gehört zum Grundkatalog der Katholischen Kirche im Ansetzen von Kriterien für echte Besessenheit. Tatsächlich zeigt sich bei allen Besessenen diese Fähigkeit. Ohne Latein zu können, verstand zum Beispiel Magda lateinische Sätze und konnte darauf richtig Antwort geben.[412]

Sutter schreibt bezüglich der beiden Knaben aus Illfurt: «Auch redeten und antworteten sie in den verschiedensten Sprachen; sie sprachen geläufig Französisch, Latein und Englisch und verstanden auch die verschiedenen französischen und spanischen Dialekte.»[413] Das afrikanische Mädchen Germana verstand in ihren Anfällen alle Sprachen, in denen man sie fragte. «Beim Exorzismus sprach sie ganze Sätze in Latein voraus, korrigierte, spottete und machte verschiedenes lächerlich.»[414] Nach Rodewyk gab ein Dämon für die Xenoglossie folgende Erklärung: «Ein Besessener muß alle Sprachen verstehen. Wir sind nicht an das Wort gebunden. Wir erfassen den Gedanken des Wortes, also das, was einer denkt, nicht das Wort als solches, sondern den Inhalt. Es ist gleich, ob das hebräisch, griechisch, lateinisch oder deutsch ist. Auf jeden Fall versteht ein Besessener den Sinn.»[415]

• **Spuk.** Besessene oder dämonisch belästigte Menschen können gelegentlich wie von unsichtbarer Hand geschlagen werden. Hinterher sind die Spuren des Schlages sichtbar.[416]

Zu den Eigentümlichkeiten beim Fall «Magda» gehörten die vielen Schläge, die sie plötzlich, unerwartet und wie von unsichtbarer Hand erhielt. Als sie einmal nachher ein Arzt untersuchte, «fand er den Rücken, den er vor wenigen Minuten noch völlig intakt gesehen hatte, mit vielen roten Striemen, wie von einer Peitsche herrührend, übersät.»[417]

• **Telekinese.** Telekinetische Erscheinungen trifft man immer wieder bei Besessenheit an. Gegenstände bewegen sich wie von unsichtbarer Hand durch die Luft und landen an einer anderen Stelle des Zimmers. Es sind dies Beobachtungen, die sehr häufig auch im parapsychologischen Forschungsfeld gemacht werden.

• **Asitie.** Nahrungslosigkeit oder zeitweiser Nahrungsenthalt (ohne gravierende Folgen für die Gesundheit des Betroffenen) kommt bei Besessenheit ebenso vor wie zum Beispiel bei Stigmatisierten.[418]

• **Levitation.** Beim Phänomen der Levitation wird aus normalerweise unerklärlichen Gründen die Schwerkraft aufgehoben. Auch bei Besessenen wurde diese Erscheinungsweise beobachtet. Sie schwebten manchmal minutenlang in der Luft oder wurden durch den Raum geschleudert, ohne sich zu verletzen.

Waren die Illfurter Knaben zum Beispiel im Hof oder Garten, «so kletterten sie so schnell wie eine Katze auf die äußersten dünnsten Zweige, die niemals brachen.»

Wenn sie auf ihren Stühlen saßen, «wurden sie mit diesen oft von unsichtbarer Hand in die Höhe gehoben; dann wurden die Knaben in eine Ecke geschleudert, während die Stühle in eine andere Ecke flogen.»[419]

Einmal vernahmen die Anwesenden einen Schrei von drinnen. Als sie ins Haus eilten, «erblickten sie Theobald, durch eine geheimnisvolle Kraft emporgehoben, 35 bis 40 cm über seinem Sitze schwebend. In dieser Lage blieb er mehrere Minuten zum größten Erstaunen der Anwesenden.»[420]

Das Mädchen Germana erhob sich während des Gottesdienstes (Opferung) «frei vom Boden, schwebte in zwei Metern Höhe über die Bänke hinweg und ließ sich lachend im Chor hinter den Ministranten nieder.»[421]

Mit normalen Kräften unerklärlich war auch «das bald waagrechte, bald senkrechte Schweben in der Luft. Waagrecht erhob sich Germana langsam vom Bett, schwebte immer höher, bis zwei Meter über dem Bett und ruhte dann waagrecht ausgestreckt, frei in der Luft schwebend [...]. Nach geraumer Zeit ließ sie sich dann wieder langsam herab. Manchmal stieg sie auch senkrecht in die Höhe.»[422]

f) Die Besessenheitskrise als Syndrom

Die Symptome der Besessenheit verdichten sich immer dann, wenn ein unmittelbarer Ausbruch des gesamten Zustandskomplexes eintritt. Man spricht dann von der «Besessenheitskrise». Hierbei treten *typische Symptome in Kombination* auf und stellen ein variables (je nach Einzelfall und Situation) Syndrom dar.

Nach Rodewyk ist die Krise das Zentralphänomen der ganzen Besessenheit. Es ist dies die Phase, «in der sich die Teufel ganz eingeschaltet haben, so daß Verstand und Wille ausgeschaltet sind»[423]. Zugleich ist eine solche Krise eines der Hauptzeichen dafür, daß eine Besessenheit vorliegt.[424]

Der Anlaß für die Besessenheitskrise ist meist der vorgenommene Exorzismus, «auf den hin sich alle Teufel einschalten *müssen*»[425]. Es genügt aber oft auch, wenn der Priester ein Kreuz oder ein Muttergottesbild hinhält.[426]

Über den Ausbruch einer Krise berichtet Petersdorff[427]: «Schon der Übergang von der Ruhe in die ‹Krise› der Besessenheit war erschütternd: Das normale Gesicht der noch ruhigen Person verzerrte sich plötzlich zu einer Grimasse, wie wenn es sich heftig, aber vergebens gegen ein unbekanntes Etwas wehrte, und dann sprach unvermittelt die Stimme des Dämons aus der nun wieder besessen gewordenen Person und sprudelte eine Kaskade von Gotteslästerungen und Beschimpfungen gegen den Exorzisten heraus [...]. Zuweilen ließ der Dämon sein Opfer unter gellenden Schreien über die Bänke der Kapelle, in welcher der Exorzismus stattfand, auf halsbrecherische, akrobatische Art hüpfen und springen, so daß dem Zuschauer angst und bange wurde.»

Über den Ausbruch einer Krise bei «Magda» gibt es ein Klinikprotokoll: «Es habe sich da plötzlich das Verhalten geändert. [...] Sie sei bissig und teilweise ironisch geworden mit gehässigen Ausdrücken. Dann habe sie die Umgebung angegriffen. Sie wurde beleidigend. Was aus ihr gesprochen habe, habe man nicht gewußt. Sie habe etwas dunkler gesprochen. Sie spuckte auch. Sie habe die ‹Pfaffen› angegriffen.» Eine Ärztin berichtet von einer weiteren Krise: «Es haben sich die Gesichtszüge verändert. Sie sprach mit tiefer, männlicher Stimme, zersetzend im Gegensatz zu ihrem vorherigen Verhalten.» In diesem Zustand sei Magda gegen Berührung vollkommen unempfindlich gewesen.[428]

Rodewyk beschreibt den Ausbruch einer Krise bei «Magda» so: «In der Krise glaubte man einen dem Verhalten nach völlig anderen Menschen als Magda vor sich zu haben. Der *veränderte Gesichtsausdruck und die veränderte Stimme* wurden schon erwähnt. Sie hatte einen Gesichtsausdruck, den man als Teufelsfratze bezeichnen möchte. Gelegentlich war Magdas Gesicht so entstellt, daß eigentlich jede Linie darin verzerrt war. Am auffallendsten war dabei ein so starkes Schielen, daß von der Pupille kaum noch etwas zu sehen war, die Zunge wurde extrem weit herausgestreckt, alles, was irgendwie schön war, verschwand vollständig und wich einer denkbar großen Häßlichkeit. Es war erstaunlich, wie ein Gesicht sich in Sekundenschnelle so grauenhaft verändern konnte [...]. Im übrigen bekam ihre Art zu sprechen etwas feindselig Gehässiges. Dieser Eindruck wurde noch verstärkt durch den lauernden Blick aus eng zugekniffenen Augenlidern. Dazu paßten auch Ausdrücke wie ‹du Hund, du Schuft, du Schwein, du Sau›.»[429]

Die eingetretene Aggressivität äußerte sich durch Ausspucken, Kratzen und Treten und im Versuch, sich Körperverletzungen beizubringen. In der Krise ist der Besessene gegen Schmerzen un-

Zum Zeichen ihrer großen Sympathie und Dankbarkeit haben die Patienten des Brüderkrankenhauses Trier der Schwester «Magda» 1943 auf der Station einen großen Blumenstrauß überreicht.

P. Rodewyk zur Zeit seines Exorzismus in Trier; das Foto stammt aus dem Besitz der Schwester von «Magda». Aufnahme 1941.

empfindlich. Er reagiert nicht, wenn man ihm zum Beispiel Nadeln in die Haut sticht.[430]

4.9.5. Das Beispiel: Der Fall «Magda»[431]

Der Fall «Magda»[432] ist eines der literarisch auffindbaren klassischen Besessenheitsgeschehnisse im deutschen Sprachraum. Er ereignete sich zu Beginn der 40er Jahre in der Zeit des Nationalsozialismus und wurde bis in Details von Rodewyk (der den Exorzismus an «Magda» vorgenommen hatte) protokolliert und in einem Buch[433] veröffentlicht. Der Exorzismus führte zur Heilung. «Magda» starb am 15. Dezember 1954. In der ausführlichen Behandlung dieses Falles stützt sich Rodewyk auf 1'200 stenographisch geschriebene Seiten und auf das Tagebuch des behandelnden Arztes.

Im Jahre 1941 war im Standortlazarett in Trier eine damals etwa 30jährige Frau als Krankenschwester tätig. Rodewyk schildert sie als mittelgroß, zart gebaut, von «sanguinischem Temperament, immer guter Dinge, flink in ihrer Arbeit und bei den Patienten sehr beliebt»[434]. Rodewyk, der in seinem Buch eine ausführliche und kritisch durchdachte Beschreibung dieses Falles vorgenommen hat, war zu dieser Zeit als Standortpfarrer im Lazarett. Dort begegnete er Magda, kam mit ihr ins Gespräch und erfuhr aus ihrem Leben. Während dieser Gespräche äußerte sie die Bitte: «Ich möchte wieder wahr werden.»

Pater Rodewyk fiel auf, daß sie, «die sonst immer freundlich wirkte, manchmal wie ausgewechselt war, arrogant und frech wurde und namentlich über religiöse Dinge mit einer geradezu herausfordernden Verachtung sprach. Dann reagierte sie auf einmal wieder ganz normal und wußte anscheinend nichts mehr von dem, was sie in diesem merkwürdigen Zwischenzustand, in dem sie nicht ganz bei sich zu sein schien, gesagt hatte»[435].

Erst hielt er alles für Hysterie, Theater oder für eine Geisteskrankheit. «In ihren Erzählungen», so berichtet er weiter, «war aber manches, was mich schließlich an eine dämonische Besessenheit denken ließ, so sehr ich mich auch innerlich gegen diesen

Gedanken wehrte.»[436] Schließlich entschloß er sich, zur Probe den Exorzismus zu sprechen.

Und nun begann eine Entwicklung, deren Dramatik nicht vorhersehbar gewesen war. Rodewyk berichtet: «Die Reaktion auf den Exorzismus war heftig und eindeutig. Er rief bei ihr jenen merkwürdigen Zustand hervor, mit dem eine Amnesie (Erinnerungsausfall) verbunden war und der völlige Empfindungslosigkeit zeigte. Auch die Reaktion auf Weihwasser war stark abwehrend.

Als sie wieder einmal in diesem Zustand war, begann ich, mit ihr etwa zehn Minuten lateinisch zu sprechen. Ohne das geringste Zeichen von Verwunderung oder Befremden verstand sie sogleich alles, was ich sagte, und antwortete darauf sehr sachlich in deutscher Sprache. Das war sonderbar, denn es stand fest, daß diese Frau, die nur Volksschulbildung besaß, niemals Latein gelernt hatte. Zur Sicherheit unterhielt ich mich mit ihr in den folgenden zehn Minuten auf französisch, mit dem gleichen Erfolg. Genau so blieb es, wenn ich später griechische oder hebräische Sätze gebrauchte. Mit Hysterie oder Krankheit ließ sich dieses perfekte Verstehen einer nicht gelernten Sprache nicht erklären.»[437]

Später fand er bei ihr «eine mit Blut unterzeichnete Verschreibung an den Teufel, auf der zudem eine Hostie als Siegel klebte, die sie vorher im Mund gehabt haben mußte»[438]. Auf sein Ersuchen hin erhielt Rodewyk vom zuständigen Bischof die Genehmigung zum Exorzismus.

Im Zusammenhang mit den exorzistischen Heilungsansätzen steht auch ein ärztlicher Untersuchungsbefund, der etwa vorhandene Krankheiten körperlicher, psychischer oder geistiger Art abklären sollte. Dieser Befund in den Freiburger Akten besagt: «Die eingehende körperliche Untersuchung und Beobachtung Magdas hat in Übereinstimmung mit den ärztlichen Vorgutachten an den inneren Organen und am Nervensystem keinen krankhaften Befund ergeben, insbesondere war kein für eine Lues[439] des Zentralnervensystems sprechender Befund nachzuweisen.

Während der ganzen Dauer der Beobachtung war Magda bewußtseinsklar, allseits orientiert, besonnen, geordnet, frei von irgendwelchen Symptomen einer Geisteskrankheit oder eines Gemütsleidens im eigentlichen Sinne, so insbesondere frei von psychotisch deutbaren Veränderungen der Affektivität, der Intelligenz, frei von Sinnestäuschungen und Wahnideen.»[440]

Die Besessenheitserscheinungen im Fall «Magda» können im folgenden nur in punktuellen Aussagen angesprochen werden. Diese beschränken sich darauf, das bei Magda beobachtbare Spektrum der Besessenheitssymptomatik exemplarisch aufzuzeigen und mit den oben aufgeführten Aspekten zu vergleichen.

a) Der Bereich des Religiösen

Magda brachte es zeitweise nicht mehr fertig zu beten. Sie hatte eine Abneigung gegen Bibellesen, geweihte Gegenstände, Weihwasser, gegen Heilige der Katholischen Kirche, vor allem gegen Maria und vernachlässigte die Gottesdienstbesuche. «Eines Tages», so berichtet Rodewyk, «erhielt Magda eine geweihte Medaille geschenkt, die sie sogleich anlegte. Nach etwas 5 Minuten zeigte sich auf ihrer Brust eine brennende Röte, aus der sich eine Brandblase entwickelte.»[441] Sie hatte eine deutlich spürbare Abneigung gegen das Rosenkranzgebet und spürte das Beten auch über Entfernungen hinweg. Sie nannte es «Rasseln mit den Hundeketten» und war äußerst unangenehm davon betroffen.[442]

b) Der Bereich des Körperlichen

In Besessenheitskrisen nahmen bei Magda die physischen Kräfte in aufsehenerregender Weise zu. Ein Beispiel mag dies verdeutlichen: Sie lief eines Tages im Krisenzustand einen steilen Berghang von über 100 Metern fast senkrecht hinauf. «Eine Frau», so schreibt Rodewyk, «die sie hinaufklettern sah, rief ihr zu, in diesem Tempo würde sie das nicht durchhalten, denn das habe noch keine so gemacht. Aber Magda hielt durch und war im Handumdrehen oben. Auf ebener Straße hätte sie kaum schneller hinaufkommen können.»[443] Es traten zeitweise Sprechblockierungen auf. Sie konnte dann nicht mehr reden.[444]

Erstaunlich waren visuelle Ausfälle. So konnte sie zum Beispiel einen Roman lesen und dessen Inhalt erfassen. Bei einem frommen Buch hingegen gelang ihr dies nicht.[445] Des weiteren traten Geschmacksstörungen[446] und taktile Störungen in Form von Schlägen auf. «Zu den Eigentümlichkeiten von Magdas Besessenheit gehörten viele Schläge», schreibt Rodewyk, «die sie von unsichtbarer Hand erhielt. Diese kamen ganz plötzlich und unerwartet. Meist sah es aus, als habe Magda sie mit einer Klopfpeitsche (einer Art Hundepeitsche) erhalten [...].»[447]

Magda aß wenig. «Oft genug», so Rodewyk, «war ein Butterbrot die einzige Nahrung für den ganzen Tag.»[448] Zeitweise kam zu der geringen Nahrungsaufnahme noch unnatürliches Erbrechen hinzu. Sie litt auch an Schlaflosigkeit. Um diese zu beheben, probierte man alle möglichen Schlafmittel aus.

Diese halfen jedoch kaum. So lebte sie jahrelang «mit einem Mindestmaß an Schlaf»[449]. Ähnlich wie bei anderen Besessenheitsfällen wurde oft der ganze Leib «Magdas» unnatürlich aufgetrieben. Sie klagte: «Der Leib wird so dick. Das tut alles weh.»[450] Gelegentlich traten auch Lähmungserscheinungen auf. Sie konnte sich zum Beispiel während des Exorzismus nicht vom Stuhl erheben.[451]

Magda entwickelte bisweilen ein ungeheures Aggressionsverhalten. «Manchmal glühten die Augen, sie sprühten Feuer, schienen aus dem Kopf hervorzutreten und zu phosphoreszieren. Es war der Ausdruck glühenden Hasses. Dem entsprach dann auch die übrige Körperhaltung, die eine solche Aggressionslust verriet, daß Magda kaum zu bändigen war.»[452]

c) Der Bereich des Psychischen

Auch bei Magda zeigte sich, daß bei einem besessenen (aber auch umsessenen oder dämonisch belästigten) Menschen Dämonen fast immer eine (auch körperlich spürbare) Unruhe übertragen.[453] Auch hatte sie ständig ein starkes Gefühl der Ungeborgenheit.[454] Magda schildert ihr Gehetztsein so: «Es ist mir, als wäre ich in einem Zuge, und vor mir liefen kleine Männer her und legten überall Zündschnüre.»[455]

Oder sie träumte zum Beispiel, sie sei ein Hund, der im Dorfteich schwimmt. Um den Teich seien Menschen, die mit Steinen nach ihr werfen. «Alle Steine treffen, aber keiner trifft tödlich, und so nimmt die Qual kein Ende.»[456]

Weiter sind Selbstmordtendenzen zu erwähnen, welche häufig bei ihr auftraten. Dann schluckte sie Medikamente, Gifte, ging ins Wasser, wollte sich die Venen mit Luft vollpumpen oder sich erhängen. Kam sie wieder zu sich, begriff sie selbst nicht, warum sie dies tun wollte.[457]

Ein volles Jahr konnte sie nicht mehr weinen. Insgesamt kennzeichneten Angst; Depressionen, Alpträume und Symptome verschiedenster psychischer Nöte den Erlebenszustand von «Magda», wobei die üblichen Medikamente versagten.

d) Der Bereich des Geistig-Kognitiven

Funktionen geistig-kognitiven Erkennens war immer wieder durch Teilausfälle oder irreale Belästigungen gestört. Dies betraf insbesondere das *visuelle und auditive Erkennen*.

Magda berichtet: «Ich fühlte seine (ein bestimmter Teufel) Nähe und hörte seine Stimme, sein Lachen und sein Bellen [...]. Ich kann nicht länger die Stimmen hören. Sie johlen, schreien und lachen mich aus.»[458]

«Magda» wurde manchmal von einem «glühenden Auge» beunruhigt, das sie hinter einem Schrank «sah». «Es kam auch vor, daß Magda das Zimmer voller Teufel sah und die Anwesenden warnte, näher zu kommen, oder es erschien ihr voller Rauch.»[459]

Hinsichtlich des *Geruchssinnes* gibt es Beobachtungen, die auch in anderen Fällen dämonischer Belästigung bezeugt wurden. «Magda» nahm zum Beispiel ohne vorliegenden objektiven Grund mehrfach im Zimmer einen brenzligen Geruch wahr, so «als stehe ihr Zimmer in Flammen».[460]

e) Der Bereich des Parapsychischen

«Magda» erhielt im Zusammenhang mit ihrer Besessenheit eindeutig parapsychisch identifizierbare Fähigkeiten. Das wohl interessanteste telepathische bzw. hellseherische Phänomen dürfte das Wissen und Miterleben des Absturzes des Zeppelins «Hindenburg» gewesen sein. *«Am 6. Juli 1937 flog der Zeppelin «Hin-*

denburg» von Deutschland nach Amerika und explodierte vor der Landung über dem Flugplatz Lakehurst [...].

Magda erlebte das Unglück mit, als habe sie es geträumt und weckte sogleich ihren Mann, dem sie es mitteilte. Morgens erzählte sie es auch den Nachbarn. Da kam durchs Radio die Katastrophennachricht.»[461]

Telepathische und hellseherische Fähigkeiten[462] vermischten sich mit solchen kryptognostischer Art.[463] «Einer Schwester», so Rodewyk, «die sich durch ihr ‹tadelloses Vorleben› empfehlen wollte, sagte sie auf den Kopf zu, daß und wie sie sich in den letzten Monaten mit Soldaten herumgetrieben habe.»[464]

Ein im Lazarett befindlicher Mann erzählte Magda davon, daß seine Frau ein Kind erwarte. «Daraufhin beschrieb sie ihm seine Frau, die weit weg wohnte, so genau, als habe sie sie schon einmal gesehen. Außerdem versicherte sie ihm, das Kind würde ein Mädchen sein, und an dieser Behauptung, die sich später als richtig herausstellte, hielt sie unbeirrbar fest.

Schließlich gab sie noch genau die Stunde der bevorstehenden Geburt an. Es war alles richtig.»[465]

Ähnliches gab auch der Arzt Dr. Klei zu Protokoll. Ihm fiel bei «Magda» die mühelose, ohne besondere Konzentration erfolgte Wiedergabe von in der Ferne Geschautem auf: *«Sie schilderte mir, als ich von meinem Weihnachtsurlaub, vom Besuch meiner Eltern, zurückkehrte, mit Kleinigkeiten genau den Empfang bei meinen Eltern [...]. Ich hatte vorher mit Magda nie über die Wohnung meiner Eltern gesprochen.*

Zu beachten ist hierbei, daß Magda nicht nur wußte, wie die Räume in diesem Jahr waren, sondern auch, wie es früher einmal gewesen war, denn sie ging in ihrem Bericht vor allem auf die Veränderungen gegenüber früher ein.»[466]

Als «Magda» eines Tages ein verschlossener Brief des Bischof auf den Kopf gelegt wurde, sagte sie sofort, daß darin ein geschriebener Exorzismus sei.[467] Rodewyk berichtet von einer weiteren erstaunlichen Beobachtung hellseherisch-telepathischer Fähigkeit «Magdas»: «Ein Freund hatte mir den Brief eines mir unbekannten Priesters gegeben. Als ich ihn Magda äußerlich zeigte, gab sie sogleich eine treffende Charakteristik von dem Briefschreiber, die sich weniger auf die Charaktereigenschaften bezog, die vielleicht aus der Schrift hätten abgeleitet werden können, sondern auf sein Wirken.»[468] Magda konnte genau Anordnungen von Gegenständen in weit entfernten Räumen beschreiben.[469]

Einmal teilte sie mit exakten Angaben den Tod ihres jüngsten Bruders mit: «Gestern ist mein jüngster Bruder in Rußland gefallen. Er hat einen Kopfschuß bekommen und war sogleich tot.»[470] Bei einer Predigt von Rodewyk sagte sie nachher: «Sie haben um 20.16 angefangen.» «Nein», erwiderte dieser, «ich habe auf die Uhr geschaut, drei Minuten später.»

In diesem Moment schlug die Hausuhr. Es stellte sich heraus, daß zwischen dieser und der Uhr von Rodewyk ein Unterschied von drei Minuten in der Einstellung bestand. «Magda» hatte also in Bezug auf die Hausuhr-Zeit recht.[471]

Auch das Phänomen der *Prae- und Retrokognition* und der *Kryptognosie* war bei «Magda» anzutreffen. Wie auch schon bei anderen Besessenheitsfällen (z.B. den beiden Knaben aus Illfurt) deckte sie (nicht gebeichtete) Sünden von Mitmenschen auf.[472]

Noch ausgeprägter waren bei ihr Erkenntnisse der Praekognition. «Als die Amerikaner näher rückten», schreibt Rodewyk, «sagte sie abends oft sehr genau voraus, ob in der kommenden Nacht Artilleriebeschuß sein werde oder nicht, manchmal auch, wohin die Einschläge kommen würden.»[473]

Einer Mitschwester gegenüber erwähnte sie eines Tages: «Bei einem Bombenangriff wird dein Haus zerstört werden und du wirst unter die Trümmer kommen, zwar verletzt werden, aber nicht sterben.» Magda erzählte dies am selben Tag auch Pater Rodewyk. «Monate später», so berichtet er, «ging das wörtlich in Erfüllung.

Die betroffene Schwester Anna berichtete daraufhin: ‹Als ich schwerverletzt unter den Trümmern lag, hatte ich nur den einen Trost, daß Magda mir gesagt hatte: Du kommst mit dem Leben davon.›»[474]

Anzutreffen war bei «Magda» auch die Fähigkeit der *Xenoglossie*. Schon oben wurde berichtet, wie Pater Rodewyk zu Beginn des Exorzismus sie in verschiedenen ihr unbekannten Sprachen[475] überprüfte. Er berichtet an anderer Stelle: «In einer Krise, in der ich mit Kain[476] sprach, flocht ich die kurzen Sätze ein: ‹..'arur 'atthah› und ‹na' 'wanad› (‹Du sollst verflucht sein› und ‹unstet und flüchtig sollst du sein›). Darauf wurde er sofort wütend.

Er hatte sofort verstanden und äußerte sich auch in diesem Sinn. Auch in Bezug auf Griechisch, Italienisch und Englisch wurden ähnliche Erfahrungen gemacht.»[477]

Einmal fing der Exorzist an, in scholastischem Latein zu sprechen, das heute weniger bekannt ist. Doch auch dabei gab es keine Verzögerung in der Unterhaltung mit «Magda», die sogar seltene Fachausdrücke sofort verstand.[478]

Eine Mitarbeiterin im Lazarett, die Englisch sprach und oft auch anwesende Amerikaner waren erstaunt, daß «Magda» viel schneller in Englisch Gesprochenes verstand als andere, die Englisch gelernt hatten.[479]

Auch *telekinetische Phänomene und Spukerscheinungen* ereigneten sich im Umfeld von «Magda». Rodewyk schreibt hierzu: *«Als Magda bei Dr. Klei wohnte, bat dieser eines Tages einen Geistlichen, der von ihrer Besessenheit nicht ganz überzeugt war, über sie den Exorzismus zu sprechen.*

Während er betete, nahm Magda aus ihrem Handtäschchen ein Fläschchen mit Kölnisch Wasser, scheinbar um sich zu erfrischen. Plötzlich aber warf sie das geschlossene Fläschchen mit großer Heftigkeit in Richtung auf den Kopf des Herrn.

Dieser merkte etwas und hob sein Brevier, sich schützend, empor. Es wurde so stark getroffen, daß die Schnittkante des Buches eingebeult wurde. Das Fläschchen fiel jetzt aber nicht herunter, wie es normalerweise hätte sein müssen, sondern stand gleich darauf hinter ihm auf dem Schreibtisch, nicht etwa in der Wurfrichtung, sondern etwas weiter links. Nach physikalischen Gesetzen war dies unmöglich.»

Klei berichtet: «Die Teufel haben sich in verschiedenen Nächten auch bei meiner Frau und mir hörbar gemacht durch schleifende Schritte und das unleugbare Gefühl der persönlichen Nähe. Dies zur selben Zeit, wo sie auch Magda, die im Erdgeschoß schläft, besuchten [...].

Unsere Nächte sind regelmäßig durch die anderen Teufel unterbrochen. Das gilt sowohl für meine Frau wie auch für mich.»[480]

Parapsychologisch schwer zu erklärende Phänomene ereigneten sich bei Magda unter den Namen «*Die Katze*» und «*Die Schlange*».

«Lange Zeit», so berichtet Rodewyk, «wurde Magda von der Vorstellung gequält, daß ihr plötzlich eine schwarze Katze ins Gesicht spränge, besonders, wenn sie gerade froh war oder an etwas ganz anderes dachte. Nachher zeigten sich im Gesicht oder sonstwo ganz typische Kratzwunden.»[481]

Zum Phänomen des Erlebnisses der Schlange schreibt Rodewyk: «Trat das Phänomen der Katze sprunghaft plötzlich auf, so war für die Schlange das Heimtückische und das Kalte charakteristisch.

Meist durfte Magda von der Schlange im Augenblick ihren Begleitern nichts sagen, sondern mußte die Qual still tragen.

Erst wenn der Druck nachließ, das Schlimmste also vorüber war, durfte sie darauf aufmerksam machen und anderen die zurückgebliebenen Spuren zeigen.»

Eine Spur war zum Beispiel ein breiter Streifen schlangenartig um den Leib. Magda hatte dabei furchtbare Schmerzen und wand sich wie ein Wurm.»[482]

Eine seltsame Erscheinung bildeten auch *Kreuze* auf dem Körper «Magdas». Hierzu gibt eine Oberschwester zu Protokoll: *«Ich habe mir die Mühe gemacht und bin am Mittag vor Aschermittwoch bei Magda gewesen.*

Ich habe darum gebeten, die Brust sehen zu dürfen. Weder Stirn noch Brust trugen ein äußeres Merkmal.

Magda sagte mir auch, sie wisse gar nicht, ob überhaupt etwas kommen werde.

Am Aschermittwoch ging ich nochmals hin und fand Schwester Magda nicht nur ‹aufgedreht›, sondern auch das flammende rote Kreuzzeichen, dessen Längsbalken zirka 10 -12 cm groß war, und den Querbalken entsprechend mit breitem ‹Hof› auf der Brust, während das Kreuz auf der Stirn nur die klaren Linien aufwies.»[483]

4.10. Satanskulte: Symptomatik dämonischer Infiltration[484]

4.10.1. Die satanistische Szene (Satanskulte)

Im ideologischen und antitheistischen Umfeld satanistischer Praktiken und satanistischen Kultes findet man ein meist nicht durchschaubares Geflecht von Organisationshierarchien und Vernetzungen, innerhalb derer zahlreiche in der Regel geheimgehaltene Zusammenkünfte, Handlungen, Praktiken und Kulte stattfinden. Was man davon in Informationskanälen öffentlicher Medien erfährt, betrifft lediglich die kleine sichtbare Spitze des Eisberges oder «den Rauch des höllischen Vulkans»[485].

Satanistisches Denken breitet sich im Bewußtsein von Menschen in verschiedenen Schweregraden aus. Es beginnt bei bewußtem antireligiösen, vor allem antichristlichen Reden, läuft weiter zu antitheistischen Aktionen und erreicht einen Tiefgrad in der bewußten Verschreibung des eigenen personalen Ichs an Satan. Das In-sich-Aufnehmen satanistischen Denkens bezieht sich auf sexuelle Perversionen in allen erdenklichen Formen, Angestacheltwerden zur Auflehnung gegen die bestehende Ordnung und zu Gewalt und Mord, Selbstmordabsichten oder «Weihe an Satan» (Pakt mit dem Satan)[486].

Reguläre Satanskulte sind Ausdruck einer Pervertierung der Gottesliebe in Gotteshaß und Satansgefolgschaft.

Satanskult ist nach La Vey[487] «die Religion des Fleisches und der Materie».[488] Typisch für satanistisches Denken und Fühlen sind Pervertierungen in Bezug auf Gott, Christus und Kirche.[489] So werden kirchliche Riten pervertierend nachgeäfft, das Kreuz auf den Kopf gestellt, Laster als Tugenden bezeichnet und Kapitalsünden als beglückende Befreiung. Es werden schwarze Kerzen verwendet und Anrufungen an Luzifer gerichtet.

Satanistisch-rituelle Handlungen gehen in der Regel nach einem *bestimmten Ritual* vor, dessen Reihenfolge «Anruf», «Bitte», «Opfer» und «Dank» markieren.

Ein Satanologe auf dem «heißen Stuhl» im Jahre 1993. Gegenüber Exorzisten und Sektenexperten äußerte der Satanologe und Ziehvater des Wiener Aktionismus Josef Dvorak: «Jeder Mensch braucht Satan! Satanismus ist die Religion der Zukunft!» Er behauptet von sich selbst, ein «freiheitsbringender, religiöser Revolutionär» zu sein. dpa-Bild, Frankfurt/Main.

«Elektrische Vorspiele» (unter starken Blitzlichtern) bilden gelegentlich den Auftakt, dem eine Anrufung des Kultleiters folgt, in dem er Satan auffordert, «die Seelen der Gerechten zu ernten»[490].

Dies gleicht einer christlichen Gottesdienstordnung, ist aber in Wirklichkeit eine Kontaktsuche mit verschiedenen Göttern und mit Satan. Solche Rituale werden an abgeschlossenen Orten abgehalten. Im Mittelpunkt steht die *«Schwarze Messe»,* welche eine Verdrehung und Verhöhnung[491] der katholischen «Heiligen Messe» ist.

Satansmessen oder «Schwarze Messen» werden bestimmt von einem «explosiven Gemisch aus Sex und sakralem Tun»[492]. Man kennt die Praxis, daß Frauen unter sakrilegischen Gewalttaten nackt auf dem Altar mißbraucht werden. Daneben gibt es Sitzungen verschiedenen Grades und einer Reihe kultischer Handlungen und Anrufungen Satans. M. Warnke war selbst einige Zeit als Hohepriester Satans in den USA tätig. Er gibt folgenden Einblick[493]:

«Er führte mich zu einem Kreis und machte mich mit einigen Burschen bekannt, die schon rund um den Kreis, der ungefähr drei Meter Durchmesser hatte, auf dem Fußboden saßen. Sie nahmen ihre Unterhaltung wieder auf, als ich mich setzte.

So schwieg ich still und hörte zu. In der Mitte des Kreises stand ein Altar: Ein flacher Granitstein, der auf zwei Holzböcken lag. Auf dem Altar lag ein Mädchen auf ihrem Rücken. Sie war unbekleidet und wartete.[494] *Ihre Haut glühte rot im Licht der Kerzen und des Feuers, das in einem Schmelztiegel, der neben dem Altar stand, brannte. Ein umgedrehtes Kreuz und das Abbild eines Ziegenkopfes standen an jeder Seite des Altares. Bald nahmen auch die restlichen Mitglieder der Gruppe ihren Platz ein.»*

Warnke berichtet weiter: «*Was hier vor sich gehen sollte, war eine Schwarze Messe. Alle in einem christlichen Gottesdienst vorkommenden traditionellen Riten wurden hier umgekehrt und ganz bewußt verlästert.*

Die Sakramente wurden geschändet. Gotteslästerungen nahmen den Platz der Gebete ein. Worte, die man dem Teufel zu-

schrieb, wurden aus einem Buch gelesen, das «Die große Mutter» hieß. Dean, der jetzt am Altar stand, hatte das geöffnete Buch auf den Magen des Mädchens gelegt.

Nach der Anrufung des Satans lauschte ich gespannt dem Offertorium (Darbringung), wobei die Mitglieder des Bundes ihre Seelen ihrem Herrn Satan darbrachten.»

Die Riten werden (analog dem Weihrauch in der Katholischen Kirche) mit dem Abbrennen von Drogen in einem Schmelztiegel umgeben, zum Beispiel des tödlichen Nachtschattengewächses Belladonna. «Wenn es richtig verdampft wurde», so Warnke, «gab es einen Rauch, der Menschen in die richtige schwerelose Stimmung (Dämmerzustand) versetzen konnte.»[495]

Bei den Riten werden auch *Verwünschungen* formuliert. Der «Hohepriester» zeichnet das Pentagramm (Drudenfuß) auf den Magen des Mädchens[496] auf dem Altar und spricht: «Alle die, die Grund zur Klage haben, mögen jetzt sprechen, und wir wollen uns in dieser Stunde alle verbinden, um die Kraft unseres Vaters Satan darauf zu richten. Wie ich will, so muß es sein.»[497] Nun werden von den Anwesenden *Negativwünsche* (z.B. Verfluchungen) gegenüber anderen Menschen ausgesprochen.

Einen der satanskultischen Höhepunkte beschreibt Warnke so: «[...] und dann fühlte ich es – etwas war da. Ich konnte die dunstigen Umrisse des dämonischen Geistes, der aus dem Pentagramm herausschwebte, fast erkennen. Er schien einen schwirrenden Ton von sich zu geben, als er sich auflöste und wahrscheinlich an den Ort ging, wo er Unheil anrichten wollte.»[498]

Bei anderen kultischen Veranstaltungen werden konsekrierte[499] Hostien, die von beauftragten Personen[500] gestohlen wurden, oder Sakramentalien der Katholischen Kirche geschändet.[501] Bestandteil von Schwarzen Messen ist auch *exzessiver Sex*.[502] Schließlich ist auch die Verschreibungszeremonie zu erwähnen, bei welcher Mitglieder oder Neuhinzugekommene ihre Seele mit dem eigenen Blut Satan verschreiben.

«Er machte sich mit großem Ernst fertig», so schildert Warnke, *«mir den Ring über den Finger zu streifen. ‹Ehe ich diese Einführungszeremonie damit besiegle, daß ich dir den Ring an den*

Finger stecke, mußt du, Judas, deine Hingabe an Satan bezeugen, indem du ihm, unserem Herrn, deine Seele darbringst. So muß es sein! Er räusperte sich und fuhr dann fort:

‹Sprich mir nach: Ich, hier bekannt als Judas, unterwerfe hier und jetzt für immer und einen Tag meine Seele der Aufsicht und Sorge der Hoheit der Finsternis, Satan, dem Herrn der Welt.› Er sagte dies langsam, und ich mußte ihm die Worte Stück für Stück nachsagen. Dann schob er mir den Ring an den Finger. Mich schien ein Feuer zu durchfluten. Jetzt brannte ich, erfüllt mit höllischem Feuer.

Mein Herz raste und mein Puls pochte. Ein ekstatisches Fieber ergriff mich und ließ den Schweiß aus meinen Poren brechen. Ich fühlte mich leicht wie schwebend. Er fand einen Platz in der Nähe meiner Arterie und machte einen Einschnitt. Ich zuckte heftig vor Schmerz zusammen [...]. Er fing das Blut in einem Becher auf und warf mir ein Taschentuch zu, um die Blutung zu stillen [...]. ‹Tauche nun diesen Federkiel in das Blut und schreibe hier deinen neuen Namen ein›. Er übergab mir eine Schreibfeder und schob mir das Buch zu.

Es war ein großes schwarzes, in Leder gebundenes Buch, etwa 60 cm hoch und 30 Zentimeter dick. Die gelb geränderten Seiten zeigten jeweils drei Reihen von Namen. Alle Namen waren mit Blut geschrieben, welches getrocknet war und dunkel und in der Beleuchtung der Scheune schwarz aussah [...].»[503]

Satanistische Rituale zielen darauf ab, die Gedanken der Anwesenden in Besitz zu nehmen.

Dies geschieht durch *Chants* oder *Mantra*s, welche ständig wiederholt werden, durch «Herbeiholen» von Geistern und Aussprechen von Flüchen oder Bannen. Ständig sich wiederholende Gesänge «engen die Gedankengänge ein und lenken sie in eine bestimmte Richtung».[504]

Dieses Aussprechen von Mantras öffnet die Gedankenwelt und bietet eine *Einfallsschneise für die Infiltration fremdbestimmter Gedankenbeherrschung.* Rituelle Handlungen beziehen in der Regel sexuelle Perversionen und sexuellen Mißbrauch mit ein. Andere Praktiken betreffen Blutungen und das Abtrennen kleiner Körperteile.[505] Zuweilen wird auch menschliches Leben geopfert.

Symbolische Perversionen in einer Verkehrung christlich-gottesdienstlicher Handlungen sind charakteristisch für satanisch lästernden Spott. So wird das Wort Gottes *rückwärts gelesen*[506], das Vaterunser *rückwärts gebetet* und das Kreuz umgekehrt aufgehängt.

Stratford weist darauf hin, daß zum Beispiel auch der «Hohepriester» das Kreuz anspuckt und «Heil Satan» ruft und daß der Altar für Perversion und Mißhandlung benützt wird.[507]

4.10.2. Die Ausbreitung von Satanskulten heute

In vielen Ländern, vor allem in den USA[508], in Europa[509], aber auch in südamerikanischen Staaten wird heute ein stetig anwachsendes Interesse an okkulten Praktiken mit Satansanbetung beobachtet. Die norwegische Religionsforscherin Lundgreen berichtet, daß es bei Schwarzen Messen in der von ihr beobachteten Szene hauptsächlich um Mord und Sex gehe. In entsprechenden Gruppen zirkuliert der Text eines «Vertrages mit dem Teufel».

Der Inhalt greift vor allem das Kirchen- und Heiligenverständnis der Katholischen Kirche an.[510] Anweisungen zur Satansverehrung stellen eine Pervertierung katholisch-gottesdienstlicher Liturgie dar. Besonders makaber ist die Aufforderung:

«Satans Diener versprechen, zu bestimmten Zeiten Opfergaben und Präsente darzubringen und in einer feierlichen Zeremonie mindestens einmal im Monat ein Kind zu opfern und dessen Blut darzubringen.»

Psychologische Erfahrungen zeigen, daß *insbesondere labile Menschen derartige Wahnsinnsanweisungen in ihrem Inneren als religiös verbindlichen Impuls erleben* und schließlich zum Verbrechen getrieben werden.

In den USA zum Beispiel wächst die Zahl von Verbrechen, die vom Satanismus motiviert sind. Am stärksten greift dort der «Totenkult» um sich, der sich in *Grabschändungen, Kirchenraub, Leichenfleddereien und rituellen Tierschlachtungen* äußert.

In Finsterwalde (Brandenburg) fand die Polizei 1996 bei fünf Jugendlichen Beweismittel für praktizierten Satans-Kult. Sie hatten Kirchen und Friedhöfe geschändet. dpa-Bild, München.

In Babenhausen-Sickenhofen (Kreis Darmstadt-Dieburg, Hessen) wurde im Jahre 1990 der jüdische Friedhof von unbekannten Tätern geschändet. Grabsteine wurden umgestürzt und mit antisemitischen Parolen beschmiert. dpa-Bild, München.

Der Journalist J. Norris untersuchte im Bereich Los Angeles 300 Mordserien und kam zu dem Ergebnis, daß 30 Prozent von Satanisten verübt wurden. Mitverantwortlich für diese Verbrechen seien satanische Literatur, Videos und Okkult-Rockmusik.

Die Satanismusszene der Gegenwart geht auf Okkultorden des 19. und 20. Jahrhunderts zurück, deren einflußreichster der «Ordo Templis Orientis» war. Einer seiner Hauptfiguren war der Magier A. Crowley, der den Satanismus grundlegend ausbaute.

Crowleys Grundgesetz lautete: «Tu was du willst, das ist das einzige Gesetz.» Damit wird die bekannte Aussage des Kirchenlehrers Augustinus «Liebe, und tu, was du willst» in negativer Richtung verhöhnt.

Grunderwartung des Satanismus ist Magie. Mit ihrer Hilfe möchte man der Natur den eigenen Willen aufzwingen und sich Kräfte (z.B. Geister und Dämonen) verfügbar machen.

Insgesamt, so kann man sagen, ist der Satanismus sicherlich eine der gefährlichsten Erscheinungen in der Okkultszene. Er bejaht Schattenseiten menschlicher Existenz und sucht sie zu fördern. Eindeutig sind Opposition gegen Gott und Haß auf Christentum und Kirche seine Triebfedern. Dies alles entwickelt sich in einer Form von perverser «Religiosität», deren Ziel die Umwertung christlicher Glaubensinhalte ins Gegenteil ist.

Das heute deutlich erkennbare Umsichgreifen antitheistischer bis satanistischer Bewußtseinsinfiltration beinhaltet, auch durch eine erstaunliche Hinwendung zum Okkultismus verschiedener Ausprägung, Anspruch auf selbstbestimmtes Freiheitsverhalten, exzessives Ausleben gewalttätiger, grausamer, egozentrischer, masochistischer bis sadistischer Triebe des Sexuellen, des Ekstaseerleben im Drogenkonsum, haßerfülltes Vergewaltigen, Morden und Quälen, verbunden mit Kälte und der Mißachtung menschlichen Lebens in allen Entwicklungsstufen.[511]

Die Versuchung, bei satanistischen Kulten mitzumachen, beginnt bei Jugendlichen oftmals auf dem Nährboden von Resignation, Hilflosigkeit und Gefühlen der Sinnlosigkeit.

Dabei entstehen Wünsche, für die man bei satanistischen Praktiken Erfüllung erhofft. Da möchte man «Power» haben, mit deren Hilfe all den Repräsentanten der Gesellschaft eines ausgewischt werden kann, auf die sich Aggressionen richten: Lehrer, Vorgesetzte, Politiker, aber bisweilen auch Eltern.

Junge Menschen kennen oftmals nur mehr wenige Tabus. Sie lehnen gesellschaftliche Normen ab, was «man tut oder nicht tut». Zudem verbieten Strafgesetze die Teilnahme an Schwarzen Messen nicht. Da geht man dann eben hin.

Zugleich weckt die Berichterstattung in zweifelhaften Medien die Neugier. Man möchte experimentieren, ob Kontakte zu Geistern wirklich herzustellen sind und man sich mit deren «Wissen» einen Informationsvorsprung vor anderen holen kann. *Das starke emotionale Erleben bei solchen Treffs ist etwas, was junge Menschen bis in die Tiefen ihrer Seele packt.* «Dort ist was los», sagte ein Mädchen. «Das ist spannend. Dort finde ich alles, was ich gesucht habe, vor allem religiöses Erlebnis. In der Kirche ist der Gottesdienst so langweilig.» Auf die Frage, was sie an Satanskulten finde, meinte sie: «Erfüllung. Ich kann das nicht weiter beschreiben. Einfach alles. Das ist total.»[512]

Die folgenden Fälle sollen exemplarisch aufzeigen, wie satanistische Zirkel und Jugendgruppen bis hin zu Töten und Morden getrieben werden. Aus der Jugendpsychologie ist bekannt, daß gerade in der Pubertät Cliquen-Bildung als entwicklungsnotwendige Absetzung vom Elternhaus zur Normalität gehört.

Insofern sind die folgenden Fälle zunächst einmal von diesem Aspekt her zu sehen. Neuartig-Oppositionelles, sensationell Außergewöhnliches und «verschworene» Gruppenzusammengehörigkeit bilden dabei das psychologische Feld Jugendlicher auf der Suche nach ihrem eigenen Weg.

Das Neue und Erschreckende dabei ist aber die Verführung junger Menschen durch Sekten und okkulte Zirkel und zahlreiche bedenkliche Anregungen auch für den Satanismus aus Zeitschriften, Fernsehen, Videos und der Musik-Szene. Von daher darf man weniger diesen jungen Menschen die Schuld geben, sondern gewissenlosen Verführern, Geschäftemachern und atheistischen Ideologien, welche junge Menschen in den Griff zu bekommen versuchen.

Hier ist der Brief einer Mutter[513]: «Im August/September 1992 kam unser Sohn Sandro auf mich zu und erzählte mir von einer Gruppe Jugendlicher, die sich mit Satanismus beschäftigen. Sie würden sich im Wald treffen, dort Schwarze Messen, Satanstaufen und Beschwörungen zelebrieren und Opfer darbringen.

Ich muß zugeben, daß ich als Christin von so etwas keine Ahnung hatte. Aber der Gedanke an die Existenz eines Satanskultes in meiner nächsten Umgebung machte mir Angst. Für mich ist Satan die Personifizierung des Bösen, also das Gegenteil von Gott. Sandro wurde jedoch von dem Geheimnisvollen, das diese Gruppe umgab, angezogen. Er hörte «Black-Metal»-Musik, zeichnete Pentagramme und umgedrehte Kreuze; auf seinem Schreibtisch lag eines Tages ein Buch über den Teufel.

Sandro hatte sich auch in seinem Wesen verändert. Immer öfter reagierte er aggressiv und gereizt. Es fiel mir und meinem Mann sehr schwer, mit ihm im Gespräch zu bleiben. Seine sonst so guten Leistungen in der Schule ließen nun oft zu wünschen übrig. Diese Situation hielt trotz ständiger Gespräche einige Monate an.

Dann ein Lichtblick: mit einem Male änderte sich Sandros Verhalten spürbar. Er wurde zusehends freundlicher und auch zugänglicher.

Meine Bitten und mein Hoffen schienen sich zu erfüllen: Er wollte mit der Satanisten-Clique nichts mehr zu tun haben. Somit ließ ich die Sache auf sich beruhen. Das Weihnachtsfest und auch die Monate danach gaben uns das Gefühl, eine gefährliche Talsohle durchschritten zu haben [...].

Dann brach die Katastrophe mit Gewalt über uns herein. Der 29. April 1993 wurde zum Schreckenstag; an diesem Tag nämlich wurde unser Sandro auf grausame Weise ermordet. Die drei Täter waren jene jugendlichen Satanisten, von denen uns Sandro vor Monaten erzählt hatte.

Alles, was bisher in geordneten Bahnen verlief, schien auf einmal fragwürdig. Für meinen Mann und mich brach eine Welt zusammen. Tiefer Schmerz, Trauer und Entsetzen über diese Tat ließen uns erst nach Wochen erkennen, daß man die Gefahr des Sa-

tanismus verkannt hatte. Das auffällige Verhalten der Satanisten zu verharmlosen, hatte sich als falsch und verhängnisvoll herausgestellt. Was mit unserem Sohn geschehen ist, kann sich jederzeit überall wiederholen.[514] *Das weiß die Öffentlichkeit nicht. Sie muß es aber erfahren.»*

In einem ähnlichen Fall wird von einem «Selbstmord zu dritt» berichtet[515]: *Eine 15jährige Realschülerin verblutete in einem Wald, nachdem ihr ein 16jähriger Schüler die Pulsadern aufgeschnitten hatte. Dieser und seine 14jährige Freundin wollten auch sterben. Das Pärchen überlebte. Es wurde in eine psychiatrische Anstalt gebracht.*

Ein anderer Fall wird aus dem Ruhrgebiet berichtet: «Am Wochenende wollten fünf junge Leute zur Geisterstunde auf einem Friedhof eine Schwarze Messe zelebrieren. Zwei Mädchen sollten dem Satan geopfert werden. Da sie sich aber beobachtet fühlten, gingen sie in eine Diskothek.

Die drei jungen Männer und die beiden 17 und 18 Jahre alten Mädchen bekannten sich als Satanisten. Sie hätten aber nicht für Luzifer sterben wollen. Sie sagten: ‹Wir wollen nur unsere Seelen Satan opfern.› Die Mädchen hatten ihre Gesichter grell-weiß geschminkt und trugen schwarze Kleider.»[516]

Spricht man mit Menschen über heutige Erscheinungsweisen des Satanismus, dann erhält man häufig leichtfertige Kommentare. Die einen halten sich für aufgeklärt und erhaben über «diesen Unfug». Andere sagen schockiert: «Das macht man doch nicht!» Wieder andere nähern sich mit perverser Neugier den an die Öffentlichkeit gelangten Fällen.

Dies führt aber auch dazu, daß zunehmend mehr Menschen im Zusammenhang mit Meldungen über Satanskulte die Frage stellen: «Ist das alles echt? Gibt es Satan. Gibt er Dämonen? Kann man sie in solchen Sitzungen spüren?»

Angesichts solcher Entwicklungen sind alle Verantwortlichen gefordert. Der Kirche kommt eine öffentlich-politische und eine seelsorgerliche Aufgabe zu. *Wer sich auf solche Dinge einläßt, betreibt keine harmlose Spielerei, sondern liefert sich der Macht des Bösen aus.*

Die Mahnung des 1. Gebotes gewinnt heute wieder hochaktuelle Brisanz: «Ich bin der Herr Dein Gott, Du sollst keine anderen Götter neben mir haben.» Schließlich sollten wir uns aber auch immer wieder deutlich bewußt machen, daß letztlich die Kraft Gottes stärker ist als alle Macht des Bösen.

Wir sind Kinder Gottes. Aus diesem Bewußtsein sollten alle diejenigen Kraft schöpfen, welche sich um Menschen kümmern, die satanistischen Praktiken verfallen sind, aber auch die Betroffenen selbst.

Angst ist für den Christen nicht am Platze, wohl aber sensibilisierte Aufmerksamkeit, Bewußtsein des Ernstes der Situation und Hilfe im Gebet.

4.10.3. Satanistischer Mißbrauch von Kindern und seine Symptomatik

Die von Gott in umfassende Liebe eingebundene Sexualität wird in der gegenwärtigen gesellschaftlichen Situation zusehends mehr ins körperlich-sadistische oder körperlich-masochistische Erleben pervertiert. Verbunden mit pornographischen Szenen der Darstellung (z.B. Kinder- und Tierpornographie) gleitet sexuelles Tun zusehends in die satanistische Kanalisierung sexuellen Mißbrauchs und sexueller Ausbeutung ab.

Satanistische Zirkel bestreiten ihren verborgenen Erlebenskreis mit antitheistischen Praktiken, bei denen sadistische Vergewaltigungen von abhängig gemachten Mädchen und perverser Sex integrative Bestandteile sind.

> «*Wenn ich mich nach einem sexuellen Mißbrauch unter der Bettdecke verbarg, krümmte ich mich oft zu einem kleinen Ball zusammen und versuchte dadurch, so etwas wie Geborgenheit zu verspüren. Ich schrie nicht mehr, aber ich weinte. Tränen flossen immer. Auch wenn ich die Zähne zusammenbiß, waren die Schmerzen des Augenblicks zu groß, um still auszuhalten, so daß ich unter der Decke* schluchzte.

Danach rollte ich mich zusammen wie ein Ball *und bewegte mich hin und her, bis ich schließlich einschlief.»*

(Lauren)[517]

Im wahrsten Sinne des Wortes satanisch ist es, wenn Kinder rituell mißbraucht werden. Diese werden entweder von Erwachsenen (meist mit Gewalt), denen sie anvertraut sind, zur Teilnahme an satanistischen Kulten gezwungen oder von irgendwoher gekidnappt.

Stratford[518] beschreibt aus eigener Erfahrung Erscheinungsweisen rituellen Mißbrauchs und auch Symptome, die an mißbrauchten Kindern zu bemerken sind.

Als grundlegende Maßnahme beginnt man im rituellen Mißbrauch damit, die *«drei Hauptpfeiler des kindlichen Glaubens», nämlich Gott, Staat und Familie*[519] *zu zerstören.* Und dies geschieht in einer perfiden Form, welche Gottes Liebe in den Herzen der Kinder beschmutzen, schmähen und negativ pervertieren möchte. So werden die Kinder gezwungen, «religiöse Gegenstände zu mißachten, indem sie auf die Heilige Schrift urinieren und auf das umgekehrte Kreuz spucken. Bei Mädchen werden auch kleine Kreuze in die Scheide eingeführt. Man reibt mit zerrissenen Bibelseiten auf dem Genitalbereich herum. Die Mißbraucher tragen klerikale Gewänder.» Abwertende Assoziationen werden auch zur Nationalflagge aufgebaut. Unter Abspielung nationaler Hymnen wird das Flaggentuch im Genitalbereich beschmutzt.[521] Vorhandene Bindungen an die eigene Familie wie Liebe, Zuneigung, Zugehörigkeit, werden in einer Art Gehirnwäsche zerschlagen.

Die Mitglieder des Satanszirkels sagen dem Kind, «daß sie (die Mißbraucher) nun die neue Familie des Kindes seien. Das Kind mag gebeten werden, ein Bild seiner natürlichen Familie zu zeichnen und dann darauf zu urinieren oder seine Notdurft darauf zu verrichten.

Einige Kinder werden rituell mit einem anderen Kind (auch Opfer) oder mit einem erwachsenen Mitglied des Satanszirkels

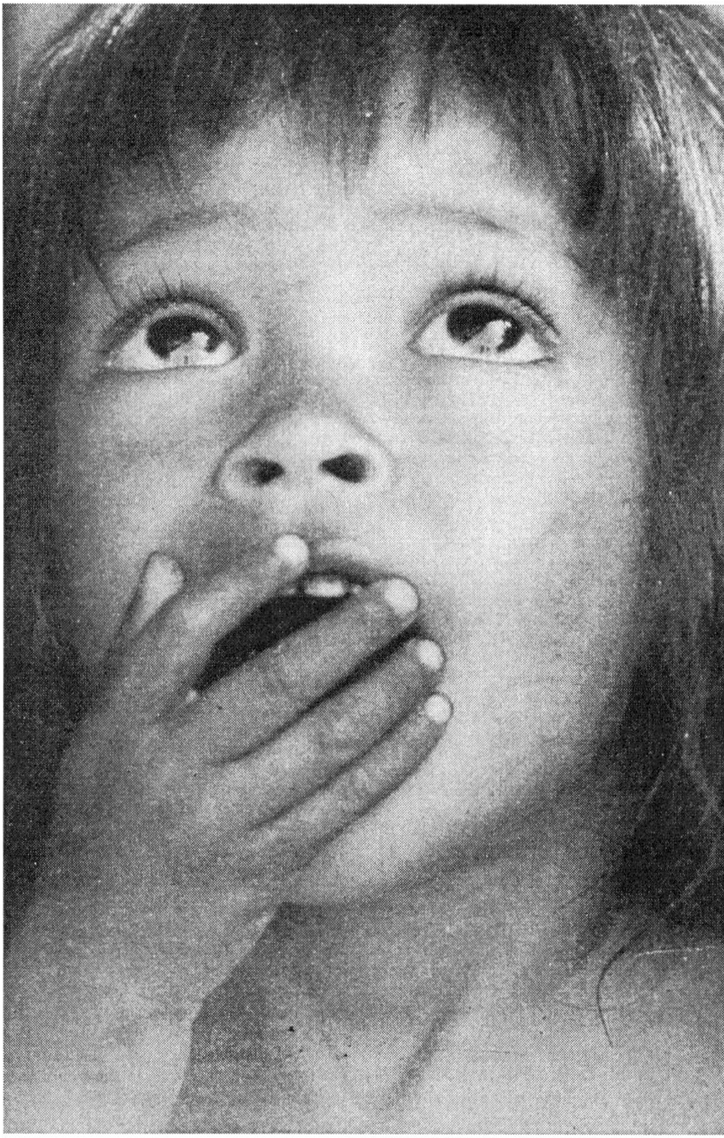

Zerstörte Kinderseele

«verheiratet». Einige werden dann vom «Ehepartner» sexuell mißbraucht.»[522]

Kinder sind suggestiv sehr schnell und intensiv beeinflußbar. Die satanistischen Mißbraucher machen sich dies zunutze, indem sie *dem Kind Schuld- und Angstgefühle ankonditionieren.*

Eine dieser Maßnahmen ist es, das Kind ständig selbst in Handlungen miteinzubeziehen, zum Beispiel ein Tier zu quälen, es zu verletzen, zu töten oder unter Zwang sexuelle Aktivitäten aufzunehmen (mit anderen Kindern; mit Erwachsenen; mit Tieren). Das Kind soll sich dadurch selbst als Mißbraucher sehen und der Außenwelt gegenüber schweigen.[523]

Darüberhinaus werden die Kinder *sprachlich-suggestiv manipuliert.* Sogenannte «Auslöseworte»[524] (Wörter, die zuvor mit Situationen, Orten oder Geschehnissen assoziiert und unterbewußt verankert wurden und deren Bedeutung nur das Kind und der Mißbraucher kennen) «sollen Schreckensereignisse in Erinnerung rufen oder besondere Drohungen, die vom Mißbraucher ausgestoßen wurden»[525].

In ähnlicher Weise werden *«Auslösebilder»* (Zeichnungen, Abbildungen, Figuren, die assoziativ mit Schreckereignissen in Zusammenhang stehen) zur Gefügigmachung und Ängstigung der Kinder verwendet.

So soll zum Beispiel «ein Bild oder die Zeichnung eines Tieres mit großen Augen und Ohren dem Kind bewußt machen, daß die Augen sehen und die Ohren hören, was das Kind tut. Das Bild eines Kaninchens oder einer Schildkröte mag das Kind an ein kleines Tier erinnern, dessen Tötung es beobachtete oder bei dem es gezwungen wurde, eine Nadel oder ein Messer in es hineinzustechen.

Eine Zeichnung mit einem Satz oder einem Gedicht darunter mag Auslöseworte enthalten. Ein Bild mit einer Person im Maskenkostüm oder einer Uniform mag das Kind an den Mißbraucher erinnern, der solche Kleidung trug.»[526]

Eine weitere sprachliche Manipulationsform sind *«Tabusätze»* (eine Pervertierung von zum Beispiel «guten Vorsätzen» zur Selbsterziehung).

Diese Sätze sind dazu bestimmt, das Kind davon abzuhalten, etwas aus seinem Mißbrauchserleben weiterzuerzählen. Solche suggerierten Sätze sind zum Beispiel: «Mein Geistführer überwacht mich.» – «Mein Geistfreund wird es weitermelden, wenn ich etwas erzähle.» – «Keiner wird mir glauben.» – «Ich bin schlecht.» – «Ich bin böse.» – «Ich bin alles, was ich brauche.» – «Ich brauche niemand anders.» – «Ich gehorche mir selbst.»[527]

Ritueller Mißbrauch von Kindern in Verbindung mit Satanskulten bleibt nicht auf den Kultraum begrenzt. Angstbesetzte oder gruselerregende Orte wie Friedhöfe, Leichenhallen, Höhlen oder abgelegene Gegenden werden bevorzugt. Ansonsten ereignet sich solcher Mißbrauch in den USA zum Beispiel auch in Hauskellern, Vorschulen oder Tagesstätten.

Der Mißbrauch der Kinder kann verschiedene Formen annehmen. Diese Praktiken entwürdigen das Kind immer zum Objekt perverser Lustbefriedigungen und dienen gleichzeitig dazu, «die Anerkennung Satans zu erlangen»[528].

Als erschreckenden Grund des rituellen Mißbrauchs nennt Stratford die Absicht, die Kinder «in die Verhaltensmuster des Satanismus» einzuführen, *um sie ein Leben lang in den Satanismus einzubinden*, «indem sie von dämonischen Geistern geleitet und beherrscht werden»[529].

Das zutiefst Erschreckende am rituellen Mißbrauch ist der schmutzige und von Perversitäten getragene *Haß Gott gegenüber und seine Verhöhnung*, wozu man das Kind zwingt.

Unter Abhängigkeitsdruck (oder bisweilen auch Drogenbeeinflussung) wird es dazu gebracht, «eine symbolische Sexualbeziehung mit Gott einzugehen»[530].

Dabei werden «oft religiöse Gegenstände an den Genitalien gerieben. Zeichnungen, bei denen Gott mit Sexualorganen abgebildet ist, oder die Sexualorgane der Eltern zu sehen sind, werden dem Kind in den Mund gesteckt oder gegen die Geschlechtsteile gerieben»[531].

Wird ein Kind zu solchen Abstrusitäten gezwungen, stellt sich gleichzeitig auch ein «Mißbrauch des Geistes des Kindes durch satanische Geister» ein.

«Sexueller Mißbrauch», so Stratford, «fügt damit Geist, Seele und Leib Schaden zu. Satanischer ritueller Mißbrauch verletzt Körper, Gefühlsleben und Geist – und mit letzterem den Teil des Kindes, der sich mit religiösen und geistlichen Werten befaßt.

Ritueller Mißbrauch verfälscht und pervertiert die religiösen Werte des Kindes. Die höchste Lebensform wird zur niedrigsten, gemeinsten und schmutzigsten degradiert. *Glaubenswerte*, die ehrbar und gut sind, werden als *unehrenhaft und böse* angesehen.

Deshalb berichten auch viele Eltern, daß ihr rituell mißbrauchtes Kind plötzlich eine anti-göttliche Haltung einnimmt. Es haßt Gott und lehnt es ab, zu Ihm zu beten.

Es erzählt den Eltern, daß es nur zu Satan betet, daß es ihm dient und Satan sein Vater ist.»[532]

Geistmißbrauch führt beim Betroffenen nicht nur zu geistig versklavender und perverser Indoktrination, sondern auch zu meist irreparablen psychischen Schädigungen, vor allem tiefgreifender Angstbesetzung, Selbstwertverlust und depressiver Ausweglosigkeit.[533]

Nach Stratford ist Geistmißbrauch deshalb so heimtückisch, «weil das Kind den Mißbrauch seines Geistes nicht richtig wahrnimmt. Dieser Mißbrauch hinterläßt keine sichtbaren, gut zu identifizierenden Spuren oder Narben. Geistmißbrauch kann nicht durch die Untersuchung eines Arztes nachgewiesen werden. Es ist verständlich, daß das, was nicht gesehen werden kann und vom Kind nicht wahrgenommen wird, oft unbehandelt bleibt.»[534]

Schließlich sind auch noch *Tötungsrituale* zu erwähnen. Deren Tatsache wird meist geleugnet oder mit Schweigen bedeckt. Dennoch dringen in letzter Zeit im Zusammenhang mit Kinderschändungen und -vergewaltigungen immer mehr Fälle des Tötens von Kindern an die Öffentlichkeit.

Die Nähe zu satanistischen Praktiken bietet sich an. «Ein weiteres Element mancher Rituale», so berichtet Stratford, «war die Opferung von Tieren und kleinen Kindern – manchmal direkt von der jungen schwangeren Mutter genommen. Ich zögere, von diesen Opfern zu berichten, aber ich muß es tun. Ich war Zeuge, wie Babys geopfert wurden.

Ich sah, wie ein Mann dem Baby die Haut abzog, als es noch lebte. Ich hörte seine Schreie, die zum Himmel gedrungen sein mußten.»[535] Das Opfer, das Satan am meisten gefiele, so Stratford, könne nur ein Baby oder Kleinkind sein, «weil Kinder Reinheit und Unschuld darstellen. Sie gehören Gott.

Tiere werden Satan geopfert. Erwachsene, ob willig oder nicht, werden Satan geopfert. Aber Satan ist besonders angetan von Dingen, die man sich kaum ausdenken kann. Nichts ist so böse und so pervers wie die Tötung eines kleinen Kindes, dessen Leben Gott geraubt und Satan dargebracht wird. Ich weiß, es ist schwer zu glauben, daß in unserem Land Kinder als Opfer dargebracht werden.

Wenn ich nicht Zeuge solcher Abscheulichkeiten geworden wäre, hätte ich auch meine Zweifel. Ich würde diese Dinge ja auch gern in Abrede stellen, aber ich kann es nicht, weil ich selbst das Gegenteil erlebt habe.»[536]

C. Ursachenforschung und Diagnose des Dämonischen

5. WODURCH WIRD EINE BESONDERE GEFÄHRDUNG UND BELASTUNG VERURSACHT?

«Ich fragte, woher das Böse käme, und ich fand keine Erklärung.»[537] *(Augustinus)*

5.1. Grundsätzliches zur Ursachenfrage

In der Beobachtung des Weltgeschehens und des darin verflochtenen menschlichen Verhaltens und Handelns muß man zu Überlegungen und Fragen gelangen, warum neben vielem Guten auch so viel Böses geschieht. Dieses Böse in der Welt richtet sich fast immer gegen den Mitmenschen und gegen Gott. Diese Zielrichtung ist kritisch zu hinterfragen. Es steckt eine prinzipielle Linie dahinter, *ein Aktivitätszentrum des Bösen, welches menschliches Verhalten in seinen Sog mit hineinzieht.* Von ihm geht bisweilen Böses aus, das in seiner Wirkdimension geradezu Entsetzen hervorruft. Wie kann ein Mensch so Bösartiges in sich mobilisieren?

Die Medien liefern vom aktuellen Geschehen nur Ausschnitte aus immer wieder aufflammenden Kriegen und menschlichen Greueltaten, die noch auf das Zumutbare hin zensiert sind.

Aber wenn man dies als die Spitze eines Eisberges des Bösen ansieht, dann drängt sich die Frage auf: Was ist der Mensch für ein Wesen, daß Mord, Gewalt, Haß, Vergewaltigung, sadistische Quälereien, Verstümmelungen, Verwüstungen und Zerstörungen von ihm ausgehen können?

Kein anderes Lebewesen ist in der Lage, mit Absicht und geplantem Wollen so etwas zu tun. Zu solchem offensichtlichen Geschehen im Krieg und in ideologischen Ansätzen kommt dasjenige böse Tun hinzu, das sich im alltäglichen Zusammenleben der Menschen und innerhalb der gesellschaftlichen Strukturen ereignet.

Auch hier reicht die Palette von Haß, Neid, Gewalt, Lüge, Diebstahl, Raub, Mord, Vergewaltigung bis hin zur Gotteslästerung.

Warum können Menschen nicht nur gut sein und Gutes tun? Warum sind sie böse und tun Böses in verschiedensten Graden des Wirksamwerdens?

Woher kommt es, daß der Mensch einerseits Liebe verschenkt, andererseits mit Bösem zerstört? Woher kommt es, daß es Menschen gibt, welche überwiegend Liebes und Gutes ausströmen, und daß es andere Menschen gibt, von denen überwiegend Haß und Böses ausgeht?

Ist es eine genetische Veranlagung, die der eine mehr, der andere weniger hat? Ist es ein zerebraler Defekt? Sind es Umwelteinflüsse, die den einen gut, den anderen böse werden lassen?

Es gibt keine ausgesprochene genetische Veranlagung, kein Gen des Bösen. Es gibt auch keine materiellen zerebralen Defekte, welche man für böses Tun verantwortlich machen könnte.

Wo aber sitzt dann das Zentrum böser Impulse, welche ein Verhalten anstacheln, das uns Entsetzen einflößt?

Und tragen Menschen immer die volle Verantwortung für ihr böses Tun, wenn eben ein solches Zentrum in ihnen vorhanden ist? Seit wann haben sie es? Vom Zeitpunkt ihrer Entstehung an? Oder ist es erworben, ist es gewachsen? Woher kommt es? Wer hat es?

Dies sind Fragen, welche Wissenschaft und Menschen schon immer bewegt haben. Wäre alles Böse im Menschen angelegt, dann wäre er eine üble Mißschöpfung, und er könnte zudem nichts dafür, was immer er auch tut. Ist aber das Böse nicht in ihm angelegt, woher kommt es dann?

Könnte es sein, daß das Zentrum böser Impulse woanders zu suchen ist? Empfängt der Mensch solche Impulse? Muß er sich mit ihnen auseinandersetzen? Soll er sich dagegen wehren? Können diese Impulse ihn auch überrennen?

5.2. Die persönlich bewußt vollzogene Öffnung für dämonische Einflüsse

«Zieht die Rüstung Gottes an, damit ihr den listigen Anschlägen des Teufels widerstehen könnt.»

(Eph 6,11)

5.2.1. Zerstören des geistlichen Schutzschildes

Der Mensch besteht aus Körper, Psyche, Geistig-Kognitivem und seiner Seele. Dies ist seine existentielle Ausstattung. Ist sie auf das Gute ausgerichtet, fühlt sich der Mensch harmonisch ausgeglichen und voll tiefer Freude. Anders wenn diese Harmonie durch Böses gestört ist.

Solche Störungen erleben und spüren wir am nachhaltigsten innerhalb der Triebregungen, Gefühlszustände und Gedanken. Diese drei Erlebensbereiche zählen zu den intensivsten des Menschen. Gerade sie sind bevorzugt dämonischen Einflüssen ausgesetzt, und daher finden diese dort sehr leicht Einfallskanäle, in denen böse Strömungen erzeugt werden.

Es ist daher ungemein wichtig, Schutzvorrichtungen gegen solche Einflüsse aufzubauen, zu aktivieren und zu stabilisieren.

Wir kennen heute elektronische Schutzschilde zur Abwehr schädlicher Krafteinwirkungen. Wir wissen, daß die Erdatmosphäre einen Schutzschild gegenüber tödlichen Strahlungen und dem Eindringen von Meteoriten darstellt.

In ähnlicher Weise können wir uns einen Schutzschild vorstellen, der dämonische Angriffe abhält und uns vor bösartiger negativer Umpolung unseres triebgeleiteten Empfindens, unseres Fühlens und Denkens schützt.

«Zieht die Rüstung Gottes an», fordert uns die Heilige Schrift auf. Was ist diese Rüstung? Sie besteht nach den Worten des Evangeliums im wesentlichen aus der «heiligmachenden Gnade»[538], dem Freisein von schwerer Schuld, welche die Beziehung zu Gott zerstören würde, und dem kontinuierlichen Bemühen, die Liebe zu Gott und zu den Mitmenschen konsequent für das eigene Leben verbindlich zu machen.

So entsteht gewissermaßen ein geistlicher, übernatürlicher Schutzschild, der böse und negative Einflüsse abschirmt, zumindest nicht übermächtig werden läßt. Jedes bewußt verstockte Verharren in der Sünde[539] und im Bösen bricht eine Bresche in diesen Schutzschild und öffnet ihn dem Anfluten dämonischer Versuchungen, Belastungen und Attacken.[540]

> *Die Sünde ist Zuwiderhandlung einer die Menschen schützenden Ordnung und daher eigenmächtig verkürzte Chance der Selbstverwirklichung. Sie bringt Unordnung in das Seelenleben, hemmt dessen Entfaltung und schafft so einen Störfaktor, der die Ursache ernster innerseelischer Erkrankungen darstellt.*[541]

5.2.2. Aus freiem Willen vollzogene Übergabe (Verschreibung) an Satan

Aus historischen Berichten über Fälle schwerer Besessenheit und aus aktuellen Praktiken bei satanistischen Zirkeln und «Schwarzen Messen» ist das *«Verschreiben»* der eigenen Person oder Seele an Satan bekannt.

Mit oder ohne Zeremonie wird auf einem Papier, meist anstatt Tinte mit dem eigenen Blut, eine solche «Übergabe» an Satan festgehalten.[542]

Solche Verschreibungen wirken sich nach Aussagen von Exorzisten nachhaltig auf das Fühlen, Denken und Erleben des Betroffenen und ungemein erschwerend auf eine Befreiung aus.

Ersteres könnte man selbstverständlich als unterbewußte und tiefenpsychische Verfestigung einer geistigen Lebenshaltung erklären. Bei zweiterem jedoch wird deutlich, daß bei dämonischem Besessensein der geistige Willensakt des Verschreibens eine sehr ernste übernatürliche und zugleich gefährliche Bindung darstellen muß.

Egon von Petersdorff (1892-1963), Nachfahre eines Rittergeschlechts mit den Muscheln der Kreuzfahrer und der Pilger von Santiago di Compostella im Wappen, Sohn eines preußischen Generals. Seine Mutter entstammte einer französischen Hugenottenfamilie. 1928 konvertierte er zur katholischen Kirche. Sein großes Lebenswerk war die zweibändige Dämonologie, die 1995 in dritter Auflage im Christiana-Verlag erschien.

Ikonen wie diese zieren die Wände der Kultstätten der Sekte «Orden des Sonnentempels». 53 Todesopfer, darunter eine Anzahl Ermordeter, forderte das schweizerisch-kanadische Sektendrama der «Sonnentempler» im Jahre 1994. dpa-Bild, Frankfurt/Main.

Die Sektenführerin Maria Kriwonogowa agiert im Jahre 1995 in einem Gerichtsprozess in Kiew (Ukraine). Der Weltuntergangssekte «Weiße Bruderschaft» wurde schwere Körperverletzung, Landfriedensbruch und Beeinträchtigung der Menschenrechte vorgeworfen. dpa-Bild, Frankfurt/Main.

Satan bemächtigt sich dabei sofort skrupellos des menschlichen Angebotes und Willens.[543]

5.3. Der Kontakt mit einem dämonisch infizierten Handlungsfeld

Es gibt signifikante Ergebnisse und Erkenntnisse der Parapsychologie, welche die Tatsache belegen, daß Orte, an denen schwere oder exzessive Verbrechen stattgefunden haben, auch noch Jahrhunderte später eine «Ausstrahlung» besitzen, die insbesondere bei sensitiven Personen Unwohlsein, Angst und Depressionen hervorrufen. Dies führt zu der Annahme, daß auch Handlungen mit ausdrücklichem okkultistischen Aktivitätshintergrund in gleicher Weise eine «Ausstrahlung» erzeugen, die entsprechend geprägt ist. Empfindsame oder außersinnlich veranlagte Personen können, wenn sie bei solchen Handlungen anwesend sind, in verschiedenen Stärkegraden angesprochen, erfaßt oder belastet werden. Dieser Stärkegrad hängt sicherlich davon ab, mit welcher psychisch-geistigen Intensität, Bereitschaft und Widerstandslosigkeit gegenüber den dabei auftretenden Einflüssen eine Person beteiligt ist. Es scheint festzustehen, *daß Kontakte mit einem dämonisch infizierten Handlungsfeld, Infektionen böser Belastung mit sich bringen können.*[544]

Laurentin berichtet von einer Umfrage bei 37 Exorzisten im Jahre 1994, derzufolge «der überwiegende Teil der Patienten» Menschen sind, die sich für «verhext» halten und für Opfer von «Verwünschungen». Oftmals seien es Menschen, die sich auf den Spiritismus eingelassen haben oder «die einen ausdrücklich satanischen Kult praktiziert»[545] haben.

5.4. Verfluchung und Verwünschung[546]

Eine *Verfluchung* oder *Verwünschung* ist die sprachlich vollzogene oder mittels bestimmter okkultistischer Rituale[547] begleitete böse Absicht, einer anderen Person durch den Einfluß eines Dämons zu schaden.

Amorth definiert: «Jemandem mit Hilfe des Satans schaden wollen.»[548] Dämonisches Belastetsein hat seine Wurzeln nicht selten in Verfluchungen und Verwünschungen, die eine andere Person unter ausdrücklichem Einbeziehen von Dämonen vornimmt.[549]

Hier stellt sich die Frage, *ob es sein kann, daß jemand, obwohl völlig unschuldig, an den Folgen einer von einem anderen in böser Absicht vorgenommenen Verfluchung leiden muß.*

Die Antwort darauf gestaltet sich sicherlich schwierig. Tatsache scheint zu sein, daß eine Verfluchung, vergleichbar einem bösartig vorgenommenen körperlichen Angriff mit Verletzung, einen Unschuldigen treffen kann, der in der Folge darunter (oft ein Leben lang) leiden muß. Es darf angenommen werden, daß Verfluchung nur in seltenen, aber durchaus möglichen Fällen, gravierende Auswirkungen nach sich zieht.

Irrationale Ängste, eine Verwünschung tragen zu müssen, sind aber in der Regel unbegründet. Der Mensch steht unter Gottes Schutz. Dies sollte froh und dankbar machen. Jegliche Art von bösartiger Gefährdung körperlicher oder psychisch-geistiger Art steht andererseits unter dem (menschlichem Ermessen oft unverständlichen) Geheimnis der Zulassung des Bösen in der Welt überhaupt. Daß es entsprechende Attacken der Verwünschung und Verfluchung wirklich gibt, davon berichtet Amorth[550]. Einige Beispiele seien exemplarisch herausgegriffen.

• **Unglück und Krankheiten infolge Verwünschung durch den Vater.** *«Ich habe den Lebensweg eines Jungen verfolgt, der von seinem Vater schon bei der Geburt verwünscht worden war und die Verwünschungen sich die ganze Kindheit und solange er im Haus lebte, fortsetzten. Dieser arme Junge hatte Unglück aller Art: Krankheiten, unglaubliche Schwierigkeiten bei der Arbeit, Unglück in der Ehe, Krankheiten der Kinder usw.»*[551]

• **Verwünschung am Tag der Eheschließung.** *«Ein Mädchen wollte einen braven, von ihm geliebten Mann heiraten, aber die Eltern waren dagegen.*

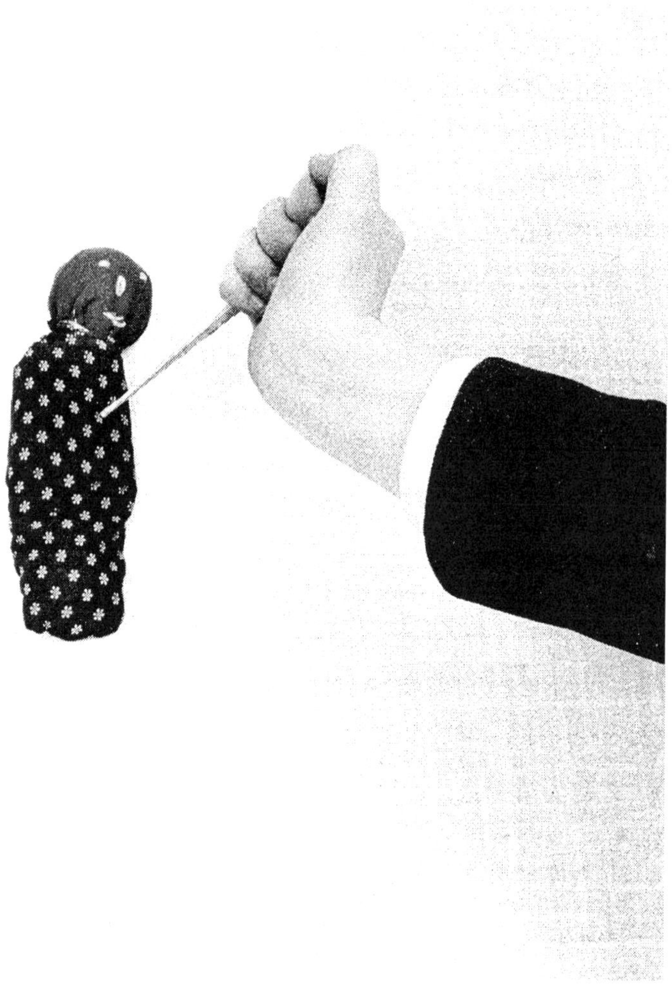

Bildzauber: Eine Puppe symbolisiert den zu verwünschenden Menschen, der mittels einer Nadel symbolisch erstochen wird. Verwünschen und Verfluchen gehören zu den übelsten okkultistischen Praktiken. KNA-Bild, Frankfurt/Main.

Als sie sahen, daß ihre Bemühungen vergeblich waren, zeigten sie sich nachgiebig und nahmen an der Hochzeit teil. Noch am Hochzeitstag rief der Vater seine Tochter unter einem Vorwand beiseite und wünschte die schlimmsten Übel für sie, ihren Mann und ihre Kinder. Und so geschah es auch.»[552]

• **Verfluchung der Gliedmaßen des Enkels.** *Eine Großmutter hatte eine Verwünschung über die Beine ihres Enkels ausgesprochen.*

Bis ins Erwachsenenalter hatte der Betroffene Schwierigkeiten mit seinen Beinen, unter anderem wiederholte Operationen, so daß die Beine übel zugerichtet wurden.[553]

• **Schwere Verfluchung eines noch kleinen Kindes.** Rodewyk berichtet, daß die Ursache von «Magdas»[554] Besessenheit in einer Verfluchung lag.[555] Er schreibt: *«Einer der Dämonen, der sich als Kain ausgab, gab an, daß Magda von ihrer Großmutter mütterlicherseits schon als ganz kleines Kind oft und schwer im eigentlichen Sinne verflucht worden sei.*

Er, Kain, sei infolgedessen damals eingefahren [...]. Es ließ sich nun durch Nachforschen in der Familie feststellen, daß ein solcher Fluch tatsächlich nicht nur ausgesprochen, sondern von der Großmutter auch als solcher gemeint war.[556]

Der Text der Verfluchung bei Magda lautete: «Verrecken und krepieren sollst du. Ruhe und Frieden darfst du nicht finden. Kinder und Kindeskinder sollen vergehen wie warmes Wasser – ruhelos mußt du durch die Welt immer hingehen, bis du stirbst».[557]

• **Verfluchung und Verführung, sich Satan zu verschreiben.** *Bekannt ist auch der Fall der Jeanne Fery. Sie war als Kind mit 4 Jahren von ihrem Vater verflucht worden. Bald darauf meldete sich bei ihr ein Teufel Namon und bot sich an, von jetzt an, ihr «Vater» zu sein.*

«Schon früh verleitete er sie dazu, sich dem Teufel mit Blut zu verschreiben und diese Verschreibungen öfter zu wiederholen. Die Umgebung erkannte Jeannes Besessenheit erst, als sie 25 Jahre

alt war und schon seit ihrem 14. Lebensjahr im Kloster lebte, wo sie früh ihre Gelübde abgelegt hatte.[558]

Wir kennen Fälle bei Völkern, aber auch in der heutigen okkultistischen Situation in Europa und den USA, wo Verwünschungen oder Verfluchungen über einen «Magier» vollzogen wurden bzw. werden. Im Zusammenhang damit kann ein Fetisch[559] oder ein «böser Blick» stehen.[560]

«Fetisch» kommt vom lateinischen Wort «facere» (= machen). Es ist meist ein selbst angefertigter Gegenstand aus verschiedenen Materialien, bisweilen auch ein Foto oder eine Puppe, die unter Verwünschungen durchbohrt oder amputiert werden.

Man kennt auch die okkulte Praxis, fetischierte Gegenstände mit der Absicht der Verwünschung oder Schädigung im Haus oder Garten eines Feindes zu vergraben. Fetische werden auch Satan «angeboten», damit er «seine böse Kraft einprägt»[561].

• **Verwünschung mittels Fetisch: Verwendung einer Puppe.** Bei Schwarzen Kulten (zum Beispiel in Südamerika) findet man die Praxis, andere Personen mit Hilfe eines Fetischs zu verwünschen. Auch bei satanistischen Kulten wird ähnliches vorgenommen. Dabei wird eine *Puppe* an die Stelle der zu verwünschenden Person gesetzt. Es werden ihr Nadeln rings um den Kopf eingestochen.

Dann folgen *verbale Verwünschungen.* Seltsamerweise bekommt die so verwünschte Person dann tatsächlich etwa heftige Kopfschmerzen. Wenn sie dies schildern soll, sagt sie: «Ich fühle mich, als sein mein Kopf von spitzen Nadeln durchbohrt.»[562]

• **Böser Blick.** Beim «*bösen Blick*» handelt es sich um die Verwünschung einer Person mittels eines (z.B. haßerfüllten) Blickes und der Absicht, ihr «mit Hilfe eines Dämons zu schaden»[563].

Nach Sutter wirkt sich besonders eine Verfluchung durch die leiblichen Eltern für das betroffene Kind gravierend aus.[564] Dasselbe gilt für Verwünschungen durch nahe Verwandte.

5.5. Gefährdung und Belastung ohne erkennbaren Schuldzusammenhang

Die uralte Frage, warum Gott Not, Leid und Krankheit zuläßt, kann auch auf das Zulassen dämonischer Belastung erweitert werden. Wir stehen hier vor einem Geheimnis, das etwas mit der Freiheit der Geschöpfe zu tun hat. *Bis zum Ende der Zeiten haben auch Satan und die Dämonen Freiheiten, derer sie sich bedienen können.*

Eine bezeichnende Stelle hierfür ist die Aussage von Christus: «Satan hat verlangt, daß er euch wie Weizen sieben darf»[565].

Der von der Erbsünde belastete Mensch befindet sich zeit seines irdischen Lebens inmitten eines gewaltigen Dramas im Kampf des Guten gegen das Böse. Dieser Kampf, ständig in Gang gehalten von Entscheidungen für oder gegen Gott, gegen oder für die Sünde, ist Teil der Bewährungsprobe des Menschen in der Liebe zu Gott und den Mitmenschen.

So kann einen Menschen ohne irgendein erkennbares eigenes Schuldverhalten eine dämonische Belastung treffen. Es kann ihn wie eine Krankheit überkommen.[566] *Bisweilen muß man aber auch davon ausgehen, daß bevorzugt Menschen mit besonderen Berufungen*[567]*, spätere Heilige, aber auch ganz allgemein besonders gottesfürchtige Christen besonders aufmerksamen Attacken dämonischer Art ausgesetzt sind.*

Solche Personen sollen zur Verzweiflung gebracht werden. Oft fühlen sie sich «von dem bedrückenden Empfinden zermalmt, von Gott verlassen zu sein, ja sogar in Gottes Augen hassenswert zu sein.» Es ergeht ihnen offensichtlich «so wie Christus, der ‹für uns zur Sünde gemacht› wurde»[568].

Bei alledem aber ist *Gelassenheit im Vertrauen* notwendig. Gott gleitet nichts «aus der Hand». Nichts geschieht, was Gott nicht zuläßt. Gott will auch niemals das Böse. Jedoch duldet er offensichtlich bis zum «Letzten Gericht» das Wirken Satans. Stets aber kann er vom Bösen angefachte Entwicklungen, Belastungen und Verstrickungen zum Guten lenken. «Ist Gott mit uns, wer kann gegen uns sein!» heißt es in einem alten Lied.

Der Glaube an die Allmacht, Liebe und Fürsorge Gottes ist eine echte Frohbotschaft, die ein eindeutiges Übergewicht gegenüber der Erkenntnis des faktisch Bösen besitzt. Der Fall «Magda» zeigt zum Beispiel deutlich, «daß es für den Menschen immer noch ein Zurück gibt, solange er lebt, mag er sich auch noch so weit verirrt haben und in den Ketten Satans liegen.»[569]

6. DIAGNOSE: «KRANKHEIT ODER DÄMONISCHER BEFALL?»

Menschen werden von Krankheiten befallen. Neben physischen Erkrankungen gibt es auch Erkrankungen der Psyche. Die Schulmedizin nennt diese zum Beispiel Geisteskrankheiten, Neurose, Schizophrenie, Epilepsie, Depression, Manie, Verfolgungswahn, Hebephrenie usw. *Jede dieser Krankheiten hat ihre spezifische Symptomatik, derzufolge sie zugeordnet werden kann.*

Wir haben es also zunächst mit dem Erscheinungsbild zu tun. Dieses Erscheinungsbild gibt Hinweise auf das Vorhandensein der dazugehörigen Krankheit. Jedem *Therapieansatz* liegt eine *Ursachenerforschung* zugrunde. Es gibt dafür spezielle *Untersuchungsverfahren.*

Bei den oben erwähnten Erkrankungen der Psyche (sie umfaßt Gefühle, Stimmungen, Triebstrukturen ebenso wie Denken und Phantasie) gibt es ohne Zweifel Ursachen und Hintergründe, welche organischer oder sozial-umweltbedingter Natur sind. Psychiatrie, Psychotherapie und Psychologie versuchen mit eigens darauf abgestimmten therapeutischen Methoden die jeweilige Krankheit zu heilen. Das Erscheinungsbild einer psychischen Krankheit kann auch zustandekommen, ohne daß ein organischer Krankheitsprozeß oder Defekt vorhanden ist. Dann wird die *endogene Ursachenerforschung* nicht den gewünschten Erfolg bringen. Die Schulmedizin sucht in diesem Fall nach einer *exogenen Ursachenkonstellation*. Eine solche findet man zum Beispiel bei sogenannten reaktiven Depressionen.

Das Spektrum psychischer Erkrankungen kennt jedoch auch Erscheinungsbilder, bei deren Ursachenerforschung weder der physisch-endogene noch der umweltbedingte soziologisch-exogene Hintergrund als Ursache in Frage kommt.

Hier stoßen Psychiatrie, Psychotherapie und Psychologie an die *Grenze ihrer Diagnosefähigkeit*, da sie keine sichere Ursachenfeststellung treffen können.[570]

In diesem Fall müßte auch ein weiterer Ursachenkomplex in die diagnostischen Überlegungen miteinbezogen werden. Für eine nicht in den abgesteckten Grenzen einer rein materialistischen Wissenschaftstheorie verhaftete Therapie stellt sich hier die Frage nach außermateriell-geistiger Beeinflussung. Konkret heißt dies: Könnte es sich um dämonische Beeinflussung, dämonische Störungen, okkultes Verhaftetsein oder (in verschiedenen Schweregraden auftretende) Besessenheit handeln?[571]

Wer eine solche Frage heute in die medizinische (aber auch theologische Diskussion) einbringt, muß sofort mit heftigen Angriffen und Vorwürfen wissenschaftlicher Inkompetenz oder mittelalterlich magischen Denkens rechnen.[572] Dagegen kann man sich kaum wehren. Doch es ändert nichts daran, daß eine solche Annahme berechtigt ist. Daß heute viele Menschen meinen und überzeugt sind, dämonische Beeinflussung gebe es nicht, kann die Faktizität (das tatsächliche Vorhandensein) dämonischer Einflußerscheinungen bei Menschen nicht außer Kraft setzen.

Die Mehrheitlichkeit einer soziologisch festgestellten Meinung ist kein Beweis für deren Wahrheit.

Es ist auch ungemein schwierig, gegen eine wissenschaftliche Lehrmeinung anzukommen, die auf der prinzipiellen Annahme fußt, daß es nur eine biologisch-materielle Lebenssphäre des Menschen gibt und damit geistig-transzendente Einflußnahmen auszuschließen seien.[573] Seriöse anthropologische sowie theologische Ergebnisse und Überlegungen bestätigen hingegen die Existenz solcher geistig-transzendenten Einflüsse.

Auch parapsychologische Forschungsergebnisse müssen sich immer wieder von ausschließlich materialistisch-biologistischen Denkweisen distanzieren. So bleibt festzustellen, daß zwar die Schulmedizin in der Therapie ein vorrangiges Anrecht einfordern kann und muß, sie aber gut daran täte, einzuräumen, *daß sich eine übernatürliche geistige Beeinflussung des Menschen ihren etablierten Diagnosen und Methoden entziehen* würde.

So ist zum Beispiel «Epilepsie» eine Worthülse für ein ganz bestimmtes Krankheitserscheinungsbild. Zu deren Therapie ist sicherlich medikamentöse Behandlung wichtig und notwendig.

Doch könnte es sein, daß die Diagnose «Epilepsie» bisweilen auch nur aus diagnostischer Hilflosigkeit aufgestellt wird[574], weil an eine Besessenheit nicht gedacht worden war.[575] Beim Fall «Anneliese Michel» ist auf Grund wissenschaftlicher Nachforschungen mit hoher Wahrscheinlichkeit davon auszugehen, daß eine medizinische Fehldiagnose (zumindest in der Frage der Verursachung und Behandlung) vorlag.[576]

Desgleichen muß auch das juristische Urteil[577] angezweifelt und als inakzeptabel zurückgewiesen werden.

In ähnlicher Weise sollte man z.B. bei «Depressionen» oder «schizophrenen Bewußtseinsspaltungen» immer auch die *Möglichkeit geistig-exogener Verursachung in die Diagnose miteinbeziehen.*

Solches klingt in den Ohren ausschließlich rationalistisch-materialistisch denkender Menschen absurd und lächerlich. Dies darf grundsätzlich nicht stören, vor allem im Interesse derjenigen Patienten, die in traditionell medizinischen Behandlungen keine Heilung erfahren.

Die Frage ist berechtigt, ob sie nicht die Chance erhalten sollten, sich auch *religiöser Heilung* anzuvertrauen.

Nach Holböck besteht erfahrungsgemäß eine «auffallende Ähnlichkeit» zwischen einem Besessenen und einem Geisteskranken[578]: «Beide toben, beide leiden an Bewußtseinsspaltung und hören Stimmen, so daß sie behaupten, neben dem eigenen Ich sei noch eine zweite Person in ihnen.

Bei den Besessenen ist dies wirklich der Fall; in ihnen wohnt ja der Dämon, er spricht aus ihnen und zeigt seine Gewalttätigkeit. Bei Geisteskranken aber ist es Täuschung, doch kann dies für sie und für Außenstehende so irreführend sein, daß sie selbst und andere an Besessenheit glauben, besonders wenn entsprechende Manifestationen damit verbunden sind.»[579]

Der Parapsychologe Ringer berichtet über einen sehr schweren Fall von Besessenheit, den er weder der von Ärzten diagnostizierten «Persönlichkeitsspaltung» noch einer nicht näher definierbaren «Hysterie» zuordnen könne:

«Eine Prostituierte wurde in einem evangelischen Erholungsheim aufgenommen. Sie hatte entsetzliche dämonische Attacken zu überstehen, wobei die merkwürdigsten Erscheinungen passierten. Der zuständige Pfarrer berichtete darüber: Sie hatte rostige Nägel und ein halbes Hufeisen erbrechen müssen, und eine Weile nach dem Nachtessen kamen aus ihrem Munde – zu meiner Überraschung – wieder eine alte Schraube, krumme Nägel und ein Stück eines kleinen Hufeisens zum Vorschein.

Auch an den darauffolgenden Tagen erinnerte sich der Pfarrer, daß wiederum Nägel aus Nasenlöchern und Augenhöhlen getreten seien. Dabei blutete die Besessene jedesmal aus vielen Wunden, die ihr nach Ansicht des Pfarrers von Dämonen beigebracht worden waren.»[580]

Im Verlauf der Geschichte der Menschheit wurden immer wieder eklatante Zustände der Besessenheit bekannt. Seit der Zeit, als Christus selbst durch Exorzismen dämonischen Befall löste, kennen wir ungezählte Fälle der Befreiung von Besessenen durch den Exorzismus.

Der Psychiater Morabito räumt ein, «daß viele seiner Patienten, die als psychisch krank galten, in Wirklichkeit besessen waren, und es ihm gelungen ist, sie mit Hilfe von Exorzisten zu heilen.»[581]

Der Psychiater und Parapsychologe Servadio fordert: «Die Wissenschaft muß Halt machen vor dem, was ihre Methoden nicht wahrnehmen und erklären können. Man kann jedoch diese Grenzen nicht ganz genau bestimmen[582], denn es handelt sich nicht um physische Phänomene.

Aber ich glaube, daß jeder gewissenhafte Wissenschaftler weiß, daß seine Methoden nur bis zu einem gewissen Punkt reichen und nicht darüber hinaus. Was die dämonische Besessenheit betrifft, kann ich nur für meine Person reden, aber nicht im Namen der Wissenschaft.

Mir scheint, daß in gewissen Fällen die Bosheit und der Zerstörungscharakter der Phänomene derartig sind, daß man sie eigentlich nicht mehr verwechseln kann mit Phänomenen, welche die Fachleute, wie zum Beispiel die Parapsychologen oder Psychiater, der Kategorie Poltergeist oder dergleichen zuordnen. Das wäre so, wie wenn man einen ungezogenen Jungen mit einem kriminellen Sadisten vergleichen wollte.

Es gibt da Unterschiede, die man zwar nicht mit dem Meterstab messen, die man aber dennoch feststellen kann. In solchen Fällen sollte ein Mann der Wissenschaft zugeben, daß hier Kräfte am Werk sind, die nicht mehr der Wissenschaft unterstehen und für die sie auch nicht zuständig ist.»[583] *Es wird aber immer schwierig bleiben, echte Krankheiten der Psyche von dämonisch geprägter Verursachung zu unterscheiden.*

6.1. Krankheiten der Psyche

Bei der diagnostischen Entscheidung, ob ein reiner Krankheitsfall vorliegt oder ob auch die Möglichkeit einer dämonischen Belastung in Betracht gezogen werden muß, sind *objektive Sachkenntnisse für beide Bereiche* notwendig.

Was die fachärztlich getroffene Diagnose innerhalb des hier angesprochenen Symptomatikbereiches angeht, so bezieht sie sich im wesentlichen auf die in der Schulmedizin gängigen Krankheitsbegriffe der Depression, der Manie, der Epilepsie, der Schizophrenie und der Hysterie. Diese sollen hier knapp erklärt werden.

6.1.1. Depression

Depression äußert sich als eine «Herabdrückung»[584] (lateinisch depressus = niedergedrückt) des Stimmungszustandes ins Traurige bis Hoffnungslose und geht meist mit variablen psychovegetativen Begleitsymptomen einher.

Man unterscheidet Depression als Teil einer organischen Erkrankung, endogene Depression (anlagebedingt; Stoffwechselstörungen; hormonelle Schwankungen) und psychoreaktive Depressionen (Reaktion auf psychisch erschütternde Erlebnisse), welche nicht selten in wechselseitiger Verflechtung auftreten.[585]

Depressionen müssen immer zunächst als reale Krankheitserscheinungen gewertet werden. Endogene Depressionen sind auf anlagebedingte Stoffwechselstörungen der Gehirns oder hormonelle Störungen zurückzuführen. Sie können auch ein reaktives Niedergeschlagensein auf Grund belastender Ereignisse sein.

Neben Erschöpfungsdepressionen und involutiven Depressionen (Rückbildung) muß grundsätzlich auch an depressives Erleben in der Verursachung mit dämonischen Belastungen gedacht werden. Es ist somit wichtig, gewissenhaft zu differenzieren.

Voreilige Diagnose auf okkulte Belastung ist ebenso verantwortungslos wie grundsätzlicher Ausschluß dieser Möglichkeit.

• **Depressive Zustände bei einem jungen Mann**[586]. *Ein junger Mann erlebte ab dem Alter von 16 Jahren eine gewisse Bedrückung und Schwermut. Er zog in eine Großstadt und gab sich dort mit Drogenabhängigen, Dieben, Prostituierten und zweifelhaften Bekanntschaften ab. Der junge Mann hatte einen despotischen und sehr strengen Vater, der immer mit ihm unzufrieden war.*

Die Demütigungen und Unterdrückungen, die er von ihm erleben mußte, trieben ihn auf die Straße.

Er lernte ein Mädchen kennen, das sich mit okkulten Dingen beschäftigte und ihn auslachte, als er davon Abstand nehmen wollte. Er begegnete einem weiteren Mädchen, das ihn noch tiefer in okkulte Dinge hineinzog.

Einige Zeit später begann er Dunkelheit zu spüren und Unruhe. Er hatte die Vorstellung, an etwas zu leiden, das nicht körperlich, sondern irgendwie fremd war. Er spürte starke Verzweiflung und sah – er wußte nicht mit welchen Augen – eine Finsternis, die nicht nur sein Zimmer verdunkelte, sondern auch die Zukunft, den Lebenswillen und die Hoffnung auf morgen.

«Ich kam mir vor, wie von einem unsichtbaren Messer getötet, und spürte, daß jener, der dieses Messer führte, mich haßte und mehr wollte als meinen Tod», so schrieb er es nieder. Nach einigen Monaten kam ihm vor, als ob er verrückt geworden sei. Es war, als ob seine Seele sich woanders befinde, an einem schrecklichen Ort, wo es kein Licht und keine Hoffnung gab.

Ein klinischer Krankenbericht bescheinigte ihm, daß er trotz eines heftigen Fiebers, klinisch vollkommen gesund sei. Im Nachsatz stand, daß sich niemand das Fieber und die leichenblaße Gesichtsfarbe erklären könne.

Er mußte öfters erbrechen. Dann hatte er das Empfinden, daß ihm seine Glieder nicht mehr gehorchten. Auch die Erfahrung der Dunkelheit kehrte zurück.

«Ich glaubte immer noch nicht», so schreibt er, «an eine außerirdische Macht und erklärte alles mit psychologischen Ursachen: mangelnde Anpassungsfähigkeit, autoritärer Vater, kindliche Traumata, Emotionsschock und andere Dinge.»

Eines Tages jedoch riet ihm ein Mönch, zu einem Charismatiker zu gehen, der die Gabe der Seelenschau hatte. Dieser sagte ihm, daß man ihn verwünscht habe, um seinen Verstand und sein Herz zu treffen. Vor acht Monaten habe er eine verwünschte Frucht gegessen. «Ja, es stimmt», sagte er, «ich habe vor acht Monaten tatsächlich eine solche Frucht gegessen.»

Er erinnerte sich, daß er die Frucht zunächst wegen einer instinktiven Abneigung nicht habe essen wollen. Er suchte einen Exorzisten auf und kam schließlich zu Pater Amorth.

«Er legte die Stola auf meine Schultern und eine Hand auf meinen Kopf», so berichtet der junge Mann weiter. «Dann begann er lateinisch zu beten, wovon ich nichts verstand. Nach einer Weile spürte ich ein frisches, ja eiskaltes Rieseln vom Kopf herab durch den ganzen Körper.»

Er wurde wieder froh und bekam Lust zu lachen und fröhlich zu sein. Ihm wurde klar, daß an allem, was er gelitten hatte, «jemand» schuld war, der ihn haßte.

Nunmehr sind Jahre vergangen, und langsam, Schritt für Schritt, Segnung für Segnung, wurde er wieder gesund und normal. «Das Böse», so urteilt er abschließend, «das sogenannte Unglück, die Traurigkeit, der Kummer, das Zittern der Beine, die Erstarrungen, die nervöse Erschöpfung, die Schlaflosigkeit, die Angst vor der Schizophrenie und vor der Epilepsie und viele an-

dere Krankheiten, die ich mitgemacht hatte, verschwanden nach einem einfachen Segen.

Ich habe Beweise, die mir zeigen – natürlich nur mir – daß es den Dämon gibt, daß er tätig ist, mehr als wir glauben [...].

Wenn wir nicht fest glauben, dann kann das Böse, das uns durch Verwünschungen und ähnliches auferlegt wurde, Jahre dauern, ohne Aussicht auf Besserung.

Für jene, die sich schon für verrückt halten und keinerlei Hilfe sehen, kann ich bezeugen, daß dieses Übel nach vielen Exorzismen verschwindet, als ob es nie existiert hätte.»[587]

6.1.2. Manie

Manie äußert sich in einer Störung der «normalen» Gefühlslage in Richtung gehobener bis euphorischer Stimmung, wobei Antriebssteigerung und intensivere Wahrnehmungsqualitäten auftreten können. Auch bei der Manie kommen die psychovegetativen Funktionen aus dem Gleichgewicht.

6.1.3. Epilepsie

Der an *Epilepsie* (griechisch «epilepsia» = Fallsucht) erkrankte Patient ist von zerebralen Funktionsstörungen mit epileptischen Anfällen betroffen.

Der Epileptiker kann plötzlich das Bewußtsein verlieren. Er wird von Krämpfen befallen, zeigt Verrenkungen und knirscht mit den Zähnen.

Beim Anfall hat er Schaum vor dem Mund und streckt gelegentlich die Zunge weit heraus. Er zeigt abnorme Körperkraft. Seine Persönlichkeit wird «verdrängt».

Er zeigt sich überwältigt von Ideen, Gefühlen und Erinnerungen, «die total anders sind als seine normalen und im Gegensatz zur Persönlichkeit des Epileptikers stehen».[588]

Nach medizinischer Auffassung sind exogene (z.B. Erkrankungen des Gehirns) und endogene (z.B. erbliche Dispositionen) Faktoren am Zustandekommen der Epilepsie beteiligt.

• **Ein Fall von Schein-Epilepsie.** Amorth[589] berichtet vom Fall eines jungen Mannes, der nach Ansicht des behandelnden Psychiaters an Epilepsie litt.

Als sich keine Erfolge einstellten, brachte man den jungen Mann zu Pater Candido, einem erfahrenen und bekannten Exorzisten in Rom. Er lud auch den Arzt ein, bei einem Exorzimus anwesend zu sein. Pater Candido begann damit, dem jungen Mann seine Hand auf den Kopf zu legen. Da fiel dieser zu Boden, und die Krämpfe begannen.

Der Arzt wies darauf hin, daß es auf Grund dieser typischen Epilepsie-Symptomatik doch offensichtlich klar sei, woran der Patient leide. Der Pater jedoch beugte sich hinunter und legte dem jungen Mann wieder die Hand auf.

Zum Erstaunen des Arztes sprang dieser nunmehr auf und blieb ruhig und bewegungslos stehen. Auf die Frage von Pater Candido an den Arzt, ob ein Epileptiker sich so verhalte, mußte dieser entschieden verneinen und stand verblüfft vor dieser unerklärlichen Situation.

Amorth bezeugt, daß die Exorzismen bis zu vollständigen Heilungen des jungen Mannes fortgesetzt wurden. Jahrelang hatte man ihn mit nicht unbedenklichen Medikamenten und psychiatrischen Behandlungen ohne Erfolg zu heilen versucht. Nun war er vollständig genesen.[590]

6.1.4. Schizophrenie

Schizophrenie ist ein Sammelname für eine Reihe von Erscheinungsweisen von Krankheitszuständen, deren Ursachen noch weitgehend unbekannt sind. Von medizinischer Seite her macht man z.B. eine genetische Disposition, soziale Faktoren oder biochemische Störungen verantwortlich.[591]

Zu unterscheiden sind im wesentlichen *Hebephrenie* (beginnt im jugendlichen Alter und kann sich in bösartigen Verlaufsformen ausdrücken), *Katatonie* (Bewegungsstörungen, große Unruhe und Erregung) und *paranoide und paraphrene Schizophrenie* (Wahn, Sinnestäuschungen, Halluzinationen).

Bei der Schizophrenie geht der Zusammenhang zwischen Denken, Fühlen und Handeln verloren. Der Patient hat das Gefühl, daß sein Denken «gesperrt» wird, daß seine Gedanken von einem feindlichen Einfluß geraubt werden. Schizophrene können unter religiösen Wahnideen leiden. Sie halten sich manchmal für besessen und ihre Gedanken und ihr Tun von einem Dämon beeinflußt. Sie hören Stimmen und haben Wahnvorstellungen. Diese sind in der Regel unsinnig, jedoch ganz selten gegen Gott gerichtet.

• **Diagnose: «Schwer geisteskrank»**[592]. Siegmund[593] berichtet vom Erlebnis eines englischen Geistlichen: *«Ein alter englischer Geistlicher kam einmal zu Besuch in eine Nervenheilanstalt, wo er völlig unerwartet einen Schwerkranken traf, mit dem er zwanzig Jahre vorher bekannt gewesen war, aber ihn dann aus den Augen verloren hatte. Der Kranke war den Ärzten ein Rätsel, man kannte nicht einmal seinen Namen. Tatsächlich litt er an einer schweren Besessenheit durch einen bösartigen Geist.*

Der Besessene erkennt im Priester einen ehemaligen Freund. ‹Du warst einst mein Freund, sei auch jetzt mein Retter! Versprich mir, daß du bis zum Ende bei mir bleiben wirst. Laß mich nicht hier allein sterben in seiner Gewalt.›

Kurz nach der ersten Begegnung kam es zu einem Tobsuchtsanfall des Kranken, der einen Wärter zu Boden geworfen hatte. Nur mit Mühe konnte man den Wärter aus der Umklammerung durch den Irren befreien.

Der Irre wütete und höhnte: ‹Was hast du jetzt vor, du verfluchtes Aas? Vielleicht eine Hymne singen?› Der Geistliche zog sein Brevier aus der Tasche. Ohne zu antworten, schlug er die Gebete für die Sterbenden auf. Er kniete nieder und begann langsam und deutlich zu beten, während die Gewalt, die den Körper seines armen Freundes beherrschte, einen Schrei tödlichen Hasses ausstieß.

Der Geistliche berichtete: ‹Als ich mit den Gebeten zu Ende kam, stieg die Sorge in mir auf, was ich jetzt tun sollte – als plötzlich ein eigenartiges Phänomen eintrat: Es war, als ob eine überirdische Kraft mich erfüllte, die meine Gesten, meinen Willen und all meine Fähigkeiten erfaßte, so daß ich weder meiner Seele noch meines Leibes mächtig war, sondern mich ganz einfach in ihren Dienst stellte! Ich merkte, daß ich aufgestanden war und neben dem Bett stand, und dann redete ich ihn im Ton eines strengen Befehls an und hörte mich die Worte sagen: «Im Namen des Vaters und des Sohnes und des Heiligen Geistes befehle ich dir, du böser Geist, aus ihm auszufahren!»

Der Körper auf dem Bett ließ ein furchtbares Keuchen hören, als ob er alle Fesseln sprengen wollte, die ihn festhielten und fiel dann mit einem Schrei ohnmächtiger Wut und Raserei zurück, wie ich es nie zuvor gehört hatte und auch nie mehr zu hören wünsche. Dann – langsam – vor meinen staunenden Augen wurde das ganz von Wut entstellte Gesicht ruhig, die ausgetriebene Röte und die angeschwollenen Adern verschwanden und wichen einer tödlichen Blässe.

Die Augen, die mich anblickten, waren nicht mehr die Augen eines Irren, sondern die Augen meines lange verlorenen Freundes. Dann kam von seinen Lippen ein schwaches Flüstern: «Gott segne dich, Philipp! Du hast mich gerettet! Jesus, sei mir Sünder gnädig!» Die Stimme erstarb – ein tiefer Seufzer erschütterte die Gestalt des Sterbenden. Ich gab ihm noch die Absolution – dann war Stille.

Nach einigen Minuten trat der Doktor neben mich. ‹Kommen Sie mit, Father – Sie haben ihr Versprechen gehalten – er ist tot.›»

6.1.5. Hysterie

Hysterie ist eine veraltete Bezeichnung für «psychogene Reaktionen» oder «Neurosen». Früher ordnete man der Hysterie vor allem die Symptome Kontaktbedürfnis, Unvermögen zum Kontakt, Unechtheit im Kontakt, körperliche Beschwerden und Störungen, Angst und Bewußtseinsstörungen und erotische Schwierigkeiten zu.

Im Persönlichkeitsbild des Hysterikers findet man Geltungsbedürfnis, Egozentrismus und hohes Bedürfnis nach Anerkennung.

Bei manchen auftretenden körperlichen Störungen ist keine nachweisbare körperliche Ursache auffindbar (z.B. hysterische Blindheit, Lähmung, Heiserkeit, Lauf- und Sehstörungen).

Bei Hysterikern konnen zum Beispiel Schwellungen, Krämpfe, aber auch Stigmata auftreten, *was aber nicht heißt, daß alle stigmatisierten Menschen Hysteriker sind*, wie heute gern behauptet wird. Bekannt ist der sogenannte «hysterische Bogen» mit sich wiederholenden rückwärts gebeugten Körperverrenkungen.[594]

6.2. Was gewichtet die Vermutung «Dämonischer Befall»? (Fragen der Unterscheidung)

Es geht um die Frage: Wie kann man echte Krankheit von echter dämonischer Belastung unterscheiden? Die Antwort darauf ist schwierig und immer auch mit Vorurteilen belastet.

Die ärztliche Wissenschaft besitzt heute ein beachtlich sicheres diagnostisches Instrumentarium. Dessen fachkompetenter Gebrauch wird immer in den Fällen vorausgesetzt, bei welchen die Diagnose den Verdacht auch auf dämonischen Befall zuläßt.

In offensichtlichen Zweifelsfällen sollten alle nicht krankheitsverursachten Gewichtungsmomente sorgfältig in eine umfassende Beurteilung des konkreten Falles miteinbezogen werden.

6.2.1. Grundsätzliche Vorüberlegungen

Im Verlaufe einer medizinischen Prozeßdiagnose treten bisweilen unvermutet *unspezifische Symptome* auf, die plötzlich wieder verschwinden. Bewährte Medikamente bleiben wirkungslos und scheinen sogar entgegengesetzte Auswirkungen zu haben. Auffallend sind auch «groteske und demütigende Effekte», die im Zusammenhang mit dem medizinischen Krankheitsbild unerklärlich sind.[595]

Nach De la Salpétière konnten in Fällen, bei denen zum Beispiel Besessenheit vermutet wurde, folgende verstärkt auftretende Symptome festgestellt werden: «Schlaflosigkeit, Nervosität, Erregbarkeit, Krämpfe oder Pseudokrämpfe, ja auch psychiatrische Störungen wie Delirien, Störungen in der Stimmungslage, Gewalttätigkeit, oftmals ohne offensichtlichen Grund [...]».[596]

Bemerkenswert in diesem Zusammenhang ist auch eine von fachkompetenten Ärzten bestätigte jahrhundertealte Erfahrung exorzistisch tätiger Priester, daß sich *genuine Krankheitserscheinungen mit dämonischen Belastungen überschneiden* bzw. diese verstärken.[597]

In solchen Fällen kann es angebracht sein, mit Hilfe einer Anamnese das Vorleben des Betroffenen zu analysieren. Kontakte zu okkultem Geschehen (z.B. Tischerücken; Kartenlegen; Handlesen; transzendentale Meditation mit Mantra; Satanismus) oder auffällig unmoralisches Leben (anomale sexuelle Praktiken; Sado-Masochismus; satanistischer Mißbrauch; Abtreibung) können auf dämonische Infektion hindeuten.[598]

Jahrhundertelange Erfahrung bei katholischen Exorzismen und christlich geprägten Befreiungsgottesdiensten hat zu *diagnostischen Daten* geführt, die mit relativ großer Wahrscheinlichkeit das *Vorhandensein dämonischer Beeinflussung* (Attacken; Umsessenheit; Besessenheit) *anzeigen* können.

«Teuflische Besessenheit», so Amorth, «kann häufig mit einer psychischen Krankheit verwechselt werden. Dies vor allem dann, wenn ein Patient Symptome zeigt, die nicht in die wissenschaftlich anerkannten Krankheiten einzuordnen sind.»[599]

Es ist sicherlich ungemein schwierig, einen Besessenen von einem psychisch Kranken zu unterscheiden. Doch gibt es Unterscheidungskriterien, die zunächst einmal mit aller Vorsicht als Vordiagnose gewertet werden können:

Ob Besessenheit vorliegt oder nicht, zeigt sich meist während eines Exorzismus. Ist an dem Betreffenden keinerlei Zeichen einer Negativität zu erkennen, auch nachher keine Wirkungen, dann liegt in den meisten Fällen keine Besessenheit vor, und die Störungen haben andere Ursachen.[600]

Wenn eine Krankheit «vom Bösen verursacht ist, dann zeigen Arzneien keine Wirkung, während jedoch die Gebete der Befreiung und die Exorzismen deutlich wirksam sind.»[601] *Insgesamt ist klarzustellen und hervorzuheben, daß bezüglich diagnostischer*

Aussagen wachsam, nüchtern, kritisch und mit zurückhaltender Vorsicht vorzugehen ist.

Es muß vor allem im Interesse der betroffenen Menschen unbedingt vermieden werden, «daß man überall den Teufel sieht, und daß Menschen, die ganz einfach ängstlich sind, auf unverantwortliche Weise auf Satan polarisiert bleiben.

Diese Sorge ist berechtigt, aber sie sollte weder systematisch, noch ausschließlich sein, sonst könnte daraus folgen, daß man den Teufel nicht dort erkennt, wo er wirkt.»[602]

6.2.2. Beachtung von Symptomgruppen bei der Diagnose

Es empfiehlt sich, bei diagnostischen Beobachtungen bestimmte Reaktionen des Betroffenen zu überprüfen, welche eine zumindest vorläufige Zuordnung zu einem Krankheitsbild ermöglichen. Symptomgruppen, die auf eine mögliche Besessenheit hindeuten können, sind:

6.2.2.1. Symptome im körperlichen Bereich

Hier ist als erstes die überproportionale Körperkraft[603] zu nennen, welche in bestimmten Situationen auftreten kann. Aus verschiedenen Besessenheitsfällen kennen wir plötzlich auftretende Schwellungen am Körper, Änderungen in den Gesichtszügen und in der Stimme, Symptome der Bulimie, unerklärlichen Gestank, extremes Atmungsverhalten (stockenden oder jagenden Atem) oder extreme sexuelle Befindlichkeiten (gebremste oder exzessive sexuelle Triebhaftigkeit).

Bei echter Besessenheit zeigt sich immer wieder, daß das Bewußtsein der betroffenen Person geschwunden ist.[604]

• **Ein 14jähriges Mädchen gerät in einen Tobsuchtsanfall.**

Amorth berichtet vom Fall eines Mädchens, das ein tobsüchtiges Verhalten an den Tag legte. *Es trat mit den Füßen um sich, biß und kratzte.*

Seine Besessenheit stellte sich heraus, als eine Viertelstunde ein Exorzismus gebetet wurde. «Es genügte eine Viertelstunde Exorzismus, um es vollständig zu befreien. Zuerst fiel es wie tot zu Boden.»[605]

6.2.2.2. Symptome im psychischen Bereich

Hier sind vor allem außergewöhnlich hochgradige Erregungszustände[606] zu beachten. Diese reichen von wütenden Erregungsanfällen bis hin zu depressiven Tiefs.

Neben Fremdaggression treten auch Selbstaggression (Selbstverwundungen[607]; Selbstmordversuche[608]) auf. Eine Person, deren emotionale Befindlichkeit durchgehend relativ ausgeglichen ist, wird in dem Moment, wo von Gott oder von der menschlichen Seele gesprochen wird, hochgradig erregt und fällt gelegentlich in dieser Erregung in Bewußtlosigkeit.[609]

Zu den Symptomen im psychischen Bereich zählen auch noch erhöhte Wahrnehmungsfähigkeiten und Gebundenheiten in verschiedenen Suchtbereichen (z.B. Drogen oder Alkohol).

In diesen Bereich lassen sich auch mögliche massiv haftende Zwänge einordnen wie Kleptomanie oder Wasch- und Reinlichkeitszwänge. Van Dam nennt hierzu auch noch «Lustmordneigung» und «Homosexualität».[610]

Ebenso können exzessive emotionale Ausbrüche des Hasses und der Vergeltungssucht als symptomatisch für dämonisches Infiziertsein angenommen werden.

• Hysterie? Depressives Tief? Erregungsanfall?[611]

«1. Weihnachtsfeiertag. Gestern und heute bis 22 Uhr war ich im Herzen glücklich, gelöst und froh. Ich war Gott so dankbar, daß ich für ihn dasein durfte. Ein wunderschönes Weihnachtsfest schien seinen Anfang genommen zu haben.

Da geschah urplötzlich und vollkommen unerwartet der Einbruch des Bösen. Es wurde eine absolut böse Attacke aus einem zerstörerischen Gemisch von Depression, Aggression, Verletzung, Unversöhnlichkeit und Neid auf mich losgelassen.

Ich spürte diese Bedrohung aus meiner menschlichen Umwelt bis hinein in mein Denken und Fühlen. Unversöhnlichkeit, Gnadenlosigkeit, Haß, Neid, Eifersucht, Aggressivität, demütigende Attacken gegen mein Selbstverständnis und meine menschliche Würde drohten über mir wie eine schwarze Wolke.

Ich fiel in eine tiefe Schwärze der Angst, der Ausweglosigkeit und Lebensohnmacht. Der Böse hatte wieder einmal zu einem Angriff gestartet.

Aber diesmal war die Heftigkeit vernichtend: Zerstörung, Haß, Gnadenlosigkeit versuchten, mich in ein finsteres Tal der Ausweglosigkeit zu drängen, und schon trat ein mir sehr nahestehender Mensch, ohne daß ich hierzu unmittelbaren Anlaß gegeben hätte, entgegen, blickte mich aus haßerfüllten Augen an, stieß dreimal alle zehn Finger gegen mich und sagte: «In mir gibt es keine Liebe mehr.»

Aggressivität und destruktive Schwärze dieses Angriffs lösten einen Schock bei mir aus. Dies war unmittelbar vor dem Schlafengehen. Ich weinte in mein Kissen und konnte die ganze Nacht nicht schlafen.

Das Weihnachtsfest, das Fest der Liebe Christi zu uns Menschen, wurde für mich in die angstbesetzte Lieblosigkeit pervertiert. Ich spürte: Da stand keine nur menschliche Absicht dahinter. Dies war eindeutig dämonisch: Der Blick, die Geste, die Worte, die Absicht!»[612]

6.2.2.3. Symptome im parapsychischen Bereich

Aus fast allen echten Besessenheitsfällen wird berichtet, daß die *Besessenen paranormale Kenntnisse* zu erkennen geben, z.B. über nicht gebeichtete Sünden Anwesender oder über zur gleichen Zeit stattfindende Ereignisse in weiten Entfernungen.[613]

Zu den Erscheinungsweisen (Symptomen) im parapsychischen Bereich zählen auch Kenntnisse von nicht erlernten Sprachen[614], Hellsehen, Wahrsagen, telekinetische Fähigkeiten einschließlich autokinetische Vorgänge (Elevationen).[615]

• **Okkult bedingte Präkognition**[616]. Ein Pater, Bernard Bastian, berichtet von einem Fall aus den 70er Jahren: *«Eine Frau hat mir eines Tages gesagt: ‹Jedesmal wenn ich einem Mitglied Ihrer Gemeinschaft die Hand gebe, läuft vor meinem geistigen Auge die ganze Geschichte dieses Menschen ab, vor allem die seiner Sünden.» – «Haben Sie das schon lange?» – «Nein. Erst seitdem ich Sie kennengelernt habe.»*

Im Verlaufe unseres Gesprächs erfahre ich, daß sie auch die Gabe der Präkognition besitzt (das Telephon läutet, sie weiß, ohne abzuheben, wer am anderen Ende der Leitung ist; ihre Kinder haben Prüfungen, sie weiß im voraus die Noten), und daß sie auch die Gabe besitzt, Verbrennungen augenblicklich zu heilen. Zunächst war nichts Ungutes an diesen «Fähigkeiten» oder diesen «Gaben», die sie übrigens niemals angestrebt hatte. Was ist aber geschehen?

Ihre drei Kinder haben das Haus verlassen, nahmen Drogen und begingen Straftaten. Und als sie mit ihrer eigenen Umkehr ernst machen wollte, da ist die Sache «heiß» geworden.

«Es passierte mir oft», sagte sie zu mir, «daß ich nicht in meinen Gebetsraum gehen konnte; mein Mann und ich, wir drückten zu zweit gegen die Türe. Aber sie ist nicht aufgegangen.»

Wenn sie während der Messe nach vorne zur Kommunion gehen wollte, drängte sich ihr plötzlich gewaltsam das Bild auf, wie der Priester Unzucht treibt. Schamerfüllt dreht sie um, ohne es zu wagen, den Leib Christi zu empfangen.

Manchmal wacht sie nachts auf und ist sicher, das Haus wird einstürzen. Dann verbringt sie den Rest der Nacht schlotternd im Freien. Kurzum, ihre Situation wird für sie und ihre Umgebung unerträglich.

Zuletzt erzählte sie mir, daß sie bei einem Aufenthalt im Vorderen Orient mehrmals einen Zauberer getroffen hat und daß sie immer noch einen Talisman, den er ihr gegeben hat, trägt.

«Sind Sie bereit, mir diesen zu geben?» – «Also.., eigentlich liegt er mir sehr am Herzen...» – «Sie sagen, daß diese Gabe, Verbrennungen zu heilen, von Gott stammt. Sind Sie bereit, daß wir gemeinsam in ihrem Oratorium beten? Und wenn das Stück von

Gott ist, wird Er es nicht zurücknehmen. Er nimmt nie zurück, was Er gibt. Aber wenn es nicht von Ihm kommt, dann rechnen Sie damit, daß Er es nimmt.»

Wir haben miteinander gebetet, stundenlang! Es war hart. «Sind Sie bereit, dieses Geschenk wegzugeben, wenn es nicht von Gott stammt?»

Sie hauchte ja, aber in ihrem Herzen hieß es nein. Zu guter Letzt hat sie dann ehrlich ja gesagt – und ihre Gabe war gänzlich weg. Und alle anderen Erscheinungen haben endgültig aufgehört. Langsam haben auch ihre Kinder wieder mit ihr Kontakt aufgenommen. Und heute ist sie eine echte Zeugin für Jesus.»

• **Okkulte Belastung mit rätselhaften Vorkommnissen**[617]. *Ein Fall von starker okkulter Belastung ist aus Daly City, einem Vorort südlich von San Franzisco bekannt.*

In einem Haus lebte ein junges katholisches Ehepaar zusammen mit ihrem Kind. Im Frühjahr 1972 begannen dort unerklärliche Ereignisse. Brände brachen aus. Von der Wand des Schlafzimmers flog ein 25 Zentimeter großes Kreuz und blieb auf einem dreieinhalb Meter weiter entfernten Bett liegen.

Durch das Haus flogen auch andere Gegenstände, unter anderem ein Fleischermesser. Dem Ehepaar zufolge seien die Zustände inzwischen so gewesen, «als ob eine ganze Armee von Dämonen» am Werk sei. Der Teufel selbst sei im Haus gewesen und habe sie angegriffen.

«Oft hat er einen von uns bewußtlos geschlagen, uns gewürgt und uns die Arme auf den Rücken gedreht», sagten sie.

Diese Vorfälle dauerten mit Unterbrechungen über zwei Jahre. Das Ehepaar bat schließlich einen katholischen Priester, Karl Patzelt aus San Franzisco, er möge einen Exorzismus vornehmen.

Nach Beobachtung der Vorfälle war dieser von der dämonischen Belastung des Hauses überzeugt. So führte er nach Genehmigung durch den Bischof zwischen dem 19. August und dem 8. September 1973 vierzehn Exorzismen durch. Danach hörten die beunruhigenden Vorfälle schlagartig auf. Die Familie mit dem kleinen Säugling konnte in Ruhe und Frieden leben.

6.2.2.4. Symptome im religiösen Bereich

Im Zusammenhang mit dämonischem Befall, insbesondere bei Besessenheitsfällen, trifft man häufig eine übersinnliche *Empfindsamkeit für Religiöses im negativen Sinn an.*[618] Hierzu gehören:

- **Blockaden**

Das religiöse Leben und Erleben, das Beten, der Sakramentenempfang, früher praktiziertes Glaubensleben im Tagesablauf sind mit einem Mal gestört. Spürbare Abneigungen gegen die Kirche oder heilige Stätten haben sich eingenistet. Betroffene beschreiben diesen Zustand bisweilen als «Trockenheit», «Gottesferne», oder «Verlassenheit». Es kommt auch vor, daß Personen in einer heiligmäßigen Atmosphäre zu «ersticken» drohen. Die Betroffenen kommen aus eigenen Kräften gegen diese Zustände nicht an.

- **Überreaktion auf Gegenstände und Vorgänge religiösen Ursprungs**[619]

Ohne es zu wollen, sehen sich Betroffene von einem Moment zum anderen mit sakrilegischen und unflätigen Gedanken in Bezug auf Gott und Heiliges konfrontiert. Beispielsweise treten Versuchungen zur Gotteslästerung im Moment des Kommunionempfangs auf. Starke emotionale Bewegungen des Hasses, der Rache, der Verzweiflung richten sich gegen Heiliges.

- **Negative Reaktion auf Heiligenbilder**

Dämonisch belastete Menschen zeigen eine auffällige Aversion gegenüber geweihten Gegenständen, Kreuzen oder auch Heiligenbildern. Sie zeigen ihnen gegenüber aggressive Einstellungen (Wegwerfen; auf den Boden werfen; zerstören) [620]

- **Zerstören von echter Freude**

Echte und tiefe (vor allem religiös motivierte) Freude wird (zum Teil mit boshafter Akribie) gestört oder zerstört. Ist diesbezüglich eine kontinuierliche Tendenz festzustellen, sollte dies zunächst einmal als Symptom registriert werden.

Dämonische Attacken richten sich gelegentlich auf grundlegende Freuden des täglichen Lebens, zum Beispiel die Nahrungsaufnahme. Widerwillen, Erbrechen, exzessive Bulimie entwürdigen den Betroffenen.[621]

• Antireligiöse Verhaltensweisen
(Fluchen; Spotten; obszönes Reden; Gotteslästerungen; wütende Reaktionen auf religiöse oder geweihte Gegenstände und gegen die ihnen als Person von Gott verliehene Würde; Widerstand gegen religiöse Handlungen und gegen Gottesdienste; anomale Abneigung gegen Beten)[622]

• Reaktives Verhalten in Bezug auf das Kirchenjahr
Vor allem Besessene reagieren in ihrer Stimmung oder in Verhaltensreaktionen auffällig auf Hochfeste oder besonders religiös geprägte Phasen des Kirchenjahres.[623]

• Verhältnis zu und Reaktionen auf das katholische Sakrament der Eucharistie
Bezeichnend für das Verhältnis zu diesem Sakrament sind zum Beispiel Hostiendiebstähle oder Sakrilegien, die damit begangen werden. Rodewyk berichtet im Fall «Magda»[624]: «So gab sie mir eines Tages eine Hostie, in die sie mit einer feinen Nadel ziemlich groß das Wort ‹Judas› eingestochen hatte.

Man kann sagen, daß sie in jeder Weise versucht hat, diese Hostien zu schänden, zum Teil sogar in einer Art, die man überhaupt nicht wiedergeben kann.»

Der Dämon konnte es erreichen, daß sie eine Hostie einfach nicht schlucken konnte.[625] «Er rief bei ihr einen Schluckkrampf hervor, der sich erst wieder löste, wenn sie die Hostie herausgenommen hatte.

Die Wirkung war an dem einen Tag, daß sie ihre Kiefer nicht auseinanderbekam, am anderen, daß sie nicht aufstehen konnte, um zum Altar vorzugehen.»[626]

• **Reaktionen auf Sakramentalien**

Hierfür gibt es in der Literatur ungezählte Belege, wie z.B. folgenden Fall, von dem Laurentin berichtet: «Ein Exorzist hatte zwei Gläser bereitgestellt: eines war mit exorziertem Weihwasser gefüllt, das zur Besprengung dienen sollte, das andere war mit normalem Wasser gefüllt, um den häufig auftretenden Durst des Besessenen zu löschen.

Der Exorzist konnte sich nicht mehr daran erinnern, in welchem Glas das normale Wasser war. Er reichte ihm das andere, das heftige Reaktionen und Weigerungen auslöste. Dann gab er ihm das Glas mit dem ungeweihten Wasser und der Besessene trank es ohne Schwierigkeiten.»[627]

Sakramentalien üben bisweilen eine «heilende» Wirkung auf körperliche (z.B. körperliche Schmerzen) oder psychische (z.B. Groll; Depressivität) Negativzustände aus.[628] Ein weiterer Test kann mit Weihwasser gemacht werden (Suppe, Kaffee, Tee). Es kann sein, daß dann diese Speise bitter, ungenießbar oder «brennend» empfunden wird, ohne den Grund zu kennen.[629] Von den meisten Besessenheitsfällen sind typische, massive Abwehrreaktionen auf Berührung mit Weihwasser bekannt.[630]

• **«Dämonenpredigt»**

Bei der Vornahme eines Exorzismus ereignet es sich im Frage- und Antwortgeschehen nicht selten, daß die Dämonen gezwungenermaßen Glaubenswahrheiten aussagen. Immer werden dadurch bestimmte katholische Glaubenslehren bestätigt.

In der Fachsprache nennt man längere Passagen solcher Aussagen «Dämonenpredigt».

Sutter berichtet zum Beispiel, daß das besessene Mädchen Germana sich vor den Hochaltar der Kirche stellte und mit lauter, aber ganz veränderter Stimme rief: «Da im Tabernakel, in der heiligen Hostie, ist Jesus gegenwärtig als Gott und Mensch, mit Leib und Seele, mit Fleisch und Blut.

Ja, er ist wahrhaft gegenwärtig, der Gottmensch, den ich hasse! Viele Engel stehen um den Tabernakel und beten Jesus an. Ich sehe sie. Ah, die Engel beten Jesus an, ihren Gott, euren Gott, den wir hassen! Betet auch ihr Jesus an wie die Engel! Wir beten ihn nicht an! Wir können und wollen ihn nicht anbeten, den Gott, den wir hassen!»[631]

• Normal nicht erklärbarer Spürsinn

Rodewyk berichtet, daß «Magda» «mit Sicherheit erkannte, ob sie gewöhnliches oder geweihtes Wasser vor sich hatte. Das erste empfand sie als ‹gut›, das andere beschimpfte sie als ‹Mistwasser› und spuckte es unter Protest aus.

Einst kam sie in die Wohnung einer Bekannten, ging dort auf ein nicht gekennzeichnetes Weihwasserfläschchen zu und schüttete es sogleich in einen Blumentopf aus.

Ein anderes Mal sollte sie in einem Bett schlafen, das man vorher mit Weihwasser besprengt hatte. Als sie sich legen wollte, merkte sie es sofort und konnte dann die ganze Nacht nicht schlafen.»[632]

Dieselbe negative Sensitivität für Religiöses zeigte sie auch in Bezug auf Reliquien. «Sie unterschied echte von unechten. Am stärksten reagierte sie auf echte Kreuzreliquien.» [633]

• Empfindliche Reaktionen auf Angriffe gegen Satan

Je gezielter und unmittelbarer sich eine Aktivität gegen Dämonisches richtet, «desto lebhafter wird es von den Besessenen empfunden.»[634]

• Exorzismus als Mittel der Diagnose

Ungewöhnlich heftige Reaktionen auf den Exorzismus, insbesondere wenn dessen inhaltliche Intention dem Betroffenen nicht bekannt ist, stellen einen diagnostischen Hinweis auf dämonische Belastung dar. Besonders deutlich wird dies dann, «wenn der Exorzismus eine völlige Befreiung bewirkt hat, wo zuvor die Arzneimittel unwirksam waren.»[635]

6.3. Der Fall «Magda»

Der Fall «Magda» zeigt sehr deutlich auf, wie rein medizinische Diagnosen schließlich zu einer Hilflosigkeit bezüglich der Verursachung eines Zustandes führen können, bei dem letztlich nur die exorzistische Diagnose die Wurzel des Übels aufdeckt.

Rodewyk schreibt: «Als der Arzt meinte, man könne die Krisen vielleicht unter die epileptischen Erscheinungen einreihen, lehnte Beelzebub[636] das ab, weil ein Epileptiker seine Zustände nicht vorher angebe, wie Magda es tue. Er würde sich auch keine Schnitte auf dem Rücken machen, Magda habe auch nie eine geschwollene Zunge gehabt, noch hätte sich bei ihr Schaum vor dem Mund gezeigt.»[637] Später habe der behandelnde Arzt angegeben, *«daß es sich hier um Phänomene handle, die nicht ins medizinische Gebiet gehörten.»*[638]

Ein anderer Arzt «untersuchte Magda nach all den Methoden, die die moderne Medizin kennt, um krankhafte Befunde festzustellen.

Er kam zu dem Ergebnis, daß ein organisches Leiden bei Magda nicht vorliegt.»[639] Also konnten auch keine psychischen Rückwirkungen oder Überlagerungen einer Krankheit eine Rolle in ihrem Zustand spielen.

Zwei Jahre später ergaben Untersuchungen das gleiche Resultat.[640] Später mußte sich «Magda» psychiatrischen Behandlungen unterziehen, die ihrer offensichtlichen Besessenheit in keiner Weise gerecht werden konnten.

«So sperrte er [der Arzt] sie denn, als sie zu unruhig wurde, möglichst bald in eine Tobsuchtszelle [...]. Er sah in ihr nur eine geltungssüchtige Psychopathin und hielt vieles für Simulation.»[641] Ein Professor, der sie untersuchte, «lehnte es grundsätzlich ab, daß sich die Existenz Gottes oder des Teufels beweisen lasse.

Wegen der vielen Schnitte betrachtete er Magda als einen Fall von schwerem Masochismus, einer Psychopathie für die er alle möglichen Gründe zusammensuchte.

Daß es bei den Schnitten, die sich Magda beibrachte, genau umgekehrt zuging wie bei einem Masochisten, ist ihm nie aufgegangen. Aus Angst, auch er würde sie wieder in eine Gummizelle sperren, belog ihn Magda und sagte ihm das, was er gern hören wollte, so daß seine Anamnese wertlos wurde.»[642]

Ein weiterer Arzt kam zu dem Ergebnis, «daß für ihn kein Zweifel bestehe, daß es sich hier nicht um eine Erkrankung handle, für die der Psychiater zuständig sei, sondern um echte Besessenheit.»[643]

Und wieder ein anderer Arzt stellte fest: «Sie können ihre Diagnose so fassen, daß hier unbezweifelbare Tatsachen und Beobachtungen vorliegen, die nach dem geltenden Rituale Romanum und den von altersher geltenden Auffassungen der Kirche einer echten Besessenheit entsprechen.»[644]

6.4. Ergebnisanalyse

Wir sehen, *wie problematisch es sein kann, mit vorgefaßter Meinung an derart schwierige Symptomenkomplexe heranzugehen.*

Da ist ein Mensch mit ganz bestimmten anomalen Symptomen (z.B. Aggressivität; Depressivität; Selbstverstümmelungstendenzen; physischen Krankheitssymptomen; Sprechen mit verschiedenen Stimmen; «allergische» Reaktionen auf religiöse (geweihte) Gegenstände...).

Er leidet unter diesen anomalen Verhaltenszuständen. Es geht darum, ihn davon zu befreien. Die Fachmedizin sucht dabei nach dem bestimmten klassischen Krankheitsbild, auf das die Mehrzahl der Symptome am besten zutreffen. Man spricht dann eben von einer «Depression», einer «Epilepsie», einer «Bewußtseinsspaltung».

Das vorrangige Diagnose- und Therapie-Problem darf nicht Rechthaberei darüber sein, ob die Zuordnung durch die Diagnose richtig ist, sondern wie dem Leidenden bestmöglich geholfen werden kann.

Stellt sich heraus, daß verordnete Medikamente oder gängige Heilmittel keinen Erfolg zeigen (womöglich den Zustand nur unterdrücken), exorzistische Gebete jedoch Heilerfolge (Befreiungserfolge) bringen, sollte dieser Tatbestand objektiv zur Kenntnis genommen werden.

Aus empirischen Befunden der Analyse von Exorzismen ergibt sich, daß sie in vielen Fällen zum Erfolg führten. Wäre es im Sinne der Betroffenen daher nicht sinnvoll, Exorzismus als Heilverfahren zu akzeptieren und auch einem nichtmedizinischen Fachmann neidlos den erwünschten Erfolg zuzugestehen?

Zugleich muß man medizinischerseits ohne Vorurteil oder Groll feststellen, daß eigene Verfahrensweisen in diesem Fall keinen Erfolg brachten. *Kooperation mit wechselseitiger Beratung im Dienste des leidenden Menschen ist ehrlicher als berufsegoistische Scheuklappenmentalität*, bei der man den Eindruck gewinnen muß, daß auch kein anderer Erfolg haben darf, wenn man selbst am Ende seines Lateins ist.

Bleibt die Frage der Ursachenforschung. Die eine Seite untersucht beispielsweise hinsichtlich «Epilepsie» oder «Schizophrenie», die andere in Richtung «diabolischer Befall».

Klar ist, daß eine von beiden Seiten festgestellte Symptomatik vorhanden ist, für die eine Ursache verantwortlich gemacht werden muß. Man spricht einerseits von «zerebraler Veränderung», andererseits von «dämonischer Einwirkung».

Dabei unterscheiden sich beide nur dadurch, *daß der Priester als Exorzist beide Möglichkeiten anerkennt, die meisten medizinischen Fachleute aber nur ihre eigene Version*. Es darf etwas nicht geben, was nach ihrem fachlichen (noch mehr weltanschaulichen) Standpunkt nicht sein kann.

Da stellt sich die Frage: Wie ist es mit der Aufgeschlossenheit bzw. Toleranz? Erkennt man Grenzfälle an? Wer ist wohl qualifiziert, eindeutig nichtmedizinisches krankes Verhalten anzugehen und nach Möglichkeit auch zu heilen? *Wahrscheinlich gibt es ungezählte Kranke* (ambulante und stationäre Fälle), *die nur deshalb nicht von ihren Leiden befreit werden, weil im psychiatrischen bzw. psychotherapeutischen Bereich der Ausschluß des Außermateriellen und Religiös-Transzendenten vorherrscht.*

Kranke werden jahrelang mit Medikamenten eingedeckt, die in erster Linie einen vordergründigen Dämpfungseffekt erzielen.

Daß dies in seltenen und spektakulären Fällen zu medikamentös bedingter gesundheitlicher Zerstörung führen kann, wurde am Fall Anneliese Michel deutlich, bei dem Goodman das Medikament «Tegretal» als Todesursache diagnostizierte.

Als Exorzisten tätige Priester haben längst die Begrenztheit ihrer «Therapie» anerkannt und überlassen diejenigen Fälle, in denen eine medizinische Krankheit vorliegt selbstverständlich der ärztlichen Fachwissenschaft und deren therapeutischem Vorgehen.

Warum tun dies auf der anderen Seite Ärzte nicht in gleicher Weise, wenn sie (entsprechend exorzistisch geschult) eine nicht krankheitsbedingte Verursachung annehmen müßten?[645]

Nach gängigen wissenschaftlichen Meinungen ist die *Gefahr* gegeben, *allzu schnell von «Besessenheit» zu reden.* In Wirklichkeit kann es sich dabei oft um neurotische Konflikte, verdrängte Erinnerungen an traumatische Ereignisse oder Schuldgefühle aus der frühen Kindheit handeln.

Gleichwohl muß davon ausgegangen werden, daß es auch echte dämonische Besessenheit gibt, die mit keinerlei tiefenpsychischen Ursachen oder psychologischen Konstruktionen erklärt werden kann.

Es muß also davor gewarnt werden, sich allzu schnell auf das eine oder das andere festzulegen, zumal sehr häufig Vermischungen und Überschneidungen vorhanden sein können.

Man sollte sich bei der Diagnose ebenso von Leichtgläubigkeit wie von Ungläubigkeit distanzieren. *Leichtgläubigkeit birgt die Gefahr in sich, gleich hinter einem unerklärlichen Verhalten einen Dämon zu vermuten. Ungläubigkeit führt zu einem fachspezifischen Schmalspurdenken* und ist allzu schnell bei der Hand, ohne Prüfung anderer Möglichkeiten «Hysterie» oder «Neurose» oder «Epilepsie» zu diagnostizieren.

«Jene, die von Besessenheit nichts wissen wollen», schreibt Beda, «richten ihre ganze Aufmerksamkeit auf Erscheinungen oder äußere Anzeichen, welche die Besessenheit mit Neurose und Hysterie gemeinsam hat.»[646]

Demgegenüber steht das Zeugnis eines Exorzisten: «Ich habe sechs Personen exorziert, welche die Ärzte für hysterisch und von

Neurosen befallen erklärt hatten. Sie hatten bei diesen Kranken kein Resultat, keinerlei Besserung erzielt.

Der Exorzismus hat sie von den Dämonen befreit, und mit den Dämonen sind auch alle krankhaften Erscheinungen verschwunden.»[647]

6.5. Diagnostische Hilfen im Falle satanistisch mißbrauchter Kinder, Jugendlicher und Erwachsener

> *«Ritueller Mißbrauch verwurzelt sich langsam und systematisch in der Psyche des Kindes. Infolgedessen kann es geschehen, daß durch einen Gegenstand, eine Person, eine Umgebung, etwa in einem Buch oder im Fernsehen, die Erfahrungen des rituellen Mißbrauchs aus den Tiefen der Gedankenwelt emporgerissen werden»*[648]

Stratford berichtet von ihren Erfahrungen, wie ritueller Mißbrauch in satanistischen Zirkeln gleichzeitig mit Pornogeschäften verbunden wurde. Sie schreibt:

«Die sexuellen Vorgänge während der satanischen Rituale interessierten Viktor nicht nur als Hohepriester, sondern auch als Porno-Produzenten. Da er ein geriebener Geschäftsmann war, erkannte er in seiner Funktion als Hohepriester bald, daß zwischen den Ritualen und dem Hardcore-Pornogeschäft eine lukrative Verbindung hergestellt werden konnte.

Er war sicher, daß es einen Bedarf für diese wenig bekannte Art Filme und Videos geben mußte. Die Aufnahmen konnten nicht blutrünstig und die Schmerzensschreie nicht laut genug sein.

Es konnte nicht genug Verstümmelungen, abgetrennte Körperteile und Bluttrinken geben. Diese Filme, Videos und Fotos wurden nicht an den typischen «schmutzigen alten Mann» in schrägen Pornoshops verkauft, nein, Viktor verkaufte sie an Ärzte, Rechtsanwälte, Geschäftsleute und Politiker.

Nur sie konnten sich die tausend Dollar pro Foto bzw. zwischen 5 000 und 20 000 Dollar für einen Film oder ein Video leisten.

Je barbarischer und zügelloser die Akte waren, desto mehr Geld bekam Viktor für die Filme. Und je diabolischer sie waren, desto größer war die Nachfrage.»

Ich habe lange überlegt, ob der Bereich des schweren Mißbrauchs[649] in diesem Buch besprochen werden soll.

Doch angesichts der in letzter Zeit sich häufenden Fälle von Kindesentführungen, sexuellem Mißbrauch von Kindern, abartigen Perversitäten im Zusammenhang mit Kindesmißbrauch und der zunehmenden Brutalisierung sexueller Praktiken halte ich es *im Interesse des Schutzes unserer Kinder für geboten, Eltern und in der Erziehungsverantwortung stehende Personen auch mit der Entwicklung von Mißbrauch durch Teilnahmezwang, Quälen und Töten bekannt zu machen.*

Selbstverständlich können solche Fälle nicht pauschalisiert werden. Sie ereignen sich immer im Untergrund und kommen nur in den seltensten Fällen an die Öffentlichkeit. *Ein* mißbrauchtes Kind ist aber bereits *eines zu viel.*[650]

Stratford erinnert sich an ihre eigenen qualvollen Erlebnisse: *«Ein weiteres Element mancher Rituale war die Opferung von Tieren und kleinen Kindern – manchmal direkt von der jungen schwangeren Mutter genommen.*

Ich zögere, von diesen Opfern zu berichten, aber ich muß es tun. Ich war Zeuge, wie Babys geopfert wurden. Ich sah, wie ein Mann dem Baby die Haut abzog, als es noch lebte.

Ich hörte seine Schreie, die zum Himmel gedrungen sein mußten. Viktor erzählte mir, daß das Opfer, das Satan am meisten gefiel, nur ein Baby oder Kleinkind sein konnte, weil Kinder Reinheit und Unschuld darstellen. Sie gehören Gott. Tiere werden Satan geopfert. Erwachsene, ob willig oder nicht, werden Satan geopfert. Aber Satan ist besonders angetan von Dingen, die man sich kaum ausdenken kann. Nichts ist so böse und so pervers wie die Tötung eines kleinen Kindes, dessen Leben Gott geraubt und Satan dargebracht wird.

Ich weiß, es ist schwer zu glauben, daß in unserem Land Kinder als Opfer dargebracht werden. Wenn ich nicht Zeuge solcher Abscheulichkeiten geworden wäre, hätte ich auch meine Zweifel.

Ich würde diese Dinge ja auch gern in Abrede stellen, aber ich kann es nicht, weil ich selbst das Gegenteil erlebt habe.»

Kinder, Jugendliche und Frauen, welche in der Satansszene mißbraucht wurden, zeigen mit einem Mal oder nach einer bestimmten Zeit ein auffallendes Verhalten. Fachleute haben eine Zusammenstellung von Symptomen vorgenommen, die sie bei rituellem Mißbrauch festgestellt haben.

Eltern und in der Erziehungsverantwortung stehende Personen sollten jedoch zunächst zurückhaltend sein und nicht sofort die schlimmsten Dinge vermuten.

Weist jedoch jemand eine *plötzliche und unerklärliche Persönlichkeitsveränderung* auf und entdeckt man außerdem mehrere der im folgenden aufgezeigten Symptome, so ist Wachsamkeit angebracht. Es könnte sein, daß ritueller Mißbrauch vorliegt. Hinweise sind insbesondere psychische Veränderungen und Verhaltensauffälligkeiten.

6.5.1. Psychische Veränderungen

• **Unerklärliche Stimmungsschwankungen.** Die Grundstimmung der betroffenen Person hat sich plötzlich auffällig geändert und unterliegt starken Schwankungen.

Jemand, der bislang eher zurückhaltend und introvertiert war, verhält sich mit einem Mal gegenteilig, gibt sich überaktiv, beschädigt Gegenstände und zeigt gewaltsame, unerklärliche Wutanfälle.

• **Furcht und Ängste.** Eine mißbrauchte Person kann verschiedene Ängste zeigen. Da ist zunächst einmal die nach außen hin sinnlose Angst davor, auch nur ein paar Minuten allein gelassen zu werden. Es kann eine unerklärliche *Furcht vor den Farben Rot und Schwarz* auftauchen oder die *Furcht vor engen und kleinen Räumen.* Hierzu muß man wissen, daß die Farben Schwarz und Rot in der satanistischen Szene vorherrschen und daß Personen bei rituellem Mißbrauch oftmals in Särge, Grabhöhlen oder in Schränke eingeschlossen werden.

Ähnlich verhält es sich mit der *Angst vor bestimmten Plätzen.* Es könnte sich um Orte (oder ähnliche Orte) handeln, wo der Mißbrauch stattfand oder an dem angsterregende Drohungen eingeflößt wurden.

Daß zum Beispiel ein Kind vor bestimmten Orten Angst haben kann, ist normal. Mit der Zeit gibt sich diese Angst, und niemand braucht sich dabei etwas zu denken.

«Wenn es jedoch rituell mißbraucht wurde, verschwindet diese Furcht nicht, und es mag so eingeschüchtert sein, daß es seine Furcht nicht erklärt.»[651]

Schließlich kann eine plötzliche *Furcht vor religiösen Gegenständen* (Kreuze; Statuen; Kerzen; Wein; Brot) oder *Personen* (Personen, die mit klerikalen Gewändern bekleidet sind) ein gewichtiges Symptom für einen Verdacht des Mißbrauchs sein. Es können auch Ängste im Zusammenhang mit der Zahl «sechs» auftreten.

• **Aggressivität.** Auch hierbei ist zunächst einmal an ganz gewöhnliche Zusammenhänge zu denken. Jeder Mensch reagiert hin und wieder mit Trotz oder aggressivem Verhalten.

Zeigt sich ein solches Verhalten jedoch ausgesprochen dauerhaft feindselig und gewaltsam (z.B. «den offensichtlichen Versuch, jemanden aus der Familie mit einem Messer umzubringen oder die ernstgemeinte Drohung, solch eine Tat zu begehen»[652]), so ist irgendetwas mit der Erlebenssphäre passiert.

6.5.2. Verhaltensauffälligkeiten

• **Tanzen und Singen.** Ein Kind beschäftigt sich zum Beispiel überraschend mit ungewöhnlichen Arten von Tänzen und Gesängen. Es führt teuflische Tänze, Geistertänze oder seltsame Tänze auf, singt dabei Lieder oder spricht Gebete.

Erhält man von ihm die Auskunft, daß es «für den Teufel tanzt, singt oder zu ihm betet», und ist es auch mit gutem Zureden oder unter Strafandrohung nicht davon abzubringen, stellt dies ein Alarmzeichen dar.

• **Sprach- und Redeauffälligkeiten.** Jemand redet auf einmal mit unsichtbaren Personen und behauptet, daß diese wirklich da sind, oder daß eine nicht sichtbare Person sein Freund ist.

In solchen Fällen könnte es möglich sein, «daß er mit einem *«Geistführer»* spricht, der ihm während eines rituellen Mißbrauchs einsuggeriert oder ‹zugeordnet› wurde».[653]

Bei Mißbrauch kommt es auch vor, daß Worte und Sätze verwendet werden, die eigenartig anmuten und die man nicht versteht. Diese Worte sind zu einem wichtigen und kontinuierlich verwendeten Wortschatz geworden. Hierzu gehören auch *«Rückwärtsworte»* (Backward-Masking), die auf diese Weise heilige Begriffe des Christentums oder Bibelworte verhöhnen.[654]

• **Sexuelle Auffälligkeiten.** Sexuelle Praktiken, sexueller Mißbrauch und sexuelle Perversitäten sind Teil satanistischer Kulthandlungen. Eine mißbrauchte Person wirkt in Bezug auf ihre sexuelle Körpersphäre verstört, lehnt ihren Körper ab, beschäftigt sich plötzlich auffallend gedanklich viel mit Sex und gebraucht neue Wörter im Zusammenhang mit sexuellen Aktivitäten oder Körperteilen.

• **Verändertes Verhalten in WC und Badezimmer.** Jemand verhält sich mit einem Mal im Badezimmer und in der Toilette ungewohnt. Rituell mißbrauchte Personen wurden gedemütigt und mit perversen Praktiken erniedrigt (Kot essen; Urin trinken).

Als Folgeerscheinung kann es sein, daß Kot verschmiert wird oder der Betroffene sich *anomal in Bezug auf die natürlichen Ausscheidevorgänge* verhält.

Manchmal ist eine *Sauberkeitsphobie* zu beobachten, ein bis dahin nicht praktiziertes, überhäufiges und unangebrachtes Sauberkeitsverhalten, zum Beispiel das Verlangen nach häufigem Wechsel der Unterwäsche, oder auch das extreme Gegenteil.

• **Praktiken mit Bildern oder Gegenständen.**

Es tauchen im Besitz eines betroffenen Kindes zum Beispiel Bilder oder Gegenstände auf mit symbolischen Darstellungen und

Zeichen des Satanismus (Pentagramm; Mondsichel mit fünf Sternen und den auffälligen Farben Schwarz und Rot). Hierzu zählen Bilder mit verhältnismäßig großen Augen und Ohren (das Kind fühlt sich von ihnen beobachtet oder belauscht).

Möchte das Kind eine Tierabbildung unbedingt an einer auffallenden Stelle haben, so könnte es sein, daß dem Kind befohlen wurde, «es auf dem Kühlschrank oder einer anderen auffallenden Stelle zu plazieren. Es soll eine Mahnung darstellen, «was einem Familienmitglied oder einem Haustier zustößt, wenn das Kind über seinen Mißbrauch etwas erzählen würde.»[655].

> *«Es gibt den Satan. Ich habe hunderte Male mit ihm gesprochen; er hat mich geschlagen, getreten, angespuckt.»*
>
> *(Pater Gabriele Amorth)*

D. Propädeutik – Abwehr – Therapie

7. MAẞNAHMEN UND HILFEN – PROPÄDEUTIK UND PRÄVENTION

7.1. Einfallstore des Dämonischen

«Satans Auge ist wie eine doppelte Waffe, die zugleich durchbohrt und brennt»[656]

Bevor man Maßnahmen ergreifen und Hilfen ansetzen kann, ist es wichtig, *Bedingungen möglicher Gefährdung* zu kennen. Dies ermöglicht Schutz und Rüstung gegenüber Bedrohungen und Schädigungen. Für den gläubigen Menschen besteht die «Rüstung Gottes» zuallererst aus einem Leben in der Hinwendung zu Gott nach den Vorgaben des Evangeliums.

Das Bemühen, ein solches Leben zu führen, ist auch die zentrale Vorbeugemaßnahme zum Schutz vor Einflüssen des Bösen. Propädeutik und Prävention beinhalten Vorsorgemaßnahmen, die man für sich selbst und in der Verantwortung für den Mitmenschen ergreifen kann, um Gefahren des Infiziert-, Verwundet- oder Verletztwerdens durch schädliche Einflüsse vorzubeugen.

Überlegungen zur *Propädeutik im Hinblick auf dämonische Einflüsse* müssen zunächst davon ausgehen, mögliche Einfallstore zu kennen und Maßnahmen zu ergreifen, um ein leichtfertiges Öffnen dieser Tore zu vermeiden. Womit aber wird dämonischen Einflüssen ein Weg in das Innere der Persönlichkeit geöffnet?

Die Menschen handeln nicht wie die Pflanzen und Tiere. «Ihr habt Satan zum Lehrmeister gehabt. Ihr habt ihn zum Lehrmeister gewollt und wollt ihn immer noch.»[657]

7.1.1. Bewußtes und willentliches Verharren in schwerer Sündhaftigkeit

In der schweren (bewußten und geplanten) Versündigung gegenüber Gott und den Mitmenschen verursacht und vollzieht der Mensch die *Trennung von Gott*. Zugleich stellt diese Versündigung eine *Wunde* dar, *deren Offensein Infektionen des Bösen erleichtert.*

Bewußtes und willentliches Verharren in schwer sündhaftem Zustand ist ein mehr oder minder geöffnetes Einfallstor für dämonische Einflüsse, welche den Menschen belasten, prägen und besetzen können. «Wer die Sünde tut, stammt vom Teufel; denn der Teufel sündigt von Anfang an.» (1 Joh 3,7-10)

7.1.2. Bewußtes und willentliches Aufrechterhalten von Haß-, Neid-, Rachegefühlen

«Durch des Teufels Neid kam der Tod in die Welt.»[658] Neid, Eifersucht und Haß sind emotionale Gestimmtheiten, welche im Verbund mit «schwarzen» Gedanken «tödliche» Bereitschaften, Einstellungen und Bestrebungen erzeugen. Sie haben ihren Entstehungsgrund im Herzen des Menschen.

Wer sie nicht bekämpft, sie vielleicht sogar bewußt schürt, bindet sich an gleichlaufende dämonische Kräfte des Neides, der Eifersucht und des Hasses. Er gleicht einem Bootsfahrer, der sich absichtlich mitten in den Strudel eines reißenden Stromes begibt, der ihn in den Abgrund führt. Es ist sicherlich ungemein schwierig, solche Gefühle und Gedanken, die man in sich verwurzelt hat, zu eliminieren. Doch gerade deren Ausmerzung ist die Vorbedingung dafür, dämonischen Einflüssen Widerstand entgegenzusetzen oder von dämonischen Belastungen, denen man mittels Neid, Haß und Eifersucht Eingang gewährt hat, befreit zu werden.

«Du sollst deinen Nächsten lieben wie dich selbst!», sagte Christus. Wer diese «Nächstenliebe» aber zum «Nächstenhaß» pervertiert, haßt sich schließlich selbst. Selbsthaß ist sehr oft das Ergebnis unbewältigter Haßgefühle auf andere Menschen.[659]

7.1.3. **Nicht bereit sein, zu verzeihen und zu vergeben**

«Wenn ihr den Menschen ihre Verfehlungen vergebt, dann wird euer Himmlischer Vater auch euch vergeben. Wenn ihr aber den Menschen nicht vergebt, dann wird euer Vater eure Verfehlungen auch nicht vergeben» (Mt 6,14-15).

«Und vergib uns unsere Schuld, wie auch wir vergeben unseren Schuldigern.»[660] Wer von uns ist ohne Schuld vor Gott und den Mitmenschen?

Fühlt man sich in der Schuld der Sünde, dann *drängt aus der Tiefe der Seele das Verlangen, von dieser Schuld befreit zu werden*, sie getilgt zu wissen.

Gott vergibt dem Menschen immer, wenn er in Reue und mit dem ernsthaften Vorsatz zu ihm kommt, ihn um Vergebung zu bitten. Er verzeiht und schenkt zusätzlich neue Gnaden.

Vergebung stellt die Harmonie wieder her, heilt und führt zur seelischen Gesundung. Es ist daher wichtig, daß man seinem Mitmenschen, wie sehr er sich auch an einem versündigt haben sollte, die Vergebung nicht verweigert.

Verzeihen muß aus dem Herzen geschehen. Es genügt kein nur oberflächlich dahingesagtes Wort, während der Groll im Herzen das Gegenteil zeigt.

Es bedarf auch keiner großen selbstbespiegelnden Gesten, jemandem zu verzeihen. Verzeihung und Vergebung sollen schlicht, unter vier Augen und im demütigen Bewußtsein der eigenen Schwachheit erfolgen.

Wer nicht bereit ist, dies zu tun, ist dem anderen in seinem Herzen immer noch böse.

Dieses Bösesein ist wie eine beschädigte Immunstelle, welche Infektionen des Dämonischen nicht den nötigen Widerstand entgegenbringen kann.

Wer sich nicht ernsthaft bemüht, einen Schlußstrich der Vergebung unter ein gestörtes Verhältnis zu einem Mitmenschen zu ziehen, beschwört die Gefahr dämonischer Belastung herauf.

7.1.4. Kontakte mit okkultistischen und satanistischen Praktiken

Die menschliche Psyche weist insbesondere Gefühle, emotionale Gestimmtheiten und Triebregungen auf. In bestimmten Grenzen kann der Mensch darauf denkend und willentlich Einfluß nehmen. Interessen und Bereitschaften, die damit verstärkt werden, gleichen einem Sich-Öffnen an entsprechende Personen, Gegebenheiten, Erscheinungsweisen oder Einflüssen.

Werden zum Beispiel an einem Ort *okkulte Praktiken* durchgeführt (Spiritismus; Tischchenrücken etc.) oder finden *Satanskulte* bzw. Satanszirkel statt, so gehen davon *Kontakt-Wirkkräfte* auf die Anwesenden über. Letztere öffnen sich diesen Kräften in der Regel allein mittels ihrer Neugierde, ihres Interesses, ihrer Bereitschaften oder des bewußten Entgegenkommens und nehmen sie über die Sinne und über außersinnliche Kanäle in sich auf.

Oft muß dieses bewußte und gezielte «Sich-Öffnen» nicht einmal vorhanden sein. *Es genügen unbewußte «Empfangsbereitschaften»*. Solches kann dazu führen, daß manche Personen aus dem Teilnehmerkreis sich mit einem Mal «belastet» fühlen. Zum Beispiel treten Ängste auf, Schlaflosigkeit, Depressionen und andere belastende Eindrücke.[661]

Dies kann selbstverständlich zunächst auch durch Betroffensein des Unbewußten psychologisch erklärt werden. Oft muß dabei aber das «Unbewußte» immer dann herhalten, wenn die Entstehungsbedingungen einer bestimmten Symptomatik unerklärlich sind. Genauso berechtigt ist es, hierbei von einer *dämonischen Infektion* auszugehen.[662] Diese kann, insbesondere nach einer bewußten Einbindung in satanistische Praktiken, direkt zur Besessenheit führen.

Spiritistische Praktik: Beim «Tischchenrücken» sollen die Geister Fragen beantworten. KNA-Bild, Frankfurt/Main.

Astrologen und Kartenleger haben großen Zulauf. Hier der franz. Kartenleger Marcellus Toe-Guror, genannt «Nostradamus des 20. Jahrhunderts» 1984 in seinem Pariser Heim. dpa-Bild, München.

Leah Levine blickt in die Kristallkugel. In ihrer Hexenschule bildet sie jedes Jahr in einem sechsmonatigen Lehrgang 30 neue «Zauberlehrlinge» aus. Sie lehrt u.a. Schicksale vorauszusagen, Schutzzauber zu sprechen und Orakel zu deuten. dpa, Frankfurt.

7.1.5. Bewußte und freiwillige Übergabe an dämonische Kräfte

Die oben erwähnte Einbindung der psychischen Öffnung an Okkultes oder Satanisches erfährt eine Kulmination der Gefährlichkeit, wenn jemand sich selbst, seine Seele, bewußt und freiwillig an dämonische Kräfte übergibt, indem er zum Beispiel *seine Seele «Satan verschreibt»*. Durch diese antitheistische Zeremonie, innerhalb derer meist ein Schriftstück mit dem eigenen Blut beschrieben und symbolisch Satan als Dokument «übergeben» wird, ist eine radikale Lossagung von Gott vollzogen.[663] *Die dämonische Besetzung erfolgt beinahe zwangsläufig.*

7.1.6. Aufnehmen von antireligiösen und ethisch perversen Inhalten

Das Aufnehmen von antireligiösen und ethisch verwerflichen Inhalten über die Sinneskanäle macht Psyche und Geist empfangsbereit und offen für Negatives und Böses.

Menschliches Bewußtsein, Unterbewußtsein und Unbewußtes gleichen einem riesigen Schwamm, der alles aufsaugt, was über die Sinneskanäle (Sehen; Hören; Tasten; Riechen; Schmecken), jedoch auch über außersinnliche Empfangsmöglichkeiten eingeleitet wird.

Wird es nicht regelmäßig und gründlich geistig aufgearbeitet, häuft sich alles wie in einer wachsenden Müllhalde auf. Wie Unrat «verdirbt» dieses Negative das tägliche Denken und Fühlen.

Ein Mensch, der zum Beispiel immer wieder Porno-Videos anschaut, bekommt diese Szenen nicht mehr aus dem Gedächtnis (Bewußtsein; Unterbewußtsein) heraus. Immer wieder drängen sie sich ihm auf. Sein Denken, seine Phantasie, seine Begegnungen mit Menschen werden davon negativ beeinflußt.

Zugleich verstärkt er in seiner Psyche ein immer weiteres Sich-Öffnen (immer stärkere Reize) gegenüber entsprechenden Bewußtseinsinhalten. Dasselbe ereignet sich im ständigen Sehen und Hören von perversem Geschehen, antireligiösen Inhalten oder utopischen Phantasien in Literatur, elektronischen Medien, in Musik und Gesprächszirkeln. *Das Sinnen, Denken und Wollen wird vom Negativen und Bösen umklammert.*

Es ist anzunehmen, daß ein solcher Zustand ein gewichtiger Einflußbereich für gleichgerichtete dämonische Kräfte darstellt.

7.1.7. Besuch von Satansmessen und Satanskulten[664]

Bei «Schwarzen Messen» geht es vorwiegend um antitheistische Handlungen, Sex und Mord.

In entsprechenden Gruppen zirkuliert zum Beispiel der Text eines «Vertrages mit dem Teufel». Der Inhalt greift vor allem das Glaubens- und Heiligenverständnis der Katholischen Kirche an.

Anweisungen zur Satansverehrung stellen eine *Pervertierung katholisch-gottesdienstlicher Liturgie* dar.

Psychologische Erfahrungen zeigen deutlich, daß insbesondere labile Menschen derartige Wahnsinnsanweisungen in ihrem Inneren als religiös verbindlichen Impuls erleben und schließlich zum Verbrechen getrieben werden. Kommen noch Alkohol, Drogen und aufpeitschende Musik hinzu, ist die *Gefahr massenhysterischer Exzesse* nicht mehr weit.

In den USA wächst die Zahl von Verbrechen, die vom Satanismus motiviert sind. Dort greift auch der «Totenkult» um sich, der sich in Grabschändungen, Kirchenraub, Leichenfleddereien und rituellen Tierschlachtungen äußert.[665]

Menschen, welche in die Okkultszene geraten, können der Versuchung nicht widerstehen, das, was ihnen da vorgeschrieben wird, schließlich auch in die Tat umzusetzen.

Dies alles betrifft nicht allein psychisch-geistige Schädigungen der Teilnehmer an solchen Kulten, sondern auch eine direkte Gefährdung, die eigene Person zum Einfallstor für okkulte und dämonische Kräfte zu machen[666], die schließlich das Seelenleben zerstören.

7.2. Sakramente – Gebet – Sakramentalien als geistliche Hilfen

7.2.1. Sakramente

Die Sakramente sind «von Christus eingesetzte und der Kirche anvertraute wirksame Zeichen der Gnade, durch die uns das göttliche Leben gespendet wird»[667] und bringen Gnade, Licht und Kraft. Im Zentrum des Glaubenslebens der Katholischen Kirche stehen sieben Sakramente.

Zwei Sakramente (Priesterweihe; Ehe) sind nur bestimmten Lebensvollzügen vorbehalten.

An fünf Sakramenten können alle Christen teilnehmen. Die *Taufe* ist «die Geburt zum neuen Leben in Christus» und «prägt der Seele ein unauslöschliches geistiges Zeichen ein».[668]

Die *Firmung* «vollendet die Taufgnade» und ist das Sakrament, welches dem Menschen «den Heiligen Geist verleiht», um ihn «in der Gotteskindschaft tiefer zu verwurzeln» und ihn «fester in Christus einzugliedern».[669]

Die *Eucharistie* ist das unblutige Kreuzesopfer, in dem Christus uns «die Gnaden des Heils»[670] zuteilwerden läßt. In der Kommunion vereint sich der Christ mit Christus selbst (Realpräsenz).[671]

Das *Sakrament der Buße und der Versöhnung* bewirkt die «Versöhnung mit Gott», den «Erlaß der ewigen Strafe, der man durch Todsünden verfällt», den «Frieden und die Ruhe des Gewissens und den geistlichen Trost» und das «Wachstum der geistlichen Kräfte für den christlichen Kampf».[672]

Das Sakrament der *Krankensalbung* «verleiht dem Christen, der die mit schwerer Krankheit oder mit dem Alter gegebenen Schwierigkeiten durchmacht, eine besondere Gnade»[673] und geistliche Stärkung.

Die Frucht des sakramentalen Lebens besteht darin, «daß der Geist der Gotteskindschaft den Gläubigen Anteil an der göttlichen Natur schenkt, indem er sie mit der Lebenskraft des einzigen Sohnes, des Erlösers, vereint».[674]

Der im Glauben lebende Christ, welcher sein Leben in der Wirkkraft dieser Sakramente vollzieht, besitzt damit auch eine übernatürliche Abwehrkraft gegenüber Einflüssen des Bösen. *Durch die Sakramente sind wir «stark durch Gott».*[675]

7.2.2. Gebet

«Das Gebet vertreibt die Phantome Satans.»[676]

Das Gebet «ist die Erhebung der Seele zu Gott oder eine an Gott gerichtete Bitte um die rechten Güter».[677] Es stellt eine Verbindung mit und eine Bindung an Gott dar. Dies läßt den Menschen gewissermaßen in einen besonders engen Schutzraum Gottes eintreten. So ist das *Gebet auch die einfachste und wirksamste Waffe gegen Einflüsse des Bösen.*[678]

Im Gebet leistet der Mensch dem Bösen «Widerstand in der Kraft des Glaubens»[679]. Die geistige Haltung im Beten sollte von Demut, Vertrauen, Glauben, Hoffnung und Liebe getragen sein.

Im christlichen Leben haben sich sogenannte «Stoßgebete» bewährt, in denen zum Beispiel allein der Name «Jesus»[680] ausgesprochen oder ein «Ave Maria»[681] gebetet wird.

Es gibt viele Formen des Betens, die alle neben ihrer Intention des Lobes Gottes, des Dankes und des Bittens auch das «Eintauchen» in eine heilige Atmosphäre des Schutzes darstellen.[682]

Zur Bekämpfung zum Beispiel der Besessenheit sind nicht nur Exorzismus, sondern auch einfache Gebete, besonders *Psalmen*[683] und die *Allerheiligenlitanei*[684] von Bedeutung.

7.2.3. Sakramentalien

Sakramentalien «sind heilige Zeichen, durch die in einer gewissen Nachahmung der Sakramente Wirkungen, besonders geistlicher Art, bezeichnet und kraft der Fürbitte der Kirche erlangt werden»[685]

Zu ihnen gehören in erster Linie *Segnungen* von Personen, Gegenständen, Orten oder Mahlzeiten.[686]

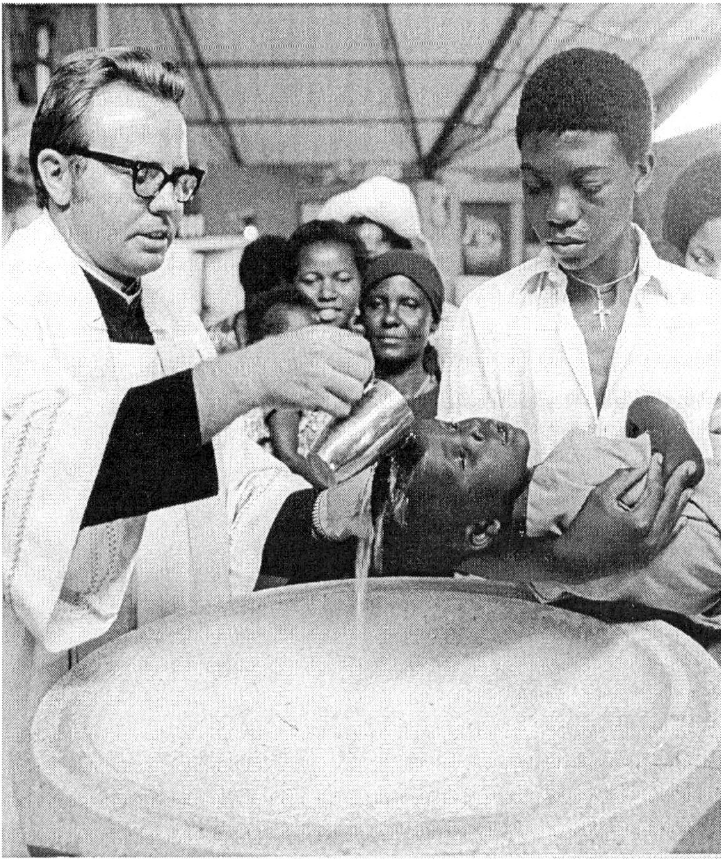

Die Sakramente bieten eine Hilfe gegen die finsteren Mächte. Bei der Taufe wird ein Mensch der Macht Satans entrissen und in den Schutz der Kirche gestellt. KNA-Bild, Frankfurt/Main.

Gesegnete Gegenstände und geweihtes Wasser können den Menschen in seinem Tagesablauf begleiten. *Der Vorwurf des Aberglaubens ist zurückzuweisen.* Es handelt sich dabei nicht um «Amulette», in denen etwa eine «Zauberkraft» liegt. Vielmehr sind es Hilfen, die den Menschen auf Grund des darauf ruhenden Segens Gottes in engere gedankliche, emotionale und vor allem auch geistliche Nähe zu Gott bringen. Der dokumentierte Verlauf von Exorzismen bestätigt ausnahmslos die Abwehrwirkung der Sakramentalien auf dämonische Einflüsse.[687]

• **Weihwasser.** Dem Weihwasser wird Verteidigung gegen die Angriffe des Bösen und die Gnade des göttlichen Schutzes zugeschrieben.[688]

Katholische Christen besprengen sich beim Besuch der Kirche mit Weihwasser, bekreuzigen sich und beten dazu «Im Namen des Vaters, des Sohnes und des Heiligen Geistes».

Auch im häuslichen Bereich halten sie deshalb Weihwasser bereit, um sich morgens, abends oder beim Verlassen der Wohnung damit zu bekreuzigen.

Die abschreckende Wirkung des Weihwasser auf dämonische Aktivitäten gilt als sicher.[689] Ein Beispiel, bei dem jede mögliche unterbewußte außersinnliche Beeinflussung ausgeschlossen war, gibt Amorth: *«P. Candido exorzierte einmal einen Besessenen. Da näherte sich der Sakristan mit dem Weihwasserkessel und dem Aspersorium*[690]*.*

Sofort wandte sich der Dämon an ihn und sagte: ‹Mit diesem Wasser kannst du dir dein Maul waschen!› Jetzt erst erinnerte sich der Sakristan daran, daß er den Kessel am Wasserhahn gefüllt, aber vergessen hatte, das Wasser segnen zu lassen.»[691]

• **Medaillen.** Viele vorwiegend katholische Christen tragen *geweihte Medaillen* bei sich. Sie fühlen sich dabei unter dem besonderen Schutz Gottes und der Fürbitte eines Heiligen, und sie stehen auch unter diesem Schutz, wenn sie diese gläubig tragen.

Die bekanntesten und am häufigsten getragenen Medaillen sind die *«Wundertätige Medaille»*[692] und die *Benediktus-Medaille*[693].

Besessene reagieren fast immer unmittelbar mit Zeichen der Abwehr auf solche Medaillen.

• **Religiöse Gegenstände.** Religiöse (geweihte) Gegenstände (Realien) erinnern an die Geborgenheit, die Erlösung und die Erwartung des ewigen Seins in Gott. Das Kreuz[694] ist für den Christen eine ständige Erinnerung an seine Erlösung durch Jesus Christus und ein Motivations-Impuls für vertrauensvolles Beten.

In ähnlicher Weise ist der *Rosenkranz*[695] (als Gegenstand oder als mit seiner Hilfe vorgebrachtes Gebet) ein religiöses Mittel der Abwehr des Bösen.[696]

• **Exorziertes Öl.** Mit einer exorzistischen Segenshandlung geweihtes Öl[697] stellt eine antidämonische Hilfe dar.

«In gläubigem Vertrauen angewandt», so Amorth, «dient es dazu, die Dämonen, ihre Anfechtungen und die Wahnvorstellungen, die sie hervorrufen, zu vertreiben.» Es ist eine besondere Eigenschaft von exorziertem Öl, «Schädliches vom Körper zu trennen.» Exorziertes Öl hilft, «die Verunreinigung zu lösen und den Körper davon zu befreien.[698]

• **Exorziertes Salz.** Eine seiner besonderen Eigenschaften ist es, «Orte vor den Einflüssen oder der Anwesenheit des Bösen zu schützen».[699]

• **Gesegneter Weihrauch.** Amorth gibt seine Erfahrung als Exorzist weiter, «daß in Häusern das Verbrennen von gesegnetem Weihrauch sehr nützlich» ist.[700]

• **Segnung von Kleidern.** Manchesmal wird von Exorzisten auch die Segnung von Kleidern durchgeführt. Ein Besessener kann deren Berührung nicht ertragen.

7.3. Heilung durch einfache Gebete und/oder Exorzismus

Christus und die Evangelisten treffen einen *deutlichen Unterschied zwischen Exorzismen und Heilungen.* Dies bezieht sich sowohl auf den Ritus wie auch auf die Worte. Bei Heilungen legte Christus die Hände auf und salbte den Kranken. Im Falle von Besessenheit befahl er den Dämonen.[701]

7.3.1. Gebete um Heilung

Christus hat all jenen Macht gegeben, zu heilen und Dämonen auszutreiben, die an ihn glauben und in der Kraft seines Namens wirken. Christen können dies vor allem durch private «Gebete um Heilung» oder «Gebete der Befreiung» tun. Dabei ist immer ein starker Glaube, unermüdliches Beten und begleitendes Fasten nötig, «sowohl von Seiten des Betenden als auch von Seiten dessen, für den gebetet wird.» [702]

Das Gebet ist die persönliche, vertrauensvolle Hinwendung zu Gott. Von daher ist *Beten bei einer Notlage auch der erste Schritt, sich an Gott zu wenden, um Hilfe bei ihm zu suchen.*

Die Grundbasis hierfür ist die tägliche Gebetspraxis, die auch in «normalen» Zeiten die enge Verbindung des Geschöpfes mit seinem Schöpfer aufrechterhält. Liegt die Vermutung oder die Gewißheit eines dämonischen Belastetseins vor, so können nach der vertrauensvollen Hinwendung zu Gott Heilungsgebete folgen. Heilungsgebete gehen vom Betroffenen selbst oder von Mitmenschen, einer Gebetsgemeinschaft, aus.

Solches Beten kann sich unter Umständen lange Monate hinziehen, stellt aber eine unverzichtbare Begleithilfe[703] im Bemühen um Befreiung eines Menschen von dämonischer Belastung (kontinuierliche Attacken; Umsessenheit; Besessenheit) dar.

Die Katholische Kirche hält aus ihrem traditionellen Gebetsschatz eine Fülle von Gebeten bereit, welche als Gebete um Heilung verwendet werden können. Für eine erfolgreiche Befreiung «ist die Mitarbeit des Patienten unbedingt erforderlich.

Der Betroffene trägt zu seiner eigenen Befreiung durch viel Beten, den häufigen Sakramentenempfang, ein Leben nach den Vorgaben des Evangeliums und im Gebrauch der Sakramentalien bei.

Sehr wirksam ist auch das Gebet anderer für ihn (vor allem d*as Gebet der Familie, der Pfarrgemeinde, der Ordensfamilie, von Gebetsgruppen usw.)»* Hinzu kommen «Messen lesen lassen, auch Wallfahrten und gute Werke.»[704]

7.3.2. Exorzismus

7.3.2.1. Was ist ein Exorzismus?

Riten des Exorzismus kennen wir aus der Geschichte der Menschheit von zahlreichen Völkern. Eines der frühesten Dokumente hierfür ist eine Tontafel aus dem Palast des Königs Assurbanipal (Assyrien) etwa 600 Jahre vor Christus.

Darauf steht, daß sich ein Mann an die Götter wandte und darum bat, von einem herrschsüchtigen Geist befreit zu werden, der von seinem Körper und von seiner Seele Besitz genommen hatte und dem er sich hilflos ausgeliefert fühlte.[705]

Aus vielen Völkern sind religiöse Handlungen bekannt, durch die angeblich oder tatsächlich Besessene geheilt werden sollten. Im Christentum «war der Exorzismus etwas rein Charismatisches, und viele Christen praktizierten ihn, ohne irgendeine Weihe zu haben»[706]

Im Verständnis der Katholischen Kirche spricht man von Exorzismus, *«wenn die Kirche öffentlich und autoritativ im Namen Jesu Christi darum betet, daß eine Person oder ein Gegenstand vor der Macht des bösen Feindes beschützt und seiner Herrschaft entrissen wird.»*[707]

Bereits Jesus Christus hat Exorzismen durchgeführt.[708] Die Kirche hat von ihm «Auftrag und Vollmacht, Exorzismen vorzunehmen.[709] Exorzismus ist «ein Ritus, den Christus auf imperative Weise seiner Kirche bis ans Ende der Zeiten anvertraut hat.»[710]

Auch im Protestantismus gab es anerkannte Exorzisten. Johann Christian Blumhardt (1805-1880), Vertreter des württembergischen Pietismus, Pfarrer in Möttlingen, der durch seinen Exorzismus an der Gottliebin Dittus weltberühmt wurde. Sein authentischer Bericht über diese Teufelsaustreibung ist enthalten im Werk Dr. Lisl Gutwenger, Treibt Dämonen aus, Christiana-Verlag 1992.

Bis in die heutige Zeit erstreckt sich die Zielrichtung des Exorzismus neben der seelischen Befreiung auch auf die Befreiung von Beschwerden und Krankheiten, denn dämonische Besessenheit äußert sich nicht allein durch Besitzergreifung eines Menschen, sondern auch prinzipiell durch die Möglichkeit, einen Menschen mit Krankheitserscheinungen zu belegen.[711]

Im Evangelium erfahren wir von einer Frau, die durch einen Dämon achtzehn Jahre lang verkrüppelt war und von Jesus geheilt wurde, als er den Dämon austrieb. Auch ein Taubstummer wurde geheilt, dessen Krankheit eine bösartige Ursache hatte.

Das Evangelium «unterscheidet sehr genau zwischen Kranken und Besessenen».[712] *Ebenso unterscheidet es zwischen Krankheiten auf Grund natürlicher Ursachen und solchen auf Grund von Wirkzusammenhängen dämonischer Ursachen.*

7.3.2.2. Ablehnung durch die Moderne

1979 beschloß die Deutsche Bischofskonferenz die Einsetzung einer gemischten Kommission zur Klärung der Frage nach Besessenheit und der Erlaubnis zum Exorzismus. Diese Kommission kam zu dem Ergebnis[713], daß zum Beispiel beim Fall «Anneliese Michel» «keine Besessenheit vorgelegen habe», vielmehr sei ein «doktrinärer Induktionseffekt» provoziert worden.[714] Der «Große Exorzismus» sei geeignet, «Krankheiten und Krankheitsursachen zu verdecken, zu verstärken und zu perpetuieren und damit gleichzeitig eine mögliche Heilung zu erschweren oder gar auszuschließen». Diese «rituelle Kanalisierung» provoziere «geradezu mittelalterliche Teufelsschablonen»; diese selbst würden an «mythologische Vorstellungen» anknüpfen, die «dem heutigen Bewußtsein nicht mehr zugänglich und nachvollziehbar» seien.[715]

Verschiedentlich wird behauptet, der traditionelle Exorzismus löse durch seine «Inszenierung» nicht die Reaktionen eines Dämons, sondern völlig subjektive, hysterische Anfälle aus.

Dies ist eine Behauptung, die zunächst vordergründig plausibel erscheint. Sie trifft jedoch zumindest dort nicht zu, wo eine exorzistische Befreiung aus größerer Entfernung stattfindet, bei der die betroffene Person von der exorzistischen Handlung des Priesters nichts weiß.

Die Aussagen der oben erwähnten Kommission *gehen* offensichtlich *von der Prämisse aus, daß es echte dämonische Besessenheit nicht gibt*. Nur dann kann man zu der Ergebnisformulierung kommen, daß der Große Exorzismus «geeignet sei [...], eine mögliche Heilung zu erschweren oder gar auszuschließen».

Anders sieht es hingegen aus, wo man von der objektiven (auch empirisch belegbaren) Erfahrung[716] ausgeht, daß es echte Besessenheit gibt. Dann ist es geradezu eine Mißachtung der ausweglosen Nöte real dämonisch belasteter Menschen, sie schulmedizinischen Behandlungsmethoden zu überlassen, deren Ergebnisse lediglich Symptomdämpfung anstatt Ursachenbehebung darstellen. *Von daher könnte man die Kommissions-Aussage auch umkehren, nämlich daß die Negierung der Möglichkeit exorzistischer Heilungen Krankheitsursachen verdeckt, verstärkt oder gar perpetuiert und damit gleichzeitig eine mögliche echte Heilung erschwert oder gar ausgeschlossen wird.*

Kaum jemand würde heute noch «mittelalterliche Teufelsschablonen» unreflektiert übernehmen. *Insofern ist dieser Verweis der Kommission ein verdeckter und sublimierter Diffamierungsversuch gegen diejenigen, welche die Existenz Satans und der Dämonen für real halten.* Da könnte man zurückfragen, ob nicht «moderne Wissenschaftseinseitigkeit» die Kehrseite jener «mittelalterlichen Teufelsschablone» ist und damit selbst eine neuzeitliche Überheblichkeitsschablone darstellt.

7.3.2.3. Die Bedeutung des Exorzismus

Die Bedeutung und Zielrichtung des Exorzismus innerhalb der Katholischen Kirche ergibt sich zunächst aus dem Vorbild des Lebens von Jesus Christus, welcher das Kommen des Reiches Gottes mit der Niederlage des Reiches Satans verbunden hat.[717]

Die Exorzismen «befreien die Menschen aus der Macht der Dämonen»[718]. *Schon die Taufe sollte immer mit einem Exorzismus verbunden sein.*[719] Dem von seiner Erbsünde befreiten Christen wird mit dem Taufexorzismus ein zusätzlicher Abwehrschild gegen dämonische Einflüsse mitgegeben.[720]

Eine Vernachlässigung dieses Exorzismus oder ein halbherziges Sprechen der Exorzismus-Formel kann diesen Schutz abschwächen.

Dieser Taufexorzismus wird heute unter dem Einfluß theologischer Strömungen, die «Abschied vom Teufel» nehmen, oftmals für unwichtig gehalten und nicht mehr durchgeführt.[721]

In der Katholischen Kirche wurde neben dem «kleinen» auch immer schon der sogenannte «Große Exorzismus» vorgenommen, und zwar bei besonders schwerwiegenden und hartnäckigen Fällen der Besessenheit. *Dieser darf nur von einem Priester (mit Erlaubnis des Bischofs) oder durch den Bischof selbst durchgeführt werden.* Dieser Exorzismus dient dazu, «Dämonen auszutreiben oder vom Einfluß von Dämonen zu befreien und zwar kraft der geistigen Autorität, die Jesus seiner Kirche anvertraut hat»[722].

Schilderung von biblischen Dämonenaustreibungen[723]
a) Befreiung eines Besessenen durch Christus

Diese biblische Vision von Maria Valtorta schildert einen Exorzismus durch Jesus Christus, wie er im Neuen Testament wohl knapp erwähnt, jedoch nicht in dieser Ausführlichkeit dargestellt ist. Selbstverständlich kann mit wissenschaftlich-empirischen Mitteln die Echtheit und Faktizität dieses Berichtes nicht nachgewiesen werden.

Es geht in dieser Vision um Erlebnisse, die Jesus während seiner Verkündigungszeit in Begleitung seiner Apostel hatte. Es genügt zunächst, diese Schilderung in ihrem Ablauf und in ihrer Dynamik auf sich wirken zu lassen.

«Dann faßt einer Mut und fragt: «Würdest du ihn heilen, wenn wir ihm begegnen sollten? Würdest du diese Gegend von ihm befreien?» «Hoffst du, daß ich das kann? Warum?» «Weil du heilig bist.» [...]

Der Pfad wird breiter, und im Hintergrund sieht man schon das Weiß der Häuser. Es muß ein Dorf sein. An seinem Rand stehen kleine, schneeweiße Bauten mit nur einer einzigen Türöffnung in einer der Hausmauern. Einige dieser Türen stehen offen. Die meisten aber sind hermetisch verschlossen. Ringsum ist niemand zu sehen.

Diese Häuser sind in einem öden, nicht bewirtschafteten Gebiet verstreut, das verlassen zu sein scheint. Nur Unkraut und Steinen begegnet man.

«Geh fort! Geh fort! Zurück, oder ich töte dich!»

«Sieh, das ist der Besessene. Er hat uns gesehen. Ich mache mich davon.»

«Ich auch.»

«Ich folge euch.»

«Fürchtet euch nicht. Bleibt und schaut.»

Jesus erscheint so sicher, daß die [...] Tapferen gehorchen, sich jedoch hinter ihm verstecken. Auch die Jünger bleiben etwas zurück. Jesus geht allein und feierlich voraus, als ob er nichts sähe und hörte.

«Geh fort!» Es ist ein gellender Schrei. Heulen und Wut liegen darin. Es scheint fast unmöglich, daß er aus einer menschlichen Kehle kommt, «Geh fort! Zurück! Ich töte dich! Warum verfolgst du mich? Ich will dich nicht sehen!»

Der Besessene schnellt in die Höhe, vollständig nackt, braungebrannt, mit langen, zerzausten Bart- und Kopfhaaren. Schwarze, struppige Strähnen, voll von Staub und trockenen Blättern, fallen ihm über die verdrehten, blutunterlaufenen Augen, die in den Augenhöhlen rollen, bis zum Mund herab, der sich weit öffnet, wenn er schreit oder in ein tolles Gelächter ausbricht, das ein wahrer Alptraum ist.

Sein Mund schäumt und blutet, denn er schlägt wie wahnsinnig mit einem scharfen Stein darauf und sagt: «Warum kann ich dich nicht töten? Wer fesselt meine Kraft? Du? Du?»

Jesus sieht ihn an und geht weiter.

Der Besessene wirft sich zu Boden, beißt sich und schäumt noch mehr, schlägt sich mit einem Stein, springt wieder auf die Füße, deutet mit dem Zeigefinger auf Jesus, den er entsetzt anblickt, und sagt: «Hört, hört! Der, der da kommt, ist...»

«Schweig, du Dämon des Menschen! Ich befehle es dir.»

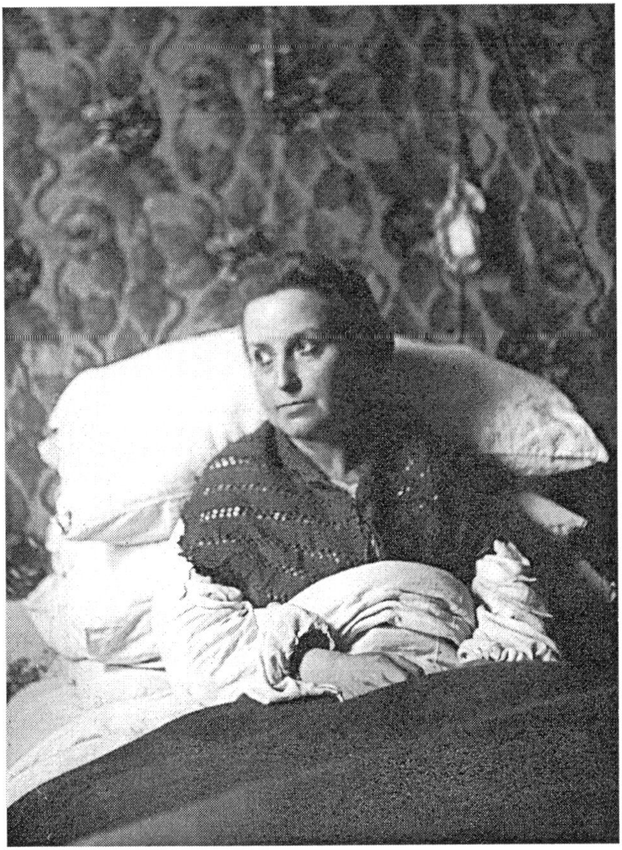

Maria Valtorta (1897-1961) führte in Viareggio (Italien) ein demütiges und in der Vereinsamung eines jahrelangen Krankenbettes gottergebenes Leben. Aus der «Feder des Herrn» (sie schrieb, was Jesus ihr eingab) entstand das zwölfbändige Werk «Der Gottmensch», das Leben und Leiden unseres Herrn Jesus Christus. Die darin enthaltenen Berichte und Schilderungen ergänzen das Evangelium in höchster Übereinstimmung und erstaunlicher Lebendigkeit des damaligen Geschehens.

«Nein! Nein! Nein! Ich schweige nicht. Nein, nein, ich schweige nicht. Was gibt es zwischen uns und dir? Warum läßt du uns nicht in Ruhe? Genügt es dir nicht, uns ins Reich der Hölle verwiesen zu haben? Willst du uns auch noch den Menschen entreißen? Warum stürzest du uns in diesen Abgrund? Laß uns doch in unserer Beute verweilen.

Du Großer und Mächtiger, geh vorüber und erobere; aber laß uns die Freude, schaden zu können. Dazu sind wir da. Oh, Ver... Nein, ich kann es nicht aussprechen!

Laß es mich dir nicht sagen! Dich kann ich nicht verfluchen! Dich hasse ich! Dich verfolge ich! Auf dich warte ich, um dich zu quälen! Ich hasse dich und den, von dem du kommst, und ich hasse den, der euer Geist ist. Die Liebe hasse ich, ich, der ich der Haß bin. Ich will dich verfluchen! Ich will dich töten! Aber ich kann es nicht! Ich kann es noch nicht! Aber ich warte auf dich, o Christus! Ich warte auf dich. Tot werde ich dich sehen. O Stunde der Freude!

Nein! Nicht Freude! Du tot? Nein, nicht tot. Und ich besiegt? Besiegt! Für immer besiegt! ... Ah! ...» Der heftige Anfall hat seinen Höhepunkt erreicht.

[...] Jesus ist nun ganz allein. Die Apostel und die Bauern sind zurückgeblieben. Letztere befinden sich sogar hinter den Aposteln, aber auch diese sind wenigstens dreißig Meter von Jesus entfernt.

Jesus hat nach seinem Befehl, zu schweigen, nicht mehr gesprochen. Er blickt den Besessenen nur fest an. Nun bleibt Jesus stehen, erhebt seine Arme, streckt sie dem Besessenen entgegen und will sprechen. Ein höllisches Gebrüll ist die Folge.

Der Besessene krümmt sich, springt nach rechts, nach links, in die Höhe und scheint fliehen oder angreifen zu wollen, vermag aber keines von beidem. Er ist wie angenagelt. Außer seinem Hin- und Herwinden ist ihm keine Bewegung mehr erlaubt.

Als Jesus seine Hände wie zum Schwur erhebt, brüllt der Wahnsinnige noch lauter, und nachdem er viel gelästert, gelacht und geflucht hat, beginnt er zu weinen und zu flehen.

«In die Hölle nicht, nein, nicht in die Hölle! Schick mich nicht dorthin. Schrecklich ist mein Leben auch hier, in diesem menschlichen Kerker; denn ich möchte die Welt durcheilen, um dir deine Geschöpfe zu entreißen. Aber dort, dort... Nein! Nein! Nein! Laß mich draußen bleiben! ...»

«Fahre aus aus diesem Menschen. Ich befehle es dir.» «Nein!»

«Fahre aus!» [...]

«Nein. Du bist der Gesalbte, Christus, der Sohn Gottes, aber ich bin ...» «Wer bist du?»

«Ich bin Beelzebub, Beelzebub bin ich, der Herr der Welt, und ich beuge mich nicht. Ich trotze dir, Christus!»

Der Besessene steht plötzlich unbeweglich, steif, fast wie ein Götzenbild da und starrt Jesus mit phosphoreszierenden Augen an, indem er nur ganz schwach die Lippen bewegt und unverständliche Worte spricht. Die Hände auf dem Rücken, macht er kleine Bewegungen.

Jesus ist ebenfalls stehengeblieben. Mit auf der Brust verschränkten Armen schaut er ihn fest an und bewegt ein wenig die Lippen. Aber ich kann kein Wort vernehmen. [...]

Jesus nimmt die Arme wieder auseinander. Sein Blick leuchtet gebieterisch auf und seine Stimme gleicht dem Donner. «Fahre aus aus ihm! Zum letzten Mal sage ich es dir, Satan. Ich bin es, der dir befiehlt!»

«Aaaaah!» (Ein langer, unendlich schmerzerfüllter Schrei, wie wenn einer langsam mit dem Schwert durchbohrt würde.) Dann konkretisiert sich sein Geschrei in Worte: «Ja, ich fahre aus. Du hast mich besiegt. Aber ich werde mich rächen. Du verjagst mich; aber du hast einen Dämon an deiner Seite, und ich werde in ihn fahren und von ihm Besitz ergreifen und ihn mit all meiner Macht ausrüsten, und kein Befehl von dir wird ihn mir entreißen können. Zu jeder Zeit und allen Orten zeuge ich mir Söhne, ich, der Urheber des Bösen.

So wie Gott sich aus sich selbst erschaffen hat, zeuge ich mich aus mir selbst. Ich empfange mich im Herzen des Menschen, und er gebiert mich, gebiert einen neuen Satan, der er selber ist, und ich juble, juble über meine zahlreiche Nachkommenschaft. Du und die Menschen, ihr werdet immer diesen meinen Geschöpfen begegnen, die meinesgleichen sind.

Ich gehe, Christus, um von meinem neuen Reich Besitz zu ergreifen, wie du es willst.

Dieses elende Bündel Mensch, das ich mißhandelt habe, überlasse ich dir. Für ihn, den ich dir lasse als Almosen Satans, dir, Gott, nehme ich mir jetzt tausend, ja zehntausend andere, und du wirst ihnen begegnen, wenn du ein elendes zerfetztes Fleisch sein wirst, das den Hunden überlassen wird; und in den kommenden Jahrhunderten werde ich mir zehntausend und hunderttausend andere holen, aus denen ich meine Werkzeuge und deine Marter mache. Du glaubst zu siegen, indem du dein Zeichen aufrichtest!

Die Meinen werden es niederreißen, und ich werde siegen...

Ah! Nein, ich werde dich nicht besiegen! Aber ich werde dich selbst und in den Deinen quälen!»

Man hört einen Donner, wie nach einem Blitz. Aber man sieht weder das Aufleuchten des Blitzes, noch hört man ein wahres Donnerrollen; nur einen trockenen, lauten Knall.

Während der Besessene wie tot zu Boden fällt und so liegenbleibt, stürzt ein großer Baumstamm neben den Aposteln auf den Boden, als wäre er in Meterhöhe von einer blitzschnell arbeitenden Säge abgeschnitten worden. Den Aposteln gelingt es gerade noch zur Seite zu springen. Die Bauern aber laufen endgültig davon.

Doch Jesus, der sich über den am Boden Liegenden gebeugt hat und ihn an der Hand genommen hat, wendet sich um und spricht: «Kommt, fürchtet euch nicht!» Zaghaft kommt das Volk herbei. «Er ist geheilt. Bringt ihm ein Gewand.» Jemand eilt im Laufschritt davon.

Der Mann kommt allmählich zu sich, öffnet die Augen und begegnet dem Blick Jesu. Er schickt sich an, sich aufzusetzen. Mit der einen freien Hand trocknet er sich Schweiß, Blut und Geifer ab, wirft des Haar zurück und betrachtet sich. Er sieht sich unbekleidet vor so viel Volk und schämt sich. Dann kauert er sich zusammen und fragt: «Was ist geschehen? Wer bist du? Weshalb bin ich hier? Warum bin ich nackt?»

«Nichts ist geschehen, mein Freund. Gleich wird man dir Kleider bringen, und dann kannst du nach Hause zurückkehren.»

«Woher komme ich? Und woher kommst du?» Er spricht mit der müden, schwachen Stimme eines Kranken.

«Ich komme vom Galiläischen Meer.»

«Und woher kennst du mich? Weshalb kommst du mir zu Hilfe? Wie heißt du?»

Männer kommen mit einem Gewand und ziehen es dem Geheilten an.»

b) Dämonenaustreibung aus einem Mädchen

Die visionäre Beschreibung der Dämonenaustreibung aus einem Mädchen durch Jesus Christus zeigt viele Parallelen zu Besessenheitsfällen im Verlaufe der Geschichte und in der Gegenwart, welche durch priesterlichen Exorzismus vorgenommen wurden. Sowohl die typische Eigenart dämonischer Äußerungen wie auch die Reaktionen des Befreitseins am Ende zeigen das «klassische» Symptomen- und Verlaufsmuster eines schweren Besessenheitsfalles, der höchstens vordergründig mit einer der medizinisch bekannten Krankheiten verwechselt werden könnte.

«Als dritte erscheint eine Gruppe von Leuten und bittet Jesus, vor die Tempelmauern zu kommen, um den Teufel aus einem Mädchen zu vertreiben, dessen durchdringende Schreie man auch innen hört. Und Jesus folgt ihnen auf die Straße, die in die Stadt führt. Leute, unter denen auch Fremde sind, drängen sich um die, die das Mädchen festhalten, das schäumt, die Augen verdreht und sich losreißen will. Unflätige Worte aller Art dringen aus ihrem Mund, je näher Jesus kommt, desto mehr. Auch sein Um-sich-Schlagen wird immer wilder.

Nur mit Mühe können vier starke junge Männer sie halten. Und den Schimpfwörtern folgen unter Schreien die Anerkennung Christi, und dann die flehentlichen Bitten des Geistes, der sie in Besitz genommen hat, nicht ausgetrieben zu werden; und sogar stereotyp wiederholte Wahrheiten:

«Fort! Zwingt mich nicht, diesen Verfluchten zu sehen! Fort, fort, fort, Ursache unseres Verderbens. Ich weiß, wer du bist. Du bist... Du bist der Christus. Du bist... Kein anderes Öl hat dich gesalbt als das von oben. Die Macht des Himmels umgibt und beschützt dich! Ich hasse dich! Verfluchter! Verjage mich nicht! Warum verjagst du uns und willst uns nicht hierlassen, wo du doch eine ganze Legion von Dämonen in deiner Nähe hast in einem einzigen? Weißt du nicht, daß die ganze Hölle in dem einen ist? Ja, du weißt es... Laß mich doch wenigstens hier bis zur Stunde des ...»

Die Worte stocken bisweilen wie erstickt. Andere Male ändert sich der Tonfall oder sie werden abgebrochen oder unter zu unmenschlichen Schreien ausgedehnt. So, als sie ruft: «Laß mich wenigstens in ihn einfahren. Schicke mich nicht in den Abgrund! Warum haßt du uns, o Jesus, Sohn Gottes? Genügt dir nicht das, was du bist? Warum willst du auch noch über uns befehlen?

Wir wollen keinen Befehl! Warum bist du gekommen, uns zu verfolgen, da wir doch von dir abgefallen sind? Geh deines Weges! Bringe nicht das Feuer des Himmels über uns. Deine Augen! Wenn sie erloschen sind, werden wir lachen... Ach, nein! Auch dann nicht... Du besiegst uns! Du besiegst uns! Seid verflucht, du und der Vater, der dich gesandt hat, und der, der von euch kommt und euch gleich ist... Aaaah!»

Der letzte Schrei ist wirklich furchtbar. Er gleicht dem eines Menschen, der ermordet wird, in den langsam das Eisen des Mörders eindringt. Was ihn verursacht, ist, daß Jesus, nachdem er durch einen geistigen Befehl viele Male die Worte der Besessenen abgeschnitten hat, ihnen nun ein Ende macht, indem er mit einem Finger die Stirn des Mädchens berührt.

Und der Schrei endet in einer schrecklichen Konvulsion, bis mit Getöse – einem Mittelding zwischen dem Gelächter und dem Schreien eines Tieres aus einem Alptraum – der Dämon sie heulend verläßt: «Aber ich gehe nicht weit fort... Ha, ha, ha!» Es folgt ein kurzer Knall, wie durch einen Blitz hervorgerufen, obwohl der Himmel tiefblau ist.

Viele laufen erschrocken davon. Andere drängen sich noch näher heran, um das Mädchen zu betrachten, das sich plötzlich beruhigt und in die Arme derer sinkt, die sie festgehalten haben. Eine kleine Weile bleibt sie so und öffnet dann die Augen, lächelt und merkt, daß sie sich ohne Schleier um Gesicht und Kopf unter

Leuten befindet. Sie senkt das Haupt und hält noch einen Arm vor ihr Gesicht, um es zu verbergen.

Ihre Begleiter wollen, daß sie sich beim Meister bedankt. Aber dieser sagt: «Respektiert ihre Schamhaftigkeit. Fuhrt sie nach Hause zu ihrer Mutter. Das ist ihr Platz als Mädchen...» Und er kehrt der Menge den Rücken und geht wieder in den Tempel.»

7.3.2.4. Formen des Exorzismus

Die Formen des Exorzismus sind verschieden in der Wahl der Mittel (z.B. Kreuzzeichen; Weihwasser), in der Art der Gebete und in deren geistigen Wirkkraft (z.B. durch den «Großen Exorzismus»).[724] Der von einem katholischen Priester durchgeführte Exorzismus im Auftrag eines Bischofs stellt gewissermaßen *eine geballte geistliche Kraft gegen das Vorhandensein einer dämonischen Verhaftung* dar.[725]

In Absetzung davon sind privat vorgenommene exorzistische Gebete möglich.[726] Diese erreichen jedoch in der Regel nicht die Wirksamkeit eines priesterlichen Exorzismus.

Wirkungen

Die Wirkungen des Exorzismus erstrecken sich auf *Befreiung von dämonischen Belastungen* (z.B. Umsessenheitsphänomene), von Beschwerden und Krankheitserscheinungen, welche keinen natürlich-körperlich verursachten Hintergrund haben und auf Austreibung von Dämonen (z.B. in Besessenheitsfällen).

Die Befreiungswirkung eines Exorzismus wird am stärksten da behindert, wo sie in engem Zusammenhang mit Verwünschungen und Verfluchungen stehen.[727]

Den heilenden Wirkungen eines Exorzismus stehen Hindernisse entgegen, die oftmals nur äußerst schwer zu beseitigen sind. Ein solches Hindernis ist zum Beispiel, daß die betroffene Person erlittenes Unrecht nicht verziehen hat oder daß sie sich mit einer anderen Person nicht versöhnen möchte.[728]

Verlauf

Der eigentliche Exorzismus beginnt mit dem Kreuzzeichen und dem Gebet zum hl. Erzengel Michael. Es schließen sich Psalmen, Gebete und die Allerheiligenlitanei an. Dazwischen folgen Beschwörungen, Fragen und Aufforderungen an die Dämonen, den Besessenen von ihrer Anwesenheit zu befreien.[729]

Die Dämonen werden aufgefordert, «auszufahren». Erfahrungen zeigen, daß dies ein oftmals mühsames Unternehmen ist, da die Dämonen ihre Besetzung nicht aufgeben wollen. Das «Ausfahren» eines oder mehrerer unreiner Geister aus einem Menschen ereignet sich nicht selten unter dramatischen Umständen.[730]

Exorzismus für Häuser[731]

Die Literatur kennt ungezählte ernst zu nehmende Vorfälle, bei denen «Spuk» eine Rolle spielt. Meist spielen dabei unerklärbare nächtliche Störgeräusche, Klopfen, Kratzen, Türöffnen und -schließen, Verspüren eines Windhauches usw. eine Rolle. Sicherlich ist das meiste davon auf Einbildung zurückzuführen.

Manches oder sogar vieles läßt sich auch mit Erkenntnissen aus der Parapsychologie bestätigen. Jedoch besteht auch an der Realität wissenschaftlich unerklärlicher Vorkommnisse kein Zweifel.[732]

Parapsychologische Erklärungen wie z.B. Psychokinese oder Telekinese sind jedoch nicht in der Lage, eine genaue Trennung zwischen «normal Paranormalem» und dämonischer Überlagerung vorzunehmen.

Letztere sind dabei sicherlich selten. Häufiger sind sensitive Erfahrungen von der Anwesenheit eines fremden Wesens das Ergebnis dämonischer Beeinflussung. Die Anwesenheit eines (nicht sichtbaren) bösen Geistwesens können sensible Menschen sehr oft direkt spüren.[733] Plötzlich verdichtet sich das Gefühl, daß ein unheimliches fremdes Wesen im Zimmer, auf dem Gang oder im Haus sei.

Gelegentlich treten bei realer Anwesenheit eines solchen Wesens physische Störungen (Schlaflosigkeit; Kopfschmerzen; Magenschmerzen oder allgemeines Unwohlsein) bei sensiblen Personen auf.[734] Beobachtungen und Erfahrungen deuten darauf hin, daß gerade solche psycho-physische Störungen sehr oft etwas mit der Besessenheit einer Person zu tun haben können, die in diesem Hause wohnt.[735]

Sühneangebot zur Befreiung eines Menschen

Es kommt sicherlich sehr selten vor, daß die selbstlose Nächstenliebe eines Menschen so weit geht, daß er *Gott anbietet, ein Leiden zu erdulden oder den Tod auf sich zu nehmen*, um dafür die Befreiung eines besessenen Menschen in die Wege zu leiten. Hierzu werden moderne Menschen Unverständnis oder eine Menge Einwände haben.

Der Wert, Buße zu tun oder Sühne für die Sünden anderer zu leisten, kann nur aus der Notwendigkeit erkannt werden, daß im großen Weltgeschehen (bis hinein in das persönliche Einzelleben) böses Geschehen auf der Waage der Gerechtigkeit ausgeglichen werden muß.[736] Mir persönlich sind Menschen bekannt, die in aller Stille aus Liebe zu Gott und aus Liebe zum Nächsten ein Leiden bewußt als duldendes Sühnen für andere auf sich nehmen.[737]

7.4. Befreiungsdienste und Heilungsgottesdienste

> *«Was für uns den zweiten Tod bedeutet, ist dieses Messehalten auf der ganzen Erde, in jeder Minute. Wo können wir da noch Fuß fassen? Ihr habt ja mobilisiert, ihr seid ja überall» (Dämonen aus «Magda»).*[738]

Bei *Befreiungsgottesdiensten* kommen Christen zusammen, um von Gott im gemeinsamen Gebet die Befreiung eines Mitmenschen von dämonischer Belastung, Umsessenheit oder Besessenheit zu erbitten.

Die Leitung übernimmt ein erfahrener Seelsorger. Sicherlich sind dabei psychologische Auswirkungen der intensiv betenden Gruppe oder der emotional stark ansprechenden religiösen Atmosphäre solcher Gottesdienste nicht auszuschließen.

Dies kann sogar gut sein, indem sie sich positiv verstärkend auf befreiende Kräfte auswirken. Dabei auftretende Selbstsuggestion oder Fremdsuggestion können jedoch echte Befreiung nicht bewirken. *Tiefgreifende Befreiung löst von Gebundenheiten und Belastungen, deren Verursachung nicht genuin psychologisch, sondern außernatürlich anzusetzen sind.*[739]

7.4.1. Befreiungsdienste bei charismatischen Gruppen

Befreiungsdienste werden zum Beispiel in Pfarreien, in klassischen Ordensgemeinschaften oder Gebetsgruppen vollzogen.[740]

In der Regel enthält ein solcher Befreiungsdienst sieben Elemente oder Stufen. Nach Scanlan/Cirner kann die Reihenfolge variabel sein, jedoch sollten alle Stufen berücksichtigt werden, weil sie «die sieben wesentlichen Elemente eines umfassenden seelsorglichen Zugangs»[741] darstellen.

Die sieben geforderten Stufen sind Vorbereitung, Einführung, Zuhören und Erkennen, Reue, Befreiung, Heilung und Segen sowie Seelsorgliche Weisung.[742] Ziel jedes Befreiungsdienstes ist es, «die Wiedererlangung geistlicher Freiheit als Möglichkeit geistlichen Wachstums»[743] zu erreichen.

7.4.2. Heilungsgottesdienste

Heilungsgottesdienste innerhalb der Katholischen Kirche sind Heilungsliturgien, denen eine Eucharistiefeier (Hl. Messe) vorausgeht, in welcher in besonderer Weise des Anliegens der Befreiung vom Bösen gedacht wird.

Dämonisch belastete Menschen nehmen direkt an solchen Heilungsgottesdiensten teil. Manche kirchlichen Amtsträger sind gegenüber diesen Gottesdiensten eher zurückhaltend bis abweisend. *Die modernen gesellschaftlichen Entwicklungen auf dem Gebiet des Okkultismus und Satanismus berechtigen jedoch die Frage, ob im Interesse der davon betroffenen Menschen nicht ein baldiges Umdenken dringend geboten sein könnte.*

Zunehmend bekannt geworden sind in den letzten Jahren die Heilungsgottesdienste von Erzbischof Emmanuel Milingo.[744] Der

Emmanuel Milingo, Erzbischof von Lusaka, der Hauptstadt von Sambia, Verfasser des Buches «Gegen Satan», widmet sich als Exorzist seit 1973 der großen Heilungs- und Befreiungsaufgabe der Kirche. Foto: Vincenzo Modica, Rom

folgende authentische Erlebnisbericht möchte zu einem objektiven Urteil über diese Befreiungsgottesdienste beitragen.[745]

Arluno (Italien), 29. bis 31. März 1996

Schon seit einiger Zeit wollte ich mich mit eigenen Augen von dem Geschehen überzeugen, das in den Heilungsgottesdiensten von Erzbischof Milingo stattfand. Was darüber geschrieben wurde, empfand ich als sehr widersprüchlich. Die Beurteilung in kirchlichen Publikationsorganen war überwiegend ablehnend.

Doch dem kritischen Leser blieb es nicht verborgen, daß die ablehnenden Stellungnahmen (vor allem professioneller Kirchenfunktionäre) auf einem nicht vorurteilsfreien Meinungsschema gründeten: Dämonen, dämonische Belastungen, Besessenheit oder gar Satan – das alles ist zur Rechtfertigung eines modernistischen Weltbildes ins Mittelalter abzuschieben.

Mein Verdacht verstärkte sich: Fast alle, die darüber schrieben, waren nie dort. Daher wollte ich mir selbst ein Urteil bilden.

Am Freitag, 29. März 1996, treffe ich in Arluno, einem Vorort von Mailand, ein. Mildes Frühlingswetter läßt die Landschaft in frohes Licht tauchen. Der Wind trägt Blütenduft mit sich. Ich betrete das Gelände, in der die große ehemalige Fabrikhalle steht, welche der Besitzer für die Gottesdienste zur Verfügung gestellt hat. Am Eingang des Geländes ist ein hölzernes Gatter.

Ein junges Mädchen – ich schätze sie auf etwa 16 Jahre – hat sich seltsam verrenkt daran festgeklammert und betrachtet jeden Ankommenden mit einem starren und zugleich emotional aufwühlenden Blick. Ich gehe an ihr vorbei – die erste Begegnung mit einem der Zuwendung und Liebe bedürftigen Menschen.

Ich betrete die große Halle, die zu einem sakralen Raum hergerichtet worden ist. Obwohl ich eine Stunde vor Beginn des Gottesdienstes eintreffe, bekomme ich kaum mehr einen Sitzplatz.

Ich sehe mich um. Vorne steht auf erhöhtem Podest ein Altar (versus populum), rechts eine große Muttergottesstatue, links eine Statue des hl. Erzengels Michael.

In die Halle mündet vorne rechts ein weiterer kleinerer Raum. Dieser ist offensichtlich für die Kranken vorgesehen. Die Menschen um mich herum beten den Rosenkranz. Ein Frau am Mikrophon betet vor. Neben ihr wartet eine Musikgruppe junger Menschen.

Während der Zwischenpausen spielen sie religiöse Lieder. Der Sound ist gediegen, rhythmisch anregend, bisweilen mitreißend. Männer, Frauen, Jugendliche, Kinder – sie alle singen mit und zeigen gelegentlich durch Mitklatschen ihr südliches Temperament. Die Nationalitäten sind gemischt, überwiegend Italiener, aber auch Pilgergruppen aus den nördlichen Ländern.

Ich blicke mich um und lasse die Atmosphäre auf mich wirken. Sind diese Menschen «Sektierer», «Spinner», «Fanatiker», so wie sie in den Publikationen abqualifiziert wurden?

Ich sehe mir die Menschen, die um mich stehen, genau an. Ich habe von Berufs wegen einen erfahrenen Blick für das, was in den Herzen eines Menschen vorgeht.

Es sind überwiegend Männer und Frauen, vor allem mittleren und jungen Alters, aus deren Augen hilflose Not, psychischer Schmerz, existentielle Ausweglosigkeit blicken. Zwei etwa 30jährige Frauen stehen neben mir, offensichtlich Geschwister. Die eine schluchzt schmerzerfüllt still in sich hinein. Ihre Schwester redet ihr beruhigend zu und stützt sie. Welche Not mag sich dahinter verbergen?

Ein älterer Mann schiebt sein krankes Kind im Rollstuhl nach vorne und verharrt lange kniend vor dem Altar im Gebet.

Nein, «Sektierer» und «Spinner» sind das nicht. Mir drängt sich vielmehr jene Stelle im Matthäusevangelium auf: «Kommt alle zu mir, die ihr euch plagt und schwere Lasten zu tragen habt. Ich werde euch Ruhe verschaffen» (Mt 11,28).

Inzwischen hat sich auch der Nebenraum mit Kranken gefüllt. Betreuer stehen bei ihnen, reden besänftigend auf sie ein. Nur einige von ihnen zeigten das Verhalten von Menschen mit starken psychischen Krankheitssymptomen. Manche versuchen, davonzulaufen, andere schreien, zucken mit dem Körper, schlagen um sich. Wieder andere sitzen still und nach außen teilnahmslos da. Die Unruhe dort ist sehr groß.

Ich blicke mich weiter um. Selbstverständlich gibt es auch skeptisch Neugierige. Aber ihr anfangs spöttisches Lächeln erstarrt bald angesichts dieses geballten «Tals der Tränen» und der daraus hervorgehenden psychischen Spannung der Sehnsucht nach erlösender Befreiung. Die Halle ist nun voll besetzt. Viele Menschen stehen am Rande und am Eingang.

Aufgeregtes Murmeln der Menge kündigt den Einzug des Bischofs an. Da kommt er von der Rückseite der Halle herein. Schwarze Alumnen begleiten ihn, ebenso eine Anzahl von Priestern. Ich bin neugierig auf ihn. Was ist er für ein Mensch?

Ein angsterregender Dämonenaustreiber, ein verbissen-fanatischer Exorzist? Er geht an mir vorbei.

Ich kenne geistliche Würdenträger und Politiker, die bei der Begegnung mit dem Volk sich um ein freundliches Gesicht bemühen. Meist ist es Show, welche nur mühsam die Maske der eigenen Freudlosigkeit überdeckt.

Nicht so dieser Bischof! Ein gütiges Lächeln umspielt sein Gesicht. Er strahlt Freude aus. Es ist eine aus der Tiefe der Seele dringende Freude. So wünsche ich mir einen gütigen Priester, dem ich meine Sündhaftigkeit, meine Schwachheit und meine Lebenssorgen anvertrauen möchte.

Erzbischof Milingo segnet die Menschen. Er tritt zum Altar und beginnt mir der Eucharistiefeier. Die Sprache ist Italienisch. Die Feier des heiligen Meßopfers bewegt mich tief. Dankbar spüre ich: Da ist nicht die äußerliche, rational diktierte Routine abendlicher Wochenendgottesdienste. Da ist kein Versuch, Sozial- oder Papstkritisches in den Ablauf einzuschmuggeln.

Nein, da durchflutet einfach tiefe Frömmigkeit die Menschenmenge. Da vorne steht ein von Herzen froher und gütiger Bischof, der den Menschen die Liebe Christi weitervermitteln möchte.

Vergebens forsche ich nach der so oft abgewerteten «Drohbotschaft». Aber sie ist nicht da. Ich spüre nur die echte «Frohbotschaft», welche sich allein durch das zwischenmenschliche Miteinander entfaltet.

Wir sind bei der Wandlung angekommen. Stille ist im Raum. Doch in der Gegend der Kranken, die man wegen vermuteter dämonischer Belastung zum Heilungsgottesdienst gebracht hat, entsteht spürbar anschwellende Unruhe.

Der Bischof spricht die Wandlungsworte. Er hält die in den Leib Christi verwandelte Hostie hoch. Ich erlebe etwas, was mir einen Schauer den Rücken hinunterfahren läßt. Mehrere dieser Kranken, meist junge Frauen, begleiten die Wandlungszeremonie mit langgezogenem Heulen.

Dann der zweite Teil der Wandlungsworte: «Dies ist mein Blut, das für euch und für alle vergossen wurde.» Das Heulen schwillt an, steigert sich, wird dramatisch und schaurig. Zugleich ist es mitleiderregend und mündet schließlich in eine Disharmonie furchterregender Hoffnungslosigkeit, vermischt mir einer rauhen tiefen Stimme, die von einer der Frauen kommt. Eine andere junge Frau bellt, es ist ein hohes Bellen.

Der Gottesdienst geht weiter bis zur Austeilung der Eucharistie. Sie wird von Priestern vorgenommen. Ich erlebe mit großer innerer Bewegung, wie sich alte und junge Menschen in Demut vor Jesus Christus im Sakrament der Eucharistie auf den Boden knien und in dieser ehrfurchtsvollen Haltung den Leib des Herrn durch Mundkommunion empfangen.

Die Worte des Hauptmanns von Kafarnaum aus der Bibel treffen mein Denken: «Herr, ich bin nicht würdig!» Da knie auch ich mich hin, um die heilige Kommunion zu empfangen. Die Menschen um mich tun dasselbe. Es ist die sichtbar innere Haltung der Liebe und Ehrfurcht vor Gott, die hier zum Ausdruck kommt. Ganz fremde Menschen schenken mir einen gütigen Blick, wie einem Bruder. Ich gehöre zu ihnen, sie gehören zu mir, Gott verbindet uns. Ich möchte sie am liebsten umarmen, so glücklich bin ich. Es ist irgendwie alles anders, nicht wie zu Hause in Deutschland. Auch die Kranken erhalten die heilige Kommunion.

Einer jungen Frau mit einem spitzen Gesicht – ich muß unwillkürlich an ein Foto von Anneliese Michel denken – gelingt es kaum, die Kommunion zu sich zu nehmen. Extrem zuckende Bewegungen ihres Körpers erschweren es.

Der Gottesdienst ist zu Ende. Erzbischof Milingo beginnt jetzt mit einer ausdrücklich exorzistischen priesterlichen Handlung. Zunächst spricht er ein paar Worte, die ich nicht verstehe. Die Akustik ist nicht sehr gut und mein Italienisch nicht perfekt. Aber ich begreife den Inhalt seiner Worte, die er offensichtlich an die Dämonen richtet: «Das Reich Gottes ist nahe. Euere Zeit ist abgelaufen. Ihr müßt herauskommen.»

Seine Sätze werden begleitet von einem wütend-schaurigen Heulen. Aus einer jungen Frau kommt eine tiefe Männerstimme: «No! No! No!» ruft sie immer wieder.

Jetzt beginnt die versammelte Gemeinde, Gott um Befreiung und Heilung für die Kranken zu bitten. Die Musikgruppe stimmt ein Lied an. Alle singen mit ausgebreiteten Händen und nach oben geöffneten Handflächen, eine liturgische Symbolik, um Gottes Segen, Liebe und Macht (einer Parabolantenne gleich) empfangen zu können. Ein ungemein bewegendes Bild.

Viele beten singend mit geschlossenen Augen, erhobenem Gesicht unter tiefem gefühlsmäßigem Einbeziehen aller Persönlichkeitsschichten. Ich spüre, daß sich eine ungeheure Spannung aufbaut, die sich zunehmend verstärkt.

Da beginnt Erzbischof Milingo mit nach vorne ausgestreckten Armen laute Beschwörungen zu rufen. Ich verstehe kein Wort davon. Benützt er seine Heimatsprache, um Dämonen auszutreiben? Seine Worte werden immer eindringlicher. Immer wieder stößt er die Hände leicht nach vorne. Seine Worte nehmen stakkatoartige Akzentuierungen an.

Das Heulen rechts vorne schwillt an. Das betende Singen der Gemeinde trägt alles mit. Dann ebbt plötzlich die Spannung ab, und erlösende Ruhe wird spürbar. Ich tauche in diese große Stille um mich herum ein, die ich äußerst wohltuend empfinde.

Ganz zum Schluß segnet der Erzbischof Wasser, Salz und Öl, ebenso Fotos von Angehörigen, welche die Anwesenden mitgebracht haben.

Der Auszug des afrikanischen Bischofs folgt. Die Menge umringt ihn, viele wollen ihm die Hand drücken. Er geht an mir vorbei. Dasselbe gütige, strahlende und frohe Lächeln wie zu Beginn.

Diese Ausstrahlung kann nur jemand haben, dessen Glaube tief in Gott verankert ist, der die Geheimnisse des Bösen kennt, aber gleichzeitig schon oft die Frohbotschaft der Überwindung und Befreiung von Satans Wirken durch Jesus Christus erleben durfte.

Nachdenklich mache ich mich auf den Weg zu meinem Hotel. So hatte ich es mir nicht vorgestellt. Ein unvergeßliches Erlebnis wurde mir geschenkt. Ich versuche, in meiner Seele nach anderen Wirklichkeitsdimensionen zu forschen. Ich spüre im Innern die Frage an mich: «Da hat sich doch etwas in dir verändert?» – Ja, es hat sich etwas in mir verändert...

7.5. Das persönliche Leben

«Gebt dem Teufel keinen Raum!» (Eph 4,27)

Mit Satan gibt es keine Koexistenz, und Satan tarnt sich als Engel des Lichtes. Im Kampf mit Satan stehen dem Christen im wesentlichen *zwei Abwehrstrategien* zur Verfügung, eine *offensive* und eine *defensive*: «Die offensive ist die Vollmacht, den bösen Geistern im Namen Jesu Christi zu gebieten; die defensive besteht darin, entschieden christlich zu leben.»[746]

Die Art und Weise, wie jemand sein Leben führt, entscheidet auch darüber, ob und wie er dämonischen Kräften Raum gibt.[747] Es geht darum, Satan und seinen Dämonen gegenüber doppelt vorsichtig und klug zu sein. Christus sagt: ‹Seid klug wie die Schlangen und einfältig wie die Tauben.›

Man darf dem Wirken des Bösen keinen Spalt offenlassen, durch den er sich mit seinen Kräften der Beeinflussung zwängen kann. Es ist daher ausschlaggebend, fest in Gott verwurzelt zu bleiben. «Sehr wichtig ist», meint Laurentin, «in diesem Kampf die Demut und die totale Hingabe an Gott, die uns mit seiner Kraft verbinden – selbst in unseren schlimmsten Schwächen und in größter Verzagtheit»[748].

Ein zentrales und wesentliches Mittel, um sich mit Schutz zu umgeben, ist das kontinuierliche *Bemühen um Liebe*.[749] Wer in der Liebe Gottes bleibt, der öffnet sich voll dieser Liebe, wird durch sie erfüllt und schafft dadurch das unüberwindliche Gegenpotential zu Infiltrationen des Bösen.[750]

Wachsamkeit und rasche Gegenwehr sind besonders dann angezeigt, wenn die Einschleichtaktik des Bösen bereits Erfolge errungen hat.[751] *Notwendig ist die ganzpersonale Entscheidung für Christus.* «Wer nicht für mich ist, der ist gegen mich.»[752]

Die Absichten, Werke und Angebote Satans sind absolut konträr zu dem, was der Mensch Gott schuldig ist. Man kann nicht zwei Herren dienen. Jeder Mensch muß sich entscheiden, für Gott oder gegen Gott. Eine andere Alternative gibt es nicht.[753]

Was das persönliche Leben angeht, so bedeutet das Freisein von schwerer Sünde und Schuld eine wichtige geistliche Ausrüstung. Die *Gnade Gottes* stellt einen stabilisierten *geistigen Abwehrschutzschild* gegen dämonische Bedrängnisse, Einflüsse und Verführungen dar.[754] Fasten im Sinne Christi «steigert unsere Konzentration und innere Klarheit im geistlichen Leben, da sie uns inniger mit dem Heiligen Geist verbindet»[755].

Immer wieder betonen exorzistisch erfahrene Priester, daß die geistige und emotional *ehrlich vollzogene Vergebung* dem Mitmenschen gegenüber und das *Auslöschen von Haß, Neid, Eifersucht und Rachsucht* zu den grundlegenden Voraussetzungen gehören, um dem Bösen keinen Einfallsraum zu geben.

«Gehe zuvor zu deinem Bruder und zu deiner Schwester und versöhne dich mit ihnen! «Die ‹Rache› eines Christen ist Verzeihung und Gebet für den, der ihn beleidigt hat.»[756] Das ist damit gemeint, wenn Gott uns bittet, unsere Feinde zu lieben.

Es ist wichtig, die Strategieketten der Benutzung des Menschen durch Dämonen zu erkennen und sich dagegen zu wappnen.[757] Grundsätzlich gilt: den Bösen nicht herausfordern. Aber auch die Angst des Christen vor dem Teufel ist unangebracht. *Die richtige Haltung ist daher «nicht Panik, sondern Gelassenheit»*[758].

7.6. Hilfe nach satanischem Mißbrauch[759]

«Er, der in euch ist, ist größer als jener, der in der Welt ist.» (1 Joh 4,4)

In der heutigen Welt breiten sich satanistische Einflüsse kontinuierlich und wachsend aus.[760] Die Auswirkungen satanisch-rituellen Mißbrauchs auf die psychische und körperliche Verfassung betroffener Menschen, vor allem Kinder, ist geradezu verheerend, deren psychisch-geistige Verletzung entsetzlich tief.

Es ist wichtig, diese Menschen von ihrer Gebundenheit zu befreien und ihren Gesundungsprozeß in liebevoller Zuwendung voranzubringen.

Mitglieder satanistischer Zirkel oder andere Menschenschänder, die sich an jemandem vergangen haben, brachten ihre Opfer angstbesetzt durch Schadensandrohung und voller suggestiv infiltrierter Schuldkomplexe zu der Überzeugung, daß niemand ihnen glauben würde oder sie selbst gar noch verurteilt würden, wenn sie anderen davon berichten sollten.

Daher lehnen oft Betroffene, vor allem Kinder, zunächst einmal jegliche Hilfe ab. Nur mit viel Taktgefühl, Geduld und vorbehaltloser Liebe kommt man an diese Menschen heran. Der erste wichtige Schritt der Annäherung ist getan, wenn Vertrauen aufgebaut ist. Erst dann wird sich Verdrängtes und Verborgenes langsam aufdecken lassen.

Darüber frei sprechen können und zu wissen, daß unbedingtes Vertrauen vorliegt, ist der erste entscheidende Schritt der meist langwierigen Aufarbeitung jeglicher Art des Mißbrauchs.

7.6.1. Verständnis zeigen

Rituell mißbrauchte Menschen unterliegen einem gewaltigen Beherrschungsdruck, der ihnen im Verlaufe okkulter Praktiken systematisch aufgezwungen wurde. Dieser ist so groß, daß er auch im nachhinein noch anhält.

Vorausgegangen sind immer entwürdigende Erniedrigungen, verbunden mit Entschämung und sexueller Vergewaltigung. Ist die damit verursachte Entwürdigung tief genug, kann das Opfer mittels Drohungen und okkult-assoziativer und konditionierender Praktiken leicht manipuliert und beherrscht werden, selbst wenn der Usurpator nicht unmittelbar und sichtbar anwesend ist.[761]

«Ein roter Faden», so Stratford, «zieht sich durch die Mißbrauchsfälle: Machtdurchsetzung! Das Opfer wird durch verschiedene Praktiken beherrscht.»[762]

Angehörige satanistischer Zirkel (und andere Peiniger), welche Menschen mißbrauchten, üben ihnen gegenüber Herrschaft aus, «indem sie diese davon abhalten, über ihre Erfahrungen zu sprechen.

Dies geschieht durch Beeinflussung ihrer Gedankenwelt und durch Aufrechterhaltung einer Bindung an den Satanismus»[763]. Rituell mißbrauchte Kinder werden (fremdsuggestiv oder unter der Einwirkung okkulter Ängste) gesteuert.[764]

Rituell mißbrauchte Menschen haben sich in eine eigene Welt zurückgezogen, die sie wegen der ihnen aufgedrückten Ängste, wegen der Schwärze der sie umgebenden Ausweglosigkeit oder aus tiefen (subjektiv so empfundenen, aber unberechtigten) Schuldgefühlen heraus abkapseln.

In dieser Welt gibt es so große physische und psychische Schmerzen, verursacht vor allem durch körperliche Qualen, aber auch Schmerzen aufgrund von psychisch-geistigen Zerstörungsqualen bei entwürdigenden Demütigungen, die Abscheu und Ekel vor dem eigenen Körper bis hin zum Selbsthaß zur Folge haben. Während des Mißbrauchs kommt es zur *Veränderung der Persönlichkeit, zu Persönlichkeitsspaltung und -bruch.*

Dies alles zu wissen, ist zum Vorverständnis der Hilfeleistung notwendig. Es kommt ein entscheidendes therapeutisches Merkmal hinzu: *Wer einem mißbrauchten Menschen wirksame Hilfe schenken möchte, hat kaum Erfolg, wenn er den Berichten des Patienten zwar glaubt, aber gleichzeitig reale dämonische Gebundenheiten als nicht existent betrachtet.*

Menschen, die sich im zerstörerischen Sog real existierender okkulter (dämonischer) Kräfte befinden, spüren diese rationalistische Distanz sofort und streichen dem Therapeuten gegenüber sofort eine ganze Menge heilungsnotwendigen Vertrauens.[765]

Von daher sind kooperative Heilungsansätze in Zusammenarbeit mit religiös-christlichen Exorzismen wahrscheinlich erfolgreicher. Die Auswirkungen des rituellen Mißbrauchs «können durch geistlichen Kampf angegangen werden.

Viele der traditionellen Seelsorgemethoden sind auch für das Opfer ritueller Praktiken und des Mißbrauchs nützlich»[766].

7.6.2. Den Mißbrauch melden

Ist begründeter Verdacht von Mißbrauch gegeben, darf er nicht mit einem Mantel des Schweigens oder der Scham umgeben werden. Es ist richtig und wichtig, einen solchen Vorfall zu melden. Damit verbundene Unannehmlichkeiten oder Bedrohungen sollten nicht davon abhalten, mit Hilfe dieser Anzeige ein vorliegendes Verbrechen an einem unschuldigen Menschen aufzudecken und andere vor solchen Gefahren zu schützen.

Das Kind wird gerade wegen seines Sich-ernst-genommen-Fühlens in diesen quälenden Situationen merken, daß zum Beispiel seine Eltern es lieben. Sein Vertrauen und sein Sich-Öffnen werden zunehmen. «Überall auf der Welt», so Stratford, «gibt es Kinder, die tiefgehende emotionale Narben haben, weil sie sich von ihren Eltern verraten fühlen, da diese keine Maßnahmen gegen den Mißbrauch einleiteten.»[767] *Stillschweigen und Untätigkeit dem Vorfall gegenüber kann in den Augen eines Kindes einem Gutheißen des bösen Geschehens gleichkommen.*[768]

Kinder jüngeren Alters sind bevorzugte Opfer rituellen Mißbrauchs. Sie sind «leichter zu mißbrauchen, leichter einzuschüchtern und zum Stillschweigen zu bringen»[769]. Bei Kindern steckt nicht selten die Absicht der Verführer dahinter, «sie für den Rest ihres Lebens dem Satanismus gefügig zu machen»[770].

7.6.3. Das Leben unverkrampft und normal gestalten

Ein psychisches Trauma löst sich nur schlecht, wenn es mit verfestigenden emotionalen Gewichtungen versehen wird. Es ist daher grundlegend bedeutsam, daß der *Umgang mit der mißbrauchten Person unverkrampft und normal gestaltet wird.*

Dazu gehört, daß das Problem weder mit einem Mantel peinlichen Schweigens umgeben noch überdramatisiert wird. Man sollte daher versuchen, einerseits möglichst unbefangen (jedoch nicht hartnäckig) immer wieder zu einem Gespräch zu motivieren, andererseits gefühlvolle, annehmende und geborgenheitsschenkende Liebe zu vermitteln.

Wichtig ist auch, sich selbst immer wieder kritisch zu fragen, ob das helfende Verhalten wirklich hilft oder die Wunde womöglich noch vergrößert. Empathie, Sensibilität und psychologisches Fingerspitzengefühl sind hierfür bedeutsame Grundlagen.

Von einer echten zwischenmenschlich persönlichen Zuwendung ist weitaus tiefere Wirkkraft zu erwarten als von mitleidloser Vordergründigkeit berufstechnischer Perfektion.

7.6.4. Probleme bei einer Psychotherapie

«Böse Geister sind Realität.»
(Lauren, in jungen Jahren rituell mißbraucht)

Die meisten Psychotherapeuten haben keine Erfahrung mit den Auswirkungen eines rituellen Mißbrauchs auf Erwachsene oder Kinder. Sie setzen dann ihre Therapie entweder so an, daß sie überhaupt nicht auf die Aussagen eingehen, oder sie versuchen, die negativen Auswirkungen mit «positiven Methoden» aufzuarbeiten.

Bei ersterem geht der Therapeut davon aus, daß alles, was mit Satan oder dämonischen Einflüssen zu tun hat, «psychogene» Einbildungen sind.

Er kann daher seinen Patienten so lange beeinflussen, bis er dies glaubt und alles andere als subjektive Phantasie wegdrängt.

In Wirklichkeit wird hierbei nur an den Symptomen kuriert. Eine echte Heilung unterbleibt, weil das reale verbrecherische Geschehen sprachlich nicht aufgearbeitet wird. Irgendwann aber «muß das Problem angesprochen werden, wenn das Kind Erleichterung erfahren soll»[771].

Im zweiten Fall geht der Therapeut wohl von der Realität der Erlebnisse aus, behandelt diese aber wie andere (nicht dämonisch induzierte) Verletzungen der Psyche.

Dieses Verfahren ist grundsätzlich positiv zu sehen, *wird aber nur zu einer gründlichen Befreiung führen, wenn die religiöse Dimension mitberücksichtigt wird* (Beteiligung von Gebet; religiöse Gespräche; Sakramentalien; exorzistische Abwehrmittel).

Grundsätzliche Schwierigkeiten können sich auch dann auftun, wenn Drogen im Spiel waren, weil dadurch ein tranceähnlicher Zustand bewirkt wird, der die Wahrnehmungsfähigkeit verringert.

7.6.5. Die Sache mit dem «Geistführer»

Lauren[772] erhielt, nachdem sie in einem satanistischen Zirkel über lange Zeit hinweg mißbraucht worden war, einen «Geistführer» oder «Geistfreund».[773]

Mißbrauchten Kindern kann dies ebenso geschehen. Es spricht dann mit seinem «Geistführer». Eltern und Therapeuten sollten dies aufmerksam beobachten. Es könnte ein ganz normales Selbstgespräch sein.

Es könnte aber auch die Folgewirkung einer solchen Geistzuordnung sein. Stratford geht davon aus, *daß dieser Geist außersinnliche Realität ist.*[774] Für eine Hilfeleistung ist es wichtig, daß gerade in dieser Beziehung das Gebet eine stützende geistliche Funktion erhält.[775]

7.6.6. Dämonische Belastung

«Böse Geister sind Realität», versichert Stratford. *«Ihre Herrschaft über rituell mißbrauchte Kinder ist ebenfalls Realität.»*[776] Es sei jedenfalls sinnvoller, «ihre Existenz zu akzeptieren und das Kind entsprechend zu behandeln, als ihre Existenz zu veneinen, die Symptome des Kindes zu ignorieren oder es mit Methoden zu behandeln, die ineffektiv sind»[777].

Satanistisch-ritueller Mißbrauch wird oft zum Einfallstor für dämonische Belastung, insbesondere weil dieser mit Verfluchung und Verwünschung einhergeht.

«Kinder, die rituell mißbraucht wurden», so schreibt Stratford, «sind oft Zielscheibe böser Geister. Sie werden von ihnen sowohl körperlich als auch mental geplagt.

Symptome körperlicher Leiden und Nöte zeigen sich z.B. darin, daß das Kind klagt, daß es Kopfweh hat oder Krämpfe bekommt oder sogar das Gefühl hat, daß es stirbt. Es mag ein brennendes Gefühl in den Geschlechtsorganen verspüren.

Viele Kinder haben berichtet, daß sie das Gefühl hatten, von innen gekratzt oder gezerrt zu werden. In einigen Fällen kam es auch zu unerklärlichen Blutungen aus Vagina oder Anus.

Manchmal kratzen und zerren die Kinder dann an sich selbst, um dieses Gefühl loszuwerden.»[778] Hinzu kommen *Symptome geistig-psychischer Bedrängnis*, z.B. depressive Zustände, Niedergeschlagenheit und Selbstmordabsichten[779] bis hin zu Besessenheitsphänomenen.

7.6.6.1. Satanische Verfluchungen

Verwünschungen und *Verfluchungen* zählen zu den Mitteln, die mit der Absicht angewandt werden, einer anderen Person zu schaden. Satanische Verfluchungen gehen hierbei oftmals mit perverser Perfektion vor. Kinder werden aus den verschiedensten Gründen mit Flüchen belegt.

Ein Fluch kann über ein Kind ausgesprochen werden, um ihm «ein Sicherheitsgefühl zu geben, wenn es in Wirklichkeit in Gefahr ist». Ein Fluch kann «Geistwesen auffordern, Unwohlsein, Krankheit und sogar Tod zu verursachen».

Ein anderer Fluch wiederum soll bewirken, daß ein «Geist der Perversion» auf das Kind kommt.

«Flüche sollen Rebellion, Verwirrung, Furcht, Haß, Wut, Pein, Zwänge usw. bringen.

Mit den Flüchen soll eine bestimmte Steuerung des Kindes geschehen.»[780]

7.6.6.2. Die Sache mit dem «Kreis»

Mißbrauchte Personen benehmen sich oftmals abwehrend und erschrocken, wenn von einem Kreis gesprochen wird oder wenn sie ein Kreiszeichen erblicken. Hierzu muß man wissen, daß der *Kreis als satanisches Symbol* gebraucht wird. «Kinder wurden oft in einen auf den Boden gezeichneten Kreis gestellt.

Manchmal wird das Pentagramm, ein umgekehrter fünfeckiger Stern (ein weiteres satanisches Symbol) in den Kreis gezeichnet.»[781] Ein Kind, das mit Abwehr reagiert, wurde möglicherweise innerhalb des Kreises mißbraucht. Oder es wurden Flüche ausgesprochen, während es sich im Kreis befand.

«Und ihm wird gesagt, daß nichts, was im Kreis geschieht, je außerhalb bekannt wird. Nur wenn das Kind alle Ereignisse innerhalb des Kreises behält, ist es sicher.

Wenn sich das Kind außerhalb des Kreises begibt, um jemandem zu sagen, was getan wurde, wird ihm Schlechtes zustoßen. Innerhalb des Kreises ist Sicherheit, außerhalb Gefahr.»[782] Satanisten nennen dies *«die Macht des Kreises»*.

Wenn rituell mißbrauchte Kinder ihren Eltern oder Therapeuten von den Dingen zu erzählen versuchen, die innerhalb des Kreises geschahen, sehen sie in ihren Gedanken gleich einen Kreis vor sich und fürchten sich bzw. sind unfähig, die Dinge offenzulegen. Das Kind hat Angst vor der «Macht des Kreises»[783].

7.6.7. Die Bedeutung von Liebe und Geborgenheit

> *«...denn nur wer Tränen vergossen hat, kann verstehen.» (Valtorta[784])*

Der russische Dichter Leo Tolstoi schreibt: «Man kann ohne Liebe Holz spalten, Ziegel formen, Eisen schmieden. Aber mit Menschen darf man nicht ohne Liebe umgehen.

Wenn du keine Liebe zu Menschen empfindest, so halte dich fern, beschäftige dich mit dir oder mit irgendwelchen Sachen. Aber nicht mit Menschen.»

«Lieben», so sagt der Philosoph Schleiermacher, «heißt Seele werden wollen in einem anderen.» Vor allem sich verlassen fühlende, verängstigte oder mißbrauchte Menschen sehnen sich in unserer emotional verarmten Gesellschaft nach Liebe.

Um vollkommen reifen zu können, brauchen Früchte die Sonne, Kinder die Liebe. Meine lange Erfahrung in Familie und pädagogisch-psychologischer Berufsausübung bestätigt mir:

Der Schlüssel zum Herzen eines jeden Kindes heißt: «Ich mag dich!» Wenn ein Schiffbrüchiger tagelang den peitschenden Stürmen und bedrohenden Wellen der offenen See ausgesetzt ist, zentriert sich bei ihm alles auf eine einzige Sehnsucht: Außer Gefahr zu sein, ein stabiles, sicheres und beschützendes Land zu finden, auf dem er sich endlich ganz in Sicherheit weiß.

Die psychischen Nöte rituell mißbrauchter Menschen gleichen denen eines Schiffbrüchigen. *Die Sehnsüchte seines Denkens und Fühlens richten sich auf diese schützende Insel des Angenommenseins, des Geliebtwerdens, der Zuwendung.*

Die Insel heißt Geborgenheit. Sie kennt kein Verlassensein, keine einsame Hilflosigkeit, kein Gedemütigtfühlen, kein Abgelehntwerden. Geborgenheit ist ein Fundament stabilen Menschseins. Sie ist *Grundarznei* und *Basistherapie* für mannigfache Krankheiten der Psyche. Daher ist es grundlegend wichtig, einen im Mißbrauch «schiffbrüchig» Gewordenen *in eine Atmosphäre des Vertrauens einzuhüllen und ihm einen Raum physischer und psychischer Geborgenheit zu schenken.*

Er soll wissen: Was auch mit mir passiert ist, wie schmutzig und wertlos ich mir auch vorkomme, wie dreckig es mir auch geht, wie verängstigt ich auch bin: Dieser Mensch da ist immer für mich da. Er hört mich an. Er versteht mich. Bei ihm darf ich mich ausweinen. Er tröstet mich. Er schützt mich. Er gibt mir wieder Mut und Hoffnung. Bei ihm darf ich neue Kraft auftanken. Er richtet mich wieder auf. Das Böse hat bei ihm keine Chance.

Eltern eines mißbrauchten Kindes und diejenigen Menschen, welche sich dieses Kindes annehmen, müssen wissen, daß *echte Liebe und Geborgenheit im Heilungsprozeß eine Schlüsselfunktion* haben und durch keine noch so wissenschaftlich ausgefeilte Therapie zu ersetzen sind. Zugleich müssen die Wirkungen von satanistischen Konditionierungen, Verfluchungen und dämonischen Belastungen aufgelöst werden.

Von daher ist *der gemeinsame Aufbau einer christlich-religiösen Vertrauens- und Befreiungsbasis in der Hinwendung zu Christus unumgänglich*[785], um zu einem endgültigen Erfolg zu kommen. Es spielt eine entscheidende Rolle, ob zum Beispiel eine angesetzte Therapie von einem Therapeuten durchgeführt wird, der zumindest von diesen Zusammenhängen weiß oder selbst als überzeugter Christ seine Befreiungstherapie auf diese Zusammenhänge abstimmen kann.

7.6.8. Maßnahmen der Befreiung

«Die Kraft des Bösen muß gebrochen werden.»
(Lauren Stratford)

Ritueller Mißbrauch ist nie «genormt». Zwar sind die Grundtendenzen des Mißbrauchs dieselben. Jedoch spielen in bezug auf Hilfen die örtlichen Umstände, die beteiligten Personen, vor allem aber *die individuelle physische und psychische Konstitution des Mißbrauchten eine entscheidende Rolle.*

Eltern und nahe Verwandte haben einen engen Bezug der Empathie und der persönlichen Sensibilität für den ihnen nahestehenden Menschen.

Diese Vorbedingungen sollten ausgenützt werden, um gegebenenfalls neben allgemein empfohlenen Hilfen auch persönliche Wege der Hilfeleistung zu suchen und einzuschlagen.

Mißbrauchte Menschen, vor allem Kinder, können sich aus eigenen Kräften nicht aus der in sie hineingedrückten körperlichen, psychischen und geistigen Verletzung, Vergewaltigung und Angstbesetzung lösen.

Sie brauchen Hilfe. Sie brauchen vor allem verständnisbereite Zuwendung und aufopferungsvolle Liebe, um sich nach und nach aus dem Griff des Bösen befreien zu können.

Psychotherapie ist eine prinzipiell gute Sache. Aber mit ihr allein ist die vorliegende Belastung nicht zu lösen. Sie *kann erst dann notwendige psychische Heilungsprozesse in Gang setzen, wenn die Wurzel des Übels auf religiöser Basis angegangen worden ist.* Dieser grundlegende Ansatz muß durch das Gebet erfolgen, denn «der erste Schritt im Heilungsprozeß des Kindes besteht darin, daß es von den bösen Mächten freikommt, unter die es durch den rituellen Mißbrauch kam»[786].

Das Hereinnehmen des Betroffenen in die Geborgenheit religiöser Gemeinschaft mit Gott und mit liebenden Menschen löst nach und nach ängstliche Verkrampfung und furchtsame Absicherung. Zugleich verhilft das Gebet um Befreiung[787] zu Kräften, welche dämonische Angriffe zunichte zu machen in der Lage sind.

Man darf nicht mutlos werden, wenn Rückschläge eintreten oder eine tiefgreifende Befreiung sich lange Zeit nicht einstellt, und man soll auch nicht denken, daß man etwas falsch gemacht hat, wenn das Hoffen und Warten auf die Probe gestellt wird.

Neben dieser grundlegenden Hilfe gibt es selbstverständlich wichtige praktische Verhaltensweisen in der Betreuung eines rituell mißbrauchten Menschen.[788] Um seine tiefsitzenden Ängste zu lösen, bedarf es ständiger Verständnisbereitschaft, auf welche sich Aussprachen aufbauen. Um zur Verständnisbereitschaft zu kommen, muß man sich mit den Hintergründen des Mißbrauchs befaßt haben und zutage tretende Ängste weder als «lächerlich» noch als «unbegründet» abtun.[789]

Neben dem Hereinnehmen in die religiöse Geborgenheit einer (Familien-)Gemeinschaft sind *Gebetshilfen* persönlicher Art wichtig, welche den betroffenen Menschen befähigen, die eigenen Ängste und Nöte sprachlich auszudrücken und sie vertrauensvoll vor Gott zu bringen. Lesen in der Bibel, *Gebrauch von Sakramentalien und Besuch von Gottesdiensten sind wichtige Hilfen.*

Eine von vielen pädagogisch-psychotherapeutischen Techniken ist zum Beispiel das *«Schildkrötenverhalten»*[790]. Dabei handelt es sich um eine erlernbare Verhaltenstechnik, welche ein Sicherheitsgefühl bei Angstzuständen vermittelt.[791] Das Kind wird aufgefordert, seinen Kopf auf die Tischplatte zu legen und den Kopf mit beiden Armen vorne abzuschirmen.

Damit hat es nun einen «Panzer» wie eine Schildkröte, und nichts feindlich Gesinntes vermag durch diesen Panzer einzudringen. Es folgen Suggestivsätze wie zum Beispiel «Ich bin jetzt ganz geschützt und sicher.» – «Niemand kann mir jetzt etwas anhaben.» – «Ich brauche keine Angst vor euch zu haben.» Diese intensiven Gedanken verstärken die dabei beabsichtigte psychische Stabilisierung. Sie kann mit religiösen Schutzgebeten vertieft werden.

Rituell mißbrauchte Kinder haben oftmals *Angstträume*, daß die Mißbraucher kommen, es bedrohen, mißbrauchen oder entführen wollen. Es empfiehlt sich, dem Kind auch rein technisch Sicherheit zu vermitteln, indem man ihm zeigt, daß Türen und Fenster abgesichert sind.

Es kann auch gut sein, im Gesichtsfeld des Kindes ein Foto der ganzen Familie aufzustellen, welches signalisiert: *«Wir sind alle da. Wir lieben dich. Wir schützen dich.»*[792]

7.6.9. Exorzismus

Schließlich können auch *Exorzismen* eine Hilfe bei schwerwiegendem satanistischem Mißbrauch sein, der mit Besessenheitsphänomenen einhergeht. «Der Exorzismus» so schreibt ein beruflich erfahrener Psychiater, «ist für diese, von den satanischen Zeremonien zerbrochenen Personen wirklich eine wichtige Behandlung. [...]

Manche weichen vor religiösen Gegenständen, selbst wenn diese verborgen sind, zurück oder vertragen kein Weihwasser. Ich habe sogar einmal gesehen, wie Weihwasser auf der Haut einer besessenen Frau Verbrennungen verursacht hat.

Und ich habe mit eigenen Augen gesehen, wie sich auf die Stirn derselben Frau ein Kreuz einzeichnete, als man sie mit heiligem Öl salbte. Viele Phänomene dieser Art finden keine angemessene psychiatrische Erklärung. [...] Bevor ich mich nicht an der Besessenheit eines meiner Patienten gestoßen hatte und einen Erfolg des Exorzismus da feststellen konnte, wo meine eigenen Möglichkeiten nicht mehr wirkten, hätte ich gesagt, daß Besessenheit ein archaisches Überbleibsel aus dem Mittelalter sei. *Inzwischen hat mich meine unmittelbare Erfahrung dazu geführt, die Wahrheit des Bösen und des Teufels anzuerkennen, und ich kann meine Patienten wirksamer behandeln.* Ich betrachte diese Konfrontation mit dem Bösen als einen Segen.»[793]

> *«Als Zeichen aber werden denen, die glauben, diese zur Seite sein: In meinem Namen werden sie Dämonen austreiben.» (Mk 16,17)*

E. Empirisches und literarisches Material

8. FALLBESCHREIBUNGEN

Mysterium iniquitatis[794]

Empirische Befunde (z.B. Besessenheitsfälle oder auffälliges temporäres Belastetsein durch medizinisch unerklärliche Stimmungs-, Gefühls- und Erregtheitslagen) führen zu der Annahme, *daß Einwirkungen dämonischer Art auf den Menschen offensichtlich in einer großen Spannweite der Intensität und Zielrichtung auftreten können.*

Echte Besessenheitsfälle sind dabei als sehr gering anzusehen, während sich die anderen Einwirkungsarten zahlenmäßig deutlich vergrößern, je verdeckter bzw. unentdeckter sie sind. Am deutlichsten und zugleich erschreckendsten dokumentieren selbstverständlich Fälle der Besessenheit die Existenz dämonischer Geistwesen und die Faktizität der damit verbundenen bösartigen Belastungen des Betroffenen.

In Geschichte und Gegenwart gibt es weltweit sicherlich eine zahlenmäßig kaum feststellbare Menge an echten Besessenheitsfällen. Eine zusammenfassende Dokumentation darüber würde Charakter, Herkunft und Ursachenzusammenhänge verdichten und profilieren können.

Für die vorliegende Argumentation mag es genügen, neben einigen weniger spektakulären Berichten auf die im deutschen Publikationsraum bekanntesten literarisch dokumentierten Ereignisse zu verweisen. Es sind dies die Fälle *«Klingenberg» (Anneliese Michel)*[795], *«Wemding» (Michael Zilk)*[796], *«Luxemburg» (Maria Anna Katharina Pfefferkorn)*[797], *«Earling» (40jährige Frau)*[798], *«Illfurt» (Theobald und Josef Burner)*[799], *«Natal» (Germana Cele und Monika Mohletsche)*[800], *«Phat Diem» (Maria Dien)*[801], *«Trier» (Magda)*[802].

Wer sich hierüber genauer kundig machen möchte, sei auf die entsprechende Literatur verwiesen, in denen diese Fälle ausführlich dargestellt sind. In den vorhergehenden Ausführungen wur-

Der Kapuzinerpater Aurelian Geßner, geboren 1857 in Röthlein in Unterfranken, betete im Auftrag seines Bischofs anno 1891 den Exorzismus über den besessenen Knaben Michael Zilk, zuletzt in der überfüllten Kapuzinerkirche in Wemding. Sein schriftlicher Bericht über diesen «Fall Wemding» gelangte durch eine Indiskretion in die Weltpresse und erregte überall großes Aufsehen.

den bereits argumentative Belege daraus zitiert. Der Übersicht halber wird im folgenden über einige davon komprimiert berichtet.

8.1. «Michael»[803]

Man schrieb das Jahr 1891. Im Ort Wemding lebte ein Junge namens Michael Zilk. Dieser war knapp 10 Jahre alt geworden, als sich bei ihm unerklärliche und seine Mitwelt beängstigende Verhaltensweisen einstellten.

Er entwickelte mit einem Mal unwahrscheinliche Kräfte, gegen die «gestandene» Männer des Ortes nicht ankamen. Er verprügelte beispielsweise seinen Vater, der sich dagegen kaum zu wehren wußte, sagte Menschen, die zu ihm kamen, ihre geheimsten Sünden und entwickelte in auffälliger Weise Abwehrreaktionen gegenüber Religiösem oder Heiligem.

So gebärdete er sich unter anderem wie verrückt, wenn in seiner Umgebung gebetet wurde. Die Eltern wußten sich nicht mehr zu helfen. Sie hatten schon alles Mögliche unternommen, jedoch weder von Ärzten noch anderweitig entscheidende Hilfen erfahren. So brachten sie ihren Sohn zu Pater Aurelian Geßner, einem Kapuzinerpater des Klosters in Wemding, mit der Bitte um exorzistische Klärung und Behandlung. Pater Aurelian war ein erfahrener Exorzist und begann, sich mit Michael zu befassen.

Im Verlaufe der exorzistischen Gebete und der damit zusammenhängenden Betreuungsphase offenbarten sich bei Michael weitere Auffälligkeiten, welche deutlich auf Besessenheit hinwiesen. Pater Geßner berichtet: «So oft ich den besessenen Knaben mit Weihwasser besprengte, sprang er wie rasend gegen mich; nahm ich gewöhnliches Wasser, was er ja nicht wissen konnte, blieb er ruhig. Ebenso wenn ich ein Gebet der Kirche in lateinischer Sprache über ihn betete, fing er das Wüten und Toben an, las ich aber aus einem lateinischen Klassiker etwas vor, so ließ er mich ruhig lesen.»[804] Der Knabe reagierte ungemein empfindlich abwehrend auf geweihte Gegenstände. So wurde er mit einem Mal auffallend unruhig, wenn er an einer Kirche, an einem Kreuz oder an der Muttergottes oder einem Heiligen gewidmetem Denkmal vorbeimußte. Da konnte es passieren, daß er bereits vorher starke Unruhe zeigte und dann wie leblos zu Boden sank.

«Man mußte ihn ebensoweit über die frommen Denkmäler hinaustragen, und erst dann konnte man wieder weitergehen.»[805] Oft spuckte er den Exorzisten an und redete beim Exorzismus mit einer fremden Stimme. Es war auch diese Stimme, welche eine Aussage zur Ursache der Besessenheit von Michael machte. Michael sei von einer Frau verwünscht worden. Geßner gibt das Gespräch mit dem Dämon so wieder: «Auf die Frage, ob sie ihn hineinverwünscht habe, sagte er ‹Ja›. Jetzt fragte ich nach dem Grunde, warum diese Frau ihn hineinverwünscht habe. Er erklärte: ‹Weil sie zornig war.› ‹Verwünscht sie jetzt noch?›, fragte ich. Antwort: ‹Ja.› – ‹Also so lange die Frau das Verwünschen[806] nicht läßt, kannst du das Kind nicht verlassen.› – ‹Ja.›[807]

Michael wurde im Exorzismus von seiner Besessenheit befreit, verlor von einem Augenblick auf den anderen die Symptomatik eines Besessenen und war für sein weiteres Leben auch nie mehr belastet. Pater Aurelius dokumentiert: «Zur Zeit der Besessenheit konnte der Knabe nichts Geweihtes in seiner Nähe dulden», nach der Befreiung «nahm er mit eigener Hand die heiligen Kreuzpartikel und die Reliquien und küßte sie und besprengte sich mit Weihwasser.»[808]

Wie bei jedem Fall von Besessenheit, der in die Öffentlichkeit gelangt, blieben auch hier die Besserwissereien, die Angriffe, Verleumdungen und Schmähungen nicht aus. Pater Aurelius wurde lächerlich gemacht und in der einschlägigen Presse übel verhöhnt.

8.2. «Maria Anna Katharina Pfefferkorn»

Dieser Fall eines 16jährigen Mädchens aus dem Jahr 1842 ist vom damaligen Bischof von Luxemburg, Johann Theodor Laurent, dokumentiert.[809]

Die Symptomatik ihres Besessenseins äußerte sich in heftigen, unerklärlichen Anfällen, bei denen das Mädchen heulte, sich zerkratzte und so starke Kräfte entwickelte, daß sechs Männer zu tun hatten, um sie festzuhalten. Sie sagte Leuten ihre Sünden auf den Kopf zu, sprach perfekt lateinisch und war darin so erstaunlich gewandt, daß sie einen Frage-Antwort-Dialog mühelos beherrschte, obwohl sie niemals Latein gelernt hatte.

Als Verursachung ihres Besessenseins kann eine Verwünschung und Verfluchung angenommen werden. Eines Tages, so wird berichtet, sei sie allein zu Hause gewesen, als ein Bettler kam, dem sie vor Angst die Tür vor der Nase zuschlug.

Der Bettler stieß den Fluch aus: «Der leibhaftige Teufel soll dich holen!» Im selben Moment hatte das Mädchen das Erlebnis, als ob ein Schwarm Stechmücken ihr durch Nase und Mund in den Hals dringen würden.[810]

Bischof Laurent übernahm die exorzistische Betreuung des Mädchens. Dieses wurde ihm von ihren beiden Schwestern vorgestellt. Der Bischof berichtet: «Doch kaum hatte ich das Wort an das sonst so bescheidene und schüchterne Mädchen gerichtet, als dieses plötzlich in die Luft schoß und mit der Schnelligkeit eines Pfeiles auf mich zuflog. Dabei schnitt sie eine so teuflische Grimasse, daß obwohl ich dieselbe nur einen Augenblick ansah, deren bloße Erinnerung mich mit Entsetzen erfüllt. Auch brüllte aus ihr eine so entsetzliche Stimme.»[811]

Laurent machte das Kreuzzeichen, worauf eine unerklärliche Kraft das Mädchen vor seine Füße schleuderte, «wo es, in schrecklichen Verzerrungen sich krümmend, mich noch immer mit demselben höllischen Gesicht anstarrte.»[812]

Maria Pfefferkorn wurde von diesen Kräften hin- und hergestoßen, zeigte heftige Verzerrungen und reagierte mit einem schrecklichen Heulen. Sie streckte die Zunge heraus, fletschte die Zähne und versuchte, den Bischof mit Fußtritten zu attackieren.

Bischof Laurent setzte seine exorzistische Betreuung fort und erlebte dabei emotionale und geistige Zustände dämonischer Depression und Bedrängung.

«Der verflossene Tag», so schreibt er im Rückblick, «war einer der schrecklichsten meines Lebens gewesen. Nie zuvor hatte ich ein solches Gefühl von Elend, Verzweiflung und fast gänzlicher Verlassenheit von Gott in mir wahrgenommen.»[813]

Auch bei Maria Anna Katharina Pfefferkorn stellte sich exorzistische Befreiung von dämonischer Besessenheit ein.

Laurent beschreibt die emotional aufrüttelnden Momente der Befreiung so: «Mit Tränen in den Augen stimmte ich das «Te deum»[814] an, in welches all die mich umstehenden Priester miteinstimmten.

Als ich den Lobgesang beendigt hatte, sagte Maria mit kindlicher Einfalt: *‹Und nun noch meine Danksagung!›, worauf sie auf den Knien die Altarstufen erstieg und, sich möglichst dem Tabernakel nähernd, mit ausgespannten Armen den Rosenkranz zu beten begann.»*[815]

8.3. Das Mädchen von Earling[816]

Earling ist eine Ortschaft in der Nähe von Chicago (USA). Im Jahre 1927 wurde der Kapuzinerpater Theophilus Riesinger vom zuständigen Bischof beauftragt, einer Frau im Alter von etwa 40 Jahren durch den kirchlichen Exorzismus zu helfen.

Bei dieser hatten sich ab dem 14. Lebensjahr seltsame und ihre Mitwelt beunruhigende Zustände und Verhaltensweisen eingestellt. Karl Vogl, der über diesen Fall einen authentischen Bericht[817] angefertigt hat, bemerkt hierzu: «Sie wollte beten, wollte zur Kirche gehen, wie bisher die hl. Kommunion empfangen.

Aber es war, als ob eine Gewalt in ihrem Innern sie daran unbedingt hindere [...] Sie wurde förmlich von den Heilmitteln der Kirche weggerissen, mit Gewalt davon ferngehalten, ohne sich irgendwie helfen zu können. Auch war es ihr, als hörte sie in ihrem Innern unheimliche Stimmen, die ihr alles Mögliche zuflüsterten [...] Sie hatte auch Zeiten, wo sie am liebsten das Weihwassergefäß zertrümmern, den Geistlichen anpacken und würgen, das Gotteshaus hätte niederreißen mögen.»[818]

Auch sonst zeigten sich Symptome, die zumindest den Verdacht auf dämonische Belastung erhärteten. So verstand das Mädchen fremde Sprachen, von denen es weder gehört noch die es gelernt hatte. Da auch die Ärzte, denen es vorgestellt wurde, übereinstimmend erklärten, das Mädchen «zeige nicht die geringste Nervenkrankheit»[819], begann man mit den der Kirche zur Verfügung stehenden Mitteln der Überprüfung auf eine mögliche Besessenheit.

Hierbei stellte sich heraus, daß die Frau immer dann wütend wurde, wenn der Priester kirchliche Gebete und Segnungen auf Lateinisch sprach. Las er aber in der gleichen Situation lateinische Texte aus einem lateinischen Klassiker, wurde sie sofort wieder ruhig. Sie reagierte sofort aufgeregt auf Gegenstände, welche zuvor mit Weihwasser besprengt oder gesegnet worden waren, während andere Dinge keine entsprechenden Reaktionen hervorriefen.[820]

Um möglichen Suggestiv-Beeinflussungen vorzubeugen, hatte einmal eine Küchenschwester heimlich über das Abendessen einige Tropfen Weihwasser gespritzt. Die Frau reagierte unmittelbar. Vogl dokumentiert hierzu: «Darob war die Unglückliche ganz wild geworden. Sie fauchte wie eine Katze und war absolut nicht zum Essen zu bewegen [...] Was gesegnete und geweihte Sachen betraf, gab es für die Besessene absolut keine Täuschungsmöglichkeit.»[821]

Nachforschungen (nach Auskunft der jungen Frau und durch Äußerungen im Verlaufe der dämonischen Beschwörung) über die Ursache für die Besessenheit ergaben, daß offensichtlich der Vater des Mädchens wiederholt versucht hatte, seine Tochter sexuell zu mißhandeln. Als sie sich dagegen wehrte, «habe er sie verwunschen und gewollt, daß die Teufel in sie hineinfahren und sie an Leib und Seele schänden und zu allen Unzuchtssünden verleiten und reizen sollten»[822].

Im Verlaufe der Exorzismen ereigneten sich Vorfälle, wie sie aus fast allen exorzistischen Heilungsprozessen berichtet werden.

So erbrach die Frau übelriechende Substanzen und würgte wiederholt «Schüsseln, ja halbe Eimer voll von widerlich unerträglichem Gestank.»[823]. Es passierte, daß die Vorgänge des Erbrechens sich zehn bis zwanzig mal ereigneten.

Aus der Frau sprachen Stimmen, die «ganz viehisch und unnatürlich klangen mit einem Ton unsagbaren Grolles und Hasses, wie sie ein Mensch nie zustande bringen könnte»[824]. Als man sich ihr mit Weihwasser näherte, rief sie: «Weg, weg damit! Weg mit dem abscheulichen Dreck! Oh, das brennt, das brennt!»[825].

Ihr Wissen über den Sündenzustand von Anwesenden war erstaunlich genau und geradezu unheimlich. Interessant in Bezug auf die Wirkung der Sündenvergebung im katholischen Sakrament der Buße (Beichte) war eine Begebenheit, in welcher auf Sünden angespielt wurde, die von der Besessenen offensichtlich nicht gewußt wurden. Der Dämon sagte: «Das weiß ich nicht, das hast du halt schon gebeichtet.»[826]

Es wird berichtet, daß im Verlaufe der kirchlichen Exorzismen insbesondere die Anrufung der «Unbefleckten Empfängnis»[827] große befreiende Wirkung zeigte.[828]

Schließlich stellte sich eine völlige Befreiung der Frau von ihrer Besessenheit ein. Unmittelbar danach war im Raum «furchtbarer Gestank» zu riechen. Die zu Herzen gehende Stunde der Befreiung dokumentiert Vogl so: «Und siehe da, nun öffnete das gepeinigte Mädchen zum ersten Male wieder, was in der Beschwörung bisher nie vorgekommen war, Augen und Mund.

Ein Lächeln glitt über ihre Züge, als wollte sie besagen: ‹Von welch furchtbarer Last fühle ich mich jetzt befreit.› Und sie sprach kindlich fromm: ‹Mein Jesus, Barmherzigkeit! Gelobt sei Jesus Christus!›, nachdem sie zwölf Jahre lang schon nicht mehr den heiligsten Namen Jesus über die Lippen hatte bringen können. Freudentränen standen in ihren und in aller Augen.»[829]

8.4. Exorzistische Heilungen durch J. J. Gassner[830]

Mitte des 18. Jahrhunderts lebte in Pondorf (Niederbayern) der aus Österreich stammende katholische Priester Johann Joseph Gassner. Er besaß eine besondere exorzistische Begabung, war sehr glaubensstark und konnte mit seinen Exorzismen unzählige Kranke heilen. Man spricht von Tausenden von Heilungen.

Ohne im Nachhinein gesundheitliche Besserungen nachprüfen zu können, die womöglich rein suggestiv zu erklären sind, steht nach den vorliegenden Berichten und Unterlagen eindeutig fest, daß er viele Krankheiten dauerhaft heilte, die zuvor medizinischer Kunst in der Therapie nicht zugängig waren. Auch erklärte er sich nicht zuständig und zog klare Trennungslinien, wenn er feststellte, daß keine dämonischen Einflüsse vorlagen.

Diese Menschen schickte er sofort zum Arzt. Sein Argument: Der Teufel kann zwar alle Arten von Krankheiten verursachen, aber beileibe nicht alle Krankheiten kommen vom Teufel her.

Gassners Heilungen wurden auch von vier Professoren verschiedener Fakultäten der damaligen Universität Ingolstadt geprüft. Deren Urteil fiel einhellig als «uneingeschränkt positiv» aus.[831]

Aufschlußreich und in der Fachliteratur bekannt ist das Protokoll über die Heilung einer Ordensschwester.[832]

Dr. Gabelsberger, Churfürstlicher Stadt- und Landphysikus, schreibt in seinem Bericht: «Ich, Endesgefertigter, bezeuge öffentlich, daß die ehrwürdige Schwester Maria Bonaventura Schorerin aus dem Orden des heiligen Franziskus zu dem heiligen Kreuz in Mindelheim, obschon sie mehrere Jahre sehr krank lag, wegen gänzlicher Verderbung aller Lebenskräfte, ohne alle Hoffnung, jemals Genesung zu erlangen, weil das Übel nach und nach so zugenommen, daß man ihr in einigen Jahren über dreihundertmal zur Ader gelassen, damit sie nicht ersticke, nun vollkommen gesund sei.

Denn da sie zu dem aller Orten berühmten Herrn Pfarrer Gassner vor einem und einem halben Jahr gereist ist, wurde sie durch ihn gleich so hergestellt, daß sie bis auf diese Stunde eine ununterbrochene Gesundheit genießt. Dies bekenne ich mit meinem eigenen Petschaft und Namensunterschrift. Mindelheim, 19. Januar 1776.»[833]

8.5. Die Frau, die sich Satan verschrieben hatte

Von einem Arzt, Dr. Koch, gibt es einen Bericht[834] über eine Patientin in einer Klinik, von der sich später herausstellte, daß sie sich Satan verschrieben hatte. Er schrieb, daß ihm vom damaligen Lehrstuhlinhaber für Parapsychologie, Professor Bender, in der psychiatrischen Klinik Freiburg eine Patientin vorgestellt worden sei, die bisweilen plötzlich aufschrie und erklärte, sie werden von unsichtbaren Mächten geschlagen.

Tatsächlich zeigten sich Schlagspuren auf dem Körper. «Ein andermal schien sie von einer großen Schlange erdrückt zu werden.

Die Schlangenwindungen wurden von einem Assistenzarzt fotografiert. Der Psychiater versuchte, diese Erscheinungen als «psychogen bedingte Dermographismen» zu erklären.

Einmal wollte eine Schwester die Patientin schützen und legte ihre Arme um sie. Da wurde die Schwester geschlagen. Der Psychiater erklärte das als «seelische Induktion».

Manchmal sprachen Männerstimmen aus der Patientin, die sich als sieben Teufel ausgaben. Der Psychiater nannte diesen Vorgang «Dissoziation» (Aufspaltung) des Unbewußten in sieben selbständige Teile.

Gelegentlich kamen auch Hellsehphänomene vor. Als anwesende Theologen dies als einen Fall von Besessenheit bezeichneten, entgegnete der Psychiater mit Entschiedenheit, daß dies allenfalls ein Fall von Hysterie sei.

Koch fragte, ob sich diese Frau eventuell mit Magie oder Spiritismus befaßt habe. Die Antwort lautete «ja». *Hinterher kam heraus, daß sie sich mit ihrem Blut dem Teufel verschrieben hatte.*[835]

8.6. Anna Maria Wirtenbergerin[836]

«Es war am 26. August 1811. Die Leute waren noch beim Schnitt und Vater Wolf ging eben mit seiner jüngsten Tochter, der sechzehnjährigen Katharina, vom Felde heim. Da näherte sich dem Dorf eine Gruppe fremder Leute, die eine Frau festhielten, die schrecklich schrie und fluchte.

Vater Wolf, wie man den längst über seine Heimat hinaus bekannten Niklaus Wolf von Rippertschwand nannte, vermutete bald, daß es sich wohl um eine Besessene handle.

Von wo sie her wären? Aus dem Schwarzwald. Und der Name der Frau sei Anna Maria Wirtenbergerin. Wirtenbergerin? Den Namen hatte der fromme Wolf schon gehört; und daß diese Frau besessen sein soll. Sie seien jetzt mit der armen Wirtenbergerin beim Grab des heiligen Bruder Klaus in Sachseln gewesen und kämen nun zu ihm.

Kaum hatten die Begleiterinnen den Namen des heiligen Bruder Klaus genannt, begann sie gegen den heiligen Einsiedler zu toben und zu fluchen. Da befahl ihr Vater Wolf: «Schweig! Ich befehle es dir im Namen Jesu.» Katharina aber schickte er um Weihwasser.

Als das Mädchen damit zurückkam, entwand sich die Frau blitzschnell den Händen ihrer Bewacherinnen und schlug hohnlachend dem Kind das Gefäß mit dem Weihwasser aus den Händen.

Vater Wolf drohte ihr: «Im Namen Jesu befehle ich dir: Nimm das Geschirr auf und schweige!» Jetzt wußte der fromme Wolf, mit wem er es zu tun hatte. Das auffällige und merkwürdige Gebaren der Besessenen hatte eine Menge Leute angelockt, Hausbewohner, Nachbarn und Tagelöhner. Da sprach eine rauhe Männerstimme aus der Frau: «Ich muß dir etwas sagen.»

«Sage, was dir Gott befohlen hat», erwiderte Vater Wolf streng, «was er dir nicht befohlen hat zu sagen, darüber schweige.»

Und nun hörten die erstaunten Anwesenden eine Predigt, wie sie noch keine gehört hatten.

Von der Messe und vom Beichten, von der Predigt und den Versammlungen, von der Fürbitte der «großen Frau», vom Kreuzzeichen und vom Namen Jesu, vom Sterben und vom Himmel sprach der Dämon durch den Mund der besessenen Frau.

Dabei wurde selbst dem frechsten Knecht anders. Vater Wolf aber erkannte die Wichtigkeit dieser «Teufelspredigt» und wünschte deshalb am Abend ihre Wiederholung.

Er schickte zum Kaplan Geißhüsler, daß auch er als Priester Zeuge sei, und nach seinem Schwiegersohn Bühlmann vom Hofe Helfenstegen. Insgesamt waren es siebzehn Personen, die der Wiederholung dieser «Teufelspredigt» am Abend beiwohnten.

Nach gemeinsamem Gebet wurde die Besessene Schlag neun Uhr in die Stube geführt und Vater Wolf befahl ihr: «Sag uns, was dir Gott befohlen hat zu sagen!» «Nein, nein, nein!» war die wütende Antwort der Angeredeten.

Vater Wolf wiederholte seinen Befehl: «Im Namen Jesu befehle ich dir: sag uns, was dir Gott zu sagen befohlen hat!»

Beim Namen Jesu zuckte die Besessene zusammen, als ob sie ein Schlag getroffen hätte, dann begann sie mit widerlicher Stimme zu sprechen, langsam, das Gesagte zwei-, dreimal wiederholend, so daß Vater Wolf das meiste wortwörtlich mitschreiben konnte: «Ich muß dir sagen, wie wir die Menschen verführen in dieser Zeit. Wir geben den Menschen ein: Es ist nicht so, wie man lehrt und glaubt und die Alten geglaubt haben. Dummheit ist das; die wahre Religion ist nicht so. Man muß die Vernunft anhören.

Was man nicht begreifen kann, muß man nicht glauben; dann verwerfen sie die geoffenbarte Religion und machen sich selbst eine.

Was die Verehrung und die Fürbitte der großen Frau betrifft, geben wir den Menschen ein: Was nützt das? Das ist nicht das Wesentliche. Man muß beim Wesentlichen bleiben. Sie verstehen nicht, daß sie das Wesentliche dadurch verlieren; auch daß der Allerhöchste sie liebt, wie sich selbst.

Ja, wenn sie nur ein Wort beim Allerhöchsten darbringt, so geschieht alles, was sie verlangt. Der Rosenkranz ist das vornehmste Gebet. Nur ein einziges Ave Maria langet bis an den Reinigungsort, bis an den Ort der Qualen; denn wenn ein Mensch sagt: Gegrüßet seist du, Maria, voll der Gnaden!, so freut sich die große Frau, und wir geraten in Schrecken. Wir geben ihnen ein: Der Rosenkranz nützt nichts, das geschieht aus Gewohnheit, das ist ein Plapperwesen, ein altes Weibergebrumse; das ist nicht das Wesentliche; man muß andere Gebete nehmen. Der Rosenkranz ist ein großer Schrecken der Hölle, auch das Skapulier.

Bei der Predigt machen sie, daß der Prediger nach der neuen Mode predigt, und bei den Zuhörern, daß sie den «Großen» sagen: «Was willst du in diese Predigt gehen? Du weißt ja schon, was du tun sollst», und bei den «Gemeinen», daß die Predigt zu einem Ohr ein- und zum andern ausgeht.

Wenn die Menschen die Predigten mit rechter Vorbereitung und Demut anhörten, was für Nutzen für sie und was für Schaden für uns es wäre, könnt ihr nicht glauben.

Die Taufe und die Beichte sind das Schrecklichste für uns, aber die Beicht ist viel schreckbarer. Wir geben den Menschen ein: Was willst du beichten? Was willst du es einem Menschen sagen? Er ist auch ein Mensch wie du. Oder wir machen ihn so schamhaftig, daß er es nicht beichten kann; überwindet er sich aber, so ist's die schreckbarste Sache für uns.

Ich muß dir auch von den Freuden des Himmels sagen, aber o wehe, o wehe, für mich ist ewig keine Hoffnung mehr, o wehe mir! Die größte Freude im Himmel ist das Angesicht Gottes anzuschauen; denn höre: Es nur für eine kleine Zeit anzuschauen, würde ich alle Schwerter-, Messer- und Räderqualen ausstehen und Millionen Jahre alle Augenblicke auf die empfindlichste Art hingerichtet werden und wieder ganz und wieder hingerichtet werden usf.

(Man kann es nicht sagen, mit was für einer Verzweiflung er dieses geredet hat, daß es einem Leib und Seele durchdrang. Niemand kann es glauben, wie schrecklich es anzusehen und anzuhören war.)

Ich muß dir auch von unserer Pein sagen. Die Menschen glauben, es sei ein Feuer; es ist ein Feuer, aber nicht wie die Menschen es sich einbilden; es ist ein Rachefeuer.

Weißt du, welches uns die höchste Pein ist? Der Zorn des Allerhöchsten. Du kannst es nicht glauben, wie schreckbar er uns vorkommt, und doch haben wir ihn auch allezeit vor Augen; o wehe uns!

Ich muß dir auch sagen, wie abscheulich die Sünde ist. Höre, wir Teufel sind so abscheulich; wenn ihr einen aus uns sehen solltet, so würdet ihr eher als in einer Minute sterben; darum hat der Allerhöchste uns vor euren Augen verborgen. Und dennoch ist die Sünde abscheulicher als wir, und doch müssen wir sie allezeit vor Augen haben; o wehe uns! [...]»

Bis Mitternacht hat die Teufelspredigt gedauert. Alle Anwesenden waren dabei so still, daß sie sozusagen kein Glied bewegten.

Nach beendeter Rede haben wir sämtliche Gott gedankt und haben mit gebogenen Knien fünf Vaterunser und fünf Ave Maria samt dem christlichen Glauben gebetet.»

8.7. «Das Folterhaus» – Ein Fall von satanisch-rituellem Mißbrauch[837]

Die Autorin dieses Tatsachenberichts, Lauren Stratford, gibt hier ihr eigenes Erlebnis wieder und schildert die satanischen und perversen Vorgänge, welche bei rituellem Mißbrauch praktiziert wurden.

Lauren hat bis heute die psychischen, körperlichen und geistigen Schäden noch nicht überwinden können, die sie dabei erlitten hat. Ihr Fall ist zwar kein Besessenheitsfall, doch beim Lesen dieses Berichts drängt sich die Annahme auf, daß die Täter stark dämonisch belastet bzw. satanisch umsessen oder besessen sein mußten. Menschliche Gehirne allein sind zur Planung solchen perversen Tuns kaum in der Lage. Stratford berichtet:

«Als Viktors[838] Männer schließlich zu mir kamen, war ich durch die schlaflosen Nächte völlig erschöpft. Nach der Fahrt wurde mir wieder die Binde von den Augen genommen, und ich befand mich, wie Viktor es versprochen hatte, vor seinem Haus.

Dieses Wochenende war dazu bestimmt, daß ich Viktors Kunden in einem kleineren Haus auf seinem Anwesen zu Diensten stand. Ursprünglich mag es das Haus für das Personal gewesen sein, aber jetzt wurde es als ein Ort gebraucht, wo das Böse in einer seiner schlimmsten Art stattfand. Ich bezeichnete es gleich als «Folterhaus».

Es hatte mehrere kleine Zimmer, die für unterschiedliche Zwekke eingerichtet waren. Da war ein Zimmer für Sexakte mit Gefesselten. Es waren Vorrichtungen vorhanden, mit denen man das Opfer festbinden, und Lederriemen, mit denen man es peitschen konnte. Ein anderes Zimmer hatte Haken und ein Seil. Der Kunde konnte sein Opfer verkehrt herum aufhängen und dann perverse Sexualakte ausführen.

Es gab ein drittes Zimmer, das mit allem Besonderen, das der Kunde bestellt hatte, bestückt war.

Selbst der kreativste Kopf kann sich kaum ausdenken, welche Wünsche diese Männer hatten und welche Vorrichtungen sie verlangten, um ihre perversen sexuellen Triebe zu befriedigen.

Wer waren Viktors «Kunden»? Sie mögen sich vielleicht den schmutzigen alten Mann als typischen Kunden vorstellen, der solche Perversionen liebt. Weit gefehlt! Es waren Ärzte, Rechtsanwälte, Männer in Führungspositionen der Geschäftswelt, Richter, Politiker. Es waren sogar Polizisten und Pfarrer darunter.

Diese Männer und ein paar Frauen entblößten sich seelisch vor den Mädchen, die ihnen dienen mußten. Nach der Einnahme von Getränken, Kokain oder anderen Drogen plauderten sie manches aus. Das Böse ist nicht nur bei den wenig Gebildeten zu finden. Verderbtheit ist nicht auf die Armen und Bedürftigen beschränkt. Viktors Kunden hatten Geld, Ansehen, Stellung, Macht. Und sie wußten sie einzusetzen und sich hinter ihnen zu verschanzen.

Viktor begann jeden Abend damit, daß er seine Kunden zunächst mit Striptease-Vorführungen und Pornofilmen unterhielt, während sie dem Alkohol zusprachen und Drogen nahmen.

Wenn das Unterhaltungsprogramm zu Ende ging, waren sie aufgeputscht und zu allem bereit. Sie waren richtiggehend «geladen». Das war der Moment, in dem die Kunden aufhörten, die Menschen zu sein, als die sie gegenüber der Welt draußen galten. Der Politiker, der die Kleider ablegte, war nicht mehr der Politiker. Der Geistliche, der seinen Talar ablegte, war nicht mehr Geistlicher. Jetzt zeigte sich der eigentliche Mensch.

Ein Polizist hatte die Marotte, nur seine Pistole zu tragen, wenn er mich mißbrauchte, und ich kann mich immer noch an das Geräusch erinnern, wenn die Pistole an seiner Hüfte klapperte.

Ein bestimmter Geistlicher wollte seinen nach hinten gedrehten Kragen (Bäffchen) anbehalten. Wenn ich jetzt daran denke, kann ich nur sagen, daß sie lächerlich aussahen. Aber zur damaligen Zeit war mir nicht zum Lachen zumute, denn damals verbanden sich mit diesen Männern nur Gedanken der Angst und der Schmerzen.

Im Drogen- und Alkoholrausch fand ihre perverse sexuelle Gier ihren Höhepunkt. Für die meisten Männer fing der Hang dazu wahrscheinlich schon vor vielen Jahren mit dem Betrachten von Playboy-Magazinen und obszönen Filmen an. Aber bald ließ sich ihre sexuelle Phantasie nicht mehr auf dieser Ebene zufriedenstellen. Es entstanden ausgefallenere Wünsche, die nur noch durch Hardcore-Pornos befriedigt werden konnten.

Und wenn einmal die Grenze des Normalen überschritten ist, ist das Verlangen wie ein Feuer, das man nicht mehr beherrscht. Es entsteht eine Gier nach Perversionen, die bis zu Folter, Gewalt,

Gruppen- und Kindersex führt. Die Begierden sind so, daß Sexualakte verübt werden, die für die meisten unvorstellbar sind.

Gewöhnlich wurde ich in solch einer Aktionsnacht von ein bis zehn Männern ge- und mißbraucht. Manchmal war es einer allein, und manchmal zwei oder drei zusammen, manchmal Kinder, gewöhnlich zwischen 10 und 14 Jahren alt, die an der Orgie teilnahmen. Viele von Viktors Kunden waren so pervers in ihrer sexuellen Gier, daß die Sexakte, die sie von den Mädchen verlangten, nichts anderes als Folter waren.

Die langen Nächte bilden in meiner Erinnerung ein Ganzes. Verderbtheit, Lasterhaftigkeit, Brutalität und Erniedrigung vermischten sich dabei zu einem langen, teuflischen Alptraum. Nach einer besonders brutalen Nacht mit mehreren Kunden, deren sexuelle Forderungen meinen Körper sehr strapaziert hatten, brach ich in Tränen aus.

Staci, eine von Viktors Mädchen, die im Nebenraum die Nacht ebenfalls mit Kunden verbracht hatte, kam herein und legte mir die Hand auf den Mund. ‹Pst›, flüsterte sie. ‹Sie dürfen dich nicht weinen hören. Wenn es der Boß herausbekommt, bringt er dich mit den miesesten Kunden zusammen, nur um dich zu strafen. Du weißt, er mag keine Heulsusen!›.»[839]

«Ich hatte den Eindruck, daß einige der Mitglieder aufrichtig glaubten, daß ihr Tun richtig und gut sei. An einem Tag, etliche Jahre später, als ich zu Hause die Bibel las, fand ich einen Vers, der mir die Antwort gab. In Johannes 8,44, wo von Satan die Rede ist, wird gesagt, daß ‹keine Wahrheit in ihm› und daß er der ‹Vater der Lüge› ist.

Von dem, was ich gesehen und über den Satanismus gelernt habe, kann ich bestätigen, daß dieser Vers den Nagel auf den Kopf trifft. Es wurde mir bewußt, daß Satan gegen die Wahrheit ist. Er ist solch ein Meister der Täuschung und Verführung, daß die Zirkelmitglieder, die ihm ihre Herzen und Gedanken öffnen, blind für die Wahrheit werden. Gutes wird böse, und Böses gut. Wer sich ihm hingibt, bei dem werden alle Barrieren zum Bösen abgebaut. Das Tor zu den teuflischsten Dingen steht weit offen.»[840]

8.8. Satanistische Praktiken – eine Beschreibung von rituellem Mißbrauch[841]

Auch dies ist ein Tatsachenbericht. L. Stratford schildert hier, was sie erlebt hat und wie rituelle Praktiken bei Satanskulten (einschließlich «Schwarzer Messen») ablaufen:

«Nacktheit, sexuelle Zügellosigkeit und Perversion sind bei (satanistischen) Ritualen gang und gäbe. Dabei ist es gleich, ob eine Frau willig ist oder nicht. Ja, man glaubt, daß es Satan mehr Freude macht, wenn es gegen ihren Willen getan wird.

Das weibliche Opfer wird auf den Altar gelegt, der meistens mit rotem Samt behängt ist (rot ist die satanische Farbe für alles, was mit Sex zu tun hat). Sie wird von jedem Mann, der sie haben möchte, vergewaltigt, manchmal in brutaler Weise. Die sich an der Frau vergreifen, stehen oft unter Heroin, Kokain oder anderen Drogen oder sind alkoholisiert, so daß die Vergewaltigung oft einer Folterung gleichkommt.

Einmal, während ich als sexuelles Opfer dargebracht wurde, fiel das Neue Testament aus der Tasche.[842] Viktor sah es und wurde wütend. Er hob es auf, riß es in Stücke und warf es auf den Boden. Dann urinierte er darüber. Als er damit fertig war, befahl er mir, nie wieder eine Bibel anzurühren.

«Ich will nicht, daß meine Frau eine Jesus-Liebhaberin ist», rief er. «Und Satan mag es auch nicht!» Zu meiner Schande schwieg ich still. Ich wollte zurückschreien und ihm sagen, daß er mich nicht hindern konnte, Jesus zu lieben. Aber ich hatte Angst. Immerhin war Viktor nun davon überzeugt, daß er Satan doppelt gefiel, wenn er mich, die ich an Jesus glaubte, als Opfer gab, das von Satanisten mißbraucht wurde.

Ich weiß nicht mehr, in wie vielen Nächten man mich auf diese kalte Steinplatte legte, und ich nackt und zitternd vor Kälte endlosen Gesängen zuhören mußte, die Satan herbeirufen sollten. Jedesmal bekam ich schreckliche Angst, wenn Dämonen angerufen wurden, die Anweisungen geben sollten, wie mein Körper benutzt werden sollte.

Wenn ein Messer im Kerzenlicht glitzerte, fragte ich mich, ob es bald in meinem Leib landen würde. Es gab bereits Narben an meinem Körper, denn es war üblich, mir einen Schnitt beizubringen und das Blut dann in eine Schale laufen zu lassen. Manchmal, wenn der Hohepriester das Messer über mich hielt, wünschte ich mir, daß er zustach und so meiner Hölle ein schnelles Ende setzte. Kam mir doch mein Leben wie ein langsamer, quälender, nie endender Tod vor.

Um ihre eigenen perversen sexuellen Triebe zu befriedigen und das zu tun, wovon sie meinen, daß es ihnen stärkere satanische Macht einbringt, vollführen die männlichen Mitglieder die Sexualakte in einer rohen, oft bestialischen Art. Manchmal ist die weibliche Person körperlich ernsthaft verletzt.

Damit die Frau nicht auf den Gedanken kommt, es der Polizei oder jemand anders zu melden, ruft der Hohepriester dämonische Geister an, ihr in einem solchen Fall etwas Diabolisches anzutun oder sie so in Angst zu versetzen, daß sie stillschweigt. Man erklärt ihr, böse Geister werden sie attackieren, wenn sie sich nicht an die Anordnungen hält. Und sie tut gut daran, sich dies zu Herzen zu nehmen, denn es ist keine leere Drohung. Die Geister sind Wirklichkeit.

Einmal erzählte mir Viktor[843] von einer jungen Hausfrau und Mutter, der es zu eintönig und langweilig zu Hause war. Auf Einladung zweier Freundinnen nahm sie an einer geselligen Veranstaltung teil. Es zeigt sich, daß es dabei um Hexerei und Zauberei ging. Zuerst war die Frau argwöhnisch, aber irgendwie zog es sie wieder dorthin. Nach ein paar Monaten schloß sie sich dem Satanszirkel als Mitglied an.

In ihrem Wunsch, akzeptiert zu werden und nach viel Überreden der anderen Mitglieder sowie einem ermahnenden Wort des Hohepriesters, war sie schließlich bereit, sich als sexuelles Opfer am Schluß eines Rituals anzubieten. Wie es oft der Fall ist, mußte die Frau aber mehr mitmachen, als das, was sie als Teil der religiösen Zeremonie noch entschuldigt hätte.

Als sie in der Nacht nach Hause ging, stellten sich körperliche Komplikationen ein. Sie telefonierte mit der Freundin, die sie anfangs zu den Versammlungen eingeladen hatte, und berichtete ihr, daß sie sich zur Untersuchung ins Krankenhaus begeben würde.

Sie fragte sie, ob es ihr möglich sei, zu ihr zu kommen und in der Zeit auf die Kinder aufzupassen, da ihr Mann auf Geschäftsreise war. Die Freundin sagte zu, aber erinnerte sie daran, daß sie einen Eid geschworen hatte, alles geheimzuhalten und daß sie es bereuen würde, wenn sie jemandem erzählte, was geschehen war.

Die junge Hausfrau sagte ihrer Freundin daraufhin, daß sie jetzt keine Rücksicht mehr nähme und auch diese Art Leben nicht länger mitmachen würde. Sie würde lieber sterben, als noch einmal so etwas durchzumachen.

Nachdem die Freundin zu ihr gekommen war, fuhr die Frau mit dem Auto zum Krankenhaus. Aber sie kam nie an. Nach einem schrecklichen Verkehrsunfall war sie auf der Stelle tot.

Ein Polizeibeamter, der den Unfall aufnahm, erzählte dem Ehemann des Opfers, daß er noch nie so einen seltsamen Unfall gesehen hatte. Er konnte nicht erklären, wie und warum es geschah. Ja, von seinen Ermittlungen her hätte es gar nicht so kommen können. Als Viktor an diesen Punkt der Geschichte gekommen war, hielt er die Hand an den Mund und sagte geheimnisvoll: «Die Polizei wußte nicht, daß die Freundin den Hohepriester angerufen hatte, bevor sie hinging, um auf die Kinder aufzupassen. Sie hatte ihm gesagt, daß die Frau vorhatte, andere über das zu informieren, was geschehen war.»

Viktor berichtete weiter, daß der Hohepriester einen bösen Geist anrief, um einen Fluch auf sie zu legen, der ihr – auf welche Art auch immer – den Tod bringen würde, bevor sie das Krankenhaus erreichte. Und dann erklärte Viktor: «Du hast gesehen: Es funktionierte! Die Polizei wird nie zu wissen bekommen, was geschehen ist!»

Solche Unfälle sind nicht so selten, wie man vielleicht zu denken geneigt sein könnte. Und sie wurden gerne jedem Opfer erzählt, das die leichtesten Anzeichen gab, Probleme machen zu wollen. Nur zu verständlich, daß diese Geschichten wirkten.»[844]

8.9. Die Brüder Theobald und Josef[845]

Das Dorf Illfurt liegt bei Mühlhausen im Elsaß. Die Familie Burner hatte zwei Söhne, Theobald (geb. 21.8.1855) und Josef (geb. 29.4.1857). Im Herbst 1864 zeigte sich bei diesen beiden Knaben eine unerklärliche Krankheit, die sich mehrere Ärzte nicht erklären konnten.

Ab dem 25. September 1865 traten die unerklärlichen Symptome eklatant in Erscheinung. Sutter schreibt: «Auf dem Rücken liegend drehten sie sich mit unheimlicher Schnelligkeit wie ein Kreisel. Dann begannen sie mit wuchtiger Kraft die Bettstellen und andere Möbel zu bearbeiten, ohne die geringste Müdigkeit zu verspüren, auch wenn es noch so lange dauerte. Sie nannten das «dreschen».

Darauf wurden sie von Krämpfen und Zuckungen geschüttelt; dann wieder bemächtigte sich ihrer eine solche Niedergeschlagenheit, daß sie stundenlang wie leblos da lagen.»[846]

Bei beiden Knaben zeigten sich in der Folgezeit nahezu alle einschlägigen Symptome dämonischer Besessenheit (z.B. erregte Reaktionen auf Sakramentalien; Sprechen und Verstehen fremder und unbekannter Sprachen; Erkennen des Seelenzustandes von Menschen; Schwerelosigkeit und anderes).

«Nicht selten», so schreibt Sutter, «wurden sie von einem wahren Wolfshunger befallen, den nichts zu stillen vermochte. Manchmal schwoll der Unterleib ganz unförmlich an und es schien den Kindern, als bewege sich etwas wie eine Kugel im Magen oder laufe auf und ab wie ein lebendes Wesen. Oft hielten sie die Beine gleich biegsamen Ruten fest zusammengewunden und kein Mensch vermochte sie zu trennen.»[847]

Nach vollzogenem Exorzismus und der Befreiung von dämonischer Besetzung lebten die Knaben noch einige Jahre.

Theobald starb am 3.4.1871 mit 16 Jahren, sein Bruder 1882 mit 25 Jahren.

8.10. Germana und Monika[848]

Der Mariannhiller Pater Erasmus Hörner berichtet von einem Beispiel der Besessenheit aus den Jahren 1906 und 1907. Dabei handelt es sich um die beiden 17jährigen Kaffernmädchen Germana Cele und Monika Mohletsche aus Natal.

Die beiden waren durch ihre Eltern verwünscht und verflucht worden. Germana übergab eines Tages einem Pater einen Zettel, auf dem sie sich Satan verschrieben hatte.

Die Symptomatik der Besessenen zeigte ein typisches Spektrum bekannter Verhaltensweisen. So riß zum Beispiel Germana ihr Oberkleid in Stücke, knirschte mit den Zähnen, bellte wie ein Hund und schrie um Hilfe.[849]

Wurde sie mit Weihwasser besprengt, schrie sie laut: «Du brennst mich ja!» Heftige Abwehrreaktionen zeigte sie auch gegenüber geweihten Medaillen und der priesterlichen Stola.[850]

Als einmal während der heiligen Messe das Credo gebetet wurde, knurrte, winselte und bellte sie bei jedem Satz. Bei den Worten ‹Et incarnatus est› (= ‹und ist geboren worden›) «tobte und brüllte sie und knirschte mit den Zähnen»[851].

Aggressive Reaktionen zeigte sie auch gegenüber Dingen, die mit der Muttergottes Maria zusammenhingen. Sutter berichtet: «Im Zimmer hing auch ein Bild der Unbefleckten, mit ihrem Fuß den Kopf der Schlange zertretend. Wenn Germana dieses Bild sah, geriet sie oft in fürchterlichen Zorn und wurde ganz rasend. Sie versuchte, das Bild mit Nägeln oder Nadeln zu zerstechen, spuckte es an und schäumte vor Wut.»[852]

Das Mädchen zeigte ebenso Symptome der Kryptognosie[853] wie der Schwerelosigkeit. Sie sagte vieles, was sie niemals wissen konnte[854]. «Mitten unter der Opferung erhob sie sich frei vom Boden, schwebte in zwei Meter Höhe über die Bänke hinweg und ließ sich lachend im Chor hinter den Ministranten nieder.

Ganz eigenartig war das bald waagrechte, bald senkrechte Schweben in der Luft. Waagrecht erhob sich Germana langsam vom Bett, schwebte immer höher, bis zwei Meter über dem Bett und ruhte dann waagrecht ausgestreckt, frei in der Luft schwebend [...] Nach geraumer Zeit ließ sie sich dann wieder langsam herab. Manchmal stieg sie auch senkrecht in die Höhe.»[855] Während ihrer dämonischen Anfälle verstand Germana alle Sprachen, in denen sie befragt wurde. «Beim Exorzismus sprach sie ganze Sätze in Latein voraus, korrigierte, spottete und machte verschiedenes lächerlich.»[856]

Parallelen zu anderen Besessenheitsfällen[857] gab es auch bei unnatürlichen körperlichen Schwellerscheinungen. «Bald war die Brust, dann wieder der Unterleib hoch aufgeschwollen, aber nur für kurze Zeit. Ein andermal wurde plötzlich der Kopf unförmlich dick, der Hals unnatürlich lang, dann wieder die Backen unheimlich aufgeblasen, oder es bildete sich im Nu am Halse ein Riesenkropf, der ebenso schnell wieder verschwand. Dann wieder verdrehte und krümmte sie auf unnatürliche Weise den Körper und züngelte mit der Zunge wie eine Schlange.»[858]

Bei Besessenen kann man oft direkt «spüren», daß sich hinter den Augen etwas Unheimliches verbirgt. Innerhalb kurzer Zeit verändert sich der Blick in Farbe und Ausstrahlung der Pupillen.

Bei Germana, so berichtet Sutter, wurden bei den Anfällen die Augen unheimlich. Aus ihrem glühenden und funkelnden Blick flammten «Wut, Zorn, Haß und Spott», und aus ihren Augen «schossen wütende Blitze auf den Priester, der den Exorzismus vornahm»[859]. *Geradezu dramatisch entwickelte sich die Befreiung von Germana im Verlaufe des Exorzismus: «Germana erhob sich wieder in der Luft, wobei sie brüllte: ‹Wooh! Wooh!› Dann brach sie zusammen, überschlug sich ein paar Mal und richtete sich plötzlich auf. Sie war wieder normal geworden und befreit.»*[860]

8.11. Satanismus: Gefügigmachen durch Angst und Drohung[861]

Bei satanistischen Kulten und rituellem Mißbrauch werden die Opfer, meist Mädchen, Frauen und Kinder, bis zur totalen Erniedrigung in ihrem Selbstwertgefühl zerstört und schließlich durch Angst und Drohung gefügig gemacht. Stratford berichtet von ihren Erfahrungen:

«Ich wunderte mich, warum Viktor[862] sich solche Mühe machte. Warum wollte er, daß ich Satan opferte? Bisher war er doch darauf aus, zu foltern oder gar Menschenleben auszulöschen. Doch jetzt war es ihm aus irgendeinem Grund sehr wichtig, daß ich Satan ein Opfer darbrachte. Er wußte aber, daß es nur bei einem totalen Zerbrechen meines Willens dazu kommen würde.

Ich weiß nicht mehr, wie lange dieser Kampf dauerte. In Viktors fensterlosem Keller hatte Zeit keine Bedeutung. Es konnte ein Tag, eine Woche, ein Monat sein. Ich konnte es einfach nicht sagen. Ich wußte nur, daß die Zeit immer quälender wurde. Ich durfte nicht schlafen und nicht essen. Ich war schon gefoltert worden, aber nicht auf diese Art. Es gab keine Rituale, keine Pornographie, keine Perversion, keinen sexuellen Mißbrauch. Es ging ihnen jetzt nur darum, daß sie meinen Willen brachen.

Wenn Grundbedürfnisse des Lebens nicht befriedigt werden, hat das starke Auswirkungen auf die Psyche. Bald war mein Wille so geschwächt, daß ich nicht mehr wußte, ob ich diesen Kampf weiter durchstehen konnte.

Zum Schlaf- und Essensentzug kam hinzu, daß sie mich zwangen, stundenlang auf einem Stuhl zu sitzen. Jedesmal, wenn ich einnickte oder vom Stuhl zu fallen drohte, schaltete John den Scheinwerfer ein und schrie: «Sitz aufrecht!» Und dann wiederholte er die bekannte Frage: «Bist du jetzt willig, Satan ein Opfer zu bringen?»

Einmal begann ich zu murmeln: «Deine finsterste Stunde ist gekommen, aber ich will ...» Wamm! Der Stuhl war unter mir weggezogen worden und ich schlug auf dem kalten, harten Boden auf. Anschließend hörte ich, wie die Tür zugeschlagen wurde. Dann war Stille. Ich hockte mich in eine Ecke und wartete auf die nächste Tortur. Irgendwie fiel ich dann in Schlaf.

«Du wirst dich fügen. Du wirst klein beigeben. Du wirst dich nicht mehr widersetzen!» Beim Ausrufen dieser Worte wurde ich wieder wach. Das helle Licht war wieder an, und Johns Gesicht befand sich nur wenige Zentimeter vor meinem.

Dämonisches Vergnügen stand ihm ins Gesicht geschrieben. Bei seinem teuflischen Lächeln lief es mir kalt den Rücken hinunter. Ich spürte, daß inzwischen ein Plan von extremer Gemeinheit gegen mich ausgeheckt worden war, mit dem ich zur Aufgabe gezwungen werden sollte. «Wenn du jetzt weiter ablehnst, werden wir jede Woche ein Baby in deinem Namen opfern.» Johns Worte waren so gemein, daß ich gar nicht reagieren konnte. Ich war wie erstarrt. Meine Gedanken waren wie gelähmt.

John wiederholte die Worte noch einmal, diesmal schrie er sie hinaus. Ich spürte, wie sein Atem mir ins Gesicht schlug, als er schrie: «Hast du gehört, was ich sagte? Ich sagte, wenn du weiter so störrisch bist, werden wir jede Woche Satan ein Baby opfern. Und zwar für dich und in *deinem* Namen. Verstehst du?»

Ich war benommen. Ich konnte nicht einmal mehr nicken. Wenn ich beim «Nein» blieb, wurde ein Baby geopfert. Wenn ich «ja» sagte, wurde auch ein Baby geopfert. Ja, nein, ja, nein, ich wußte nicht mehr aus noch ein.

Samstag nachts wurde ich abrupt wach, als ich die schrecklichen Schreie eines Babys hörte, das offensichtlich gerade geopfert wurde. Die Schreie kamen aus einem Kassettenrekorder, den John neben mich gestellt hatte.

Als ich vom Boden hochschoß, sagte er nur zwei Worte: «Nummer eins!» In der darauffolgenden Woche sagte er: «Nummer zwei». Er hatte Erfolg. Mein Entsetzen vermischte sich mit Schuldgefühlen. Trotzdem versuchte ich, mir einzureden, daß sie vielleicht nur vorgaben, ein Baby zu opfern.

Schließlich kamen die Schreie lediglich vom Tonband. Vielleicht war es nur ein übler Trick. Ich hielt weiter durch. Nichts, so nahm ich mir wieder vor, würde mich dazu bringen, Satan ein Baby zu opfern. [...]»[863]

8.12. Anneliese Michel[864]

Anneliese Michel suchte mit 16 Jahren erstmals einen Nervenarzt auf, nachdem sie sich im Jahre 1968 einer Behandlung wegen tuberkulöser Prozesse an der Lunge unterzogen hatte. Schon zu dieser Zeit begannen bei ihr dämonische Belästigungen. Sie sah «Teufelsfratzen» und bekam Zustände der Ohnmacht.

Trotzdem nahm sie später an der Universität Würzburg das Lehramtsstudium auf und konnte es auch abschließen. Die ärztlichen Therapien brachten keine wesentlichen Erfolge. In der Folgezeit traten bei Anneliese typische Symptome von Besessenheit auf. Sie reagierte erregt und wütend auf geweihte Gegenstände, zertrümmerte beispielsweise ein Kreuz und eine Marienstatue oder zerriß Rosenkränze.[865]

Bei der Aufforderung des Exorzisten an Satan, auszufahren, schüttelte sie den Kopf mit einem ‹Nein› so hin und her, «daß die Umstehenden meinten, die Nackenwirbel müßten brechen. Sie knirschte mit den Zähnen, daß man meinte, sie müßten zersplittern»[866].

Den kirchlich genehmigten Exorzismus führten die beiden Priester Pfarrer Alt und Pater Renz durch. Eltern und Angehörige begleiteten die exorzistischen Heilungsgebete mit Beten.

Noch bevor die durchaus erfolgversprechenden exorzistischen Maßnahmen mit einer Heilung abgeschlossen werden konnten, starb Anneliese am 1. Juli 1976 in ihrem Elternhaus in Klingenberg. Nunmehr mündete der «Fall» in Gerichtsprozesse gegen die Eltern und die Exorzisten ein.

Die Massenmedien stürzten sich auf die «mittelalterlichen Teufelsaustreibungen», und binnen kurzer Zeit war das öffentliche «moralische Urteil» eindeutig publizistisch vorgeprägt.

So sprach denn auch das Gericht die Eltern und die beiden Geistlichen schuldig, den Tod von Anneliese mitverursacht zu haben. Die Ärzte hatten nämlich die Krankheit von Anneliese als «Epilepsie» eingestuft und ihr entsprechende Medikamente verschrieben. Die Eltern und die Priester waren jedoch vom Vorhandensein einer dämonischen Besessenheit überzeugt, wofür zahlreiche Tonbandprotokolle unmißverständliche Hinweise liefern.

Daher erstaunte dieses Urteil in seiner Schärfe selbst den Staatsanwalt. Beobachter sprachen davon, daß die Gelegenheit benutzt wurde, die katholische Kirche öffentlich an den Pranger zu stellen. Der Fall «Anneliese Michel» traf zudem in jene Zeit, in der man auf Seiten vieler Theologen «Abschied vom Teufel» genommen hatte.

Jahre später stellte sich heraus, daß in Wirklichkeit das Medikament ‹Tegretal› am endgültigen Tod von Anneliese die Hauptschuld trug. Die amerikanische Anthropologin Dr. Felicitas Goodman[867] untersuchte den Fall «Anneliese Michel».

Auf Grund ihrer Erfahrungen auf diesem Gebiet kam sie zum Ergebnis, «daß Tegretal einen epileptischen Dämmerzustand mit Fieber und Sauerstoffmangel herbeiführen kann». Genau diese Symptome waren bei Anneliese vor ihrem Tod aufgetreten.

«Der Tod trat nach etwa acht Stunden ein, nachdem sie sich regungslos hingelegt hatte: Sie ist allmählich erstickt, ihre roten Blutkörperchen hatten schließlich nicht mehr genug Sauerstoff.» (Goodman)

Anneliese Michel starb somit höchst unwahrscheinlich an den Folgen des Exorzismus, sondern weitaus eher an der medikamentösen Therapie mit ‹Tegretal›. Diese Therapie erfolgte auf Grund einer Diagnose seitens der Psychiatrie, welche ihre offensichtliche Hilflosigkeit in diesem Fall allerdings nicht zugeben wollte.

Vielmehr versteiften sich die medizinischen Fachleute darauf, die bei Anneliese Michel auftretenden Besessenheitssymptome als «Psychogenese der Dämonen»[868] zu bezeichnen, die bei den Exorzismen der jungen Frau erst einsuggeriert wurde.

Interessanterweise zogen maßgebende Kreise der katholischen Amtskirche in Deutschland daraus die Folgerung, den Exorzismus mehr oder weniger mit Schweigen aus der Welt zu schaffen und entsprechende Anweisungen und Gebetshilfen aus jahrhundertelanger Tradition nicht mehr zu publizieren. Ob damit echt betroffenen Menschen ein Dienst der Nächstenliebe geleistet wurde, wird sich wohl erst später einmal herausstellen.

Nach allem, was Goodman in ihrer objektiven Untersuchung nachwies[869], lag sowohl eine ärztliche Fehldiagnose wie auch ein sehr fragwürdiges Gerichtsurteil vor, das sich auf diese Diagnose stützte.

Man darf heute annehmen, daß bei Anneliese Michel dennoch ein echter (wenn auch tragisch ausgegangener) Besessenheitsfall vorlag, der bis heute keine Revision des Urteils auf medizinischer und juristischer Grundlage erfuhr.[870]

Anneliese Michel (1952-1976)

Neunzehnjähriger Satanist erschoss sechzehn Menschen

Zum Amoklauf in einem Erfurter Gymnasium

Von Univ.-Prof. Dr. Reinhold Ortner, Memmelsdorf

Es ging durch die gesamte Weltpresse: Robert Steinhäuser, ein 19-jähriger junger Mann, der vor dem Abitur von der Schule verwiesen worden war, tötete am 26. April 2002 um 11.05 in seinem ehemaligen Gymnasium in Erfurt in einer Art Amoklauf 12 Lehrer und vier weitere Menschen durch gezielte Kopfschüsse, bevor er auch sich selbst erschoss. Das ratlose Entsetzen der Menschen über diese Wahnsinnstat beherrschte zahlreiche TV-Sendungen, Diskussionen und politische Statements.

Wie immer bei solchen tragischen Ereignissen wurde die Frage gestellt: «Wie konnte so etwas geschehen? Wer ist daran schuld?» Die Antworten darauf waren eher hilflos und reichten vom Verbot von Schusswaffen und Gewalt reproduzierenden Computerspielen bis hin zu schulsystem-internen Erziehungsmängeln oder besserer Schulung der Lehrer durch Psychologen. Bemerkenswert ist zunächst das ohnmächtige und fassungslose Entsetzen der Menschen angesichts eines entsetzlichen Ereignisses, welches schlaglichtartig die Fratze des Bösen ins Bewusstsein brachte. Unsere Gesellschaft ist längst dem Wunschdenken verfallen, dass alles machbar ist und man damit das Leben in den Griff bekommen hat. In ihrem Spass-, Leistungs-, Erfolgs- und Konsumdenken hat sie Gott ausgeklammert. Ein Leerraum der Gottlosigkeit ist entstanden, in den dämonische Kräfte des Bösen eingedrungen sind.

Politik, Gesellschaft und auch die Kirchen meinen immer noch, der Heimtücke der Verführungskräfte des Bösen mit Hilfe von rationalen Erklärungsversuchen aus dem Weg gehen zu können. Doch dann stellt sich plötzlich fassungsloses Entsetzen ein, wenn solche Erklärungsversuche ihre Logik und Tragfähigkeit angesichts der Eskalation des Bösen verloren haben.

Don Gabriele Amorth, der vom Papst ernannte Exorzist für Rom, hat durch seine Fernsehsendungen und seine Bücher «Ein Exorzist erzählt» und «Neue Berichte eines Exorzisten» weltweites Aufsehen erregt.

«Warum», so fragten die Menschen. Die tiefere Antwort darauf kann nicht in all den vielen vordergründigen Schuldzuweisungen liegen, sondern zentriert sich auf die uralte Frage: «Warum gibt es das Böse?» Und wenn man die Bibel ernst nimmt, weiss man die weiterführende Antwort: «Es gibt den Bösen. Es gibt seine Dämonen.» Mit von Hass, Neid und Zerstörung gespeisten Kräften haben sie überall dort leichtes Spiel, wo die Menschen durch Glaubenslosigkeit, Atheismus und Selbstüberschätzung der Infiltration des Bösen eine Tür geöffnet haben.

Beim Fall Robert S. sprachen psychologische und medizinische Experten davon, dass die eigentliche Tat nur erklärbar ist, wenn man von einem «psychischen Defekt» des Täters ausgeht. So einfach ist das. Was nicht erklärbar ist, beruht auf einem «psychischen Defekt». Aber was ist das für ein «Defekt», woher kommt er und wie konnte er das Wollen und Handeln dieses jungen Mannes beeinflussen? Es steht uns in keiner Weise zu, Robert S., den Täter von Erfurt, überheblich und selbstgerecht zu verurteilen. Sicherlich war er im Grunde seines Herzens ein armer Mensch und es waren da Entwicklungen im Spiel, welche die Gesellschaftspolitik, die Verantwortlichkeit der Medienproduzenten oder auch mangelnde Erziehungsatmosphäre an unseren Schulen mitverursachten.

Doch einiges im Leben von Robert S. lässt aufhorchen. Lange sei er ein unauffälliger, ruhiger, ja sogar sympathischer Junge gewesen. Doch in letzter Zeit habe er sich verändert gezeigt. Recherchen ergaben Einflüsse, die man durchaus einer atheistisch-satanistischen Welle zuordnen muss, die schon seit langem das Denken und Fühlen zahlreicher vor allem junger Menschen erfasst hat: Robert hatte in letzter Zeit oft «Heavy-Metal-Musik» in voller Lautstärke gehört. Eine seiner Lieblingsgruppen war die Band «Slipknot» (Bild-News 29.4.02). Wenn man deren Texte im Internet sucht, findet man Gesangs-Passagen (nach einem einleitenden Satz, den ich hier nicht wiedergeben möchte) wie «Ich höre Stimmen, aber alles, was sie tun, ist dir klarzumachen, wie lange du dir schon gewünscht hast zu töten, alles und jeden. Sie sagen, du willst es tun, aber niemals willst du ...» In anderen Texten werden «Menschen mit Fäkalien verglichen» (Bild News 29.4.02).

Papst Leo XIII. (1810-1903) sah in einer Vision eine gewaltige Schar von Dämonen auf die Erde fallen. Diese schreckliche Schau hat ihn so tief berührt, dass er daraufhin den «Kleinen Exorzismus» verfasste und dass er für die ganze Kirche vorschrieb, dass nach jeder stillen Heiligen Messe vom Priester das Gebet zum Hl. Erzengel Michael gebetet werden müsse. Leider wurde diese Vorschrift bei der Liturgiereform wieder fallen gelassen.

Robert S. gab sich auch Videospielen hin, welche zum Töten animierten, zum Beispiel «die tägliche Blutorgie aus dem Gewalt-Videospiel ‹Quake›». Ferner weiss man, «dass Robert sich beim Chatten (Gedankenaustausch im Internet) am Computer ‹Satans Sohn› nannte» (Bild News, 29.4.02).

Das alles weist auf Einflüsse hin, die man als dämonisch identifizieren müsste. Die Psychologie weiss, dass in Bild, Sprache und Musik vorgegebene Verhaltensmuster einen Menschen in Richtung nachahmendes Verhalten prägen. Es ist ausserdem bekannt, dass nicht selten ein geplanter Mord vom Täter in Gedanken immer wieder «durchgespielt» wird. Damit werden Verhaltensmuster gefestigt, die dann allerdings den auslösenden Impuls des Willens brauchen, um in die Realität umgesetzt zu werden. Bei Robert waren die Verhaltensmuster seines Tötens durch aggressive Musik und Computerspiele sicherlich schon geprägt. Fachleute (z.B. Prof. Hurrelmann im ZDF) sagen, dies alles genügte nicht, um die Tat durchzuführen, und hierzu war ein (nicht diagnostizierbarer) «psychischer Defekt» nötig.

Man darf der nicht unbegründeten Ansicht sein, dass bei Robert S., der sich «Satans Sohn» nannte, eine in letzter Zeit stattgefundene dämonische Infizierung und Instrumentalisierung schon so weit fortgeschritten war, dass er schliesslich den Aggressions-, Hass- und Tötungsattacken in seinem Innern hilflos ausgeliefert war und die Tat in dieser «dämonisch bewirkten Vereinnahmung durch das Böse» auch noch über längere Zeit plante. Fest steht, dass Robert S. vor der Tat Bekannte per SMS davor gewarnt hatte, am Tag der Tat in die Schule zu gehen; nach den Ermittlungen hatte er geplant, nur Lehrer zu ermorden.

9. GEBETSHILFEN

Befreiungsgebet[878]

«Herr, du bist groß, du bist Gott, du bist Vater, wir bitten dich, sende uns die heiligen Erzengel Michael, Raffael und Gabriel zu Hilfe, damit unsere Brüder und Schwestern vom Bösen befreit werden.
Von Kummer, von Traurigkeit, von Besessenheiten,
wir bitten dich, befreie uns, o Herr!
Von Haß, von sexuellen Ausschweifungen, von Neid,
wir bitten dich, befreie uns, o Herr!
Von Gedanken der Eifersucht, des Zornes, der Todesschwärze,
wir bitten dich, befreie uns, o Herr!
Von jedem Gedanken des Selbstmordes und der Abtreibung,
wir bitten dich, befreie uns, o Herr!
Von jeder Form ungeordneter und perverser Sexualität,
wir bitten dich, befreie uns, o Herr!
Von Ehescheidung und Zerrüttung der Familie,
wir bitten dich, befreie uns, o Herr!
Von jeder Form des Bösen, der Verwünschung, Verfluchung und jeglicher Art okkulten Übels,
wir bitten dich, befreie uns, o Herr!

Laßt uns beten!

O Herr, der du gesagt hast: «Den Frieden hinterlasse ich euch, meinen Frieden gebe ich euch», gewähre uns auf die Fürsprache der heiligen Jungfrau Maria Befreiung von aller bösen Belastung und schenke uns durch deinen Frieden beständige Gesundheit. Dies bitten wir durch Christus, unseren Herrn. Amen.»

*

*

Gebet zu Maria[879]

«*O Maria,* schön wie der Mond, strahlend wie die Sonne, in deren Antlitz die Seligen schauen und die Engel sich widerspiegeln, mache, daß wir, deine Kinder, dir ähnlich werden. Laß unsere Seelen einen Strahl deiner Schönheit aufnehmen, der mit den Jahren nicht untergeht, sondern neu aufleuchtet in der Ewigkeit.

O Maria, Sonne des Himmels, erwecke das Leben wieder, wo es erstorben ist, erleuchte den Verstand, wo Finsternis ist. Sooft du im Angesicht deiner Kinder widerstrahlst, gib uns einen Abglanz deines Lichtes und deiner Glut.

O Maria, stark wie ein Heer, verleihe den Sieg unserer Scharen. Wir sind so gebrechlich, und unser Feind wütet mit solchem Übermut. Aber unter deinem Banner sind wir sicher, daß wir siegen. Er kennt die Kraft deines Fußes, er fürchtet die Majestät deines Blickes. Rette uns, o Maria, schön wie der Mond, herrlich wie die Sonne, stark wie ein geordnetes Heer, das sich nicht auf Haß stützt, sondern auf die Flamme der Liebe. Amen.»

*

Gebet zum hl. Erzengel Michael[880]

«Heiliger Erzengel Michael, du Anführer der guten Engel, siehe, wir kommen täglich mehr in Bedrängnis. Der Kampf, den du im Himmel begonnen hast, tobt seit Adam weiter auf dieser Erde. Wir stehen im Vorfeld der Apokalypse. Der große Abfall von Gott hat begonnen. Der allmächtige Schöpfer Himmels und der Erde wird totgeschwiegen, seine Gebote werden verachtet. Der Mensch erliegt den Einflüsterungen Satans und macht sich selbst zum obersten Gesetzgeber und Richter.

Die heilige Kirche unseres Herrn Jesus Christus wird nicht nur von äußeren Feinden, sondern, was noch weit gefährlicher ist, von Feinden im Innern zerstört. Der Weinberg des Herrn trägt Spuren der Verwüstung.

Heiliger Erzengel Michael, höre unseren Notschrei! Wir können diesen Frevel, diesen Hochmut, dieses Morden und Abtreiben und die Feigheit der Guten nicht mehr ertragen. Komm uns mit dei-

Maria, Siegerin über den höllischen Drachen.
Gemälde von Jakob Häne.

nen Legionen zu Hilfe! Wirf deine große Frage «Wer ist wie Gott?» in Flammenschrift über die Horizonte!
Du hast die abgefallenen Engel aus dem Himmel in die Tiefe der Hölle gestürzt, vertreibe den Rauch Satans aus dem Inneren der Kirche! Heiliger Erzengel Michael! Nicht nur unsere Lippen, auch unsere Hände, unsere Tränen, unsere Herzen schreien zu dir. Sieh unsere Müdigkeit! Sieh die Kirche in ihrer Ohnmacht und Erniedrigung! Den Israeliten, wenn sie zur dir als ihrem Bundesengel um

Hilfe gerufen haben, hast du mit deinen Engeln geholfen; ihre Feinde sahen euch wie Feuerschwerter und wichen zurück.
Sind wir weniger als die Israeliten? Ist die Kirche nicht die Erbin des auserwählten Volkes, die Braut deines Herrn? Sind wir, Kinder Mariens, nicht die Kinder deiner Königin?
Heiliger Erzengel Michael, unser Bundesengel, komm in der Kraft Gottes zu uns, warne uns, schütze uns, komm mit deinen Legionen, komm uns mit allen himmlischen Heerscharen zu Hilfe und zeige, daß ihr Engel Gottes stärker seid als die Pforten der Hölle.
Heiliger Erzengel Michael, in glühendem Eifer für die Ehre Gottes hast du die ungehorsamen Engel in den Abgrund der Hölle hinabgestoßen. Erflehe uns die Gnade, daß wir vom gleichen Eifer entflammt den furchtbaren Gotteshaß unserer Tage bekämpfen und unsere Kraft für Gottes größere Ehre einsetzen. Amen.»

Arnold Guillet

Groß, C. (Hrsg.): Vom Sinn menschlicher Existenz. Bamberg 1995
Grün, A.: Der Umgang mit dem Bösen. Münsterschwarzach 1980

Gebet für die Segnung von Häusern, Wohnungen und Arbeitsstätten

Himmlischer Vater, beschütze unser Haus (Laden, Büro...) und halte fern von ihm die Angriffe des Feindes; es mögen die heiligen Engel kommen und uns den Frieden bewahren und Dein Segen möge immer bei uns bleiben. Gewähre, dass all jene, die hier wohnen, durch ihre tugendhaften Werke Dir gefallen, auf dass sie, wenn die Zeit gekommen ist, in Deine himmlische Wohnung aufgenommen zu werden verdienen. Wir bitten Dich im Namen Jesu Christi, unseres Herrn. Amen.

Herr Jesus Christus, der Du Deinen Aposteln befohlen hast, den Frieden über all jene herabzurufen, die in den Häusern, die sie besuchen werden, wohnen. Heilige, wir bitten Dich, dieses Haus durch unser vertrauensvolles Gebet.

Gieße Deinen Segen und die Fülle des Friedens darüber aus. Möge diesem Haus Heil widerfahren wie dem Haus des Zachäus, bei dem Du eingekehrt bist. Beauftrage Deine Engel, es zu beschützen, und von ihm alle Macht des Bösen zu vertreiben.

Satanismus erzeugt furchtbare Bluttaten

Aber Kirchen sprechen nicht vom Teufel

*Nachwort von Dr. Uwe Siemon-Netto, Journalist**

Die Verbrechen satanistischer Gruppen in den USA und in anderen Ländern erschüttern mehr und mehr die Öffentlichkeit. Dabei werden viele Verbrechen von Satanisten von der Polizei als normale Kriminalität eingestuft, weil weder Ordnungshüter noch christliche Kirchen an die Existenz des Teufels glauben. Wissenschaftler rätseln über das Phänomen Satanismus, halten aber Satan ebenfalls nicht für den Ursprung des Bösen. Nur die katholischen Mystiker haben die fast grenzenlose Machtentfaltung des Teufels in dieser Zeit vorausgesagt. Wer nicht im Glauben gefestigt und durch die Gnade der Sakramente geschützt ist, muss fürchten, Beute der Dämonen zu werden.

Die Meldungen über das hemmungslose Wüten Satans häufen sich: «Walpurgisnacht» in einem evangelischen Gemeindesaal, Massaker in Schulen, Mord nach Anbetung Satans, polnische Schüler ermorden zwei Klassenkameraden in «Schwarzer Messe», Orgien und Blutopfer in den USA. Im Vatikan verfolgt man mit größtem Schmerz, dass die Zahl katholischer Priester, die sich dem Teufel ausliefern und geheime Schwarze Messen feiern, immer größer wird. Der lutherische Theologe und Publizist Uwe Siemon-Netto recherchierte in den Vereinigten Staaten die Verbrechen der Satanisten. Hier das Ergebnis:

«Walpurgisnacht» ist ein deutsches Wort, das auch in die englische Sprache eingegangen ist, wie «Kindergarten», «Schadenfreude» und «Weltanschauung». Deutschen kommt bei diesem Begriff der Hexenritt auf dem Blocksberg (Brocken) in den Sinn. In

---

* Der Beitrag ist erstmals erschienen in der evangelischen Nachrichtenagentur IDEA und im Schwarzen Brief 18/1999.
Bei Caroline Alexander handelt es sich nicht um den richtigen Namen; über okkulte Dinge schreibt die amerikanische Theologin aus begreiflichen Gründen nur unter diesem Pseudonym. Der richtige Name ist dem Verlag bekannt.

Amerika ist diese Nacht vor dem 1. Mai ein wesentlich gefährlicheres Datum. «Sie ist eine von vier Nächten im Jahr, in denen harte Satanisten dem Fürsten der Finsternis Menschenopfer bringen», sagt Caroline Alexander, eine katholische Theologin, bei der Kriminalämter Rat einholen, wenn ihnen Indizien für einen Ritualmord vorliegen, zum Beispiel eine Leiche ohne Kopf und Gliedmaßen. Die Opfer seien teils speziell für diesen Zweck «gezüchtete» Kinder satanistischer Mütter, teils auch junge Ausreißer, die sich zum Beispiel an Busbahnhöfen herumtrieben und von «freundlichen Werbern» satanistischer Gruppen aufgelesen würden.

Im Haus von Frau Caroline Alexander in Manchester (US-Staat New Hampshire) stapeln sich Zeugenaussagen und andere Dokumente über die Art und Weise, wie Teufelsanbeter ihre Opfer rekrutieren, in Schwarzen Messen foltern, brandmarken, vergewaltigen, erstechen oder kreuzigen, um nach ihrer Vorstellung dadurch übersinnliche Kräfte zu erlangen. Die Theologin hat eine Fülle von Unterlagen über satanistische Gewaltverbrechen gegen Geistliche, die diese Untaten aufzudecken versuchen. «Der Satanismus blüht und hat alle Institutionen der Gesellschaft unterwandert, die Justiz, die Wirtschaft, die Streitkräfte, die Polizei, auch die Kirchen», sagt sie.

Darin stimmen ihr auch Sachverständige anderer Kirchen zu, so der lutherische Hochschulpfarrer Larry Nichols und der baptistische Pastor und Psychologe Jack Cluney, der sagt: «Evangelikale Kirchen sind besonders gefährdet; die linksliberalen Glaubensgemeinschaften sind für die Satanisten weniger interessant, weil sie ja oft jetzt schon so ähnlich denken und leben wie der Teufel selbst.»

Die Achillesferse vieler Evangelikaler seien «Millennaristen», die darüber spekulieren, wann das Tausendjährige Reich Christi hereinbrechen wird, obwohl die Bibel solche Prognosen ausdrücklich verwirft (Matthäus 24, 42-44). «An diesem Punkt setzen die Satanisten an; sie schleichen sich in Gemeinden ein, bringen deren endzeitlich orientierte Gruppen unter ihre Kontrolle, um die Millennaristen behutsam aus den Gemeinden herauszubrechen und mit ihnen eine eigene, oft spiritistische Kirche zu gründen, die in Wahrheit satanistisch ist.» Cluney berichtet, sein Bruder sei in eine solche «Kirche» geraten und von ihr umgebracht worden.

Wer mit seinem Computer im Internet zu wandern versteht, erfasst schnell den ungeheuren Umfang dieses Problems, das «Polizisten ratlos, ja ängstlich macht, weil sie dafür überhaupt nicht ausgebildet sind», berichtet Caroline Alexander. «Deshalb behandeln sie satanistische Morde meistens wie gewöhnliche Gewalttaten.» Aber der Internet-Forscher braucht nur das englische Wort «satanism» in eine «Suchmaschine» einzutippen und alsbald entfalten sich 3'414 sogenannte Webseiten über dieses Thema. Diese wiederum haben Verbindungen zu einer Million verwandter Adressen, die zusammenfügen, was augenscheinlich zusammengehört: Teufels- und Hexenkult, Neuheidentum, «New Age», die Rauschgift-Subkultur, alle Varianten des in der ganzen Welt immer wüster wuchernden Sadomasochismus, Selbstmord-Verherrlicher, Neo-Nazis, Rassenfanatiker vom Ku-Klux-Klan und auch «Hacker», die in die Computersysteme anderer eindringen, um Daten zu stehlen; eine «Hacker»-Organisation mit Anschluss an eine satanistische Webseite ist nach eigenen Angaben in der Türkei angesiedelt.

Manche Webseiten zeigen abgetriebene Kinder, andere spielen Videos ab, in denen sich ans Kreuz genagelte junge Menschen vor Schmerzen winden, auf wieder anderen wird Kokain wie eine Geliebte in Versen besungen. «Ein großer Teil des Rauschgifthandels ist in den Händen satanistischer und okkulter Gruppen», sagt Pastor Cluney, der in Springfield, der Hauptstadt des Bundesstaates Illinois, einen Dienst zur Rettung von Menschen betreibt, die in satanistische Kreise geraten sind; deshalb ist Cluney bereits massiv von Satanisten bedroht worden. Der Baptist: «Ich machte den Kerlen klar, dass mein starker Gott stark genug sei, mich schon vor dem Teufel zu schützen.»

Alle Satanismus-Experten, die ich für diesen Beitrag interviewte, spannten den Bogen vom Satanismus zum Rauschgift: «Es ist ein mächtiges Werkzeug für Satanisten», betont Pfarrer Bruce Frederickson von der lutherischen Messias-Gemeinde in Minneapolis. Caroline Alexander: «Die Teilnehmer satanistischer Orgien und Blutopfer stehen immer stark unter dem Einfluss harter Drogen.» Und weil den Satanisten Drogen so wichtig sind, betrachten sie Rauschgiftpolizisten als ihre Hauptfeinde; deshalb brachten sie in Mexiko einen Beamten der US-Rauschgiftpolizei DEA in einem Ritualmord um.

Der baptistische Pastor Joe Allbright in Houston (Texas) legt unter anderem übers Internet (http://exposingsatanism.org) die Gefahren und Verbrechen satanistischer, okkulter und anderer Sekten bloß. Er macht in diesem Zusammenhang auf das erste Gebot aller Teufelsanhänger aufmerksam: «Schwelge, fröne deiner Begierde.» «Dies ist das genaue Gegenteil von dem, was die Heilige Schrift lehrt. Deshalb treibt die Satanisten ein abgrundtiefer Hass gegen das Christentum», sagt Pfarrer Larry Nichols, Hochschulgeistlicher am berühmten Lehrerseminar «Rhode Island College» und zugleich Vorsitzender der «Kommission für Organisationen», also Sektenbeauftragter, in der Kirchenleitung der streng lutherischen Missouri-Synode. «Alles, was sie tun, dient dazu, Christus zu verhöhnen: das Kreuz, das Abendmahl, die Heilige Messe», erklärt die Theologin Caroline Alexander. «Nichts ist für einen Satanisten unerträglicher, als das Wort Gottes zu hören», ergänzt Ingo Dutzmann, ein geborener Braunschweiger, heute Pfarrer an der «Ersten Lutherischen Kirche» in Boston. «Einmal habe ich einer Teufelsanbeterin Texte aus dem Neuen Testament vorgelesen, da krümmte sie sich wie eine Katze, während eine giftgrüne Flüssigkeit aus ihrem Mund troff.»

Der Kampf gegen das Christentum ist das erklärte Ziel aller satanistischen Gruppen, deren Aufschwung mit der Studentenrebellion gegen sämtliche traditionellen Werte Mitte der sechziger Jahre begann. In ihrem Leitartikel zu Ostern 1999 empörte sich die Wirtschaftszeitung «The Wall Street Journal» darüber, dass seit jener Zeit die US-Prominenz pausenlos den christlichen Glauben der meisten Amerikaner verächtlich mache. Das Blatt nannte dafür eine Reihe von Beispielen:

– Auf einem öffentlichen Forum in Washington habe sich der Medien-Mogul Ted Turner über die Zehn Gebote mokiert, zumal das sechste («Du sollst nicht ehebrechen»). Schon früher habe der Besitzer des internationalen Nachrichtensenders «CNN» das Christentum «eine Religion für Verlierer» genannt.

– In einem Vortrag an der vornehmen Harvard-Universität in Cambridge bei Boston habe Sidney Blumenthal, einer von Präsident Bill Clintons engsten Mitarbeitern im Weißen Haus, einen Stellvertreter des Sonderermittlers Kenneth Starr einen «religiösen Fanatiker» gescholten. Der Grund: Dieser Mann, Hickman Ewing, sei Mitbegründer einer Kirchengemeinde und predige gelegentlich auch.

– Die «Washington Post», eine der angesehensten Tageszeitungen des Landes, behauptete, Evangelikale seien durchweg «arm, ungebildet und leicht herumzukommandieren», obwohl dies nachweislich nicht der Fall ist.

Die Grenzen zwischen dem Satanismus und anderen Formen postmoderner Gottesfeindlichkeit sind jedoch fließend: Besteht wirklich ein großer Unterschied zwischen Satanismus und neuheidnischen, radikalfeministischen, okkulten Sekten oder rabiaten atheistischen Vereinen? Bäumen sich nicht die einen wie die anderen gegen den Gott Israels auf? Dazu gesellen sich noch weitere Fragen: Wer ist schlicht ein Ungläubiger und wer ein Satanist? Wieviele gibt es von der letzteren Spezies? Zehntausende? Hunderttausend? Keiner meiner Gesprächspartner wagte, sich auf präzise Zahlen festzulegen, zumal die gefährlichsten Teufelsanbeter, also jene, die in ihren Ritualen Menschenopfer darbringen, im Untergrund operieren und sich gut zu tarnen verstehen. Caroline Alexander berichtet von einem lutherischen Pfarrer, der sonntags unverfälscht das Evangelium gepredigt, unter der Woche aber im Keller seiner Kirche in satanistischen Riten die Kinder von Gemeindemitgliedern vergewaltigt habe.

Auch über die Zahl der Opfer gibt es keine zuverlässigen Daten. Die von mir befragten Sachverständigen halten die hin und wieder in den Medien genannte Zahl von 50’000 im Jahr für weit übertrieben und zudem unbelegt. Ob es sich aber um Dutzende, Hunderte oder gar Tausende handelt, kann niemand sagen, zumal Amerika keine polizeiliche Meldepflicht kennt und Menschen deshalb in diesem riesigen Land spurlos verschwinden können. Bruce Frederickson: «Der Satanismus ist wie ein Krebs, der im Leib steckt und mal hier, mal da, mal dort wuchert; keiner kann sagen, wann, wo, wie oft und mit welcher Vehemenz dies geschieht.»

Larry Nichols hält «hunderttausend Satanisten» in den USA für eine denkbare Größe. Dabei unterscheidet er scharf zwischen fünf Gruppen:

1. Jugendliche Amateure: Meist sind das «Schlüsselkinder» aus gutbürgerlichen weißen Familien, die einerseits einen Nervenkitzel suchen, andererseits Familienersatz. US-Sektenforscher sind sich einig, dass der Zusammenbruch der amerikanischen Familie in den letzten 30 Jahren ein riesiges Reservoir potentieller Kandidaten für den Satanismus geschaffen hat. Die Jugendlichen stoßen vor allem über die «Heavy-Metal»-Rockmusik zu satanischen Gemeinden, zumal über ihre Texte, in denen Teufel, Tod, Sex und Drogen gepriesen werden.

«Diese jungen Menschen lassen sich leicht rekrutieren», sagt Caroline Alexander, «die Werber, ebenfalls jung, freunden sich in Schulen vor allem mit Einzelgängern an und führen sie dann ihren Priestern zu.» Joe Allbright hat im Internet für die Eltern solcher Kinder eine Liste von Symptomen veröffentlicht, die auf deren satanistische Kontakte schließen lassen.

2. Individuelle Satanisten: Das sind meist Psychopathen wie jene, die in den USA immer wieder durch Massenmorde und Kannibalismus in die Schlagzeilen geraten und vor Gericht erklären: «Der Teufel hat mir dies befohlen.»

3. «Offizielle Satanisten»: Dazu gehören vor allem die 10'000 bis 20'000 Mitglieder der amtlich anerkannten «Kirche Satans», die in ihrer deutschsprachigen Webseite die «wahre Natur des Menschen» betont, «eines fleischlich-sinnlichen Tieres, das in einem Kosmos lebt, durchdrungen und angetrieben von der dunklen Macht, die wir Satan nennen».

Diese «Kirche», gegründet 1966 von dem Zirkusartisten Anton Szandor LaVey, ist aber zutiefst atheistisch, so wie sie nach eigenem Bekenntnis auch nicht an den Teufel als Person glaubt.

«Wir ... sind unsere eigenen Götter», sagen sie. Der Begriff «Satan» steht für nichts anderes als die Selbstverwirklichung. Die «Kirche Satans» verkörpert damit wie kaum eine andere Gruppe den Ungeist der sechziger Jahre. Sie rühmt sich der hohen Intelligenz, Bildung und des gesellschaftlichen Rangs ihrer Mitglieder.

Die Filmschauspielerin Jayne Mansfield hatte sich vorübergehend in ihren Kreisen bewegt, bevor sie 1967 bei einem Verkehrsunfall buchstäblich enthauptet wurde. Seit dem Tod ihres «Hohenpriesters» LaVey 1997 scheint die «Kirche Satans» zu schrumpfen. Heute erlebt der von ihr abgespaltene «Tempel Seths» des ehemaligen Oberstleutnants Michael Aquino offenbar einen beträchtlichen Aufschwung. Seine Mitglieder orientieren sich an Seth, dem ägyptischen Gott der Finsternis.

4. Nicht-traditionelle Satanisten der ersten Generation: Sie wirken im Verborgenen, glauben wirklich an den Teufel als Lebewesen, feiern Schwarze Messen, aber bringen Satan keine Menschen- sondern höchstens Tieropfer.

5. Traditionelle Satanisten, auch «dynastische Satanisten» genannt: Sie gehören überwiegend den oberen Schichten an und kommen aus Familien, die schon seit Jahrhunderten Teufelsanbeter sind. Larry Nichols: «Ihre Wurzeln reichen zurück ins Mittelalter; damals fingen ehemalige Priester an, Schwarze Messen zu feiern, also Gottesdienste, in denen die gesamte christliche Messe auf den Kopf gestellt wird.»

Die traditionellen Satanisten glauben an Gott und an den Teufel, ziehen es aber vor, dem letzteren zu dienen. «Sie bringen ihm Menschenopfer», sagt Caroline Alexander. «Diese Riten werden vorzugsweise in Kirchen veranstaltet, weil Christus dort auf perfekte Weise verhöhnt werden könne. Das Kreuz wird auf den Kopf gestellt. Am Altar wird des Opfers Christi für das Heil der Menschen gedacht, sondern ein Mensch wird dem Widersacher geopfert.»

Caroline Alexander weiter: «Da liegt dann zum Beispiel eine Jungfrau. Sie ist vielleicht 13 Jahre alt und nackt. Der lange, schwarzlackierte Nagel an ihrem linken Ringfinger kennzeichnet sie als Teufelsbraut. Stolz hatte sie sich damit in der Öffentlichkeit gezeigt und gesagt: ‹Ich bin Satan geweiht; ihm werde ich geopfert werden›, niemand hatte sie ernstgenommen.

Jetzt ist der Augenblick gekommen, für den sie ‹gezüchtet› worden war, dreizehn männliche Mitglieder der Satansgemeinde missbrauchen die Jungfrau, während der Hohepriester ein Schwert über ihr Herz hält. Dann sticht er zu. Die Gemeinde jubelt im Drogenrausch: ‹Sieg! Sieg! Unser Herr hat gesiegt!› Der Hohepriester fängt mit einem Abendmahlskelch das Blut des toten Mädchens auf, vermischt es mit den Körperflüssigkeiten der Gemeinde, die er dann davon trinken lässt. Dem folgt eine Orgie: Männer mit Männern, Frauen mit Frauen, Männer mit Frauen, Erwachsene mit Kindern. Alles, was die Bibel für böse erklärt, ist in den Augen der Satanisten gut.»

Laut Caroline Alexander gibt es Indizien dafür, dass bei solchen Orgien die Leichen der soeben ermordeten Opfer manchmal gegessen werden, obwohl die Aussagen der Augenzeugen nicht zuverlässig sind, weil sie ja während der Schwarzen Messen selbst schwer berauscht gewesen waren und vermutlich halluziniert hatten. Caroline Alexander: «Die Teufelsanbeter besitzen aber auch bewegliche Krematorien, um die Toten an Ort und Stelle einzuäschern.» Hin und wieder, fügt sie hinzu, entdecke die Polizei immer links der Pfade zu geheimen Kultstätten im Freien – sei's auf Friedhöfen, sei's im Wald – Markierungen, die erkennen lassen, welche Satansgemeinde dort gerade «gefeiert» habe; jede von ihnen habe ihre eigenen Symbole.

In manchen Landkreisen der USA befindet sich die Polizei am 30. April in Alarmbereitschaft. Caroline Alexander: «Manche Polizisten kehren am nächsten Morgen nicht zu ihren Familien zurück, weil Satanisten ihnen eine Falle gestellt und sie umgebracht haben.» Die Walpurgisnacht mag für viele Deutsche nicht mehr als eine Spielerei sein. In Amerika – und wohl nicht nur dort – ist sie aber eine mörderische Angelegenheit, die von der Macht des Bösen zeugt.

Dr. Uwe Siemon-Netto

Literaturverzeichnis

Adler, G.: Die Engel des Lichts – von den Erstlingen der Schöpfung. Stein am Rhein 1992

Agreda, von, M.: Leben der Jungfrau Maria. Bände 1-4. Gosheim 1980

Allen, Th.: Besessen – Die wahre Geschichte eines Exorzismus. München 1993

Amorth, G.: Ein Exorzist erzählt. Stein am Rhein 1998[3]

Amorth. G.: Liberaci dal male. Roma 1997

Amorth. G.: Neue Berichte eines Exorzisten. Stein am Rhein 1998

Andreoli, V.: Demonologia e schizofrenia. Milano 1973

Assisi Verlag (Hrsg.): Themenheft «Himmel-Hölle-Fegfeuer» 1997/Heft 9+10

Assisi Verlag (Hrsg.): Themenheft «St. Michael» 1996/Heft 9+10

Auer, J. / Ratzinger, J.: Kleine Kath.Dogmatik. Band III. Regensburg 1975

Balducci, C.: Il diavolo. Piemme 1990

Balducci, C.: La possessione diabolica. Roma 1988

Basham, Don: Befreie uns vom Bösen. Stein am Rhein 1983

Becker, E.: Der Exorzismus der katholischen Kirche unter Beschuß. Stein am Rhein 1998

Beck, H.: Engel und Dämonen. Ottobrunn 1984

Beda, A.: Exorzismus – Befreiung aus Satans Tyrannei. Wien 1974

Beda, A.: Maria im Kampf mit dem Drachen. Wien 1977

Bender, H.: Verborgene Wirklichkeit. Parapsychologie. Olten 1973

Bienemann, G.: Pendel, Tisch und Totenstimmen. Freiburg im Breisgau 1994[2]

Böhm, A.: Epoche des Teufels. Ein Versuch. Stuttgart 1955

Bonin, W. F. (Hrsg.): Lexikon der Parapsychologie. Bern 1984

Brik, H. Th.: Gibt es noch Engel und Teufel? Stein am Rhein 1975

Bullinger, K.: Anneliese Michel und die Aussagen der Dämonen. Altötting

Cruz, N.: Der Teufel ist los! Konstanz 1989

Dam, van, W. C.: Dämonen und Besessene. Aschaffenburg 1975

Dam, van, W. C.: Satan existiert. Erfahrungen eines Exorzisten. Augsburg 1994

Der schwarze Brief. Abschied vom Teufel. Dokumentation – Sonderblatt 1990

Dvorak, J.: Satanismus. Frankfurt 1989

Egelseder, B. / Staudinger O. (Hrsg.): Tabernakel und Fegfeuer. Vom wahren Leben – hier und jenseits. Abtei Michaelbeuern (Jahrgänge 1943 - 1987)

Ernetti, P.: La Catechesi di Satana. Edizioni Segno. Udine 1998[3]

Esser, N.: Dem Schönen und Heiligen dienen, dem Bösen wehren. Mit Beiträgen von Ch. Probst, E. Recktenwald. Sinzig 1997

Exorzismus der Kath. Kirche nach dem neuen Rituale Romanum 1999: Administratio Patrimonii Sedis Apostolicae in Civitate Vaticana: Rituale Romanum, De exorcismis et supplicationibus quibusdam. Rom (Vatikan) 1999.

Gehrts, H.: Das Mädchen von Orlach. Stuttgart 1966

Goodman, F. D.: Anneliese Michel und ihre Dämonen. Stein am Rhein 1993[3]

Görres, J.: Mystik. 5 Bd., Eichborn-Verlag, Frankfurt 1989

Grandt, G. und M.: Schwarzbuch Satanismus. München 1995

Groß, C. (Hrsg.): Vom Sinn menschlicher Existenz. Bamberg 1995
Grün, A.: Der Umgang mit dem Bösen. Münsterschwarzach 1980
Guillet, A. (Hrsg.): Ich sende meinen Engel. Stein am Rhein 1990[4]
Guillet, A.: Novene zu den heiligen Engeln. Stein am Rhein 1995
Günther, B.: Satan der Widersacher Gottes. Aschaffenburg 1972
Günther, B.: Unser größter Feind – der Teufel. Wien 1973
Gutwenger, L.: «Treibt Dämonen aus!» Stein am Rhein 1992
Hinterdobler, M.: Die Besessene von Frauentödling. Passau 1993
Huber, G.: Weiche Satan – Der Teufel heute. Stein am Rhein 1997
Haack, F.-W.: Satan – Teufel – Luzifer. München 1987
Haag, H.: Abschied vom Teufel. Einsiedeln 1969
Hildebrand W.: Engel gibt es. St. Andrä-Wördern 1987
Ignatius von Loyola: Geistliche Übungen (Anhang mit Regeln zur Unterscheidung der Geister). Freiburg 1976
Johannes Paul II.: Die Engel – Sechs Papstkatechesen. Stein am Rhein 1991[2]
Kasper, W. / Lehmann K.: Teufel, Dämonen, Besessenheit. Zur Wirklichkeit des Bösen. Magonzan 1978
Katechismus der Katholischen Kirche. München 1993
Knaut, H.: Das Testament des Bösen. Stuttgart 1979
Koch, K.E.: Seelsorge und Okkultismus. Basel 1982[25]
Koch, K.E.: Okkultes ABC. Ergänzungsband zum Buch «Seelsorge und Okkultismus». Aglasterhausen 1988[3]
Koller, W.: Blumhardts Kampf. Die Krankheits- und Heilungsgeschichte der G. Dittus in Möttlingen. Enthalten in Gutwenger, L.: Treibt Dämonen aus
Kongregation für die Glaubenslehre in Rom: Christlicher Glaube und Dämonenlehre. Stein am Rhein 1999[3]
Kriese, R.: Okkultismus im Angriff. Neuhausen-Stuttgart 1988
Lama, F. v.: Ein Büchlein von den Engeln. Stein am Rhein 1993[14]
La Vey, A. S.: The Satanic Bible. New York 1969
Larson, B.: Hölle auf Erden. Erzhausen 1974
Laurentin, R.: Der Teufel. Mythos oder Realität? Hauteville 1996
Läpple, A.: Engel und Teufel. Wiederkehr der Totgesagten. Augsburg 1993
Lechler, A.: Krankheit oder Dämonie? Stuttgart 1970
Lewis, C.S.: Dienstanweisung für einen Unterteufel. Freiburg 1992[6]
Lewis, C.S.: Streng dämokratisch zur Hölle und andere Essays. Basel 1982
Locher, Th. / Lauber, G.: Schweizer Spuk u. Psychokinese. Freiburg/Br. 1977
Milingo, E.: Gebete für Kranke. Altötting 1996
Milingo, E.: Gib Gott nicht die Schuld. Altötting 1997
Milingo, E.: Gegen Satan. Altötting 1996
Moser, F.: Spuk. Olten 1977[2]
Müller, J.: Kontakte mit d. Jenseits? Spiritismus aus christl. Sicht. Fribourg 1989
Müller, J.: Verwünscht, verhext, verrückt oder was? Betulius 1998
Naegeli-Osjord, H.: Besessenheit und Exorzismus. Remagen 1983
Nigg, W.: Der Teufel und seine Knechte. Olten 1983
Nola, di, A.: Der Teufel. Wesen, Wirkung, Geschichte. München 1990

Ortner, R.: Auf den Spuren des Bösen. St. Andrä-Wördern 1991
Ortner, R.: Die Berge werden erbeben. Stein am Rhein 1985
Ortner, R.: In die Tiefen der Seele. Regensburg 1976
Ortner, R. / Ortner U.J.: Parapsychologie. In: Schütz, Ch. (Hrsg.): Praktisches Lexikon der Spiritualität. Freiburg 1988. Sp. 969-972
Ortner, R.: Personalisation und die Bestimmung des Menschen. Bamberg 1990
Paci, St. M.: Zum Teufel, was für eine Mode. In: 30 Tage. 1996/1
Papini, G.: Il diavolo. Florenz 1959
Papst Paul VI.: Credo des Gottesvolkes. Im Anhang seiner Enzyklika Humanae vitae. Stein am Rhein 1991[2]
Pasquali, S. S. P.: Um den Himmel nicht zu verlieren. Gröbenzell 1974
Perryman, I. J.: Widerstehet. Baden 1981
Petersdorff, E. von: Dämonologie. (2 Bände) Stein am Rhein 1995[3]
Rahner, K.: Visionen und Prophezeiungen. Freiburg 1960
Rawlings, M. S.: Zur Hölle und zurück. Hamburg 1996
Recheis, A.: Die Engel sind mächtige Geister. Wien 1972
Rocca, A.: Über den Teufel und sein Wirken. Gröbenzell 1966
Rodewyk, A.: Dämonische Besessenheit heute. Aschaffenburg und Stein am Rhein 1988[4]
Rodewyk. A.: Sie stehen ganz im Licht. Stein am Rhein 1995
Rohrbach, H.: Mit dem Unsichtbaren leben. Wuppertal 1976
Scanlan, M. / Cirner, R. J.: ...erlöse uns von dem Bösen. Graz 1983
Schindelholz, G.: Exorzismus. Ein Priester berichtet. Lausanne 1983
Schlink, B.: Reiche der Engel und Dämonen. Darmstadt 1974[2]
Schwarz, P. M.: Teufel – Dämonen – Besessene. Wien 1976
Schwaiger, G. (Hrsg.): Teufelsglaube und Hexenprozesse. München 1987
Siegen, J.: Der Erzengel Michael. Stein am Rhein 1996[4]
Siegmund, G.: Die Teufelsbeschwörung. Leutesdorf 1982
Siegmund, G.: Der Mensch zwischen Gott und Teufel. Aschaffenburg 1978
Siegmund, G.: Jesus Christus und die Dämonen. Leutesdorf 1985
Siegmund, G. (Hrsg.): Der Exorzismus der Katholischen Kirche. Lateinisch – Deutsch. Stein am Rhein 1989[2]
Siegmund, G.: Von Wemding nach Klingenberg. Stein am Rhein 1985
Sprenger, H. / Institoris, H.: Der Hexenhammer. München 1985[3]
Stolz, B.: Die Macht Mariens über die Dämonen. Jestetten 1972
Stratford, L.: In Satans Griff. Erzhausen 1994
Sutter, P.: Satans Macht und Wirken. Gröbenzell 1975
Valtorta, M.: Der Gottmensch. Bd. I-XII. Isola del Liri 1991
Walter de Gruyter Verlag: Pschyrembel Klin. Wörterbuch. New York 1990
Warnke, M.: The Satan-Seller. Plainfield 1972
Winklhofer, A.: Traktat über den Teufel. Frankfurt 1962
Wright, J. St.: Der Christ und das Okkulte. Wuppertal 1974
Wurmbrand, R.: Das andere Gesicht des Karl Marx. Uhldingen 1993[8]
Zimmermann, J. A.: Johann Joseph Gassner, der berühmte Exorzist. Sein Leben und wundersames Wirken. Kempten. 1878

Anmerkungen

1 Alexander Solschenizyn (russischer Dissident, Schriftsteller und Philosoph)
2 Vgl. Ortner, R. In: Groß, C.: Vom Sinn menschlicher Existenz. Padova 1995, S.26
3 Vgl. Eph 6,12
4 1 Petr 5,8
5 Nach Schätzungen von Fachleuten bieten allein in Deutschland 50.000 Wahrsager ihre Dienste an. Das sind mehr als landesweit katholische und evangelische Geistliche zusammen. Esoterik predigt das Recht auf privates Glück. Zahlreiche Jugendsekten manipulieren junge Menschen in Psychokursen und Seminaren mit sexuellem Hintergrund.
6 Als Schwerpunkt für die Dokumentation satanistischer Praktiken in der Gegenwart wurden die Aufzeichnungen von Lauren Stratford (In Satans Griff) gewählt. Lauren Stratford ist ein Opfer dieses Mißbrauches gewesen. Ihre Schilderungen haben empirisch-dokumentarischen Aussagewert.
7 Im Hinblick auf gründliche Recherchen visionärer Aussagen habe ich die Aufzeichnungen aller Visionen von Therese Neumann, Anna Katharina Emmerich und Maria von Agreda genau studiert. *Sämtliche Texte* der 12 Bände «Der Gottmensch» von Maria Valtorta wurden im Verlaufe von 3 Jahren mehreren Personen (großenteils zweimal) langsam vorgelesen und im Vergleich mit dem Neuen Testament diskutiert. Die dabei erworbenen Kenntnisse über die Wahrscheinlichkeit der Echtheit der Inhalte können als kritisch-bestätigend und veranschaulichend gewertet werden. Sie gingen als analytischer Extrakt in Aussagen und Zitate dieses Buches ein.
8 Ortner, R. in: Groß, C. (Hrsg.): Vom Sinn menschlicher Existenz. Padova 1995. S. 27
9 Unser Schöpfer und Erhalter der Welt, Gott Vater, Sohn und Heiliger Geist
10 Ratzinger, J. In: Regensburger Bistumsblatt. März 1973
11 «Und er setzte zwölf ein, die er bei sich haben und die er dann aussenden wollte, damit sie predigten und mit seiner Vollmacht Dämonen austrieben» (Mk 3,15). «In meinem Namen werden sie Dämonen austreiben.»
12 Warnke, M.: The Satan-Seller. Plainfield 1972. Deutsche Übersetzung. Erzhausen 1973. S.7
13 Valtorta, M. a.a.O. Band I, S.39
14 Katechismus der Katholischen Kirche (KKK). München 1993.
15 KdKK, a.a.O. Absatz 5, 330
16 Papst Paul VI.: Credo des Gottesvolkes. Wien 1971
17 In freier gedanklicher Entwicklung nach Aussagen in Valtorta, M.: Der Gottmensch. Bd. X. Isola del Liri 1991. S.138-141
18 Valtorta, M., a.a.O., Bd. X, S.139
19 Valtorta, M., a.a.O. S.139
20 Valtorta, M., a.a.O. S.139
21 Vgl. Valtorta, M., a.a.O. S.139
22 Valtorta, M., a.a.O. S.140
23 Papst Paul VI., a.a.O.
24 Wenn wir hier näher auf die Engel eingehen, so geschieht dies auch deshalb, weil aus der Schöpfung dieser guten Geister sich im Engelsturz die bösen Engel, die bösen Geister, absonderten.
Satan und die Dämonen waren Engel (und zwar aus allen Gruppen und Rangordnungen der Engel).
Das Wesen und Wirken der Dämonen ist besser verständlich, wenn geklärt ist, was Engel sind, welche Möglichkeiten sie haben und daß der Unterschied zwischen Engeln und Dämonen der von Gut und Böse und der Existenzform «bei und für Gott» und «entfernt und gegen Gott» ist.
25 Trotzdem vermögen sie «auf den Raum zu wirken und den Raum zu bewohnen, so wie unsere Seele unserem Leib innewohnt und dessen Lebenskräfte leitet» (Laurentin, R., a.a.O. S.118).
26 Viele Autoren stimmen darin überein, «daß am Gipfelpunkt der göttlichen Schöpfung ein oberster Engel stand, dem man gemäß Jes 14,12-13 den Namen Luzifer gegeben hat» (vgl. Laurentin, R.: Der Teufel).

27 Ex 23,20-23
28 Eun 3,1
29 Kol 1,16
30 Die folgenden Zitate sind aus: Maria von Agreda: Leben der Jungfrau und Gottesmutter Maria. Gosheim 1978. Bd.1, S.354
31 Dan 10,6-7
32 Offb 7,11
33 Kurzausschnitt aus: Maria von Agreda. 1978. Bd.1, S.130-132
34 Kurzausschnitt aus: Emmerich, A. K.: Geheimnisse des Alten und des Neuen Bundes Stein am Rhein 1993. S.22
35 Auer, J./ Ratzinger, J.: «Kleine Katholische Dogmatik». Band III, Regensburg 1975. S.507
36 Hierzu Auer/Ratzinger: «Es ist wohl anzunehmen, daß die Engel als reine personale Geistwesen schon im ersten Akt ihres Bewußtwerdens in dieser Gottesoffenbarung über sich verfügt haben, und zwar die einen in Freiheit und Hingabe für Gott, die anderen (die dadurch zu bösen Engeln wurden) in Freiheit zur selbstherrlichen Absage gegen Gott.» (Auer/Ratzinger, a.a.O. S.506)
37 Hierzu Auer/Ratzinger: «Die einmalige und abgründige Sünde des Ungehorsams der Engel als reiner Geistwesen bestand nun gerade darin, daß sie selbst Gott keine Gegenliebe schenken und dazu selbstherrlich über den Kosmos herrschen wollten und nach dem Sündenfall erst recht die Welt zu dieser Verweigerung der Gottesliebe des Geschöpfes gegen den Schöpfer führen möchten.» (Auer/Ratzinger, a.a.O. S.504-505)
38 Katechismus der Katholischen Kirche (KdKK). München 1993. Absatz 7, 392
39 Auer/Ratzinger: «Nach den Aussagen der Schrift aber hat Gott diese Neuschöpfung der Engel nicht mehr gewirkt und wird sie nicht mehr wirken.» (Vgl.: «Weichet von mir, ihr Verfluchten, in das ewige Feuer, das dem Teufel bereitet ist und seinen Engeln!» (Mt 25,41)) (S.506)
40 Anna Katharina Emmerich sagte nach einer Vision des Engelsturzes: «Nach diesem Innewerden konnte ich kein Mitleid mehr mit dem Teufel haben; denn ich habe ihn aus freiem bösen Willen sich mit Gewalt niederstürzen sehen.» (Anna Katharina Emmerich: Geheimnisse des Alten und des Neuen Bundes. Stein am Rhein 1993. S.21)
41 Valtorta schreibt: «Sie haben den Sohn Gottes nicht angebetet, und Gott verzeiht nicht die Sünde gegen sein Wort, das aus seiner Liebe gezeugt wird.» (Valtorta, M., a.a.O. Band VIII, S.396)
42 Nach Sutter gab der Dämon in einer Besessenen folgende Auskunft bei einem Dialog bezüglich der Motivation der Auflehnung: «‹Aber warum bist du denn hinausgeworfen worden?› – ‹Ich wollte selbst der Höchste sein.› – ‹Wie heißt du denn?› – ‹Das geht dich nichts an.› –
Er fügte noch hinzu: ‹Wenn die Teufel, die in den Lüften kommandieren, einen Körper hätten wie die Menschen, würde man das Licht der Sonne nicht mehr sehen wegen ihrer großen Menge.›» (Vgl.: Sutter, P.: Satans Macht und Wirken. Gröbenzell 1975. S.40)
43 Es gibt eine Überlieferung, derzufolge der Neid und der Stolz Satans vor allem durch die Offenbarung der Menschwerdung Christi angestachelt wurden. Satan habe daraufhin die Anbetung des Gottmenschen abgelehnt, habe mit großem Neid auf den Menschen geblickt und habe «für sich eine hypostatische Union und die Anbetung» gefordert. (Vgl. F. de Suarez: De ang. VII c 13,13).
Eine andere Version spricht von Gottes Forderung der Anbetung des menschgewordenen Christus und der Huldigung für Maria durch die Engel. Luzifer antwortete darauf: «Non tibi serviam!» («Ich werde dir nicht dienen!»)
44 Hierzu Augustinus: «Ursache des Neides aber ist der Stolz. Da nämlich der Stolz die Liebe zur eigenen Auszeichnung ist, Neid aber die Mißgunst auf fremdes Glück [...]. Wer immer seine eigene Auszeichnung eifersüchtig liebt, beneidet Gleichrangige, weil sie ihm gleichen, oder Niedrigere, damit sie ihm nicht gleichen, oder Höhergestellte, weil er ihnen nicht gleicht.»
45 Papst Johannes Paul II. am 23. Juli 1986
46 KdKK 390
47 Die Katholische Kirche lehrt, daß Satan oder Teufel ein von Gott erschaffener guter Engel war. Vgl. auch Denzinger: Enchiridion Symbolorum et Definitionum. 800
48 Konzil im Lateran 1215: DS 800
49 KdKK 392

50 Auf Grund seiner Erfahrungen als Exorzist mit den Aussagen von Dämonen Besessener gibt Rodewyk folgende Analyse: «Gott stieß die bösen Engel hinaus ‹in eine Nacht ohne Sterne›, in eine Zukunft ohne jede Hoffnung, daß es noch einmal besser werden könnte. Das Schlimmste für die Teufel ist heute, zu wissen, wer Gott ist, ihn für immer verloren zu haben und sich sagen zu müssen: ‹Das ist deine eigene, unverzeihliche Schuld.› Die Liebe zu Gott ist in Haß umgeschlagen, der so weit geht, daß die Teufel wohl sagten. ‹Natürlich möchten wir wieder glücklich werden.› Aber sie fügen gleich hinzu: ‹Aber wenn wir dafür den Hohen anerkennen müßten – nein niemals.›» (Rodewyk, A.: Dämonische Besessenheit heute. Aschaffenburg und Stein am Rhein 1976. S.99-100)
51 KdKK 393
52 Vgl. Laurentin, R.: Der Teufel. S.109-110
53 Vgl. KdKK, Absatz 7, 393
54 Bonsirven, J.: La Bible apocryphe. S. 216, zitiert bei Laurentin, R. a.a.O. S.82/83
55 Bonsirven ebenda
56 KKK. Absatz 7, 414
57 Der Teufel ist «Sünder von Anfang an» (1 Joh 3,8), der «Vater der Lüge» (Joh 8,44)
58 Vgl. KdKK 394
59 Vgl. Laurentin, R., a.a.O. S.105. Hierzu schreibt Laurentin: «Er hat seine in sich selbst abgeschlossene Autonomie der Anbetung und der Danksagung vorgezogen. Er wollte sich von Gott und seiner Liebe lösen und versank in seinem Narzißmus.» (S.105)
60 Vgl. Laurentin, R., a.a.O. S.105
61 Die Sünde der abgefallenen Engel ist nach Thomas von Aquin in erster Linie eine Sünde des Hochmutes.
62 «Die Teufel und die anderen Dämonen wurden zwar von Gott ihrer Natur nach gut geschaffen, sie wurden aber durch sich böse.» (4. Konzil im Lateran 1215: DS 800) Vgl. KKK, a.a.O. 391
63 Christus nennt ihn den «Mörder von Anfang an» (Joh 8,44)
64 Vgl. Katechismus der Katholischen Kirche, a.a.O. 394
65 Auer, J.; Ratzinger, J., a.a.O. S.502
66 Vgl. Augustinus: De nuptiis et concupiscentia
67 Röm 8,28
68 Bei Valtorta findet man hierzu folgende Passage: «Du fragst dich, ob auch Satan zu einem guten Zweck da ist. Sei nicht so töricht, mich widerlegen und Irrtum in meinen Worten finden zu wollen. Ich antworte dir, daß Satan nicht das Werk Gottes ist, sondern das Werk des freien Willens des rebellischen Engels. Gott hatte ihn zu seinem glorreichen Diener gemacht, und so hatte er ihn zu einem guten Zweck erschaffen. Du sagst nun zu dir selbst: «Dann ist Gott töricht; denn er hat die Herrlichkeit einem künftigen Rebellen verliehen und seinen Willen einem Ungehorsamen anvertraut.» Ich antworte dir: «Gott ist nicht töricht, sondern vollkommen in seinem Denken und Tun. Er ist der Allervollkommenste. Die Geschöpfe sind unvollkommen, auch die vollkommensten. Immer ist in ihnen etwas Mangelhaftes im Vergleich zu Gott.

Aber Gott, der sie liebt, hat ihnen den freien Willen gegeben, damit das Geschöpf mit seiner Hilfe in der Vollkommenheit wachse und dadurch Gott, seinem Vater, ähnlicher werde.» Und weiter sage ich dir [...], daß Gott auch durch das Böse, das aus freiem Willen entstanden ist, etwas Gutes erreicht:

Er gibt den Menschen die Möglichkeit, eine verdiente Herrlichkeit zu erwerben. Die Siege über das Böse sind die Krone der Auserwählten. Wenn das Böse nicht etwas Gutes in den Menschen guten Willens bewirken könnte, hätte Gott es vernichtet. Denn nichts von allem in der Schöpfung darf ganz ohne Beziehung zum Guten sein, sei es, daß es dazu ansporn oder daraus folgt.» (Valtorta, M.: Der Gottmensch, Isola del Liri. Italien 1993. S.367)
69 KdKK 395
70 ebenda 395
71 Vgl. Röm 8,28
72 Valtorta, M., a.a.O. Band VIII, S.394
73 Maria von Agreda: Leben der Gottesmutter und Jungfrau Maria. Bd.1, Gosheim 1978
74 Nach dem Zeitraum der Erschaffung von Himmel und Erde
75 Wörtlich in Ausschnitten zitiert aus: Maria von Agreda: Leben der Gottesmutter und Jungfrau Maria. Bd. 1, Gosheim 1978. S.132-140

76 Aus: Anna Katharina Emmerich: Geheimnisse des Alten und des Neuen Bundes. Stein am Rhein 1993. S.19ff.

77 Aus: Steiner, J.: Visionen der Therese Neumann. Bd. II, München 1977. S.134-136

78 «Dieser Kampf gegen den Dämon, den der Erzengel Michael führt, ist auch heute aktuell, denn der Dämon lebt und wirkt in der Welt. Tatsächlich sind das Schlechte auf der Welt, die Unordnung in der Gesellschaft nicht nur eine Folge der Erbsünde, sondern auch das Ergebnis der beunruhigenden und finsteren Werke Satans.» (Papst Johannes Paul II. über Satan (Rede am 24. Mai 1987) bei einem Besuch der römischen Kirche des hl. Erzengels Michael)

79 Der Autor hat im Verlaufe seines Lebens eine Reihe solcher Attacken erleben müssen. Diese waren ganz offenkundig gezielt geplant (dies belegt auch die mehrmalige Wiederholung oft fast identischer Abläufe und Zusammenhänge).
Die dahinter stehende Absicht geradezu zynischer Gnadenlosigkeit und Mitleidlosigkeit demaskierte seinem Erleben und seiner Meinung nach in erschreckender Weise den «Menschenmörder von Anfang an».

80 Scanlan, M: Cirner, R. J.: ...erlöse uns von dem Bösen. Graz 1983. S.49

81 Entsprechende Passagen aus der Heiligen Schrift sind klar und deutlich. Die Infragestellung dieser Stellen mit Hilfe exegetischer Denkkonstruktionen befriedigt nicht.
Es ist nur schwer verständlich, wenn eindeutige Aussagen von Christus oder der Evangelisten als «dem damaligen Weltbild verhaftet» entkräftet werden sollen.
Die Umdeutung geradezu typischer Besessenheitsphänomene in Berichten der Bibel als psychologistische «Synonymaussagen für heute erkannte Krankheitsbilder» muß angesichts dokumentierter echter Besessenheitsfälle in Geschichte und Gegenwart als ideologische Voreingenommenheit gewertet werden. Manche erwecken den Eindruck krampfhafter Wahrnehmungsflucht vor der dämonischen Realität.
Zwar können Visionen zum Leben von Jesus Christus keine historisch dokumentative und daher argumentative Basis im streng wissenschaftlichen Sinn sein, doch ergeben beispielsweise Analysen von solchen biblisch-außersinnlich visionären Wahrnehmungen eine erstaunlich deutliche Präsentation des Handelns und der Aussagen von Jesus Christus in Bezug auf die Existenz Satans und der Dämonen, ebenso die von eindeutigen Berichten über Exorzismen mit Dämonenaustreibungen.

82 In Anlehnung an: Der schwarze Brief. Dokumentation in: Sonderblatt Nr. 48/90

83 Lk 10,18; Jd 6

84 Mk 5,9

85 Jer 2,20 (hier in Bezug auf Israel ausgesagt)

86 Mt 4,9; Offb 12,7-9

87 Ijob 2,5

88 Gen 3,5

89 Mt 13,39

90 Weish 2,24

91 Mt 4,3-9; Lk 4,2-9; Lk 10,18

92 Mt 10,8; Mk 6,13; Lk 9,1; Lk 10,17; Apg 8,7; 16,18; 19,12

93 Mt 12,43-45

94 Mt 16,23

95 Jer 17,5

96 Mt 16,17

97 Mt 10,28

98 Joh 8,44.

99 Lk 2,31; 1 Tim 3,7

100 des Petrus und seiner Nachfolger

101 Lk 22,32

102 Haag, H.: Abschied vom Teufel. Einsiedeln 1969

103 Mt 16,18

104 Mt 25,41

105 Analyse nach «Elbikon 4» für Windows; mit frdl. Unterstützung von *Johannes Kramarz.*

106 Jedes personale Wesen besitzt ein Ich, eine geistige und unzerstörbare Ichsubstanz: Gott, die Engel und die Menschen. Da Luzifer als Engel erschaffen wurde, besitzt auch er ein Ich. Hierzu schreibt Laurentin: «Der Teufel bleibt ein *Ich,* ein lebendiges und handelndes Subjekt, eine von Gott geschaffene Person, wenngleich sie durch den Tod ihrer Freiheit, die sich

selbst torpediert hat, gefallen ist.» (Laurentin, R.: Der Teufel. Mythos oder Realität? Hauteville 1996, S.168)

107 Wobei man den Personbegriff, wie es z.B. Ratzinger und Urs von Balthasar tun, in diesem Fall als Pervertierung zur «Un-Person» verstehen kann.

108 Valtorta, M.: Der Gottmensch. Band X, S.312

109 Vgl. Amorth, G.: Ein Exorzist erzählt. Stein am Rhein 1998. S.20

110 Laurentin: Satan «besitzt eine höherstehende, durchdringende Intelligenz, die sich nicht allein im Bösen zeigt, sondern die auch erkennt, wenn sich ihm das Allerheiligste oder Weihwasser nähert, *sogar wenn dieses verborgen ist.»* (Laurentin, a.a.O. S.255)

111 «Eine ganz spezifische Besonderheit des Dämonischen ist seine Anormalität und das Fehlen einer Physiognomie. Wenn man fragt, ob der Teufel eine Person ist, so müßte man richtigerweise antworten: er ist die Un-Person, die Zersetzung und die Auflösung des personalen Seins und aus diesem Grund besteht seine Besonderheit darin, sich ohne Gesicht zu zeigen. Seine ihm eigene, spezifische Kraft ist es, unkenntlich zu sein. Auf jeden Fall bleibt es wahr, daß diese Relation eine wirkliche Macht ist, oder besser: eine Ansammlung verschiedener Kräfte, und nicht die reine Summe des menschlichen *Ich.*» (Ratzinger, J.: Dogma e Predicatione, Brescia, 1974, S.189 bis 197)

112 Papst Paul VI. bezeichnete in einer Ansprache am 15.11.1972 die Wirklichkeit Satans als personale Realität. Diese sei in der Unheilsgeschichte der Menschheit am Werke und anhand zahlreicher Schriftzitate belegt. Wörtlich sagte er: «Wer sich weigert, diese [Realität] als existent anzuerkennen, verläßt den Geist der biblischen und kirchlichen Unterweisung.» An anderer Stelle sagte er: «Das Böse ist nicht mehr nur ein Mangel, sondern es ist eine wirkende Kraft, ein lebendiges, geistliches Wesen, verderbt und verderbend, eine schreckliche Realität, geheimnisvoll und beängstigend [...]. Wer die Existenz dieser Realität bestreitet, stellt sich außerhalb der biblischen und kirchlichen Lehre; desgleichen, wer daraus ein eigenständiges Prinzip macht, das nicht, wie alles Geschaffene, seinen Ursprung aus Gott nimmt; oder auch, wer es zu einer Pseudowirklichkeit erklärt, es für eine erfundene, phantastische Personifikation der unbekannten Ursachen unseres Unheils hält.»

113 Satan und Dämonen werden 188 mal erwähnt (62mal als «Dämon»; 33mal als «Teufel», 36mal als «Satan»,, 7mal als «Beelzebub» (Bezeichnung für «Anführer»), 13mal als «Drache» und 37mal als «Tier»)

114 «Aller Schmerz, unter dem wir leiden, rührt von diesem Hochmut her.» (Valtorta, M.: Der Gottmensch. Hauteville 1991 Bd. VIII, S.100)

115 Amorth: «Satan aber glaubte, daß er an die Spitze der gesamten Schöpfung gesetzt worden sei – und irrte gründlich. Der ganze einheitliche Schöpfungsplan war auf Christus hin orientiert. Dadurch geriet er in Gegensatz zu dem Plan, den Gott ausführen wollte.» (Amorth, G., a.a.O. S.20)

116 «Satan muß für vieles, was er tun möchte, von Gott die Zustimmung erhalten. Dies bedeutet aber dann noch nicht den Willen Gottes, sondern nur eine sogenannte Zulassung Gottes.»(Michalek, A.: Die große Novene. Bd. II).

117 Augustinus schreibt hierzu: «Der Teufel weiß gar nicht, wie die überaus erhabene Weisheit Gottes sein Nachstellen und sein Wüten zum Heil der Gläubigen benützt» (De Trin. IV 13,18: PL 42,900)

118 Laurentin, R., a.a.O. S.116-117

119 Laurentin: «Er will Gott nicht schauen. Das wäre ihm unerträglich. Er wendet sich von ihm ab, so wie sich unsere Augen von der blendendenen Sonne abwenden. Seine Selbstgenügsamkeit richtet all seine Kräfte darauf aus, Gott zu bekämpfen, die Menschen zu bekämpfen und sie zu Komplizen seines Kampfes und seines Abfalles zu machen.» S.114-115

120 Laurentin, R. a.a.O. S.272

121 Es sind dies die Gaben der Weisheit, des Verstandes, der Wissenschaft, des Rates, der Stärke, der Frömmigkeit und der Gottesfurcht.

122 «Die Finsternis haßt die Menschenseelen und will nicht, daß sie die Wahrheit erkennen, durch die sie sich heiligen können.» (Valtorta, IX, S.114)

123 Der erste Petrusbrief (1 Petr 5,8) faßt dies in folgende Worte: «Seid nüchtern und wachsam, denn euer Widersacher, der Teufel, geht umher wie ein brüllender Löwe und sucht, wen er verschlingen könne; widersteht ihm standhaft im Glauben.»

124 Laurentin, a.a.O. S. 107

125 Vgl. Mt 13,25

126 Vgl. Apokalypse 10,38

127 Vgl. Hebr 12,4

128 «Ihr habt den Teufel zum Vater, und ihr wollt das tun, wonach es euren Vater verlangt. Er war ein Mörder von Anfang an. Und er steht nicht in der Wahrheit; denn es ist keine Wahrheit in ihm.» (Joh 8,38-47)

129 Ihnen wird gewissermaßen eine verstärkte Dominanz der Anwesenheit als «Siegeszeichen» (Laurentin, R., a.a.O. S.324) aufgedrückt.

130 Nach Laurentin sollen «manche Kandidaten aus dem Gleichgewicht» gebracht werden (Laurentin, R., a.a.O. S.327)

131 «Als Vergeltung bei den Heiligen und bei Christus selbst, die seinem Reich entgegenwirken. Gott läßt bei ihnen diese furchtbringende Prüfung für das Heil der Sünder zu.» (Laurentin, R., a.a.O. S.324)
Laurentin schreibt hierzu: «Vor den Heiligen, die ihm, gestärkt durch die göttliche Gnade, nicht nachgeben, gebärdet sich Satan rasend. Er wendet alle Kraft auf, um sie zum Verrat zu bringen oder in Verzweiflung zu stürzen.» (Laurentin, R., a.a.O. S. 108)

132 Laurentin, R.: Der Teufel. S.296/297

133 Maria von Agreda. 1978. Bd 4, S.119ff.

134 «Nichts widerspricht dem christlichen Geist mehr als die Angst vor dem Teufel.» (Laurentin, R., a.a.O. S.288)

135 Vgl. Eph 6,11-12: «Zieht die Rüstung Gottes an, damit ihr den Schlichen des Teufels widerstehen könnt! Wir haben nicht gegen Menschen aus Fleisch und Blut zu kämpfen, sondern gegen die Mächte und Gewalten, gegen die Beherrscher dieser finsteren Welt, gegen die bösen Geister des himmlischen Bereichs.»

136 Vgl. 1 Petr 5,8

137 Vgl. Mk 6,7; Lk 9,1; Mt 10,1.8

138 «Auf den Willen des Menschen wirft der Wille Gottes sein Licht und der Wille Satans seine giftigen Ausdünstungen. Am Menschen liegt es, das Licht oder das Gift aufzunehmen und so ein Gerechter oder ein Sünder zu werden.» (Valtorta, M.: a.a.O. Band IX, S.41)

139 Vgl. Eph 4,27

140 Valtorta, M., a.a.O. Band VII, S.196

141 Vgl. 1 Joh 5,4; Augustinus schreibt: «Er [Satan] ist von Gott an die Kette gelegt wie ein Hund, der nur den beißen kann, der sich ihm leichtsinnig selbst zu sehr naht.»

142 Worte der Weisheit

143 Laurentin, R., a.a.O. S.12

144 Jo 12,31; 14,30; 16,11

145 2 Kor 4,4

146 Vgl. 1 Thess 3,5; Gen 3,13; Mk 1,23

147 Vgl. 1 Tim 3,7; Tim 2,26

148 Valtorta, M., a.a.O. Band VIII, S.154

149 «Der Geist des Stolzen treibt Unzucht mit Satan gegen Gott und gegen die Liebe. Und Luzifer, mit wem hat er Unzucht getrieben, um Satan zu werden, als er noch nicht Satan war? Mit sich selbst, mit seinem eigenen intelligenten, ungeordneten Gedanken.» (Valtorta, VIII, S.387)

150 Vgl. Eph 6,11

151 Vgl. hierzu Valtorta: «Es gibt den Sauerteig des Guten und den des Bösen. Der Sauerteig des Bösen ist teuflisches Gift und gärt leichter als der des Guten, denn er findet geeignete Nahrung im Herzen, in den Gedanken und im Fleisch des Menschen, die alle drei verderbt sind durch den Eigenwillen, der zum Willen Gottes im Widerspruch steht.» (Valtorta, M.: Der Gottmensch. Hauteville 1991. Bd. VII, S.278)

152 Vgl. 1 Kor 7,5

153 Vgl. 2 Kor 3,11

154 Vgl. 2 Kor 11,14

155 Vgl. 2 Kor 4,4;
Valtorta: «Die Folgen seines Bisses sind die Unfähigkeit, das Gute vom Bösen zu unterscheiden, das Abweichen der Vernunft und des verdorbenen Gewissens vom guten Weg.» (Valtorta, M., a.a.O. Band VII, S.243)

156 Vgl. Valtorta, M.: a.a.O. Bd. VII, S.67

157 Laurentin, R.: Der Teufel. Mythos oder Realität. Hauteville 1996. S.268

158 Wenn in den Herzen «alles Gute zerstört ist, kann nichts mehr, außer Dornen, als Streu für die Dämonen gedeihen.» (Valtorta, M., a.a.O. Band VIII, S.58)

159 Valtorta, M., a.a.O. Band VII, S.108

160 Vgl. Laurentin, R., a.a.O. S.322

161 Vgl. Laurentin, R., a.a.O. S.11

162 Vgl. Laurentin, R., a.a.O. S.117

163 Amorth, G.: Ein Exorzist erzählt. Stein am Rhein 1998. S.105

164 Amorth, G., a.a.O. S.105

165 Rodewyk, A.: Dämonische Besessenheit heute. Aschaffenburg 1976. S.50

166 Rodewyk zitiert: «Wenn wir Teufel Mitleid haben könnten, dann würden wir es mit ihr (der Besessenen «Magda»; Anm. des Verfassers) haben. Aber wir heulen nicht um Menschen, sondern nur über Gott, den wir verloren haben.» (Rodewyk, A., a.a.O. S.59)
Beda zitiert Dämonen: «Bei euch ist alles Liebe, bei uns ist alles Haß[...]» (Beda, A.: Maria im Kampf mit dem Drachen. Wien 1977. S.32)

167 Hierzu zitiert Beda die Aussagen eines Dämons: «Wenn ich den Willen des Menschen habe, dann lache ich über deinen Gott.» (Beda, A., a.a.O., S. 33)

168 «Die Teufel» so beschreibt Rodewyk seine Gesprächserfahrungen mit Besessenen, «haben oft darüber triumphiert, daß die Menschen heute den Spürsinn für sie verloren haben, so daß sie ohne Angst, erkannt zu werden, durch die Welt gehen können. Sie haben auch gespottet über die Verblendung des kleinen Menschen, der in seiner Überheblichkeit glaube, seine armseligen Kräfte allein hätten die Weltkatastrophe zustande gebracht.» (Rodewyk, A., a.a.O. S.117)

169 Vgl. hierzu Maria von Agreda.1978. Bd.4, S.231

170 «[...] denn das Wirken des Bösen kennt keine Grenzen. Der Dämon sagt nie: ‹Genug, nun bin ich müde und ruhe mich aus!› Er ist unermüdlich. Viel behender als ein Gedanke eilt er von einem Menschen zum anderen und versucht und nimmt, verführt und quält und läßt keine Ruhe. Er greift mit Hinterlist an und schlägt nieder, wenn man nicht mehr wachsam ist. Manchmal erobert er eine Seele wegen der Schwachheit des Angegriffenen; andere Male erscheint er als Freund, da die Lebensweise des gesuchten Opfers schon so ist, daß sie einem Bündnis mit dem Feind gleichkommt.» (Valtorta, M., a.a.O. Bd. VI. S.227)

171 «Da aber dieser Feind ein reiner, unkörperlicher Geist ist, den keine Wirksamkeit ermüdet, ist er in unserer Verfolgung so eifrig, daß er damit vom ersten Augenblick des Daseins eines Menschen im Mutterschoß beginnt und den Kampf nicht eher aufgibt, bis die Seele sich vom Leibe trennt. (Agreda, M. von, a.a.O. Bd. 4, S.231) Vgl. Kapitel 2.4.4.3.

172 Papst Paul VI.

173 Scanlan, M./ Cirner, R. J.: ...erlöse uns von dem Bösen. Graz 1983.

174 Scanlan/Cirner, a.a.O. S.31

175 Augustinus: «Niemand von uns würde am Leben bleiben, wenn der Satan von Gott freie Hand hätte. Da er uns aber nicht töten kann, versucht er, uns auf seine Seite zu ziehen, uns zum Widerstand gegen Gott zu überreden, so wie er sich selbst Gott widersetzt hat.» (Vgl. Amorth, G., a.a.O. S.20)

176 Vgl. Scanlan/Cirner, a.a.O. S.46f.

177 «Sind Dämonen die Ursache, dann werden die Dinge solange nicht in Ordnung kommen, als wir uns nicht direkt mit den bösen Geistern auseinandersetzen.» (Scanlan/Cirner, a.a.O. S.46)

178 Scanlan/Cirner, a.a.O. S.20-21

179 Scanlan/Cirner, a.a.O. S.39

180 Vgl. Amorth, A., a.a.O. S.34-36

181 «Das Bild Gottes ist in jedem Menschen gegenwärtig.» (Katechismus der Katholischen Kirche. München 1993, 1702)

182 Papst Johannes Paul II.

183 Diese sind «ein erhabenes Kennzeichen des göttlichen Bildes im Menschen». (Katechismus der Katholischen Kirche. München 1993. 1705)

184 «Zwar verlangt er immer noch nach dem Guten, aber seine Natur ist durch die Erbsünde verwundet. Er neigt zum Bösen und ist dem Irrtum unterworfen.» (Katechismus der Katholischen Kirche, a.a.O. 1707)

185 Der Mensch ist «in sich selbst zwiespältig. Deshalb stellt sich das ganze Leben der Menschen, das einzelne wie das kollektive, als Kampf dar, und zwar als ein dramatischer, zwi-

schen Gut und Böse, zwischen Licht und Finsternis». (Katechismus der Katholischen Kirche, a.a.O. 1707

186 «Persona est rationalis naturae individua substantia.»

187 Ratzinger, J.: Zum Personenverständnis in der Dogmatik. In: Speck. J. (Hrsg.): Das Personverständnis in der Pädagogik und ihren Nachbarwissenschaften. Teil 1, Münster 1966. S.157-171

188 «Eine Person sagt *Ich*, und dieses geheimnisvolle *Ich* ist ein Bezugszentrum, das nicht nur dynamisch, sondern kohärent und unveräußerlich ist.» (Vgl. Laurentin, R., a.a.O. S.169)

189 «Hier liegt Staub, Asche und nichts.» Inschrift auf dem Grabstein des aus dem Kapuzinerorden hervorgegangenen Kardinals *Antonio Barberini* (Neffe von Papst Urban VIII; gestorben am 11. September 1646) in der Chiesa dell› Immacolata in Rom.
Diese Grabsteininschrift erfolgte auf persönliche Anordnung des Kardinals vor seinem Tod.

190 Wiesenhütter, E.: Therapie der Person. Stuttgart 1969. S.31

191 Vgl. Caruso, J.A.: Bios-Psyche-Person. Freiburg 1957. S.330

192 «Die Würde des Menschen wurzelt in seiner Erschaffung nach Gottes Bild und Ähnlichkeit; sie kommt in seiner Berufung zur Seligkeit Gottes zur Vollendung. Aufgabe des Menschen ist es, in Freiheit auf diese Vollendung zuzugehen.» (KKK. 1700)

193 «Brüder», so schreibt Fjodor Dostojewski, «fürchtet euch nicht vor der Sünde des Menschen, liebt den Menschen auch in seiner Sünde; denn nur eine solche Liebe wäre ein Abbild der Liebe Gottes, das ganze Weltall wie jedes Sandkörnchen auf Erden.
Jedes Blättchen, jeden Lichtstrahl Gottes liebet. Liebet die Tiere, liebt die Gewächse, liebet jegliches Ding. Erst wenn du jedes Ding lieben wirst, wird sich dir das Geheimnis Gottes in den Dingen offenbaren. Liebet die Tiere, ihnen hat Gott den Anfang des Denkens und harmlose Freude gegeben. Trübet sie ihnen nicht, quält sie nicht, nehmt ihnen nicht die Lust am Dasein, handelt nicht dem Gedanken Gottes zuwider.
Du Mensch, sei nicht überheblich den Tieren gegenüber; sie sind sündlos, du aber in all deiner Herrlichkeit, du versetzest die Erde in Fäulnis und Eiter mit deinem Erscheinen auf ihr und läßt hinter dir die Spur der Verwesung zurück, – und leider tut das fast jeder von uns!
Besonders aber liebet die kleinen Kinder; denn auch sie sind sündlos, gleich den Engeln, und sie leben zu unserer Rührung, zur Reinigung unserer Herzen und wie zu einer gewissen Belehrung für uns. Weh dem, der ein Kindlein kränkt!» (Aus: Die Brüder Karamasoff)
Die Bibel enthält eine Vielzahl von Verdeutlichungen und Konkretisierungen, wie die Liebe des Menschen zu Gott und zu seinen Mitmenschen verwirklicht werden kann.

194 «Mit der Menschenwürde ist untrennbar die Freiheit verbunden. Wir können sie zum Guten oder zum Bösen einsetzen, für oder gegen Gott. Die Möglichkeit von Mißbrauch, Sünde und Fehlentscheidungen ausschließen, heißt die Freiheit der Menschen leugnen. Gott nimmt bei Engeln und bei Menschen beides sehr ernst: unsere freie Entscheidung für ihn und unsere freie Entscheidung gegen ihn.» (R. Lambert)

195 Rodewyk berichtet, daß während exorzistischer Befreiungsgebete Dämonen folgende Aussagen machten: «Von der Minute an, wo man für den Sterbenden den Priester ruft, bis zu dessen Eintritt [Anmerkung des Verf.: ins Sterbezimmer] ist unser Kampf so gewaltig, daß, wenn wir öffentlich mit ihm kämpfen würden, er unweigerlich zugrunde gehen würde.
Sobald ihr [Anm. Verf.: die Priester] aber kommt, ist es uns, als würden wir gleichsam wie ein Schwarm Mücken mit einem Handtuch zerschlagen. Die Leute ahnen nicht, daß wir am Sterbebette sind, weil sie uns nicht sehen.» (Rodewyk, A.: Dämonische Besessenheit heute. Aschaffenburg 1970. S.144)

196 Vgl. KKK: «Wir können nicht mit Gott vereint werden, wenn wir uns nicht freiwillig dazu entscheiden, ihn zu lieben.
Wir können aber Gott nicht lieben, wenn wir uns gegen ihn, gegen unseren Nächsten oder gegen uns selbst schwer versündigen: «Wer nicht liebt, bleibt im Tod. Jeder, der seinen Bruder haßt, ist ein Mörder, und ihr wißt: Kein Mörder hat ewiges Leben, das in ihm bleibt» (Joh 3,14-15) (KKK. 1033)

197 Katechismus der Katholischen Kirche, 407

198 Das zentrale Ziel bei der Bestimmung des Menschen ist seine Vollendung in der Heiligkeit. Diese wurzelt in der Liebe. Sich selbst verzehren in der Liebe zu Gott und zum Nächsten ergibt sich aus dem Vorbild von Jesus Christus. «Sich selbst retten? Das ist wenig. Das ist das Mindeste an Heiligkeit. Schön ist es, zu retten. Sich hinzugeben, um zu retten. So sehr lieben, daß man zur lodernden Flamme wird, um zu retten. Dann ist die Liebe vollkommen,

und die Heiligkeit der Hochherzigen wird großartig sein.» (Valtorta, M., a.a.O. Band VII, S.36)

199 Valtorta, M.: Der Gottmensch. Isola del Liri. Italien 1993 Band VI, S.256

200 Bei Valtorta steht: «Die Religionen, angefangen von jener Gottes bis zur individuellen Moral, sagen alle, daß der bessere Teil von euch überlebt und gemäß seinem Verhalten auf dieser Erde seinen Lohn im anderen Leben erhalten wird.» Demzufolge ist das Ziel des Menschen der Erwerb des Friedens im anderen Leben, nicht die Völlerei, die Habgier, die Herrschsucht und das Vergnügen, die nur kurze Zeit dauern und eine Ewigkeit lang mit sehr harten Strafen vergolten werden.» (Valtorta, M., a.a.O. Band VI, S.67)

201 Ortner, R. in: Groß, C.: Vom Sinn menschlicher Existenz. Bamberg 1995. S.26

202 Laurentin, R., a.a.O. S.183

203 «Die freie Person kann sich so der Liebesfülle in Gott öffnen, oder im Gegenteil, sich in die höhnische Eigenliebe, in den narzißtischen Egoismus zerstörerisch einschließen. Dann verschließt sich die Person (Mensch oder Engel) in sich selbst und erhebt sich dadurch zu höchster Autonomie; kurzum: sie macht sich zu Gott, sie verherrlicht sich selbst und sie wünscht, von den anderen verherrlicht und angebetet zu werden. Und das ist ihre Selbstzerstörung.» (Laurentin, R., a.a.O. S.169)

204 Laurentin, R.: Der Teufel. Mythos oder Realität?. Hauteville 1996. S.180/181

205 Mt 25,41-46

206 Mit «Rüstung Gottes» ist ein konsequentes Leben nach dem Evangelium Christi gemeint, insbesondere in Liebe zu Gott und zu den Mitmenschen

207 Eph 6,10-18

208 Laurentin, R., a.a.O. S.117

209 Valtorta, M.; a.a.O. Band IX, S.30

210 Ein Dämon sagte aus einem Besessenen: «Nicht Er [Gott] hat die *Hölle* gemacht. Wir haben das getan. Er hat nicht einmal daran gedacht.» [...]. Wir haben alle dazu beigetragen.» (Amorth, G.: Ein Exorzist erzählt. Abensberg 1993. S.18)
Laurentin: «Die Hölle ist keine von außen auferlegte Bestrafung, sondern eine Selbstbestrafung. Für die Dämonen ist die Hölle kein göttlicher Zwang, sondern sie ist quasi die Fortsetzung ihres Kampfes für ihr narzißtisches und tyrannisches Reich. Der Teufel hat sich Gott vorgezogen.» (Laurentin, R., a.a.O. S.114)

211 «Die Todsünde ist wie auch die Liebe eine radikale Möglichkeit, die der Mensch in Freiheit wählen kann.» (KKK, a.a.O., 1861)

212 Vgl. hierzu im Katechismus der Katholischen Kirche: «In der Todsünde sterben, ohne diese bereut zu haben und ohne die barmherzige Liebe Gottes anzunehmen, bedeutet, durch eigenen freien Entschluß für immer von ihm getrennt zu bleiben. Diesen Zustand der endgültigen Selbstausschließung aus der Gemeinschaft mit Gott und den Seligen nennt man «Hölle». (KdKK, München 1993. 1033)

213 «Dämonen, die nicht – wie Gott – fähig sind, das *Sein* zu erschaffen, betäuben sich mit ihrer Fähigkeit, das *Nichts*, d.h. jene *Amputation*, die das Sein verdirbt und zerstört, zu schaffen. Das ist für Satan die einzige Weise, seinen Traum, selber Schöpfer zu sein, zu verwirklichen.» (Laurentin, R., a.a.O., S.116)
Hierzu schreibt Laurentin: «Die Dämonen sind nicht aus Zwang in der Hölle. Sie haben sie in ihrem Haß selbst gewählt; sie wollen Gott nicht mehr. Sie ziehen die Hölle vor. Gott respektiert diese letztgültige Entscheidung, die die immanente Konsequenz ihrer gegen die Liebe gerichteten Entscheidung ist. Und Liebe ist es auch, mit der Gott sie weiterhin im Dasein erhält, wobei er die Autonomie und die Freiheit, die er ihnen geschenkt hat, achtet.» (Laurentin, R., a.a.O. S. 173)

214 So schrieb zum Beispiel der Römer Celsus: «Die Christen haben recht, wenn sie denken, daß diejenigen, die ein heiliges Leben führen, nach ihrem Tode belohnt werden, und daß die Bösen Strafe erleiden; dieses Gefühl ist ihnen mit der ganzen Welt gemeinsam.»

215 Jes 66,24

216 Mt 10,28

217 Mt 13,41-42

218 KdKK, a.a.O., 1035

219 Vgl. hierzu: Garfield, Ch.: Zwischen Leben und Tod. New York. Spring Publishers. 1979. Fliß, C. M.: Zur Hölle und zurück. Hamburg.

220 Katechismus der Katholischen Kirche. München 1993. 1033

221 Als man Christus fragte: «Welches Gebot ist das wichtigste?» antwortete er.: «Du sollst den Herrn, deinen Gott, lieben mit ganzem Herzen, mit ganzer Seele und mit all deinen Gedanken. Das ist das wichtigste und erste Gebot. Ebenso wichtig ist das zweite: Du sollst deinen Nächsten lieben wie dich selbst.» (Mt 22,36)

222 «Man kann den Mitmenschen nicht ehren, ohne Gott, seinen Schöpfer zu preisen.» (Katechismus der Katholischen Kirche, a.a.O. 2069)

223 1 Joh 3,14-15

224 «Es genügt, daß man sein ganzes Sein und alles, was man tut, in Liebe kleidet.» (Valtorta, M.: Der Gottmensch. Hauteville 1992. S.300)

225 Die Lehre der Katholischen Kirche sagt auf Grund der Aussagen der Heiligen Schrift, daß es diese Hölle gibt. Sie ist (auch außerhalb der Dimensionen von Raum und Zeit) ewig.
«Die Seelen derer, die im Stand der Todsünde sterben, kommen sogleich nach dem Tod in die Unterwelt, wo sie Qualen der Hölle erleiden, das ‹ewige Feuer›. Die schlimmste Pein der Hölle besteht in der ewigen Trennung von Gott, in dem allein der Mensch das Leben und das Glück finden kann, für die er erschaffen worden ist und nach denen er sich sehnt.» (KKK. 1035)

226 Valtorta, M., a.a.O. Band VI, S.256

227 In den Aufzeichnungen von M. Valtorta findet sich ein Teilhinweis auf den «Ort» der Hölle, bei dem menschliches Verhalten und Handeln ebenso wie die Freiheit der Entscheidung im Leben als kontinuierliche Vorstufe der Hölle für die Endgültigkeit nach dem Tod charakterisiert wird: «Die Hölle ist nicht *in* der Erde, sie ist *auf* der Erde, in den Herzen der Menschen, und im Jenseits vervollständigt sie sich.» (Valtorta, VI, S.256) Vgl. Leitzitat in Kapitel 3.5.1.

228 So zitiert z.B. Sutter die Aussage eines Dämons in einem Besessenen: «Das Feuer der Hölle ist nicht so, wie ihr meint. Ihr könnt euch keinen Begriff davon machen; es ist viel brennender als das natürliche Feuer und man leidet darin fürchterlich!» (Dabei gab der Dämon gewöhnlich dem Wunsche Ausdruck, von Gott ganz vernichtet zu werden). (Sutter, P.: Satans Macht und Wirken, Gröbenzell 1975. S.40)

229 Kardinal Henry Newman

230 Ortner, R. in: Groß, C.: Vom Sinn menschlicher Existenz. Bamberg 1995, S.27

231 1 Tim 2,4

232 Christus macht darauf aufmerksam, «daß wir von ihm getrennt werden, wenn wir es unterlassen, uns der schweren Nöte der Armen und Geringen, die seine Brüder und Schwestern sind, anzunehmen. In Todsünde sterben, ohne diese bereut zu haben und ohne die barmherzige Liebe Gottes anzunehmen, bedeutet, durch eigenen freien Entschluß für immer von ihm getrennt zu bleiben.»
(KKK. 1033)

233 «Nur eine freiwillige Abkehr von Gott (eine Todsünde), in der man bis zum Ende verharrt, führt dazu.» (KKK. 1037)

234 Laurentin, R., a.a.O., S.171

235 Valtorta, M., a.a.O. Band II, S.318

236 Ortner, R. in: Groß, C.: Vom Sinn menschlicher Existenz. Bamberg 1995. S.27

237 Dieser Tatsachenbericht stammt von einem dem Verfasser bekannten, absolut vertrauenswürdigen Wissenschaftler, der gewohnt ist, realistisch zu urteilen und Vorgänge nüchtern und kritisch zu analysieren.
Eines Tages teilte er mir in einem Brief dieses Erlebnis mit, das ihn vor kurzem in seinem Innersten erschüttert hatte. Er ist mit dieser Veröffentlichung einverstanden.

238 «Die ganze Geschichte der Menschheit», so lautet eine Aussage des 2. Vatikanischen Konzils, «durchzieht ein harter Kampf gegen die Mächte der Finsternis, ein Kampf, der schon am Anfang der Weltzeit begann und nach dem Wort des Herrn bis zum letzten Tag andauern wird. Der einzelne Mensch muß, in diesen Streit hineingezogen, beständig kämpfen um seine Entscheidung für das Gute, und nur mit großer Anstrengung kann er mit Gottes Gnadenhilfe eine eigene innere Freiheit erreichen.»

239 Stiefvater, A.: In: Schwarzer Brief 1982

240 Laurentin, R.: Der Teufel. Mythos oder Realität? Hauteville 1996. S.247

241 US-Fernsehsender

242 «Der Teufel wird nach außen solche Macht bekommen, daß alle, die nicht fest in mir gegründet sind, sich täuschen lassen. Denn der Teufel weiß die Menschen zu blenden, daß sich

sogar die besten täuschen lassen.» (Aus: Botschaft von Marienfried) Vgl.: Eizereif, H.: Das Zeichen des lebendigen Gottes. Stein am Rhein (2. Aufl.) 1994

243 Amorth, G.: Ein Exorzist erzählt. Stein am Rhein 1998. S.9
Amorth: «Die Mehrzahl der zeitgenössischen Autoren, einschließlich katholischer Theologen, sind darauf bedacht, den Einfluß Satans und der anderen gefallenen Engel zu verniedlichen, wenn sie deren Existenz nicht überhaupt leugnen. Heute werden Einflüsse des Teufels auf die Menschen leicht als Spinnereien vergangener, dunkler Epochen abgetan.» (S.8)

244 Vgl. hierzu: Graber, R.: Vorwort in: Siegmund, G.: Von Wemding nach Klingenberg. Stein am Rhein 1985. S.9-10

245 Ortner, R. in: Groß, C., a.a.O. S.26

246 Nach Laurentin haben solche Versuchungen auch eine wertvolle Seite, da sie den Versuchten «in der Demut verankern». (Laurentin, R., a.a.O. S.95)

247 Brief einer Patientin an den Verfasser. Genehmigung für Publikation vorhanden.

248 Der Apostel Paulus kennzeichnet dies so: «Ich begreife mein Handeln nicht: Ich tue nicht das, was ich will, sondern das, was ich hasse. Denn ich tue nicht das Gute, das ich will, sondern das Böse, das ich nicht will» (Röm 7,15-19).

249 Laurentin, R., a.a.O. S.297

250 «Die Leidenschaften, die Satan fördert, und die der Mensch nicht mit seinem Willen überwacht, können gefährlich werden, wenn es ihm nicht gelingt, sie einzudämmen. Unschädlich aber sind sie, wenn er sie wie einen gefesselten Dieb überwacht.
Wenn sich die Welt von außen her mit ihnen verschwört durch Verführung des Fleisches, durch Anstachelung zu Habsucht und Hochmut, dann [...] sind sie stets bereit, auf Befehl des Bösen anzugreifen.» (Valtorta, Der Gottmensch. VII, S.197)

251 Genehmigung zur Veröffentlichung wurde gegeben.

252 Christlicher Glaube jedoch geht schon immer vom Eingebundensein in ein solches Wirkfeld aus.

253 Hier werden vom Dämon an der Gesundheit, dem Vermögen, der Arbeit, den zwischenmenschlichen Beziehungen und anderem Schaden angerichtet.

254 Besessenheit durch Gedanken, die oft rational absurd sind. Von ihnen kann sich aber das Opfer nicht selbst befreien. Es fühlt sich niedergeschlagen, verzweifelt und denkt an Selbstmord. Fast immer sind davon auch die Träume betroffen.

255 Amorth, A.: Ein Exorzist erzählt. Stein am Rhein 1998. S.27f.

256 Groß, C.: Böse. In: Vom Sinn menschlicher Existenz. Padova 1995. S.25

257 Sutter berichtet von der Aussage eines Dämons bei Germana, einem besessenen Kaffernmädchen. Er schreibt: «Öfters wiederholte sie: ‹Jetzt, in dieser Zeit (um das Jahr 1906) sind ganze Scharen von Teufeln aus der Hölle losgelassen. Luzifer selbst, unser König, ist losgelassen. Wir ziehen alle in der Welt herum, um die Menschen zu verführen. Wir arbeiten mit allen Kräften daran, um Neid, Haß, Zwietracht, Streit und Krieg, Sünde und Laster unter den Menschen zu entfesseln.
Ja, wir arbeiten mit voller Kraft, denn unsere Zeit ist kurz›.» (Vgl.: Sutter, P.: Satans Macht und Wirken, Gröbenzell 1975. S.146)

258 Groß, C. a.a.O. S.26

259 Siegmund schreibt hierzu: «Die Dämonen sind keineswegs nur Randfiguren in der Geschichte Jesu, von denen man absehen kann, ohne damit etwas Wesentliches aufzugeben.
Es gehört zum Grundbestand seines messianischen Bewußtseins, daß er gegen satanische Mächte kämpfen muß. Er war nicht nur gekommen, um Neues zu lehren, auch nicht nur, um Behinderten und Kranken aufzuhelfen oder eine neue religiöse Haltung zu verbreiten. Für ihn gab es nicht nur einen Hang zum Bösen, der zur Sünde des einzelnen und des Geschlechts führen kann.
Für ihn gab es ‹jemanden›, der ausdrücklich gegen Gott steht.» (Siegmund, G.: Jesus Christus und die Dämonen. Leutesdorf 1985. S.18)

260 Valtorta, M., a.a.O. Band VI, S. 318

261 Aus Berichten über den Sturz der Engel wissen wir: Satan will selber herrschen. Er ist ein böser Geist, der ‹nicht dienen›, sondern ‹selbst herrschen will›. Der Stolz Satans will sein eigenes Reich errichten. Dies zielt auf Verderben und Zerstörung ab.

262 Vgl. Valtorta, M.: Der Gottmensch, Bd. IX, S. 114

263 Vgl. Graber, R.: Vorwort in: Siegmund, G.: Von Wemding nach Klingenberg. Stein am Rhein 1985. S.9-10

264 Aufzeichnungen der Geschwister Scholl, die von den Nationalsozialisten hingerichtet wurden.

265 Papst Paul VI in einer Ansprache am 15.11.1972

266 Raupert, J. G. in: Meine Erfahrungen mit dem Jenseits. Wien 1977

267 Siegmund, G.: Die Engel: Boten Gottes – Diener der Menschen – Kämpfer gegen die Teufel. In: Stimme des Glaubens 1984/12, S.7

268 Stratford, die von sehr jungen Jahren an satanistisch-sexuell mißbraucht worden war schreibt hierzu: «Manchmal war das Schreiben von Zerstörungswut begleitet. Alles, was in erreichbarer Nähe war – Teller, Gläser, Kleider, Bücher – flog durch die Luft und landete an der nächsten Wand.»- «[...] war ich keine Person mehr.

Ich haßte meinen Körper, ich haßte mich selbst. In diesem Augenblick wünschte ich nur das eine: zu sterben.» – «Ich bin meiner Identität beraubt worden. Nicht nur dem Namen nach, sondern meiner Identität als Mensch: Erst als kleines Mädchen im Keller und als Teenager und junge Erwachsene im Porno-Studio, wo ich aufhörte, als Mensch zu existieren.» – «Wir finden hier die Tatsache vor, daß Gehirnwäsche eine psychologische Lähmung im Opfer hervorruft.» (Vgl. Stratford, L.: In Satans Griff. Erzhausen 1994, S.26 ff.)

269 Pater Alfred Delp, SJ, am 2.2.1945 vom nationalsozialistischen «Volksgerichtshof» zum Tode verurteilt und hingerichtet.

270 Laurentin, R., a.a.O. S.323

271 Haag, H.: Abschied vom Teufel. Einsiedeln 1969

Hierzu nahm die Glaubenskongregation der Katholischen Kirche Stellung und betonte, daß diese Aussage weder mit der Lehre des IV. Laterankonzils noch mit der Heiligen Schrift zu vereinbaren sei. (9.6.1971)

272 Laut einem Bericht des «Nieuwe Rotterdamse-Courant-Handelsblad» vom 23.3.1974 war schon damals die Reaktion auf die Anfrage nach einem Exorzismus ein schallendes Gelächter des Assistenten des Kardinals Alfrink. Seine Auskunft: «Der Papst glaubt wohl noch an den Teufel, aber damit können wir nichts anfangen.» Auf die Frage, was er denn täte, wenn jemand in der Überzeugung zu ihm käme, von einem Dämon besessen zu sein, sagte der Pater: «Dann sage ich, kommen Sie, wir gehen ein Schnäpschen trinken.» (Vgl. Siegmund, G.: Jesus Christus und die Dämonen. Leutesdorf 1985)

273 Siegmund schreibt hierzu: «Zu gleicher Zeit, da katholische Theologie-Professoren die «Abschaffung des Teufels» verkünden und in allen Tonarten nicht nur nach altprotestantischer Art, sondern auch in neukatholischen Kreisen Papst, Bischöfe und die ganze katholische ‹Institution› verteufelt werden, verbreitet sich bis auf die liberalen Zeitungen der USA das Gerücht, daß der Teufel ‹nicht mehr nur ein Produkt eines primitiven Aberglaubens› ist.» (Siegmund, G.: Jesus Christus und die Dämonen. Leutesdorf 1985. S.23)

274 Laurentin, R., a.a.O. S.7

275 «Die Leugnung und Ignorierung des Satans hat seiner machtvollen Rückkehr in unsere Zivilisation, in der sich die neuen Auswüchse des Bösen nur schwerlich ohne sein Einwirken erklären lassen, sehr genutzt.» (Laurentin, R.; a.a.O. S.177)

276 Vgl. hierzu: Thürkauf, M.: Gedanken zum Abschied vom Teufel. In: EWIG 1991/7+8. S.5

277 Charles Baudelaire (französischer Dichter)

278 Laurentin, R., a.a.O. S.180

279 Fernsehsendungen und Produktwerbungen tragen ganz offensichtlich dazu bei, «Satan» teils zu simplifizieren, teils mit Hilfe bildlich suggerierter Schmunzel- oder Gruselgefühle Wirtschaftsprodukte attraktiver zu machen.

280 Hierzu Siegmund: «Im Zuge eines rationalistischen Zeitgeistes ist es bei vielen Theologen üblich geworden, das ganze Thema «Jesus und die Dämonen» nicht mehr ernst zu nehmen und es mit der Behauptung abzutun, Jesus habe sich mit seinem Glauben an Dämonen nicht vom Aberglauben seiner Zeit lösen können.

Wenn man sich aber die Texte der Bibel genauer ansieht, wirkt das wie eine billige Ausrede. Nicht nur die Aussagen der Texte lauten anders. Auch die geistige Überlegenheit, mit der Jesus seinen Gegnern entgegentritt, spricht dagegen.

Die Frage, wie Jesus zu den Dämonen stand und wie er sie auffaßte, ist keineswegs eine nebensächliche Randfrage, die sich von den anderen Fragen nach dem Selbstverständnis Jesu und unserer Frage nach dem Wesen Jesu ablösen ließe.» (Siegmund, G.: Jesus Christus und die Dämonen. Leutesdorf 1985. S.15)

281 Amorth, G.: Ein Exorzist erzählt. Stein am Rhein 1998. S.143

282 Scanlan, M.; Cirner, R. J.: ...erlöse uns von dem Bösen. Wien 1983. S.26-27
283 Scanlan/Cirner, ebenda
284 Amorth, G., a.a.O. S.152
285 Papst Paul VI.
286 Es ist aufschlußreich, daß die Existenz Satans und damit die Möglichkeit von Besessenheit auch schon in früheren Jahrhunderten vehement geleugnet wurde. So schreibt beispielsweise Sutter: «Gegen die Tatsache der Besessenheit beider Kinder (der beiden besessenen Knaben von Illfurt) erhob sich alsbald heftiger Widerspruch, vor allem seitens jener, die überhaupt an keinen Teufel glauben und jeden Fall von Besessenheit oder kirchlichem Exorzismus mit einem verächtlichen Lächeln oder einigen sogenannten wissenschaftlichen Phrasen abfertigen.

Damals schrieb Prof. Dr. Hoppe: ‹Ich erkenne an, daß der Exorzismus der katholischen Geistlichen die beiden Knaben geheilt hat, nicht durch die sogenannte Teufelsaustreibung, sondern durch psychische Heilung des kranken Gehirns. Somit erkenne ich bei jedem der beiden Knaben eine hysterisch-choreatische (Veitstanz) Verwirrtheit und erkläre die Vorgänge auf folgende Weise: Die ganze Seele oder das beseelte Gehirn der beiden Knaben hat den Teufelsspuk selbst gemacht, wie auch die Heilung zustande gebracht, und dies war mittels der Gehirnorganisation und des geistigen Gehirnmechanismus möglich.›

Und weiter: ‹Der Glaube an die Einkehr eines Teufels in das menschliche Gehirn ist zu wohlfeil, um noch gelten zu können.› (Vgl. Sutter, P., a.a.O. S.115)

Sutter kommentiert: «Was muß das für eine «Gehirnorganisation» sein, daß Kinder fremde, nie gelernte Sprachen geläufig sprechen, daß sie das Gewissen anderer Menschen aufdekken und ihnen ihre geheimsten Fehler offenbaren, daß sie von wissenschaftlichen Dingen reden, wie Sachverständige es nicht besser tun können, daß sie zukünftige Dinge voraussagen, die sich genau erfüllen, daß sie Kräfte entwickeln, die weit über ihrem Alter liegen.» (Sutter, P.: Satans Macht und Wirken. Gröbenzell 1975. S.115)

287 Scanlan, M./ Cirner, R. J.: ...erlöse uns von dem Bösen. Wien 1983. S.20
288 Scanlan/Cirner, ebenda
289 Scanlan/Cirner, a.a.O. S.25
290 Valtorta, M., a.a.O. Band. VI, S.326
291 Das Böse «essentiell in einem Subjekt, in einer Person, die sich ihrer Bestimmung, d.h. der Liebe, verweigert hat». (Laurentin, R., a.a.O. S. 9)
292 Scanlan/Cirner, a.a.O. S.20
293 Vgl. hierzu: Balducci, C.: Il diavolo. Piemme 1990
294 «Der Herr verlangt auch dort, wo es um den Kampf gegen den bösen Geist geht, allein den Glauben und nicht das Verstehen, weil es dabei um Dinge geht, die der Mensch mit seinem Verstand nicht erfassen kann.» (Michalek, A.: Große Novene. Bd. II, Neu-Ulm1992. S.366)
295 Warnke, M., a.a.O. S.77
296 de Rosa, G. in: L'Osservatore Romano 1986/17 S. 8
297 Eisenbach (Bischof)
298 Papst Johannes Paul II. am 13. und 15.8. 1996
299 Valtorta, M.: Der Gottmenmsch. Bd. VIII, S.279
300 Man unterscheidet Fürsten, Throne, Herrschaften, Mächte, Kräfte, Engel, Erzengel, Cherubime und Seraphime
301 Vgl.: Amorth, G.: Ein Exorzist erzählt. Stein am Rhein 1998. S.15
302 Zum Beispiel andere Menschen schlecht machen, verleumden, bloßstellen, ihnen materiellen oder seelischen Schaden zufügen, sie sexuell demütigen oder quälen
303 Amorth, G., a.a.O. S. 9
304 Amorth, G. in: Paci, St. M.: Zum Teufel, was für eine Mode. In: 30 Tage 1996/1, S.17-18
305 Vgl. Amorth, G., a.a.O. S. 9
306 Valtorta, M., a.a.O. Band X, S. 257
307 Aus dem Tagebucheintrag eines Studenten (zur Veröffentlichung freigegeben)
308 Amorth, G., a.a.O. S. 145

Amorth gibt hierfür folgende Beispiele: «Eines Tages hatte ich gerade einen Mann ins Sprechzimmer geführt, der mich gebeten hatte, ihn zu exorzieren, als ich mich erinnerte, daß ich genau zu diesem Zeitpunkt einen Sensitiven anrufen sollte. Ich eilte also zum Telefon und bekam folgendes zu hören: ‹Sie sind gerade dabei, einen fünfzigjährigen Mann zu exorzieren.

Mit 16 Jahren erlitt er von jemandem eine Verwünschung, der seinen Vater haßte. Man hat ihm verwunschenen Wein zu trinken gegeben und versteckte einen Fetisch am Grund eines Brunnens. Von da an fühlte der Junge sich krank; es wurde immer schlimmer, und alle Behandlungen waren nutzlos. Nach einigen Jahren starb der Vater, und der Junge spürte eine überraschende Besserung. Aber es war ihm ein Gehirnschaden zurückgeblieben, so daß er keine Arbeit ausführen konnte. Versuchen Sie, ihn zu exorzieren, aber das Übel ist nach zu langer Zeit verwurzelt.»
«Ein anderes Mal war ein Sensitiver anwesend, während ich eine Person exorzierte, und er gab mir genau an, welche Körperstelle ich mit der Stola segnen oder mit dem Öl salben solle, weil sie besonders betroffen war. Am Ende bestätigte der Patient genau die Stelle, wo der Schmerz am stärksten war.» (Amorth, G., a.a.O. S.146)

309 Tagebucheintrag eines älteren Mannes (zur Veröffentlichung freigegeben)

310 «Ihr dürft keine Wahrsagerei betreiben und nicht in den Träumen lesen. Gegen jeden, der sich an Totenbeschwörer und Wahrsager wendet und mit ihnen Unzucht treibt, werde ich mein Angesicht richten und ihn aus der Mitte meines Volkes austilgen. Ihr sollt euch kein geschnitztes Bildnis machen [...]. Warum macht ihr euch dann Götzenbilder und glaubt, daß sie euch Worte sagen können, die mehr Wahrheit enthalten, die heiliger und göttlicher sind als die Worte, die Gott euch sagt?» (Valtorta, M., a.a.O. Band IX, S.94)

311 Hierzu Amorth: «Immer mehr Menschen praktizieren den Spiritismus oder treten satanischen Sekten bei. Manchmal tun sie dies, ohne sich dessen klar bewußt zu sein, auf was sie sich einlassen. Doch dann sind sie gezwungen, oft unter dem Einfluß von Gewalt, die Konsequenzen zu erfahren. Denn der Dämon ist kein apersonales Wesen. Es handelt sich nicht um eine Bezeichnung, die die Psychologen einem abstrakten gesellschaftlichen Übel gegeben haben. Er ist eine konkrete Person.
Leider hat eine schlechte Theologie dieses abstrakte Verständnis des Teufels auch innerhalb der Kirche verbreitet, obgleich es im offenen Widerspruch zur Lehre des Evangeliums, zum Lehramt der Kirche und zum Glaubenssinn des Gottesvolkes steht. Selbst viele Bischöfe glauben nicht mehr an seine Existenz. Ja, auch die katholische Hierarchie trägt eine große Verantwortung für die Ausbreitung des Phänomens des Satanismus» (Vgl. Amorth, G. in: Paci, a.a.O. S.17)

312 Hierzu schreibt M. Warnke, der diese Praxis aus seiner eigenen Zeit als Satanspriester kennt: «Das Verhältnis zu Satan beruht auf Barzahlungsbasis. Solange du für ihn da bist, ist er für dich da. Er wird deine ‹Gebete› erhören – wenn du nützlich bist für ihn. Er wird dir geben, was du wünscht. Aber kommt die Zeit, wo du ihm nicht mehr gibst, was er wünscht, dann wird er in dem gleichen Augenblick finden, daß du für ihn nicht mehr taugst oder daß ein anderer es besser kann – und dann bekommst du Schwierigkeiten. Satan zahlt alles zurück, und zwar nicht erst, wenn du stirbst, sondern schon hier auf Erden.» (Warnke, M: The Satan-Seller. Plainfield 1972. Deutsche Übersetzung. Erzhausen 1973. S.125)

313 2. Vatikanisches Konzil. «Gaudium et spes». 37

314 Laurentin, R., a.a.O. S.121

315 Laurentin, R. a.a.O. S.275

316 Beck, H.: Engel und Dämonen als metaphysische Umwelt des Menschen? Ottobrunn (2. Auflage) 1988. S.12

317 Beck, H., a.a.O. S.17

318 Beck, H., a.a.O. S.16

319 Beck, H., a.a.O. S.17

320 Schon Dostojewski schrieb in seinem Werk «Dämonen», daß Rußland «von einer Herde von Dämonen befallen» sei.

321 Beck, H., a.a.O. S.22

322 Valtorta, M., a.a.O. Band IX, S.88

323 Nach Tonquédec gibt es «eine große Zahl von Unglücklichen, die ohne Anzeichen einer dämonischen Besessenheit den Dienst des Exorzisten in Anspruch nehmen, um von ihren Leiden, wie schwere Krankheit, Widerwärtigkeiten und Unglück jeder Art befreit zu werden. Besessene sind sehr selten, aber solche Unglückliche sind Legion.» (Tonquédec in: Amorth, G.: Ein Exorzist erzählt. Stein am Rhein 1998. S.46)

324 Laurentin, R., a.a.O. S. 282-283. Laurentin: «Besessenheit ruft eine Dualität hervor. Die Inbesitznahme durch den Teufel führt einen neuen, aber fremden Pol in die Psyche ein, gegen den die Person ankämpft.» (S.128)

325 Van Dam merkt hierzu an: «Wir sollten zwischen okkulter Belästigung und Umsessenheit und Besessenheit unterscheiden. Wenn man sich den Menschen als eine Stadt vorstellt, ergibt sich folgendes Bild:
Die Stadt wird belagert, der Feind steht draußen vor den Toren und beschießt die Stadt. In diesem Fall kann man von einer *dämonischen Belästigung* sprechen. Der Feind kann aber auch in die Stadt eindringen und einige Straßen, ein Viertel erobern.
Hier würden wir von *dämonischer Gebundenheit* sprechen, die je nach dem Umfang des eroberten Gebietes leichter oder schwerer sein kann. Bei *dämonischer Besessenheit* ist die ganze Stadt in Feindeshand gefallen. Der Kampf um Befreiung wird dann meistens schwer sein und auch länger dauern. Während bei der Besessenheit der Feind den Menschen erobert hat, ihn beherrscht, wird er bei der Umsessenheit von außen her mit Störungen und Verwirrungen angegriffen. Bei Besessenheit stellt man sich den Dämon als permanent gegenwärtig vor, bei Umsessenheit ist er nur ab und zu da. Deshalb ist die Umsessenheit schwieriger zu erkennen.» (Van Dam, W. C., a.a.O. S.151)

326 «Umsessene (*obsessi*): Menschen, die der Teufel quasi durch «Einbruch» (effraction) hart prüft. [...] Der Feind umzingelt einen solchen Menschen von allen Seiten; er kann seine brennenden Geschosse aussenden, die aber nicht in die Festung eindringen.» (Laurentin, R., a.a.O. S.284)

327 Mir ist ein Fall bekannt, bei dem vorzugsweise dann, wenn der Ehepartner religiöse Handlungen verrichtete, zur Beichte oder zur Kommunion ging, der andere Partner auffällig erhöhte Eifersuchts- und Erregungsattacken erfuhr und sich damit geradezu inadäquat oder sogar situationswidrig verhielt.

328 In Fällen von Besessenheit sollte man zunächst von der Schuldlosigkeit des Betroffenen ausgehen. Das bewußte und in gezielter Antihaltung zu Gott vertretene «Ja» eines Menschen zu Satan kann jedoch bis zur umfassenden Vereinnahmung der Personalität dieses Menschen durch satanische Kräfte führen.

329 Vgl. Valtorta, M, a.a.O. Band VI, S.365

330 Scanlan, M./ Cirner, R. J.: ...erlöse uns von dem Bösen. Wien 1983. S.50

331 Vgl. Valtorta: «Der Dämon, der immerwährende Affe Gottes, ruft bei den geistig Besessenen eine ähnliche Wirkung hervor, wenngleich sie begrenzt ist, da nur Gott unendlich ist. Denen, die sich ihm freiwillig ergeben, um zu triumphieren, gewährt er eine höhere Intelligenz, die aber einzig auf das Böse ausgerichtet ist, um Gott zu beleidigen und dem Menschen zu schaden.
Die satanische Einwirkung, die, da sie in der Seele Zustimmung findet, kontinuierlich ist, führt stufenweise bis zur totalen Wissenschaft des Bösen. Das ist die schlimmste Art der Besessenheit. Da äußerlich nichts zu bemerken ist, werden diese Besessenen auch nicht gemieden; aber sie sind da.» (Valtorta, M., a.a.O. Band IX, S.88)

332 Vgl. hierzu Valtorta: Christus: «Glaubst du, daß die Besessenheit sich nur äußert in wildem Geschrei, Sprüngen, Wutanfällen, in der Manie, in Höhlen zu hausen, in Stummheit, im Verlust der Beherrschung der Gliedmaßen oder in Umnebelung des Verstandes, so daß der Besessene nur unbewußt spricht und handelt?
Nein. Es gibt auch eine Besessenheit feinerer und mächtigerer Art, die viel gefährlicher ist, weil sie den Verstand nicht stört und schwächt und ihn nicht hindert, Gutes zu tun, sondern ihn sogar entwickelt und stärkt, damit er dem, der ihn in Besitz genommen hat, besser dienen kann.» (Valtorta, M.: Der Gottmensch, a.a.O.. Band IX, S.84ff.)

333 In einem Weltanschauungsbild, welches die Sexualität als dominierenden Sinninhalt des Lebens hochwertet, darf auch sexuelle Frustration bei der Begründung von angeblicher Besessenheit nicht fehlen. So wird «Besessenheit» auch auf die «Sexualabstinenz jüngerer Frauen», verbunden mit einem «erotischen Theater», als mögliche Ursache aufgeführt. (Vgl. Bonin, W. F.: Lexikon der Parapsychologie. Bern 1984. S.74-75)

334 Auer, J./ Ratzinger, J.: Kleine Katholische Dogmatik. III, Regensburg 1975. S.519

335 Jean Joseph Surin (*Histoire abregée de la possession des Ursulines de Loudun*, Paris, 1828, S.25-26). (Zitiert bei: Laurentin, R., a.a.O. S.127)

336 Beim Fall «Magda» wechselten Zustände der Besessenheit mit solchen der Umsessenheit ab. (Vgl. Rodewyk, A.: Dämonische Besessenheit heute.)

337 Vgl. Rodewyk, A.: Däm. Besessenheit heute. Aschaffenburg und Stein am Rhein 1976. S.9

338 «Magda» ist der (anonyme) Ersatzname für die Frau, deren Besessenheitsfall Rodewyk in seinem Buch ausführlich beschreibt.

339 Rodewyk, A., a.a.O. S.32
340 Rodewyk, A., a.a.O. S.105
341 Sämtliche vorhergehende Zitate aus: Rodewyk, ebenda
342 Rodewyk, A., a.a.O. S.33-34
343 in die Realpräsenz Christi verwandelte
344 Dieses Zitat und die folgenden Zitate stammen aus: Rodewyk, A., a.a.O. S.34ff
345 Anhänger der Partei des Nationalsozialismus im «3. Reich»
346 Rodewyk, A., a.a.O. S.78
347 Katholischer Gruß an Maria, die Muttergottes.
348 Vgl. Rodewyk, A., a.a.O. S.252-253
In ähnlicher Weise reagierte einer der Knaben von Illfurt. Sutter berichtet: Als man ihm eine geweihte Medaille auflegte, machte ihn dies rasend. «Einmal in Wut geraten, kannte er niemand mehr. Er zerriß und zerbrach alles, was ihm unter die Hände fiel, und wenn man es zu verhindern suchte, wehrte er sich mit äußerster Heftigkeit und war dann kaum zu bändigen.» (Sutter, P., a.a.O. S.95-96)
349 Vgl. hierzu die entsprechende Kurzbeschreibung in diesem Buch.
350 Vgl. Sutter, P.: Satans Macht und Wirken. Gröbenzell 1975. S.64
351 Sutter, P., a.a.O. S.19-20
352 Sutter, P., a.a.O. S.26
Einmal legte eine Besucherin einem der Knaben einen geweihten Rosenkranz auf die Brust und hielt ihm die Hände fest. Da schrie er: «Wenn ich deine Geißenbollen erwische, reiße ich den Katzenschwanz in Stücke; aber das Bild der großen Dame, das daran hängt, darf ich nicht berühren.» (Sutter, P., a.a.O. S.30)
353 Sutter, P., a.a.O. S.32
354 Sutter, P., a.a.O. S.98
355 Beda, A.: Maria im Kampf mit dem Drachen. Wien 1977. S.8ff.
356 Vgl. Sutter, P., a.a.O. S.129
357 Vgl. Sutter, P., a.a.O. S.127
358 Sutter, P., a.a.O. S.144
359 Vgl. Sutter, P., a.a.O. S.28
360 Hierzu schreibt Sutter: «Am schlimmsten gebärdete sich der Teufel gelegentlich einer Fronleichnamsprozession, als man die beiden Knaben in ein Haus gebracht hatte, vor dem ein Sakramentsaltar aufgeschlagen war. Der böse Geist schrie, lärmte und tobte, daß es kaum zum Aushalten war. Erst als die Prozession vorüber war, beruhigte er sich.» (Sutter, P., a.a.O. S.30)
361 Ein solches Bellen bei der Konsekration von Wein während der Wandlung in einem Heilungsgottesdienst von Erzbischof Milingo konnte der Verfasser als Augen- und Ohrenzeuge wahrnehmen.
362 Sutter, P., a.a.O. S.137-138
363 Bei einem der Heilungsgottesdienste von Erzbischof Milingo, an dem der Verfasser teilnahm, fingen mehrere junge Frauen mit tiefer Stimme zu heulen an, als bei der Wandlung die Hostie erhoben wurde.
Dieses Heulen steigerte sich jedoch zu einem schauerlichen Ausmaß, als die Worte «Dies ist mein Blut...» gesprochen wurden und der Kelch mit dem konsekrierten Wein hochgehoben wurde.
364 Sutter, P.: Satans Macht und Wirken. Gröbenzell 1975. S.148
365 Sutter berichtet: «Manchmal schwoll der Körper zum Bersten an, dann erbrach sich der Knabe, und es kam gelber Schaum, Federn und Seegras aus dem Mund.» (Sutter, P. a.a.O. S.63)
366 Vgl. Sutter, P., a.a.O. S.85
Sutter berichtet weiter: «Der Vater erzählte den Anwesenden, daß solche Erscheinungen bei den Knaben öfters vorkämen, daß er jedoch bald damit fertig werde. Er brauche sie nur mit Weihwasser zu besprengen, so sei bald alles vorüber.
Auf Wunsch Werners besprengte er nun Theobald mit Weihwasser. Da stöhnte der Knabe, sein Leib schwoll langsam ab, der Anfall war zu Ende.» (S.85)
367 Rodewyk, A., a.a.O. S.61
368 Stolz, B., a.a.O. S.22
369 Rodewyk, A., a.a.O. S.152

370 Bei Magda war eine Besessenheitskrise äußerlich an einem völlig veränderten Gesichtsausdruck erkennbar. (Rodewyk, A., a.a.O. S.24)

371 Stolz, B., a.a.O. S.23

372 Stolz schreibt über den Fall des chinesischen Mädchens «Lau-Tien-Wei»: «[...] die verdrehten Augen der Besessenen. Sie waren oft so gewaltsam verdreht, daß nur noch das Weiße des Augapfels sichtbar war; und doch vermochte sie in diesem Zustand völlig sicher einherzugehen, ohne anzustoßen.» (Stolz, B., a.a.O. S.77)

373 Sutter, P., a.a.O. S.149: «[...] ihre teuflischen Augen schossen wütende Blitze auf den Priester, der den Exorzismus vornahm.» (Sutter, P., ebenda S.155)

374 Rodewyk, A., a.a.O. S.58

375 Rodewyk, A., a.a.O. S.56

376 «Der Dämon schüttelte sie heftig und suchte sie zu erwürgen.» (Stolz, B., a.a.O. S.35)

377 Stolz, B., a.a.O. S.26

378 Stolz, B., a.a.O. S.93

379 Sutter, P., a.a.O. S.126-127

380 Rodewyk, A., a.a.O. S.25

381 «Während der Mahlzeiten entwickelte sie (Germana) einen unbändigen, rasenden Appetit.» (Stolz, B., a.a.O. S.42)

382 So kann der Betroffene faule Eier, Dreck, Erde oder Kohle zu sich nehmen.

383 Stolz schreibt: «Die Mahlzeiten Maria Tiens waren an diesem Tag das größte Problem. Sie hätte alles förmlich verschlungen, wenn sie nicht gewaltsam davon abgehalten worden wäre.» (Stolz, B., a.a.O. S.28)

384 «Das sagte er aber in einem ungewöhnlichen Baß, während Maria Tien eine hohe Stimme hatte.» (Stolz, B., a.a.O. S.30)

385 «Ihre Stimme war jedoch nicht die eines Kindes, sondern eine rauhe, heisere Männerstimme.

Dabei hatten die Kinder den Mund meist geschlossen; es war offenbar, daß nicht sie selbst, sondern andere unsichtbare Wesen aus ihnen redeten.» (Sutter, P., a.a.O. S.42)

386 Rodewyk, A., a.a.O. S.54

387 Stolz berichtet z.B. von Maria Tien: «‹Tuet, was ihr wollt›, sagte er (der Dämon) dabei, ‹ich werde sie erdrosseln›. Tatsächlich hatte es den Anschein, als werde sie erwürgt. Ihre Gurgel begann zu stocken, der Atem schien ihr auszugehen, sie gab Laute wie die einer Erstickenden von sich. Eine unsichtbare Hand schien sie zu erdrosseln. Eine Minute, zwei Minuten. Kein Atem, kein Pulsschlag mehr. Ein Bild des Todes!» (Stolz, B., a.a.O. S.45)

388 Rodewyk, A., a.a.O. S.57; S.76

389 Vgl. die Selbstverletzungen, z.B. Schnitte am Körper, Anziehungskraft von Feuer, Wasser oder Gift im Zusammenhang mit selbstzerstörerischen Tendenzen.

390 Visuelle Agnosien kommen medizinisch betrachtet als Krankheitserscheinungen in sensorischen Zentren des Gehirns vor. In Besessenheitsfällen jedoch kann eine damit nicht zu erklärende Verbindung mit Religiösem auftreten. So konnte «Magda» einen Roman lesen, erfaßte aber nicht den Text eines frommen Buches. (Vgl. Rodewyk, A., a.a.O. S.165)

391 Beda berichtet von einem Fall, bei dem man der Besessenen «in die Ohren schreien, die Augen mit Gewalt öffnen und ihr einen Gegenstand vorhalten, sie zwicken, sie mit Nadeln stechen konnte, und sie nichts davon spürte. (Beda, A.: Maria im Kampf mit dem Drachen. Wien 1977. S.11)

392 Rodewyk berichtet über «Magda»: «Man ließ sie allein, hörte aber draußen, wie sie hastig im Zimmer auf- und abging und laut aufstöhnte. Immer wieder rief sie:

«Ich bin doch nur ein Mensch! Mein Gott, ich kann doch nicht! Mein Gott, ich kann doch nicht!» – «Sie setzte sich aufs Bett, schluchzte laut auf, griff sich an den Kopf und fragte: ‹Ich soll mich schneiden? Ja, warum denn?› Dann suchte sie ihre innere Not hinter einem Lachen zu verbergen und sagte: ‹Unsinn, ich schneide mich doch nicht. Wozu denn?›» (Rodewyk, A., a.a.O. S.198)

393 Vgl. Beda, A., a.a.O. S.8

394 Ein Mann äußerte zum Beispiel über sich, er fühle sich ständig so «geil» und gedrängt, Frauen zu belästigen, daß er schon öfter Selbstmord begehen wollte, um dieser Belästigung zu entgehen.

395 Scanlan, M./ Cirner, R. J.: ...erlöse uns von dem Bösen. Wien 1983. S.113

396 Vgl. auch: Beda, A., a.a.O. S.18

397 Scanlan, M/ Cirner, R. J., a.a.O. S.54
398 Scanlan/Cirner, ebenda
399 Rodewyk: «Bei einer echten Bewußtseinsspaltung wird in den Trancezuständen jeweils nur das zutage kommen, was im Unterbewußtsein des betreffenden Menschen vorhanden ist oder was er unter Umständen telepathisch von anderen erfährt.
In der Besessenheit muß dagegen die zweite Persönlichkeit, die dem Begriff nach ja ein Teufel sein soll, wesentlich mehr zu bieten haben. Ihre Gedankeninhalte dürfen sich nicht einfach mit denen der ersten (der besessenen Menschen) völlig decken, sondern müssen in mancher Hinsicht darüber hinausgehen.» (Rodewyk, A., a.a.O. S.11)
400 Beispiel: «Lau Tien stöhnte und ächzte, [...] dann lachte sie wieder so wahnsinnig, sinnlos und verzweifelt.
Ihre Augen waren geschlossen, und dennoch bemerkte sie alles um sich her, antwortete auf Fragen und schwatzte so eigenartig, als ob zwei Personen in ihr steckten.» (Stolz, B., a.a.O. S.20)
«Bald sprach der Teufel aus ihr und antwortete auf die ihm gestellten Fragen; dann war wieder plötzlich Maria Tien Herrin ihrer wahren Eigenpersönlichkeit.» (Stolz, B., a.a.O. S.37)
401 Beda, A., a.a.O. S.7
402 Rodewyk, A., a.a.O. S.12
403 Vgl.: Stolz, B., a.a.O. S.30
404 Vgl. Ortner, R./ Ortner, U.: Parapsychologie. In: Schütz, Ch.: Praktisches Lexikon der Spiritualität. Freiburg 1988. Sp. 970
405 Vgl. Ortner/Ortner, ebenda
406 Rodewyk, A., a.a.O. S.539
407 Beda berichtet von einem Fall, bei dem während des Exorzismus Kenntnisse von Ereignissen vorhanden waren, die sich im gleichen Augenblick in einer Entfernung von 70 Meilen ereigneten. (Beda, A., a.a.O. S.18)
408 Sutter, P., a.a.O. S.130
409 Sutter, P., a.a.O. S.45
410 Sutter, P., a.a.O. S.147
411 Sutter, P., a.a.O. S.47
412 Rodewyk begegnet dem Einwand, daß dies Symptom einer Hysterie sei: «Mit Hysterie oder Krankheit ließ sich dieses perfekte Verstehen einer nicht gelernten Sprache nicht erklären. (Rodewyk, A., a.a.O. S.19)
413 Sutter, P., a.a.O. S.20
414 Sutter, P., a.a.O. S.147
415 Rodewyk, A., a.a.O. S.222
416 Verwiesen sei auch auf den bereits geschilderten Fall des jungen Mannes, der nach einem «Traum», bei dem er eine Ohrfeige erhielt, hinterher Fingerabdrücke auf seinem Gesicht vorfand.
417 Rodewyk, A., a.a.O. S.166-167. Von den Spuren solcher Schläge ist ein Bild veröffentlicht in der Zeitschrift «Neue Wissenschaft» 1954. S.255
418 Die stigmatisierte Therese Neumann zum Beispiel lebte jahrelang ohne Nahrungsaufnahme.
419 Sutter, P., a.a.O. S.18
420 Sutter, P., a.a.O. S.86
421 Sutter, P., a.a.O. S.138
422 Sutter, P., a.a.O. S.148
423 Rodewyk, A., a.a.O. S.146
424 Rodewyk: «Es kann jemand besessen sein, aber es wird kaum auffallen, wenn sich nicht die Krise einstellt.» (Rodewyk, ebenda)
425 Rodewyk, ebenda
426 Rodewyk, A., a.a.O. S.147
427 Vgl. Petersdorff, E.: Dämonologie. Stein am Rhein 1995; vgl. Siegmund. G. (Hrsg.): Der Exorzismus der Katholischen Kirche. Stein am Rhein 1989². S.14-15
428 Vgl.: Rodewyk, A., a.a.O. S.148-149
429 Rodewyk, A., a.a.O. S.151-152
430 Vgl. Rodewyk, A., a.a.O. S.153
Um den Krisenzustand von einer Hypnose abzusetzen, wurde Magda auch in Hypnose versetzt. Dabei stellte sich heraus, «daß Narkose, Hypnose, epileptische Anfälle, hysterische

Dämmerzustände nicht mit einer Besessenheitskrise übereinstimmen». (Rodewyk, A., a.a.O. S.155)

431 Komprimierte Darstellung des Falles «Magda» nach Rodewyk, A.: Dämonische Besessenheit heute. Aschaffenburg und Stein am Rhein 1976.

432 «Magda» ist das von Rodewyk gewählte Pseudonym für die betroffene Frau.

433 Rodewyk, A.: Dämonische Besessenheit heute. Aschaffenburg und Stein am Rhein 1976. Dieses Buch ist heute vergriffen. Der Jesuitenorden, dem Rodewyk angehörte, gab bislang keine Genehmigung zu einem Neudruck.

434 Rodewyk, A., a.a.O. S.18

435 Rodewyk, A., a.a.O. S.19

436 Rodewyk, A., ebenda

437 Rodewyk, A., ebenda

438 Rodewyk, A., a.a.O. S.20

439 Lues = Syphilis (Geschlechtskrankheit)

440 Rodewyk, A., a.a.O. S.163

441 Rodewyk, A., a.a.O. S.174-175

442 Vgl. Rodewyk, A., a.a.O. S.227

443 Rodewyk, A., a.a.O. S.247

444 Rodewyk, A., a.a.O. S.164

445 Rodewyk, A., a.a.O. S.165
Hierzu berichtet Stolz von Maria Tien: «Zudem war sie in der Zeit ihres Katechuminats oft durch den Dämon am Studium behindert worden. Er hatte ihr nicht selten die Schrift im Katechismus unsichtbar gemacht, zumal dort, wo es sich um die Hölle handelte.» (Stolz, B., a.a.O. S.42)

446 Auf eine Probe mit Zucker und Salz hin konnte sie beide nicht unterscheiden (Rodewyk S.166)

447 Rodewyk, A., a.a.O. S. 166-167
Ein Arzt berichtet hierzu: «Nachts gegen 2 Uhr bekam Magda Schläge, 20 bis 30 cm lange, rote Striemen auf die rechte Schulter. Sie erhielt nachts eine Ohrfeige und wurde darüber wach.» (Rodewyk S.167) Eine Schwester gibt zu Protokoll: «[...] ist Magda wieder geschlagen worden. Als ich ihr das Essen reichte, bekam sie einen Schlag, daß auch ich erschrak. Diesmal sah es aus wie eine große Männerhand mit sieben Fingern. Feuerrot waren die Streifen, scheußlich anzusehen [...]. Auch im Rücken wieder 6 Streifen. Magda schrie nicht, sie wimmerte nur vor Schmerz.»

448 Rodewyk, A., a.a.O. S.178

449 Rodewyk, A., a.a.O. S.179. Nach Rodewyk betonten die Teufel öfter, «daß die Nacht *ihre* Zeit sei, viel mehr als der Tag.» (Rodewyk S.181)

450 Rodewyk, A., a.a.O. S.181
«Wegen des aufgetriebenen Leibes mußte sie öfter die Schürzenbänder lockern, und das Unterzeug wurde ihr zu eng.» (Rodewyk ebenda)

451 Rodewyk, A., a.a.O. S.184
«Als Magda eines Nachts an der Tür schlafen mußte, sah sie auf dem Tisch eine Apfelsine liegen und wollte aufstehen, um sie zu holen. Aber die Beine waren wie angenagelt, sie konnte weder aufstehen noch näher kriechen.» (Rodewyk, S.184)

452 Rodewyk, A., a.a.O. S.166

453 Vgl. Rodewyk, A., a.a.O. S.211
«Die Teufel nahmen auch zu diesem Gehetztsein als solchem Stellung. Sie sagten einmal, das Gehetztwerden mache die Hölle zur Hölle. Es sei dieses Suchen-müssen, was man verloren hat, und dazu das Gefühl: es ist unwiederbringlich vorbei. Sie nannten das «Gehetztsein» auch einfach «den Zweiten Tod».» (Rodewyk, S.213)

454 «Das Gefühl der Ungeborgenheit konnte man ihr auch nicht nehmen, sondern nur versuchen, dafür zu sorgen, daß sie wenigstens objektiv geborgen war.» (Rodewyk, S.216)

455 Rodewyk, A., a.a.O. S.211

456 Vgl. Rodewyk, A., a.a.O. S.212

457 Rodewyk, A., a.a.O. S.214-215

458 Rodewyk, A., a.a.O. S.204
Hierzu der Arzt Dr. Klei: «Es besteht ein klarer Unterschied zwischen den Wahrnehmungen Magdas und denen von Geisteskranken, zu der Halluzination im wissenschaftlichen Sinn.»

Nach ärztlicher Ansicht «liegen hier also keine Sinnestäuschungen, sondern Sinneseindrükke vor, die wiederholt ihre Bestätigung erfuhren.» (Vgl. Rodewyk A., S.205)

459 Rodewyk, A., a.a.O. S. 204

460 Rodewyk, A., a.a.O. S.206

461 Rodewyk, A., a.a.O. S.227-228

462 Eine Schwester fragte, wie sie so etwas empfinde. Darauf Magda: «Es ist, als ob ich im dunklen Kino sitze und einen Stummfilm sehe. Ich sehe Bilder. Ich sehe es klar.» (Rodewyk, A., a.a.O., S..228)

463 «Magda hatte Wissen um geheime und verborgene Dinge, auch Wissen um die Gedankeninhalte fremder Menschen. Hellsehen war bei Magda eine tägliche und spontane Erscheinung.» (Rodewyk, S.224)

464 Rodewyk, ebenda

465 Rodewyk, A., a.a.O. S.232

466 Rodewyk, A., a.a.O. S.226

467 Rodewyk, A., a.a.O. S.231

468 Rodewyk, A., ebenda

469 Rodewyk schreibt: «Da erfuhr ich nicht nur, wo mein Schreibtisch stehe, sondern auch, daß er rechts und links drei in der Mitte offene Fächer habe und in dem mittleren rechts der eine Teil der Blätter sei. Auch der Bücherschrank wurde mit einigen eindeutigen Merkmalen charakterisiert.» (S.225)
«Als geplant war, daß Magda zum Bischof solle [...], beschrieb mir Magda sein Zimmer [...]. Ich war früher schon in diesem Zimmer gewesen, muß aber gestehen, daß ich eine solch genaue Beschreibung nicht hätte geben können.» (S.225) (Rodewyk, A., a.a.O.)

470 «Die Eltern», so Rodewyk, «wußten bislang noch nicht, daß der Rekrut überhaupt schon ausgerückt war. Es dauerte noch einen Monat, ehe von der Kompanie die Todesnachricht eintraf, und erst nach Rückfragen erfuhr man, daß er durch einem Kopfschuß gefallen war.» (Rodewyk, A., a.a.O., S.226)

471 Vgl. Rodewyk, A., a.a.O. S.227

472 Rodewyk, A., a.a.O. S.233

473 Rodewyk, A., a.a.O. S.239

474 Rodewyk, A., a.a.O. S.240
«Nach dem Krieg wurde Magda eines Tages sehr unruhig und suchte Schwester Anna auf, die inzwischen verheiratet in einem Nachbarort wohnte. Sie sagte zu ihr:
«Paß auf den Jungen auf, der geht mit einer Mine hoch.› Wenige Tage später trat der Junge auf eine vom Kriege her im Feld versteckte Mine und starb bald an den Verletzungen.» (Rodewyk, S.240-241)

475 Das Rituale Romanum schreibt als Kriterium für Exorzismus vor: «Ignota lingua loqui pluribus verbis vel loquentem intellegere».

476 Ein Dämon bezeichnete sich so.

477 Rodewyk, A., a.a.O. S.220

478 Rodewyk, A., a.a.O. S.219
Frauen, die die gleiche Vorbildung wie «Magda» hatten, konnten bei solchen Versuchen nicht folgen. «Die Ärzte, die zwar Latein gelernt, aber keine Übung im Sprechen hatten, konnten bei dem schnellen Tempo, in dem ich lateinisch sprach, nicht folgen.» (Rodewyk, A., a.a.O. S.220)

479 Rodewyk, A., a.a.O. S.221
Aufschlußreich und interessant sind die Erklärungen von Dämonen über die Fähigkeit der Xenoglossie bei Besessenen: «Ein Besessener muß alle fremden Sprachen verstehen. Er versteht sie, weil wir sie verstehen. Hast du schon einmal von einem Engel gehört, daß er nicht alle Sprachen verstünde? Wir sind nicht an das Wort gebunden. Wir erfassen den Gedanken des Wortes, also das, was einer denkt, nicht das Wort als solches, sondern den Inhalt.
Es ist gleich, ob das hebräisch, griechisch, lateinisch oder deutsch ist. Auf jeden Fall versteht ein Besessener den Sinn. Du brauchst den Mund nicht einmal zu bewegen. Sie (Magda) weiß sofort, daß du vielleicht nur mentaliter sprichst und uns herausforderst. Das sind Zeichen! Nicht, daß ein Bild an der Wand wackelt. Aber dies sind Zeichen.» (Rodewyk, A., a.a.O. S.222)

480 Rodewyk, A., a.a.O. S.244-245

481 Rodewyk, A., a.a.O. S.169-170. Ärzte stellten nach solchen Erlebnissen eindeutig Krallenabdrücke, z.B. auf dem Rücken und in Schulterhöhe oder an den Lenden fest. (Rodewyk, A., a.a.O. S.17)

482 Rodewyk, A., a.a.O. S.172-173. Die Ärzte bezeichneten diese Phänomene als «Dermographismen»

483 Vgl. hierzu: Rodewyk, A., a.a.O. S.176

484 Längere Passagen der folgenden Ausführungen sind entnommen aus: Ortner, R.: Auf den Spuren des Bösen. St. Andrä 1991

485 Laurentin, R., a.a.O. S.226

486 Der Pakt mit Satan umfaßt unter anderem: Der christlichen Taufe abschwören; dem Glauben an die Eucharistie abschwören; den christlichen Sakramenten abschwören; Gott den Gehorsam verweigern und Satan den Gehorsam schwören; die Muttergottes verunehren; das Kreuz schmähen und mit Füßen treten; sich auf den Namen des Teufels taufen lassen und einen entsprechenden Namen annehmen; konsekrierte Hostien stehlen und diese für sakrilegische Riten zur Verfügung stellen;

487 Begründer des Satanismus und Verfasser von «The Satanic Bible». New York 1969

488 Nach La Vey symbolisieren nackter Altar und die nackte Frau das Fleisch.

489 Solche Umkehrungen lauten zum Beispiel: «Selig die Starken, denn sie werden das Land besitzen. Wehe den Schwachen, denn sie werden das Joch erben. Selig, deren Arm hart wie Eisen ist, denn die Schwachen werden vor ihnen fliehen [...]. Wehe denen, die Gott anbeten, denn sie werden geschoren werden.» (Vgl. Laurentin, R., a.a.O. S.205)

490 Vgl. Laurentin, R., a.a.O. S.206

491 Warnke: «Ich verwendete einige Ideen der katholischen Kirche [...]. Ein Teil unseres Kodex war es, geheiligte christliche Traditionen vorsätzlich und gemein umzudrehen.» (Warnke, M., a.a.O. S.75)

492 Laurentin, R., a.a.O. S.243

493 Vgl. Warnke, M.: The Satan-Seller. Plainfield 1972. Deutsche Übersetzung, Erzhausen 1973. S.42-43

494 Stratford schreibt: «Nacktheit, sexuelle Zügellosigkeit und Perversion sind bei Ritualen gang und gäbe. Dabei ist es gleich, ob eine Frau willig ist oder nicht. Ja, man glaubt, daß es Satan mehr Freude macht, wenn es gegen ihren Willen getan wird. Das weibliche Opfer wird auf den Altar gelegt, der meistens mit rotem Samt behängt ist (rot ist die satanische Farbe für alles, was mit Sex zu tun hat). Sie wird von jedem Mann, der sie haben möchte, vergewaltigt, manchmal in brutaler Weise. Die sich an der Frau vergreifen, stehen oft unter Heroin, Kokain oder anderen Drogen oder sind alkoholisiert, so daß die Vergewaltigung oft einer Folterung gleichkommt.
Um ihre eigenen perversen sexuellen Triebe zu befriedigen und das zu tun, wovon sie meinen, daß es ihnen stärkere satanische Macht einbringt, vollführen die männlichen Mitglieder die Sexualakte in einer rohen, oft bestialischen Art. Manchmal ist die weibliche Person körperlich ernsthaft verletzt. Damit die Frau nicht auf den Gedanken kommt, es der Polizei oder jemand anders zu melden, ruft der Hohepriester dämonische Geister an, ihr in einem solchen Fall etwas Diabolisches anzutun oder sie so in Angst zu versetzen, daß sie stillschweigt. Man erklärt ihr, böse Geister werden sie attackieren, wenn sie sich nicht an die Anordnungen hält. Und sie tut gut daran, sich dies zu Herzen zu nehmen, denn es ist keine leere Drohung.» (Stratford, L.: In Satans Griff. Erzhausen 1994. S.91f.)

495 Warnke, M., a.a.O. S.43

496 Dabei handelt es sich entweder um abhängig gemachte Mädchen oder um Mädchen und Frauen, die entführt und dann auf dem Altar von den Anwesenden vergewaltigt werden. Warnke beschreibt (S.120-123), wie von Satanisten ein Mädchen auf offener Straße entführt, zu einem Satanskult geschleppt, auf den Opferaltar gezwungen und übel vergewaltigt wurde.

497 Warnke, M., a.a.O. S.43

498 Warnke, M., a.a.O. S.44

499 Nach dem Glauben der Katholischen Kirche wird das Brot der Hostie in Christus verwandelt

500 Warnke: «Wir haben einige Leute, die immer noch zur katholischen Messe gehen und dann zu unseren Versammlungen zweiten Grades kommen. Sie gehen zur Messe wegen ihrer Stellung in der Gesellschaft und oft auch um ihrer Eltern willen. Aber sie sind begeistert von uns und gern bereit, kleine Aufträge zu übernehmen, wie zum Beispiel Kommunionsbrot zu

stehlen, welche die Priester gesegnet haben.» (Warnke, M., a.a.O. S.95) «[...] und heiliges Wasser. Du kennst das Verfahren mit dem heiligen Brot. Nachdem der katholische Priester es für Jesus geweiht hat, stiehlt der Bursche davon, soviel wie er kann, ohne daß es bemerkt wird. Er bringt es mit in unsere Versammlung, wir treten darauf und entweihen es so und reichen es herum, während wir Blut trinken oder anderes.» (Warnke, M., a.a.O. S.95)

501 Hierzu Warnke: «Am Sonntag vor der Versammlung war es einem unserer Brüder, der um seiner äußeren Stellung willen auch noch in die katholische Kirche ging, gelungen, heiliges Brot und ein Einweckglas voll heiligen Wassers zu stehlen. Während der Versammlung zogen die beiden anderen Kanzler und ich eine gute Schau auf, indem wir mit unseren bloßen Füßen auf dem heiligen Brot herumtraten. Das heilige Wasser hatten wir schon vorher entweiht, indem wir etwas Urin hineinspritzten.» (Warnke, M., a.a.O. S.96)

502 Warnke: «Es waren Männer und Frauen aus allen Schichten der Gesellschaft, und ich meine wirklich aus allen: Kaufleute, Handwerker, Lehrer, Studenten, Professoren, Hausfrauen, Büroangestellte, Geschäftsleute, Lastwagenfahrer und sogar einige Prediger und Priester.» Interessenten werden langsam von Sex und Drogen zum Satansdienst geführt. (Vgl. Warnke, M., a.a.O. S.59)

503 Warnke, M., a.a.O. S.52-53

504 Stratford, L.: In Satans Griff. Erzhausen 1994. S.235

505 Nach Stratford sind dies meistens ein Finger oder eine Zehe. «Ob freiwillig oder mit Gewalt erzwungen: Der Teilnehmer wird Opfer satanischer Gedankenbeeinflussung und/oder Gewalt. Daß es den Satanisten verhältnismäßig leicht gelingt, die Opfer zur Hingabe ihres Leibes zu perversen und mißhandelnden Praktiken zu bewegen, liegt meist daran, daß die Opfer unter bestimmten Einflüssen stehen: unter Trance, die durch hypnotisch wiederholte Chants herbeigeführt wird, unter der Androhung von Bestrafung oder Heimzahlung, so daß Furcht bestimmend ist, unter dem trügerischen Glauben, daß die Darbietung des Leibes für solche Praktiken gut für die Sicherheit und die Stellung im Zirkel ist.» (Stratford, a.a.O. S.236)

506 In der Rockmusik kennt man analog das «backward-masking» von Texten

507 Vgl. Stratford, L., a.a.O. S.237

508 Nach Laurentin gibt es in den Vereinigten Staaten Sekten, «die sich darauf spezialisiert haben, Kinder ins Verderben zu stürzen. Diese Kinder werden dem Satan durch ein umfassendes Ritual psychologischer Einwirkungen sowie sexueller und anderer Mißhandlungen geweiht. Die Helfer und die wenigen Opfer, die dieser Hölle entkommen konnten, raten der Polizei zu einer sehr klugen Vorgangsweise, wenn sie wagt, sich mit diesem Problem zu beschäftigen». (Laurentin, R., a.a.O. S.237)

509 In letzter Zeit ist insbesondere Italien davon betroffen. Mailand, Turin und Rom werden als satanistische Zentren genannt. Die Satanskirche in Europa hat sich das Rituale von La Vey zu eigen gemacht.

510 Im Zusammenhang mit solchen Praktiken stellen sich dämonische Belastungen ein. Typisch hierfür ist das Erlebnis eines Pastors. «Einmal», so berichtet er, «ging ich abends von einer Evangelisation nach Hause. Da traf ich zwei Jungen und lud sie für den nächsten Tag zur Kirche ein. Da sagte der eine: ‹Nein, ich betrete keinen kirchlichen Boden. Ich bin Heavy-Metal-Musiker. Ich bin auf der anderen Seite. Ich bete den Teufel an.› Ein andermal traf ich einen 16jährigen Jungen. Er hatte sich mit dem Hakenkreuz tätowiert und sich mit seinem Blut dem Teufel verschrieben. Er sagte zu mir: ‹Luzifer ist mein Retter, der Teufel lebt in mir.› Und als ich ihn fragte: Junge, was ist dein Ziel?, antwortete er: ‹Schlechtigkeit, Böses›. (Vgl. Ortner, R.: Auf den Spuren des Bösen, a.a.O. S.74-75)
Laurentin schreibt: «Die ‹Bambini di satana›, eine sehr werbewirksame satanische Sekte in Bologna, [...] prahlt öffentlich mit radikalen Forderungen. Ihre Anhänger müssen offiziell der Taufe abschwören und diesen Akt vom erzbischöflichen Ordinariat abstempeln lassen. Es gibt bei ihnen auch Statuen des Teufels. Sie halten «Schwarze Messen» oder auch «Rote Messen», in deren Verlauf nach Dimitri «alle mit allen sexuelle Beziehungen haben», die auch homosexuelle und sadomasochistische Beziehungen einschließen, um bestimmte Energien freizusetzen. Sie feiern in größter Vielfalt widernatürliche Hochzeiten. (Laurentin, R., a.a.O. S. 233/234)

511 Vgl. Laurentin, R., a.a.O. S.228

512 Vgl. Ortner, R., a.a.O. S.76-77

513 Beyer, C.: Offener Brief an alle Eltern und Erzieher. In: Schwarzbuch Satanismus. Pattloch Verlag. Geleitwort

514 In der Zwischenzeit häufen sich auch in Europa zunehmend Fälle von Kinderschändungen und sadistischem Mißbrauch, teilweise im Zusammenhang mit Töten der Opfer. Es besteht zumindest der Verdacht, daß hierbei auch satanistische Komponenten mit im Spiele sein können.

515 Dieser Fall ist exemplarisch aus einer Vielzahl von ähnlichem Dokumentationsmaterial herausgegriffen. Quelle: Main-Echo, Nr. 131 vom 11.6.1986

516 Auszugsweise aus: Main-Echo, Nr. 131. 11.6.1986

517 Stratford, L.: In Satans Griff. Erzhausen 1994. Lauren Stratford wurde von Kindheit an sexuell mißbraucht und dann als Opfer in einen satanistischen Zirkel gezwungen, in dem sie erschreckenden Perversitäten und Folterungen ausgeliefert wurde. In späteren Jahren schrieb sie ihre Erlebnisse nieder. ABC-Reporter K. Wooden schreibt im Vorwort zu diesem Buch: «Ihr bewegender Bericht darüber, wie sie in das Okkulte verstrickt wurde, ist ein Werk von großer Bedeutung. Ihre Erfahrungen und Einsichten verschaffen uns Kenntnisse über die bösen Mächte, die vielerorts am Werke sind.»

518 Im folgenden in enger Anlehnung an: Stratford, L.: a.a.O. S.218 ff

519 Stratford, L.: a.a.O. S.218

520 Stratford, L., a.a.O. S.218

521 Stratford, ebenda

522 Stratford, ebenda
«Teenager, die von den Eltern (die Zirkelmitglieder sind) zum Ritual mitgebracht wurden, oder solche, die durch Verführung oder Gewaltanwendung dort gelandet sind, werden oft gezwungen, untereinander Sexualverkehr zu praktizieren, oder sie werden durch die ganze Gruppe der Zirkelmitglieder vergewaltigt oder gezwungen, sexuelle Handlungen mit jüngeren Kindern durchzuführen.» (Stratford, L., a.a.O. S.220)

523 «Es kommt dann zu dem Glauben, daß es genauso schlecht und böse ist wie der, durch den es mißbraucht wird. Es spürt eine große Schuld, weil es dabei war oder teilnahm.» (Stratford, ebenda)

524 Stratford: «Die Erwähnung von Begriffen wie «Eis am Stil», «heißer Stuhl [...], Dosenöffner» oder «der Kreis» können ein rituell mißbrauchtes Kind zum Entsetzen bringen. Man lehrt das Kind dieses Auslösewort oder souffliert es ihm ein, wenn es unter Drogen steht oder sich in einem hypnotischen, tranceähnlichen Zustand befindet.» (S.219)

525 Stratford, L., a.a.O. S.219

526 Stratford, L., a.a.O. S.219

527 Stratford, L., a.a.O. S.218-219

528 Stratford, L., a.a.O. S.220

529 Stratford, ebenda

530 Satanisten tun dies insbesondere, weil es angeblich «Satan besonders gefällt». (Stratford, ebenda)

531 Stratford, L., a.a.O. S.220

532 Stratford, L., a.a.O. S.220

533 Geistmißbrauch geschieht nach Stratford im Verbund mit dem «Eintritt böser Geister in das Leben des Kindes». (Stratford, L., a.a.O. S.221)

534 Stratford, L., a.a.O. S.221

535 Stratford, L., a.a.O. S.95f.

536 Stratford, L., a.a.O. S.96

537 Augustinus: Confessiones, VII, 5,7; Pl 32, 736, 739

538 Die heiligmachende Gnade ist «ein bleibendes Geschenk, eine übernatürliche feste Neigung. Sie vervollkommnet die Seele, um sie zu befähigen, mit Gott zu leben und aus seiner Liebe zu handeln». (Katechismus der Katholischen Kirche. München 1993; 2000)

539 Vgl. Amorth, G.: Ein Exorzist erzählt. Abensberg 1993, S.48-55 und Paci, St. M.: Zum Teufel, was für eine Mode. In: 30 Tage 1996/1, S.18

540 Es ist eine Erfahrungstatsache, daß dämonisch belastete Menschen zum Beispiel in Heilungsgottesdiensten in der Regel erst dann endgültig von dieser Belastung erlöst werden können, wenn sie ehrlich und im Herzen von einer damit zusammenhängenden gewohnheitsmäßigen Sünde Abschied nehmen wollen.
Nach Laurentin sind Sünder, «die sich durch ein Übermaß an Sünden oder durch einen ausdrücklichen Pakt Satan ausgeliefert haben», an der Öffnung dieses Schutzschildes maßgeblich beteiligt. (Vgl. Laurentin, R.: Der Teufel. Mythos oder Realität? Hauteville 1996. S.283)

541 Ortner, R. in: Groß, C.: Vom Sinn menschlicher Existenz. Padova 1995. S.27

542 Rodewyk berichtet zum Fall «Magda»: Sie lebte mit einem Mann zusammen. Beide verschrieben sich dem Teufel mit ihrem eigenen Blut. «Dafür machten sie sich Schnitte in den Arm, ließen ihr Blut in das gleiche Gefäß träufeln und unterschrieben damit den Pakt.» (S.34) Bei «Magda» wurde eine mit ihrem Blut unterzeichnete Verschreibung an den Teufel gefunden. Darauf klebte eine Hostie als Siegel. (Rodewyk, A.: Dämonische Besessenheit heute. Aschaffenburg und Stein am Rhein 1976. S.20)

Amorth sagt, daß jemand, der bewußt eine Bindung mit Satan eingeht («verschreiben»), sich damit eine schwere Belastung zuziehen kann. Er weist darauf hin, daß sich Praktiken wie Besuch satanischer Schulen oder Ernennung zum Satanspriester derzeit «explosionsartig vermehren». (Vgl. Amorth, A., a.a.O. S.48-55)

543 Sutter berichtet von einer Besessenen, die dem sie betreuenden Pater eines Tages einen Zettel übergab, auf dem sie sich Satan verschrieben hatte. (Sutter, P.: Satans Macht und Wirken. Gröbenzell 1975. S.126)

544 Amorth gibt hierfür folgende Möglichkeiten an: «Kontakt mit schlechten Personen oder Orten; satanische Sektenzusammenkünfte; Teilnahme an spiritistischen Sitzungen; Schwarze Messen; okkulte Handlungen; Besuch von Magiern, Hexern, Kartenlegern. Bei allen solchen Gelegenheiten läuft man Gefahr, Verwünschungen zu erleiden.» (Vgl. Amorth, A., a.a.O. S.48-55)

Nach einer glaubhaften Umfrage haben bereits «36 Prozent der Kinder im Schulalter Erfahrungen mit dieser Art spiritistischer Sitzungen (z.B. Tischchenrücken).» (Vgl. Paci, St. M.: Zum Teufel was für eine Mode. In: 30 Tage 1996/1/S.18)

545 Vgl. Laurentin, R., a.a.O. S.296

546 Vgl. hierzu die in Kapitel 9 aufgeführten diesbezüglichen Fallbeschreibungen.

547 Nach Amorth können Verwünschungen in Rituale eingekleidet werden. Formen hierfür sind Schwarze Magie, satanische Riten und Schwarze Messen. (Vgl.: Amorth, A., a.a.O. S.117)

548 Amorth, A., a.a.O. S.116

549 Im Fall «Magda» verriet «Nero»: «Der beste Grund für eine Besessenheit ist ein Fluch, den der Priester oder eine Mutter ausspricht. Ein solcher Fluch ist kaum zu lösen.» (Vgl. Rodewyk, A., a.a.O. S.29)

Wenn Verwünschungen mit echter Bosheit ausgesprochen und angesetzt werden, «insbesondere unter Blutsverwandten, können sie schreckliche Auswirkungen haben. Die häufigsten und auch schwersten Fälle, die mir untergekommen sind, betrafen Eltern oder Großeltern, die ihre Kinder oder Enkel verwünscht haben. Die Verwünschung hat sich als besonders schwer erwiesen, wenn sie sich auf die Existenz bezog, oder wenn sie zu bestimmten Gelegenheiten (z.B. Hochzeitstag) gemacht wurden.» (Vgl. Amorth, A., a.a.O. S.117).

550 Vgl. Amorth, G.: Ein Exorzist erzählt. Abensberg 1993.

551 Vgl. Amorth, G., a.a.O. S.118

552 Vgl. Amorth, G., a.a.O. S.118

553 Vgl. Amorth, G., a.a.O. S.118

554 Vgl. hierzu den Besessenheitsfall «Magda», auf den in diesem Buch öfter Bezug genommen wird.

555 Vgl. Rodewyk, A., a.a.O. S.262

556 Rodewyk, A., a.a.O. S.219

557 Vgl. Rodewyk, A., a.a.O. S.31. «Magda» wurde später unfruchtbar. Es wurde eine Operation notwendig, bei der beide Eierstöcke entfernt werden mußten.

558 Vgl. Rodewyk, A., a.a.O. S.105-106

559 Der Fetisch ist ein Gegenstand, der dazu dienen soll, Schaden anzurichten. «Es gibt die Möglichkeit, etwas zu essen oder zu trinken zu geben, dem der Fetisch beigemischt wurde. Fast immer leidet dann die betroffene Person neben anderen Beschwerden an einem charakteristischen Magenschmerz.

Ein Fetisch kann aber auch direkt angewandt werden. Hierbei wird ein Gegenstand verwünscht, der dem Opfer gehört (Fotografien; Kleidungsstücke, andere Dinge), oder es wird eine Figur verwünscht, die diese Person darstellt (Puppen; Tiere)» (Vgl. Amorth, A., a.a.O. S.120)

560 Vgl. hierzu: Amorth, A., a.a.O. S.48-55

561 Amorth, A., a.a.O. S.120

562 Vgl.: Amorth, G.: Ein Exorzist erzählt. Stein am Rhein 1998. S.120-121

563 Amorth, A., a.a.O. S.119. «Wichtig ist», so Amorth, «daß die betroffene Person nicht diesen oder jenen verdächtigt, sondern von Herzen verzeiht und für jenen betet, der ihm Böses getan hat, wer es auch sein mag.»
(Amorth, ebenda)

564 Vgl. Sutter, P.: Satans Macht und Wirken, Gröbenzell 1975. S.125 und S.19

565 Lk 22,31

566 Aus der Bibel und der Kirchengeschichte sind eine Reihe solcher Fälle bekannt. «Von Ijob bis zur heiligen Angela von Foligno, dem Pfarrer von Ars, Giovanni Calabria und Don Bosco, der zwei Jahre unter den Qualen litt, die ihm der Dämon zugefügt hatte.» (Vgl. Paci, St. M.: Zum Teufel, was für eine Mode. In: 30 Tage 1996/1, S.18-19)

567 Diese möchte Satan destabilisieren.

568 Laurentin, R., a.a.O. S.60

569 Rodewyk, A., a.a.O. S.267

570 Häufig werden dann zum Beispiel Besessenheitsfälle als «Persönlichkeitsspaltung» diagnostiziert. Aber «Menschen, die in diesem Bereich Erfahrungen gemacht haben (vor allem Ärzte), unterscheiden diese beiden Phänomene voneinander». (Laurentin, a.a.O. S.312)

571 Goodman: «Besessenheit ist sehr wohl eine «Erfahrungsstatsache, das heißt, etwas, was Millionen von Menschen in der ganzen Welt als Erlebnis berichten.» (Vgl. Holböck, F. In: Goodman F. D.: Anneliese Michel und ihre Dämonen. Stein am Rhein. 1980. S.19)

572 «Die Psychologie, die Psychiatrie und die Psychoanalyse, die unter den Humanwissenschaften die jüngsten sind und noch tastend vorangehen, sind bewußt totalitär.» (Laurentin, R., a.a.O. S.132)

573 «Ärzte», so schreibt Kriese, «sind geneigt, Besessenheitsphänomene in bestimmte Krankheitsbilder einzuordnen. Das gelingt allerdings durchaus nicht immer.» (Kriese, R.: Okkultismus im Angriff. Stuttgart 1988. S.263)

574 Pfarrer Ernst Alt, der den Exorzismus bei Annliese Michel durchführte: «Mediziner und Richter sind, wenn es um übernatürliche Tatsachen geht, inkompetent. Sie ordneten den Fall der Anneliese Michel – ohne jeden religiösen Bezug – in die Kategorie von Epilepsie und Geisteskrankheit ein. Die Haltung der Medien und die «Ferndiagnosen», die von medizinischer, theologischer und juristischer Seite gemacht wurden, sind erschreckend für mich.
Als Seelsorger der A. M. weise ich solche Halbwahrheiten, Unwahrheiten, Verleumdungen und Verdächtigungen mit Entschiedenheit zurück. Ich glaube zu wissen, daß Wahrheit noch immer Wahrheit bleibt und daß dazu gestanden werden muß, auch wenn die ganze Welt darüber lacht; denn der Glaube wird da Glaube, wo er für die Wissenschaft nicht mehr erreichbar ist.» (In: Main-Echo, 14.7.1978)

575 Vgl. hierzu das Gutachten von Goodman beim Besessenheitsfall von Anneliese Michel

576 Goodman, F. D. urteilte, daß das von den Ärzten verschriebene Mittel «Tegretal» Anneliese «umgebracht hat.» (Vgl. Goodman, Anneliese Michel und ihre Dämonen. Stein am Rhein. 1993[3]. S.294) Goodman: «Spätestens Anfang Mai kann die von Tegretal herbeigeführte Zerstörung nicht mehr rückgängig gemacht werden.» (S.294) «Tegretal schädigt die Blutkörperchen, besonders die Thrombozyten». (S.294) Annelieses Tod wies durch Verhungern atypische Züge auf. Sie hatte keine Aufliegegeschwüre, was sonst für derartige Fälle charakteristisch ist. (vgl. S.295) «Sie ist allmählich erstickt, ihre roten Blutkörperchen hatten schließlich nicht mehr genug Sauerstoff.» (S.295)

577 Das Amtsgericht verkündete in seinem Urteil, daß drei Komponenten unmittelbar zum Tode der Anneliese Michel geführt haben: a) die hochgradige Abmagerung; b) die außergewöhnlich hohe körperliche Beanspruchung; c) eine Lungenentzündung. «Jede andere Todesursache ist ausgeschlossen.» (Aus dem Urteilsspruch)

578 «Der Besessene ohne pathologischen Einschlag ist in krisenfreien Zeiten auf allen Gebieten vollständig normal, während sich beim Geisteskranken immer wieder eine Bruchstelle zeigt. Der wesentliche Unterschied liegt aber in der Ursache der äußeren Erscheinungen: Bei Geisteskranken findet sie sich in der krankhaften Anlage des Menschen; bei den Besessenen aber in der Gegenwart des Dämons in ihnen und in der Macht, die sie über sie ausüben darf [...]. Dann spricht und handelt nicht mehr der seiner Freiheit beraubte besessene Mensch, sondern nur mehr der Dämon, der nun die Zunge und den Körper des Besessenen für seine Zwecke gebraucht. Der Besessene kann sich dagegen nicht wehren.» (Holböck, a.a.O. S.11)

579 Holböck, a.a.O. S.11

580 Vgl. Kriese, R.: Okkultismus im Angriff. Stuttgart 1988. S.154

581 Vgl. Amorth, A., a.a.O. S.53

582 Es ist oftmals äußerst schwierig, die verschiedenen Symptome und Krankheiten auf eindeutige Weise von dämonischem Befall zu trennen, «da der Teufel die Schwachpunkte der betroffenen Person angreift und noch empfindlicher macht, so daß er immer ein klinisches Krankheitsbild vorführen kann, das in den Bereich des Psychiaters gehört.» (Laurentin, R., a.a.O. S.318) Dies trifft nach Laurentin auf «Halluzinationen verschiedenster Art, impulsive Handlungen, Wahnvorstellungen, Melancholie und verschiedene Krankheiten wie Neurasthenie, manisch-depressive Psychose, Paranoia, Demenz, Raserei, Schizophrenie, Zwangsvorstellungen, Epilepsie und Hysterie zu». (Vgl. Laurentin, R., ebenda)

583 Vgl. Amorth, A., a.a.O. S.55

584 Vgl. Ortner A. / Ortner R.: Verhaltens- und Lernschwierigkeiten. Winheim 1997 (4. Auflage) S.87 ff.

585 In der neueren amerikanischen Literatur arbeitet man bei der Diagnose mehr mit «deskriptiver Zuordnung».

586 Gekürzt aus: Amorth, G., a.a.O. S.90-99

587 Vgl. Amorth, G., a.a.O. S.90-98

588 Vgl. Kriese, R.: Okkultimus im Angriff. Stuttgart 1988. S.179

589 Amorth, G.: Ein Exorzist erzählt. Stein am Rhein 1998. S.54

590 Amorth, G., a.a.O. S.54

591 Vgl. Pschyrembel: Klinisches Wörterbuch. New York 1990. S.1496f

592 Übernommen aus: Roger Pater: Geheimnisvolle Stimmen. Aus den Erinnerungen eines alten Priesters. Stein am Rhein 1973. S.167 ff. Vgl. Siegmund, G.: Jesus Christus und die Dämonen. Leutesdorf 1985. S.36-37

593 Siegmund, G., a.a.O. S.36-37

594 Vgl. Kriese, R., a.a.O. S.178

595 Vgl. Salpétrière, de la, L. In: Laurentin, R.: Der Teufel. Mythos oder Realität. Hauteville 1996. S.299

596 Salpétrière, a.a.O. S.299. Er betont, daß es sich dabei immer nur um Anzeichen, nicht um Beweise für dämonische Verursachung handelt.

597 Auf Grund solcher Erfahrungen «benutzt der Teufel die natürlichen Dispositionen des Menschen: er greift dessen schwachen Punkt an. Daher ist es also schwierig, sein Wirken auszuschließen, selbst im Fall einer diagnostizierten Krankheit.» (Laurentin, R., a.a.O. S.35)

598 Vgl. Laurentin, R., a.a.O. S.303f; nach Laurentin halten manche Exorzisten «einen Einfluß von Gegenständen, die zu einer Behexung bestimmt waren oder die aus heidnischen oder satanischen Kulten stammen und aus Versehen gekauft wurden, als Träger satanischer Infestationen für möglich». (S.303)

599 Amorth, A., a.a.O. S.53

600 Vgl. Amorth, A., a.a.O. S.100

601 Vgl. Amorth, A., a.a.O. S.141

602 Laurentin, R., a.a.O. S.251/252

603 Vgl. Mk 5,3; Apg 19,16

604 «Dieser Mensch befindet sich in einem Zustand, der quasi einem Koma ähnelt. [...] Das Bewußtsein des Besessenen erscheint allmählich wieder, wenn die ersten Auswirkungen des Exorzismus den Einfluß des Teufels lockern.» (Laurentin, R., a.a.O. S.128)
Ein solcher Bewußtseinsverlust ist nach Eschenmayer ein «wesentlicher Charakterzug einer Besessenheit, der mit psychischer Ohnmacht und völliger Unkenntnis über das, was während der Krise geschehen ist, einhergeht». (Zitiert bei Laurentin, R., a.a.O. S.129)

605 Amorth, G., a.a.O. S.42

606 Vgl. Mk 1,23; 5,7; 9,18.20

607 Vgl. Mk 5,5

608 Vgl. Mk 9,22

609 Beda berichtet: «Ich kannte zwei junge Personen, zwei Schwestern, deren nervöse Erregung äußerst hochgradig war. Es genügte, zu ihnen von Gott zu reden oder von Seelenangelegenheiten zu sprechen, um diese Erregung auf äußerste zu steigern. Es war unmöglich, sie zur heiligen Kommunion zu bringen. Man hat sie ein ganzes Jahr in der Heilanstalt behandelt. Sie wurden unter die Dusche gestellt und jede Woche hypnotisiert. Es gelang niemals, sie einzuschläfern, obwohl sie ausgesprochen nervös reizbar waren. Nach einem Jahr kamen sie zu mir.

Ich wandte bei jeder einen kurzen Exorzismus an. Sofort, als ich die Gebete begann, verlor das junge Mädchen das Bewußtsein, und der Dämon, wie ein Hund bellend, gab sich zu erkennen, fing an zu mir zu reden und mir Antwort zu geben.» (Beda, A.. Maria im Kampf mit dem Drachen. Wien 1977. S. 23-24)

610 Vgl. Van Dam, W. C.: Dämonen und Besessene. Aschaffenburg 1970. S.115-161

611 Die Schilderung dieses Vorfalls findet sich im Tagebuch eines Mannes, der dem Autor die Genehmigung zur Veröffentlichung gegeben hat.

612 Rodewyk: «Deutlich wird auch die Tendenz spürbar, den Menschen, wann immer möglich, jede Festfreude zu stören. Sie mißgönnen uns die Freude, weil ihnen die echte Freude für immer genommen ist. Für sie gibt es nur Schadenfreude, den Triumph über irgendeine Bosheit, die ihnen gelungen ist. Es ist eine boshafte Freude.» (Rodewyk, A., a.a.O. S.133)

613 Rodewyk berichtet von «Magda»: «Auch über die nicht gebeichteten Sünden anderer Menschen wußten die Teufel Bescheid. Zweimal habe ich erlebt, daß sie einem der Umstehenden seine Sünden auf den Kopf zusagten.
Einmal war es eine Krankenschwester, die sich das ruhig anhörte, danach aber zu mir sagte: «Jetzt brauchen Sie nur noch zu sagen: ‹Ego te absolvo.›, mit anderen Worten. sie erkannte an, daß das, was ihr gesagt worden war, stimmte. Nachher konnten die Teufel über diese Sünden nichts mehr sagen. Einer erklärte, daß eine gültige Beichte ihnen die Kenntnis von dem, was gebeichtet wurde, entziehe. ‹Wir sehen dann nur eine Wand.›» (Rodewyk, A., a.a.O. S.147)

614 Vgl. Mk 1,24. 34; 3,11; 5,7.9.12; Mt 8,29; Lk 4,34.41; 8,28; Apg 16,17; 19,15

615 Vgl. Mk 1,24.34; 3,11; 5,7; 9,20; Lk 4,41; Apg 16,17; 19,15

616 Entnommen aus: Vision 2000. 1992/5, S.16-17

617 Entnommen aus: Besessenheit und Exorzismus. In: Faszination des Unfaßbaren. Stuttgart 1983. S.302

618 Vgl. Mk 1,24; Mt 8,29; Lk 4,34; 8,28

619 Vgl. bei Rodewyk, A., a.a.O. S.130: «Bei Magda konnte man ein überempfindliches Reagieren auf Weihrauch beobachten. Als ich einmal eine Segensandacht gehalten hatte und diese schon eine Zeit vorbei war, traf ich Magda.
Sie nahm noch einen Hauch von Weihrauch, der in den Kleidern hängenblieb, wahr und reagierte darauf sogleich mit einem heftigen Brechreiz; sie konnte Weihrauch nicht vertragen.» «Sie reagierte durch Flucht in den Keller auf das Läuten von Kirchenglocken.»
«Eine einfache Handauflegung konnte bei ihr auch ohne Exorzismus schwere Kopfschmerzen auslösen.» «Als man einmal in ihrem Zimmer eine Muttergottesstatue aufstellte, wurde ihr sehr übel; das dauerte so lange an, bis die Statue wieder entfernt war.» «Das Rosenkranzgebet regte Magda schon als Kind auf. Sie weinte darüber wie über heftige Schmerzen oder lief weg. In der Krise zerriß sie jeden Rosenkranz, dessen sie habhaft werden konnte.»

620 Rodewyk berichtet: Magda zerstörte im Lazarett Heiligenbilder, derer sie habhaft wurde. An den profanen Bildern hatte sie Freude. Ihre Ablehnung bezog sich auf Bilder mit religiösen Darstellungen bzw. auf das geweihte Kreuz, «das sie zerschlug oder wegwarf». Sie «spuckte ins Weihwasserbecken oder spuckte vor der Kirche aus, an der sie vorüberging.» Bei Magda äußerte sich auch Zerstörungswut gegen Bilder und Kreuze.
Sie zerstach in einem unbewachten Augenblick das Altarbild oder löschte das Ewige Licht aus, putzte sich in einem Kelchtüchlein die Nase, nahm eine violette Stola weg, um sie in den Nachttopf zu stecken. (Vgl. Rodewyk, A.: Dämonische Besessenheit heute. 126-127)

621 «Der Teufel hat Freude daran, das Bild Gottes im Menschen auf eine manchmal seltsame und bestürzende Weise zu verunstalten.» (Laurentin, R., a.a.O. S.301)

622 Bei diesen und anderen Reaktionen taucht immer wieder der Vorwurf auf, daß diese subjektiv seien oder erst durch den Exorzismus als «hysterisches Psychodrama» ausgelöst würden.

623 An «Magdas» Verhalten konnte man zum Beispiel die Wirkung von Festtagen im Kirchenjahr erkennen. «Das Kirchenjahr mit seinen Festen bedeutet nicht nur für uns Menschen etwas [...], sondern auch für die Teufel, nur mit anderen Vorzeichen. Irgendwie spiegelt sich ihre Stimmung dann im Verhalten des Besessenen wider, wenn es auch nur ein schwacher Widerschein von dem ist, was in ihnen kocht und tobt.» (Rodewyk, A., a.a.O. S.132-133)

624 «Magda» begann schon in ihrer Jugend mit Hostiendiebstählen. Die ersten Hostiendiebstähle hatte sie mit 16 Jahren begangen. Insgesamt, gab der Dämon an, daß es 378 gewesen seien. (Vgl. Rodewyk, A., a.a.O. S.142)

625 Bei einem anderen Fall, der späteren Klosterschwester Jeanny Fery, finden wir ähnliches. Sie schreibt von ihrer Erstkommunion, «daß sie die Hostie aus dem Mund nahm, weil sie nicht schlucken konnte.» (Rodewyk, A., a.a.O. S.139)
626 Rodewyk, A., a.a.O. S.139-142
627 Laurentin, R., a.a.O. S.305
628 Beim Fall «Magda» konnte es vorkommen, daß sie Zahnschmerzen durch Weihwasser verlor «oder daß der Leib, der unnatürlich bis zum Platzen aufgetrieben war (Meteorismus), plötzlich wieder den normalen Zustand annahm.» (Rodewyk, A., a.a.O. S.131-132)
629 Vgl. Amorth, A., a.a.O. S.109
630 «[...] beobachtete ich, daß gelegentlich ein Tropfen Weihwasser auf ihrer Stirn eine Rötung hervorrief, die sich langsam zu einer Brandblase entwickelte.» (Rodewyk, A., a.a.O. S.130)
631 Sutter, P.: Satans Macht und Wirken. Gröbenzell 1975. S.141
632 Rodewyk, A., a.a.O. S.127
633 Rodewyk, A., a.a.O. S.128
634 Rodewyk, A., a.a.O. S.129
635 Laurentin, R., a.a.O. S.35
636 Einer der Dämonen bei «Magda» nannte sich «Beelzebub».
637 Rodewyk, A., a.a.O. S.77
638 Rodewyk, A., a.a.O. S.77
639 «Magda» starb am 15. Dezember 1954. Die Leiche wurde seziert. Es wurde nichts gefunden, «nicht einmal so viel, um jene zufriedenzustellen, die gehofft hatten, Magdas Tod als Selbstmord auswerten zu können.» (Rodewyk, A., a.a.O. S.96)
640 Rodewyk, A., a.a.O. S.80
641 Rodewyk, A., a.a.O. S.85
642 Rodewyk, A., a.a.O. S.87
643 Rodewyk, A., a.a.O. S.88-89
644 Rodewyk, A., a.a.O. S.92
645 Pater Severin von Lama vertrat die Meinung, «daß viele Menschen, die in Irrenhäusern vegetierten, in Wirklichkeit Besessene sind; ihnen könne durch den Exorzismus geholfen werden.» (Vgl. Gutwenger, L. In: Siegmund, G.: Von Wemding nach Klingenberg. Stein am Rhein 1985. S.24)
646 Beda, A.: Maria im Kampf mit dem Drachen. Wien 1977. S.22
647 Vgl. Beda, A., a.a.O. S.23
648 Wooden, K.: «Questionnaire on the Occult». Vgl. Stratford, L. In Satans Griff. Erzhausen 1994. S.224
649 Hauptaussagen und grundlegende Daten sind entnommen aus: Stratford, L., a.a.O. S.95f.
650 Der Fall eines Internet-Angebotes zum Mißbrauch von Kindern und zur «Beseitigung» der dann «nicht mehr brauchbaren» Körper im Jahr 1997 machte Schlagzeilen und erregte Empörung.
Ein Paar aus Rosenheim (Bayern) hatte entsprechende Angebote ins Internet gesetzt. Die Polizei fand einen mit Folterwerkzeugen und mit entsprechenden Utensilien zur sexuellen Quälerei ausgestatteten Keller im Haus des Paares.
651 Stratford, L., a.a.O. S.228
652 Stratford, L., a.a.O. S.227
653 Stratford, L., a.a.O. S.225
654 «Als man ein Kind rituell mißbrauchte, brachte man ihm rückwärts gelesene Bibelworte bei, um das Wort Gottes zu verhöhnen und lächerlich zu machen.» (Vgl. Stratford, L., a.a.O. S.226)
655 Stratford, L., a.a.O. S.227-228
656 Valtorta, M.: Der Gottmensch. Bd I. Isola del Liri 1991. S.269
657 Valtorta, M., a.a.O. Band I, S.41
658 Buch der Weisheit 2,24
659 Beobachtungen bei Exorzismen bestärken die Annahme, daß Selbsthaß, Selbstverwerfung und Tendenzen zur Selbstzerstörung typisch dämonische Charaktereigenschaften sind.
660 Bitte aus dem «Vaterunser»
661 In einer Sendung des Bayerischen Fernsehens trat im Juni 1996 eine junge Frau auf, die von einer Teilnahme bei einem Tischchenrücken berichtete.
Es gelang ihr nach ihrer Aussage nicht, sich von Symptomen zu befreien, die den hier geschilderten genau entsprechen.

662 Bekannte Exorzisten wie G. Amorth weisen immer wieder auf Zusammenhänge zwischen der Teilnahme einer Person an okkulten Praktiken und dämonischer Belastung bzw. Besessenheit hin.

663 M. Warnke gibt hierfür ein Beispiel, welches auch die Folgen einer solchen Handlung im täglichen Leben aufzeigt. (Warnke, M.: Der Agent Satans. Erzhausen 1973)

664 Vgl. hierzu Ortner, R.: Auf den Spuren des Bösen. St. Andrä 1991

665 Der Journalist Joel Norris untersuchte im Bereich Los Angeles 300 Mordserien und kam zu dem Ergebnis, daß 30 Prozent von Satanisten verübt wurden.
Mitverantwortlich für diese Verbrechen seien satanische Literatur, Videos und Okkult-Rockmusik.

666 Typisch für derartige psychisch-okkulte Belastetheit ist das Erlebnis eines Pastors. «Einmal», so berichtet er, «ging ich abends von einer Evangelisation nach Hause. Da traf ich zwei Jungen und lud sie für den nächsten Tag zur Kirche ein.
Da sagte der eine: ‹Nein, ich betrete keinen kirchlichen Boden. Ich bin Heavy-Metal-Musiker. Ich bin auf der anderen Seite. Ich bete den Teufel an.›
Ein andermal traf ich einen 16jährigen Jungen. Er hatte sich mit dem Hakenkreuz tätowiert und sich mit seinem Blut dem Teufel verschrieben. Er sagte zu mir: ‹Luzifer ist mein Retter, der Teufel lebt in mir.›
Und als ich ihn fragte, Junge was ist dein Ziel?, antwortete er: ‹Schlechtigkeit, Böses›.» (Vgl. Ortner, R.: Auf den Spuren des Bösen. St. Andrä. 1991. S.74-75)

667 Katechismus der Katholischen Kirche. München 1993. S.321

668 Katechismus, a.a.O. S.354-355

669 Katechismus, a.a.O. S.363

670 Katechismus, a.a.O. S.386

671 Katechismus, a.a.O. S.366. Christus sagt: «Wer mein Fleisch ißt und mein Blut trinkt, hat das ewige Leben [...]. Er bleibt in mir und ich bleibe in ihm.» (Joh 6,51.54.56); Ignatius von Antiochien nennt die Eucharistie «Arznei der Unsterblichkeit».

672 Katechismus, a.a.O. S.406

673 Katechismus, a.a.O. S.413. «Ist einer von euch krank? Dann rufe er die Presbyter der Kirche zu sich; sie sollen Gebete über ihn sprechen und ihn im Namen des Herrn mit Öl salben. Das gläubige Gebet wird den Kranken retten, und der Herr wird ihn aufrichten; wenn er Sünden begangen hat, werden sie ihm vergeben.» (Jak 5,14-15)

674 Katechismus, a.a.O. S.320

675 Laurentin, R.: Der Teufel. Mythos oder Realität? Hauteville 1996. S.292

676 Valtorta, M.: Der Gottmensch. Bd. IX, S.61

677 Johannes von Damaskus

678 Im Fall «Magda» sagte ein Dämon: «Von der Messe abgesehen, richtet sich unser Kampf vor allem gegen das Abendgebet, denn an einen Menschen, der es verrichtet, können wir nicht so leicht heran.» (Rodewyk, A., a.a.O. S.145)

679 Vgl. 2 Petr 5,9 und Jak 4,7

680 Vor dem Namen «Jesus» reagieren Dämonen geängstigt. Ein Dämon sagte: «Nenne diesen Namen nicht. Wir können das nicht aushalten.» (Schwarz, P. M.; Teufel, Dämonen, Besessene. Wien 1976. S.123)

681 Der hl. Franziskus sagte: «Wenn du Ave Maria sagst, zittert die Hölle und fliehen die Teufel.»

682 Amorth, G. schreibt: «Man kann die Macht des Rosenkranzes mit Händen greifen.» Als Exorzist kennt er auch die «Macht des Gebetes zur Jungfrau Maria, die Anrufung der Engel und Heiligen, Pilgerfahrten zu Wallfahrtsstätten, Sätze aus der Bibel, Lobgebet zu Gott, Psalmen und Lieder zum Lob Gottes», welche Gegenkräfte zum Bösen aufrichten. (Amorth, G.: Ein Exorzist erzählt. Stein am Rhein 1998. S.43)

683 Vgl. Psalmen der Heiligen Schrift

684 In der Katholischen Kirche gebetete Litanei, bei der verstorbene Heilige um Fürbitte bei Gott angerufen werden.

685 Katechismus, a.a.O. S.446

686 Katechismus, a.a.O. S.447

687 Exorzisten, zum Beispiel Erzbischof Milingo oder Don Amorth, haben die Wirksamkeit von Salz, Weihwasser (dem Salz zugefügt wurde) und Öl geprüft, die einer Segnung und einem Exorzismusritus unterzogen wurden. (Vgl. Laurentin, R., a.a.O. S. 292)

688 Wird der Exorzismus über das Wasser gebetet, kommt noch die Wirkung hinzu, «jegliche dämonische Macht zu vertreiben» (Amorth, G., a.a.O. S.106). Auch das Trinken von Weihwasser ist hilfreich. (Vgl. Amorth, G., a.a.O. S.107)

689 Die Heilige Theresia vom Kinde Jesus berichtet in ihrer Lebensbeschreibung von einer dämonischen Anfechtung, in der sie sich nicht anders zu helfen wußte, als daß sie schließlich gegen den Ort, wo sich ihr der Teufel in abscheulicher Gestalt zeigte, Weihwasser sprengte. «Oft nämlich», so schreibt sie, «habe ich erfahren, daß es kein wirksameres Mittel gibt, um die bösen Geister zu vertreiben und ihr Wiedererscheinen zu verhindern, als das Weihwasser.

Vgl. auch Renner, F.: Christi gewaltige Macht. Abensberg 1996. S.45

690 Aspersorium = Weihwassergefäß

691 Amorth, G., a.a.O. S.110

692 Sie geht auf eine Muttergotteserscheinung der Schwester Catharine Labouré in der Kapelle der Barmherzigen Schwestern in Paris im Jahre 1830 zurück. Von den Händen Marias gingen leuchtende Strahlen aus. Sie sagte zu Schwester Catharine: «Diese Strahlen sind das Sinnbild der Gnaden, die ich über jene ausgieße, die mich darum bitten [...].»

Dann bildete sich um die Erscheinung ein ovaler Rahmen, auf dem geschrieben stand: «O Maria, ohne Sünde empfangen, bitte für uns, die wir zu dir unsere Zuflucht nehmen.» Schwester Catharine hörte die Worte: «Laß nach diesem Vorbild eine Medaille prägen. Alle, welche sie tragen, werden große Gnaden erlangen. Die Gnaden werden überreich für jene sein, die sie mit Vertrauen tragen.»

Diese Medaille wurde 1832 erstmals geprägt. Die Erscheinung ist kirchlich anerkannt. Seither gilt die «Wunderbare Medaille» auch als Schutz gegen dämonische Einflüsse. Viele auffällige Bekehrungen und Heilungen trugen seither zur weltweiten Verbreitung der Medaille bei. Die Gottesmutter Maria gilt in der Katholischen Kirche als mächtige «Gegenspielerin» Satans. «Die Exorzisten wissen, daß der Teufel die Muttergottes fürchtet; er bebt vor ihr in ohnmächtigem Zorn. Die biblische Offenbarung und die Tradition bestätigen diese Erfahrung.» (Laurentin, R., a.a.O. S.332)

693 Der heilige Benedikt von Nursia wurde vor über 1.500 Jahren geboren. Er gründete viele Klöster. Schon zu Lebzeiten stand er im Ruf, ein großer Wundertätiger zu sein. Er vertraute besonders auf die Macht des Kreuzes. In diesem Zeichen sorgte er für die Verbreitung von viel Segen, Heilung und Schutz vor dem Bösen. Im Jahre 1880 ließ der Abt von Monte Cassino die «St. Benediktus-Medaille» zum ersten Mal prägen. Seitdem tragen zahlreiche Menschen vertrauensvoll diese Medaille und erfuhren oft Schutz und Hilfe. (Vgl. Begleittext zur Medaille. FE-Medienverlag. Kißlegg. 1997)

Als Beispiel aus der Literatur sei auf die Benediktus-Medaille verwiesen, die der Kutscher beim Geschehen um die besessenen Brüder in Illfurt trug und geplantes Unheil sich nicht realisieren konnte. (Vgl. Originalliteratur im «Fall der Brüder Theobald und Josef»)

Vgl. auch Renner, F.: Christi gewaltige Macht. Abensberg 1996. S.46

694 Als Erinnerungssymbol an den Erlösungstod von Jesus Christus wird es in Besessenheitsfällen von Dämonen mit Furcht und Ablehnung bedacht.

695 Eine Besessene: «Tu diese Ketten weg!»

696 Rodewyk berichtet von «Magda», daß der Dämon aus ihr einmal sagte: «Ihr habt in letzter Zeit für sie nicht mehr so viel gebetet wie früher. Du (Rodewyk) hast z.B. einmal den zweiten Rosenkranz am Tag für sie nicht ganz zu Ende gebetet. So waren die Pfähle um den Garten gelockert, so daß wir sie leichter beiseite drücken konnten.» (Rodewyk, A., a.a.O. S.145)

697 Renner schreibt: «Übrigens hat geweihtes Olivenöl eine ganz eigene Kraft der Heilung und Linderung dämonisch verursachter Leiden» (Renner, F.: Christi gewaltige Macht. Abensberg 1996. S.29)

698 Amorth, G., a.a.O. S.106-107

699 Amorth, G., a.a.O. S.108. Amorth rät auch, «exorziertes Salz auf die Schwelle des Hauses zu streuen und in die vier Ecken eines Raumes oder der Räume, die betroffen sein könnten.» (S.108)

700 Amorth, G., a.a.O. S.108

701 «All jene, die die von Christus gewirkten Dämonenaustreibungen mit Heilungen gleichsetzen, haben noch nie einem Exorzismus beigewohnt und den spezifischen Äußerungen der evangelischen Texte keine Beachtung geschenkt.» (Laurentin, R., a.a.O. S.47/48)

702 Amorth, G., a.a.O., S.140

703 Charismatische Gruppen begleiten zum Beispiel exorzistische Maßnahmen mit gemeinsamem Beten.

704 Amorth, G., a.a.O. S.101

705 Vgl. Besessenheit und Exorzismus. In: Faszination des Unfaßbaren. Stuttgart 1983. S.301

706 Laurentin, R., a.a.O. S.142

707 Katechismus der Katholischen Kirche. München 1993. S.447

708 Vgl. zum Beispiel Mk 1,25-26

709 Vgl. Mk 3,15; 6,7.13; 16,17

710 Laurentin, R., a.a.O. S.49

711 Amorth, G.: «Der Dämon hat die Fähigkeit, Krankheiten hervorzurufen.» (Amorth, G., a.a.O. S.102)

712 Amorth, G.: a.a.O., S.102

713 Vgl. hierzu Becker, A.: Der Exorzismus der Kirche unter Beschuß. Stein am Rhein 1995

714 Hierzu Becker, A.: «In Bezug auf den Exorzistenprozeß um Anneliese Michel ist festzustellen, «daß der Auftrag zum Exorzismus vom zuständigen Bischof ordnungsgemäß erteilt, später aber im Tumult der Folgen widerrufen wurde.

Dem vorher vom Bischof beigezogenen Gutachter P. Adolf Rodewyk, S. J., wurde von seinen Vorgesetzten «die Möglichkeit genommen», sich «und die anderen in der Öffentlichkeit zu verteidigen». (Becker, A.: Der Exorzismus der Kirche unter Beschuß. Stein am Rhein 1995)

715 Auf der anderen Seite begann zum Beispiel schon zu Beginn der 80er Jahre die Anglikanische Staatskirche, sich wieder intensiver mit dem Exorzismus zu beschäftigen.

Schuld daran war das damals schon sich stark ausbreitende Interesse für Okkultismus unter den Menschen. Während der letzten Jahre nahmen okkultistische Praktiken und satanistische Zirkel z.B. in Italien (vor allem in Rom) so zu, daß in den großen Städten verstärkt Exorzisten beauftragt werden mußten, sich der Nöte dämonisch infizierter Menschen anzunehmen.

716 (in deren Gefolge variable bis typische Krankheitserscheinungen natürlich-physisch nicht identifizierbarer Genese feststellbar sind)

717 «Wenn ich aber die Dämonen durch den Geist Gottes austreibe, dann ist das Reich Gottes schon zu euch gekommen.» (Mt 12,28)

718 Katechismus, a.a.O. S.171

719 «Weil die Taufe Zeichen der Befreiung von der Sünde und deren Anstifter, dem Teufel, ist, spricht man über den Täufling einen Exorzismus (oder mehrere).» (Katechismus, a.a.O. S.346)

720 In einer Ansprache vom 15. November 1972 sagte Papst Paul VI.: «In der Taufliturgie hat man die Exorzismusgebete verkürzt. Ich weiß nicht, ob das eine sehr realistische und sehr gelungene Sache ist (una molto realistica e molto indovinata).» Nach Laurentin wurde dieser Satz aus den Veröffentlichungen gestrichen, «ist aber ganz deutlich auf den Tonbandaufzeichnungen zu hören, die sowohl privat als auch offiziell gemacht wurden». (Vgl. Laurentin, R., a.a.O. S.175)

721 Rodewyk fand heraus, daß beim Fall «Magda» eine solche Nachlässigkeit im Spiel war. Er schreibt: «Die Teufel (im Verlaufe des Exorzismus) sind unverrückbar bei der Behauptung geblieben, daß der Priester, der die ersten Exorzismen über Magda sprach, sich nichts dabei gedacht habe, sie vielmehr für eine bloße Zeremonie hielt und nicht die ernste Absicht hatte, die Teufel zu vertreiben.

So sei es möglich geworden, daß «Kain» ganz früh in Magda einfuhr.» (Rodewyk, a.a.O. S.31). Nach der Austreibung Luzifers wurden aus diesem Grund die Taufexorzismen wiederholt.» (Rodewyk, a.a.O. S.52)

722 Katechismus, a.a.O. S.447-448

723 Visionäre Schilderungen (teilweise gekürzt) von Dämonenaustreibungen a) und b). Aus Valtorta, M.: Der Gottmensch. Hauteville 1993. Bd. VII, S.297-300 und Band IX, S.362-364

724 «Zum Beispiel kann man ein Kreuz, einen Rosenkranz oder eine Reliquie auf den Kopf des Betreffenden legen. Besonders wirksam sind Kreuzpartikel, Reliquien von Heiligen, einfache geweihte Heiligenbilder, ein Bild des Erzengels Michael [...]. Es ist für einige Dämonen unerträglich, mit Weihwasser besprengt zu werden [...].

Wieder andere können den Geruch von Weihrauch nicht vertragen, weshalb sein Gebrauch nützlich ist; für andere sind das Orgelspiel, die Kirchenmusik und der gregorianische Gesang widerlich. Das alles sind Hilfsmittel, deren Wirkungen wir Exorzisten ausprobiert haben.» (Amorth, G., a.a.O. S.104)

725 Nach Rodewyk «empfinden die Teufel den Exorzismus des Bischofs als noch schwerer und wuchtiger. Bildlich ausgedrückt: ‹...es ist, als schleudere er uns an die Wand, so daß alle Knochen krachen.› Als Grund gaben die Dämonen an, daß von diesem Exorzismus ‹eine besondere Kraft gegen die Geister› ausgehe.» (Rodewyk, A., a.a.0. S.125)

726 Ein privates exorzistisches Gebet ist zum Beispiel: *«Im Namen Jesu und im Namen Marias befehle ich euch, ihr höllischen Geister, weichet von uns und von diesem Ort und wagt nicht wiederzukehren, um uns zu versuchen und uns zu schaden. Jesus! Maria! Jesus! Maria! Jesus! Maria! Hl. Michael, kämpfe für uns! Hl. Schutzengel, bewahrt uns vor allen Fallstrikken des bösen Feindes. Der Segen + des Vaters, die Liebe + des Sohnes, und die Kraft + des Hl. Geistes; der mütterliche Schutz der Himmelskönigin, der Beistand der heiligen Engel und die Fürbitte der Heiligen sei mit uns und begleite uns überall und alle Zeit! Amen.»*
Wie bedeutsam bisweilen ein still gesprochener privater Exorzismus für das Erkennen einer dämonischen Belastung sein kann, zeigt der Fall «Magda». Rodewyk schreibt: «Einige Monate, bevor ich Magda kennenlernte, hatte sie einen gutkatholischen Laien kennengelernt, der Verdacht schöpfte, daß bei ihr etwas nicht stimme. Darauf sprach er still einen Exorzismus, was zur Folge hatte, daß Magda anfing zu fluchen und ein Marienbild zu beschimpfen.» (Rodewyk, A.: Dämonische Besessenheit heute, a.a.O. S.125)

727 «Immer wieder entdeckt man beim Exorzieren von Erwachsenen, daß die Besessenheit schon in früher Kindheit oder im Moment der Geburt oder aber noch früher, während der Schwangerschaft, ihren Anfang genommen hat.» (Amorth, G., a.a.O. S.103) Nach der Erfahrung von Amorth sind heute Jugendliche sehr häufig von diesbezüglichen «Infektionen» betroffen. (S.103)

728 Wichtig ist, daß man seinen Feinden verzeiht.» Feinde sind dabei meist «jene Personen, die das Böse gewünscht haben und manchmal mit den Verwünschungen auch fortfahren. Ein aufrichtiges Verzeihen, das Gebet und Heilige Messen für sie sind die Mittel, um Blockierungen aufzuheben und die Heilung zu beschleunigen.» (Amorth, G. a.a.O, S.102)

729 Eine ausführliche Beschreibung des Verlaufes des Exorzismus (auch der einzelnen Gebete) ist zu finden in: Siegmund, G. (Hrsg.): Der Exorzismus der Katholischen Kirche. Stein am Rhein 1981

730 Rodewyk beschreibt das Ausfahren eines Teufels aus «Magda» folgendermaßen: «Es begann ein Würgen, als ob sie keine Luft mehr bekäme. In dieser Atemnot steckte sie bisweilen den Finger in den Mund, der schon ganz aufgesperrt war, um den Unterkiefer noch weiter herauszuziehen. Der Körper zuckte und strampelte nach allen Richtungen. Bisweilen half sie den wehenartigen Krämpfen durch Drücken auf den Unterleib nach [...]. Schließlich sagte der Teufel: ‹Ich gehe, ich gehe.› Magda hielt sich noch einen Augenblick aufrecht sitzend und fiel dann in die Kissen zurück. Noch ein kurzes Zucken, dann trat Beruhigung ein, ein ruhiges, gleichmäßiges Atmen, wie im Schlaf. Das Ganze hatte eine Stunde gedauert.» (Rodewyk, A.: Dämonische Besessenheit heute. Aschaffenburg und Stein am Rhein 1976. S.253)
Stolz berichtet von einer Austreibung: Nach dem Exorzismus «sank die Frau zusammen, und der Dämon war ausgefahren. Etwa fünf Minuten lag Maria Tien wie tot am Boden. Dann kam sie zu sich, ging an ihren Platz und kniete dort nieder. Sie wußte durchaus nichts von all dem, was sich mit ihr zugetragen hatte.» (Stolz, B.: Die Macht Mariens über die Dämonen. Jestetten 1972. S.719)
Sutter berichtet: «Germana erhob sich wieder in der Luft, wobei sie brüllte: «Wooh! Wooh!» Dann brach sie zusammen, überschlug sich ein paar Mal und richtete sich plötzlich auf. Sie war wieder normal geworden und befreit.» (Sutter, P.: Satans Macht und Wirken, Gröbenzell 1975. S.158)

731 Vgl. hierzu den Fall «Daly City» aus Kalifornien.

732 Vgl. hierzu beispielsweise die gut protokollierten nächtlichen Belästigungen des Pfarrers von Ars.

733 Eine Bestätigung für das reale Vorhandensein geben bisweilen Haustiere. Es ist erwiesen, daß Tiere außersinnliche Fähigkeiten der Wahrnehmung besitzen, die beim Menschen vielleicht nur in schwachen Ansätzen vorhanden sind.
So berichtet Amorth, daß in Fällen echter Anwesenheit eines Geistwesens eine Katze zum Beispiel in eine bestimmte Richtung starrt, sich deren Fell sträubt oder daß ein Hund mit erschrockenem Verhalten davonläuft. (Amorth, G., a.a.O. S.112)

734 Vgl. Amorth, G., a.a.O. S.111-112

735 Vgl. Amorth, G., a.a.O. S.113

736 Vgl. hierzu das Sühneopfer von Jesus Christus, der damit die Schuld der Menschheit auf sich nahm.

737 Rodewyk fand einen erstaunlichen Zusammenhang zwischen der Entdeckung einer Besessenheit bei einer Frau («Magda») und dem Sühneangebot eines Priesters. Er berichtet: «Ein Domkapitular, ihr früherer Beichtvater, den sie angezeigt hatte, blieb ihr gut. Er sagte zu ihr: ‹Was mit dir ist, das ist zu groß. Da reicht ein gewöhnlicher Brief, den man an den lieben Gott schreibt, nicht mehr aus, da muß man schon selbst hingehen. Ich gehe in den Himmel, wo ich für dich bitten will.› Er hatte Gott sein Leben als Sühne für sie angeboten. Dann gab ihm Gott den genauen Termin seines Sterbens an und ließ ihn noch einen schönen Traum schauen: Er sah, wie Magda zu ihm kam, aber nicht mehr in Schwarz. Sie trug vielmehr ein weißes Gewand und lächelte glücklich. Kaum 54 Jahre alt, starb er, und zwar genau an dem Tag, den er Magda angegeben hatte.» Ein Jahr nach dem Tod des Domkapitulars wurde die Besessenheit Magdas entdeckt, und der Exorzismus begann. (Rodewyk, A., a.a.O. S.36)

738 Rodewyk, A.: Dämonische Besessenheit heute. Aschaffenburg und Stein am Rhein 1976. S.142

739 Der Psychologe Edward Herbert sagt zum Beispiel, er habe bei Befreiungsgottesdiensten «menschliches Verhalten beobachten können, welches das Arbeitsfeld klinischer Psychologie übersteigt». Die im Befreiungsdienst Engagierten hätten «es mit einer Wirklichkeit zu tun, die der Psychotherapie nicht zugänglich ist.» (Vgl. Scanlan, M.; Cirner, R. J.: «... erlöse uns von dem Bösen. Graz 1983. S.112)

740 Vgl. Scanlan, M.; Cirner, R. J.: «...erlöse uns von dem Bösen.» Graz 1983. S.8

741 Scanlan/Cirner, a.a.O. S.81

742 Scanlan/Cirner, a.a.O. S.81

743 Scanlan/Cirner, a.a.O. S.81. Es geht dabei «weder um das Hersagen bestimmter Gebete noch um die schematische Anwendung bestimmter Gesten, auch nicht um mechanische Verabreichung eines Allheilmittels zur Behebung bereits vor der Ausübung des Befreiungsdienstes diagnostizierter Symptome.»

744 Erzbischof Milingo ist im Juni 1930 geboren und in Mnukwa (Zambia) aufgewachsen. Er wurde am 31. August 1958 zum katholischen Priester und am 1. August 1969 zum Erzbischof von Lusaka geweiht. Sein großes Charisma für Heilung und Befreiung setzt er seitdem für Arme und Notleidende ein. Exorzistische Erfahrungen aus seiner Heimat überträgt er auf europäische Verhältnisse, wo er seit einiger Zeit regelmäßig Befreiungsgottesdienste durchführt.

745 Bevor der Kardinal von Mailand Martini die Heilungsgottesdienste von Erzbischof Milingo in seiner Diözese untersagte, hatte der Autor Gelegenheit, in einer Folge von drei Tagen mehrere dieser Heilungsgottesdienste zu besuchen. Das Folgende ist seine auf Beobachtung gestützte Analyse.

746 Cirner, a.a.O. S.62

747 «Wacht also darüber, daß der Dämon, die Welt und das Fleisch nicht euren freien Willen verführen und eure Seele verwüsten.» (Valtorta, M., a.a.O. Band VII. S.363)

748 Laurentin, R., a.a.O. S.293

749 «Die Gegenwart Satans zwingt zu ständiger Wachsamkeit. Die Liebe, die euch liebt, bewirkt, daß seine Gegenwart nicht unumschränkt schädlich sei.
Wenn ihr die Liebe in euch habt, versucht euch Satan zwar, aber er wird nie fähig sein, euch wirklich zu schaden.» (Valtorta, M., a.a.O. Band VII, S.237)
«In dir wohnt keine Nächstenliebe, und deshalb ist Satan in dir.» (Valtorta, M., a.a.O. Band VII, S.132)

750 «Satan ist wie eine Spinne, die ihr Netz gespannt hat. Es ist so fein und heimtückisch [...]. Nun, meine Lieben tut mit Satan, was jetzt meine Hand tut. Sie zerstört das Netz. Schaut, wie die Spinne flieht und sich versteckt. Sie hat Angst vor dem Stärkeren.
Auch Satan fürchtet sich vor dem Stärkeren, und der Stärkere ist die Liebe.» (Valtorta, M., a.a.O. Band VII, S.237) «Besiege Satan mit Hilfe dessen, der dich liebt.» (S.203)

751 «Der Feind, der nicht vertrieben wird, macht sich schließlich zum Herrn; denn er setzt sich auf hinterlistige Weise fest und bereitet seine Angriffe vor. Macht sofort Jagd auf ihn, schlagt ihn in die Flucht mit der Waffe des Glaubens, der Liebe und der Hoffnung auf den Herrn.
Das schlimmste Übel ist es, wenn ihr ihn ungestört unter den Menschen wirken und von außen ins Innere eindringen laßt; wenn man ihm gestattet, sich in den Herzen der Menschen festzusetzen.» (Valtorta, M., a.a.O. Band VII, S.178)

752 Vgl. Mt 12,30; Lk 11,23

753 «Weg von Satan, wenn ihr Christus haben wollt. Ich bin der Gute. Ich und der Geist des Bösen, wir haben nichts gemeinsam. Entweder ich oder er. Wählt!» (Valtorta, M., a.a.O. Band IX, S.98)

754 «Alles, was uns vor der Sünde bewahrt, schützt uns eben dadurch vor dem unsichtbaren Feind. Die Gnade ist und bleibt die entscheidende Verteidigung. Das Freisein von Sünde erweist sich gleichfalls als Stärke.» (Johannes Paul II.)

755 Laurentin, R., a.a.O. S.291

756 Don Bosco

757 «Fürchtet euch vor denen, die, nachdem sie euch getötet haben, euch auch noch in die Hölle stürzen können, d.h. den Lastern, bösen Kameraden und falschen Lehrern; vor denen, die versuchen, mehr der Seele als dem Körper zu schaden.» (Valtorta, M., a.a.O. Band VII, S.309)

758 Vgl. Laurentin, R., a.a.O. S.133: «[...] besteht die traditionelle Haltung der Kirche nicht in Panik, sondern in Gelassenheit, in vertrauender Ruhe, in Ironie angesichts der vulgären Attacken des Versuchers.»

759 Die folgenden Aussagen sind in enger Anlehnung entnommen aus: Stratford, L.: In Satans Griff, Erzhausen 1994. S.213-233. Dabei handelt es sich um extremen, satanischem Mißbrauch. Aber auch bei jedem anderen Mißbrauch ist böse Macht im Spiel, wenn auch verdeckter.

760 Nach Balducci ist der New Yorker Polizist Smandl, der Informationsseminare für mehr als 200 Gruppen von Polizisten in ganz Amerika hielt, «davon überzeugt, daß die Verbrechen, die dem satanischen Bereich zuzuordnen sind, am Ende dieses Jahrhunderts den größten Teil aller Verbrechen ausmachen». (Balducci, zitiert bei Laurentin, a.a.O. S.240)

761 Vgl. hierzu die Berichte von Warnke (Warnke, M.: Der Agent Satans. Erzhausen 1973)

762 Stratford, L., a.a.O. S.217

763 Stratford, L., a.a.O. S.217

764 Stratford: «Sie werden von unsichtbaren, nämlich satanischen Mächten gelenkt.» (a.a.O. S.217)

765 «Wenn aber ritueller Mißbrauch mit übernatürlichen bösen Mächten in Beziehung steht, dann müssen die Personen, die das rituell mißbrauchte Kind behandeln, dies berücksichtigen und entsprechend handeln.» (Stratford, L., a.a.O. S.217)

766 Stratford, L., a.a.O. S.233

767 Stratford, L., a.a.O. S.214

768 «Wenn Sie rituellen Mißbrauch nicht melden, geben Sie dem Mißbraucher sozusagen grünes Licht für weitere Taten.» (Stratford, L., a.a.O. S.215)

769 Stratford, L., a.a.O. S.214

770 Stratford, L., a.a.O. S.214

771 Stratford, L., a.a.O. S.216

772 Stratford, L., a.a.O.

773 Hierzu Lauren: Einem Kind «wird gesagt und es glaubt, daß der sogenannte «gute» Geist sein geheimer Freund ist und ihm Führung, Sicherheit und Wohlergehen im Leben verschafft. Das ist teilweise wahr. Es stimmt, das Kind wird geführt, aber leider nicht zum Guten. Und es wird nur sicher sein, solange es den Anordnungen des Geistes folgt. Der Geistführer oder Geistfreund ist ein böser Geist, der einen Halt im Leben des Kindes dadurch findet, daß dieses dem Satanismus verbunden ist.» (S.222)

774 «Dieser Geist ist aber weder Einbildung noch Freund. Seine einzige Absicht ist es, das Kind unter seinem Kommando zu halten.» (Stratford, L., a.a.O. S.222)

775 «Gegen die bösen Geister müssen Sie in der Kraft des Gebets vorgehen: Sie befehlen dem Geist im Namen Jesu, Ihr Kind zu verlassen. Sie bitten, daß der Herr Jesus Ihr Kind mit dem Geist der Liebe, der Kraft und der Besonnenheit erfüllt. Gott wird treu sein und tun, worum Sie Ihn bitten.» (Stratford, L., a.a.O. S.222)

776 Stratford, L., a.a.O. S.223

777 Stratford, L., a.a.O. S.223

778 Stratford, L., a.a.O. S.222

779 «Zunehmend wird nachgewiesen, daß viele versuchte oder vollendete Selbstmorde auf satanische Verwicklungen und/oder rituellen Mißbrauch zurückzuführen sind.» (Stratford, L., a.a.O. S.223)

780 Vgl. Stratford, L., a.a.O. S.223

781 Stratford, L., a.a.O. S.223

782 Stratford, L., a.a.O. S.224

783 Stratford: «Die Flüche der *Isolation* und der *Ummauerung* verhindern, daß das Kind von den Mächten frei kommt. Gerade so wie sich das Kind innerhalb des Kreises von der Außenwelt isoliert fühlt, so fühlt es sich aber auch durch den Kreis wie von einer Einfassung umgeben, die keinen Anfang und kein Ende hat. Es gibt keinen Ausweg. Die Vorstellung ist: Nichts kann über die Linie des Kreises hinausgelangen, denn sie hat keine Unterbrechung. Nichts, was im Kreis getan wurde, findet den Weg hinaus.
Das Kind fühlt sich mental isoliert und von Grenzen umschlossen. Das mag wie Hokus-Pokus oder Spinnerei klingen, aber die Mächte, Flüche und bösen Geister sind Realität. Es geht um satanische Macht. Das muß man verstehen und entsprechend handeln.» (Stratford, L., a.a.O. S.224)

784 Valtorta, M.: Der Gottmensch. Hauteville 1993. Band X, S. 227

785 «Wenn festgestellt wurde, daß Ihr Kind Opfer rituellen Mißbrauchs ist, sollten Sie sich vergewissern, daß derjenige, der Ihrem Kind zur Befreiung von dunklen Mächten verhelfen will, Christ ist. Denken Sie daran, daß die Behandlung keine Wirkung zeigen kann, wenn der Helfer selbst nicht Jesus Christus aufgenommen hat, denn hier hat er es mit Gewalten, Mächten und Fürsten der Finsternis zu tun.» (Stratford, L., a.a.O. S.229)

786 Stratford, L., a.a.O. S.229

787 Vgl. hierzu Vorschläge für Gebete im entsprechenden Kapitel des vorliegenden Buches

788 Vgl. hierzu Stratford, L., a.a.O. S.231f.

789 Nach Stratford sind von Angst getragene Äußerungen zum Beispiel: «Ich bin kaputt» – «Ich bin schlecht.»- «Sie werden kommen und mich entführen, wenn ich schlafe.» – «Sie werden euch (die Eltern) umbringen, wenn ich etwas sage.» – «Ist Satan jetzt mein Vater?» – «Es ist alles meine Schuld!»
Kinder fürchten sich oft vor medizinischen Maßnahmen wie Bluttests, Injektionen und vor der Einnahme von Pillen. Sie bringen solche Prozeduren in Zusammenhang mit dem Trinken von Blut bei Ritualen, mit Injektionen oder Pillen, die ihnen gegeben wurden, um sie während des rituellen Mißbrauchs ruhig zu stellen, mit der Erinnerung daran, dass sie Zeuge waren, als Körper aufgeschlitzt und Glieder abgetrennt wurden – bei Tieren und Menschen.» (Stratford, L., a.a.O. S. 231)

790 *Das Schildkrötenverhalten* dient dem Aufbau eines psychisch-geistigen Schutzschildes. Der Panzer der Schildkröte kann als Symbol für Schutz (Geborgenheit unter seinem Schild) und Abwehr (feindlicher bzw. negativer Einwirkungen) aufgefaßt werden. Indem man sich phantasiemäßig vorstellt, sich einen solchen Panzer zuzulegen und unter ihm sich abzuschotten, werden emotionale (zum Beispiel auch religiöse) Kräfte des Geborgenseins, der Sicherheit und der Ruhigstellung angeregt.
Ich schlage als Einlernphase gewöhnlich folgende *Anweisung* vor: «Wie du weißt, hat die Schildkröte einen Panzer. Unter diesen kann sie kriechen, wenn sie sich schützen will. Sie bleibt dann ganz ruhig darunter, bis die Gefahr wieder vorbei ist. Du fühlst dich jetzt als Schildkröte. Jemand hat dich verletzt oder dir Böses angetan. Du bist niedergeschlagen und hast vielleicht auch Angst. Stelle dir jetzt vor: ‹Ich will mich schützen. Ich krieche unter meinen Panzer.› Lege deine Arme vor deinen Kopf. Schütze deinen Kopf mit den Armen. Jetzt bist du unter deinem Panzer. Nichts von dir schaut mehr hervor. Du atmest ruhig ein und aus, ein und aus, ein und aus.» (Wahlweise: Beginn ruhiger Musik)
Du denkst dir: Niemand kann mir etwas anhaben. Ich bin ganz sicher und geborgen. Niemand kann an mich heran. Ich atme ruhig weiter und fühle, wie ich sicher und ruhig werde. Ich spreche jetzt leise mit jemandem, dem ich vertraue, mit einem lieben Menschen, mit Gott...» (Diese Übung setzt sich fort und kann auf verschiedene Weise, auch in Bezug auf ein persönliches Problem eines Menschen, eines Kindes, ausgebaut werden.)

791 Der Autor verwendet es zum Beispiel mit Erfolg in der psychologischen Betreuung von Kindern mit Ängsten und Minderwertigkeitsgefühlen.

792 «Vielen rituell mißbrauchten Kindern wurde gesagt, daß ihre Familie sie nicht mehr liebe und daß die Mißbraucher nun ihre neue Familie seien. Ein Foto der ganzen Familie, womöglich mit den Haustieren, neben dem Bett aufgestellt, gibt dem Kind das Gefühl, daß mit der Familie alles in Ordnung ist.» (Stratford, L., a.a.O. S.232)

793 Zitiert bei Laurentin, R.: Der Teufel. Mythos oder Realität?. Hauteville 1996. S.239-240

794 Geheimnis der Ungunst, Ungerechtigkeit und Härte – Geheimnis des Bösen

795 Faerber, J.-M.: Klingenberg. In: Siegmund, G.: Von Wemding nach Klingenberg. Stein am Rhein 1985

796 Geßner, A.: Authentischer Bericht über die Teufelsaustreibung, welche am 13. und 14. Juli 1891 im Wemdinger Kapuzinerkloster stattgefunden hat. In: Siegmund, G., a.a.O.

797 Bischof Laurent, J. Th.: Der authentische Bericht. In: Siegmund, G., a.a.O.

798 Vogl, K.: Authentischer Bericht. In: Siegmund, G., a.a.O.

799 Sutter, P.: Die besessenen Kinder von Illfurt. In: Satans Macht und Wirken. Gröbenzell 1975

800 Sutter, P., a.a.O.

801 Sutter, P., a.a.O.

802 Rodewyk, A.: Dämonische Besessenheit heute. Aschaffenburg und Stein am Rhein1976.

803 Vgl. hierzu Gutwenger, L.: Kommentar. In: Siegmund, G.: Von Wemding nach Klingenberg. Stein am Rhein 1985, S.19)

Geßner, A.: Authentischer Bericht. In: Siegmund, G. (Hrsg.): Von Wemding nach Klingenberg. Stein am Rhein 1985. S.25-40

804 Geßner, A. a.a.O. S.39

805 Geßner, A., a.a.O. S.27. Geßner schreibt hierzu auch: «Welche Schmerzen der Teufel empfand, als ich ihm mit dem Allerheiligsten drohte, das zu beschreiben, vermag keine Feder, das Stöhnen und Seufzen war herzzerreißend.» (Geßner, A., a.a.O. S.29-30)

806 Gutwenger L. kommentiert hierzu: «‹Moderne› Hexen verkünden heute öffentlich im Fernsehen, daß sie Praktiken des Verwünschens durchführen (z.B. Ulla von Bernus: ‹Hatte ich auf jemanden großen Zorn, habe ich ihm Böses gewünscht. Es ist eingetroffen...›» (Vgl. Gutwenger, L. a.a.O. S.21)

807 Geßner, A., a.a.O. S.31

808 Geßner, A., a.a.O. S.39

809 Ausführlichere Beschreibungen sind zu finden in: Siegmund, G. (Hrsg.): Von Wemding nach Klingenberg. Stein am Rhein 1985. S.41-51

810 Vgl. hierzu Siegmund, G., a.a.O. S.41 (Kommentar des Verlegers)

811 Laurent, J. Th.: Authentischer Bericht. In: Siegmund, G. (Hrsg.), a.a.O. S.43

812 Laurent, J. Th., a.a.O. S.43

813 Laurent, J. Th., a.a.O. S.47

814 Feierliches Gebet der Katholischen Kirche («Großer Gott, wir loben dich»)

815 Laurent, J. Th., a.a.O. S.50

816 Vgl. hierzu Vogl, K.: Authentischer Bericht. In: Siegmund, G. (Hrsg.): Von Wemding nach Klingenberg. Stein am Rhein 1985. S.52-92 (ausführlichere Beschreibung)

817 Vogl, K.: Earling. Authentischer Bericht. In: Siegmund, G.: Von Wemding nach Klingenberg. Stein am Rhein 1985. S.52-92

818 Vogl, K., a.a.O. S.55ff.

819 Vogl, K., a.a.O. S.56

820 Vogl, K., a.a.O. S.56

821 Vogl, K., a.a.O. S.59

822 Vogl, K., a.a.O. S.65

823 Vogl, K., a.a.O. S.61-62

824 Vogl, K., a.a.O. s.62

825 Vogl, K., a.a.O. S.68

826 Vogl, K., a.a.O. S.79

827 Maria, die Gott von der Erbsünde bewahrt hatte

828 Vogl, K., a.a.O. S.68

829 Vogl, K., a.a.O. S.90

830 Wie jeder bedeutende Exorzist, so wurde auch Johann Joseph Gassner schon zu seiner Zeit heftig angegriffen, aber auch aufs höchste bewundert. Sein Wirken fiel inzwischen im Verbund mit dogmatischen Distanzierungen von Hölle und Satan auch durch die Theologie in Vergessenheit, obwohl die Berichte über ihn und seine Heilungen auch vom empirischen Ansatz her erstaunlichen Diskussionsstoff bieten würden. Über Gassner existiert eine ganze Reihe verschiedenartiger Literatur, auch mit zahlreichen Beweisen seiner erstaunlichen exorzistischen Heilungserfolge in Krankheiten.

Einen guten literarischen wie auch inhaltlichen Überblick über sein Wirken gibt der lesenwerte Beitrag von J. A. Zimmermann: Johann Joseph Gassner, der berühmte Exorzist. Kempen 1878.

831 Vgl. Siegmund, G.: Die Teufelsbeschwörung im Brennpunkt. Leutesdorf 1982. S.18

832 Vgl. Siegmund, G., a.a.O. S.14-15

833 Am Ostermorgen des Jahres 1779 verstarb Dekan Gassner im Alter von 52 Jahren. Auf seinem Grabstein am Eingang der Kirche in Pondorf wurde eine Grabinschrift angebracht: «Im Namen Jesu fliehet ihr feindlichen Reiche, und ihr Furien, die ihr in der Hölle oder auf der Welt euch aufhaltet, weichet fort von diesem Grabe. Es ruht darin der sehr Ehrwürdige, gnädige Herr Johann Josef Gassner [...], welcher bei seinen Lebzeiten oder in allem, was er that, den heiligsten Namen Jesu zum Losungsworte hatte. Er behielt ihn auch sterbend im Innersten seines Herzens eingedrückt [...].
Er war der berühmteste Exorzist seiner Zeit, der unbescholtenste Pfarrer und Dekan und ward aus Eifer für die Ehre Gottes und des Nächsten Heil nicht so fast verzehrt als vielmehr vollendet [...]. Lerne, o Wanderer, im heiligsten Namen Jesu so leben und in demselben sterben und einst auch wieder auferstehen.» (Zimmermann, J. A., a.a.O. S.100-101)

834 Koch, E. K.: Besessenheit. In: Okkultes ABC. Spalenberg o. J. S.55ff.

835 Etwas ausführlichere Beschreibung in: Siegmund, G.: Die Teufelsbeschwörung im Brennpunkt weltanschaulichen Kampfes. Leutesdorf 1982. S.7-9

836 Diese sogenannte «Teufelspredigt» findet sich in verschiedenen Veröffentlichungen und hat sich in die heutige Zeit überliefert. Vater Wolf war der in der Schweiz bekannte Niklaus Wolf von Rippertschwand (1756-1832), ein frommer Laie und Familienvater, der auch exorzistische Heilungen vornahm. Vgl. Gutwenger, L.: Treibt Dämonen aus. Stein am Rhein 1992. S. 97 ff.

837 Wörtlich (gekürzt) übernommen aus dem sehr lesenswerten und beeindruckenden Buch von Stratford, Lauren.: In Satans Griff. Erzhausen 1994. S.71-74

838 Viktor (Hohepriester einer Satanssekte in den USA) ist eine Schlüsselfigur der Gewaltanwendung gegen Lauren, an den sie sich zeitweise gebunden und von ihm abhängig wußte.

839 Stratford, L., a.a.O. S.71-73

840 Stratford, L., a.a.O. S.91

841 Wörtlich (gekürzt) übernommen aus Stratford, L.: In Satans Griff. Erzhausen 1994. S.91-97

842 Lauren trug ein kleines «Neues Testament» bei sich, bei dessen Lesen sie Trost suchte.

843 Viktor ist (wie schon erwähnt) «Chef» und «Hohepriester» eines satanistischen Zirkels in den USA, in den Lauren geraten ist.

844 Stratford, L., a.a.O. S.91-97

845 Ausführliche Beschreibung bei Sutter, P.: Satans Macht und Wirken. Gröbenzell 1975. S.15-122; hier gekürzter Auszug

846 Sutter, P., a.a.O. S.18-19

847 Sutter, P., a.a.O. S.18

848 Vgl. hierzu Sutter, P.: Satans Macht und Wirken. Gröbenzell 1975. S.125-160

849 Vgl. Sutter, P., a.a.O. S.126-127

850 Vgl. Sutter, P., a.a.O. S.129

851 Sutter, P., a.a.O. S.137-138

852 Sutter, P., a.a.O. S.144

853 geheimes Wissen

854 Sutter, P., a.a.O. S.130

855 Sutter, P., a.a.O. S.148

856 Sutter, P., a.a.O. S.147

857 Zum Beispiel mit Erscheinungsweisen bei den beiden Knaben aus Illfurt

858 Sutter, P., a.a.O. S.148

859 Sutter, P., a.a.O. S.149; S.155

860 Sutter, P., a.a.O. S.158

861 Übernommen aus: Stratford, L.: In Satans Griff. Erzhausen 1994. S.96f. und S.107-110

862 Hohepriester des Satanszirkels, dem Lauren Stratford ausgeliefert war

863 Im Interesse der Leser brechen wir an dieser Stelle ab. Lauren Stratford schildert in «In Satans Griff» (S.108-110) dieses ihr persönlich widerfahrene gräßliche Erlebnis zu Ende.

864 Vgl. hierzu die ausführliche Beschreibung und die darin enthaltene wissenschaftliche Stellungnahme der Anthropologin F. D. Goodman in: Goodman, F. D.: Anneliese Michel und ihre Dämonen. Stein am Rhein 1980.
Ebenso: Faerber, J.-M.: Zeitzeichen «Fall Klingenberg». In: Siegmund, G.: Von Wemding nach Klingenberg. Stein am Rhein 1985. S.93-161

865 Faerber, J.-M., a.a.O. S.124

866 Faerber, J.-M., a.a.O. S.127

867 Vgl. Goodman, F. D.: Anneliese Michel und ihre Dämonen. Stein am Rhein 1980

868 Faerber, J.-M., a.a.O. S.96

869 Der Autor war seinerzeit beim Pressegespräch mit Dr. F. D. Goodman anwesend und konnte sich vom wissenschaftlichen Niveau der Anthropologin überzeugen.

870 Faerber schreibt zu diesem Fall: «Anneliese erfährt eine Macht, die sich wie eine Urmacht gebärdet hat. Nein, sie erfährt nicht irgendetwas, sondern sie erfährt ein Wesen, das sich als Person fordernd und besitzergreifend in ihr breitmacht. Ihr Erscheinen ist sofort existenzbedrohend, ihr Wirken auch in den kleinsten Aspekten todbringend. Alles an diesem Wesen ist Vernichtung. Es bindet, um zu vernichten. Es entwickelt bereits im ersten Ansatz Zwänge und Unfreiheit. Dieses Wesen gebiert unentwegt das Chaos. Sein Umfeld ist das kalte Grauen. Vereinigung mit ihm ist eisiges Verderben. ‹Das Wesen› – Anneliese hat es tausendfach am eigenen Leib erfahren – ist Satan und sein Anhang.» (Faerber, J.-M., a.a.O. S.125)

871 Papst Leo XIII. hat am 6. Januar 1884 dieses Gebet für die Katholische Kirche empfohlen. Es wurde, bis die Liturgie nach dem II. Vatikanischen Konzil einschneidende Änderungen erfuhr, nach jeder Heiligen Messe gebetet.

872 Aus: Lobt den Herrn Gebet- und Gesangbuch für das Erzbistum Bamberg. 1940. S.648

873 Entnommen aus: Lobt den Herrn Gebet- und Gesangbuch für das Erzbistum Bamberg. 1940

874 Nach: Erzbischof Milingo: Gebete für die Kranken. Milano 1994. Gebet der Reue. S.7-8

875 Gebetsempfehlung der Gottesmutter Maria bei ihrer dritten Erscheinung in Fatima

876 Nach: Stratford, L., a.a.O. S.230

877 Jahrhundertealtes im gläubigen Volk heute noch verbreitetes Stoßgebet (in verschiedenen leicht geänderten Versionen überliefert)

878 von Papst Pius XII.

879 Nach Amorth, G.: Liberaci dal male. Roma 1993. S. 24-25

880 Guillet, Arnold, Novene zu den heiligen Engeln, Stein am Rhein 1995

881 Vergleiche: Leben der hl. Hildegard von Bingen, Lateinisch-Deutsch, übersetzt von Monika Klaes. Verlag Herder. Freiburg 1998

Letzte Pressemeldung bei Drucklegung dieses Buches

Polen: Jugendliche ermordeten zwei Mitschüler bei Schwarzer Messe

Zwei polnische Jugendliche aus Ruda Slaska (Oberschlesien) haben bei einer Schwarzen Messe zwei Mitschüler ermordet: ein 19-jähriges Mädchen und einen 18-jährigen Jungen. Die Täter – 19 und 20 Jahre alt – erstachen ihre Schulkameraden, beschmierten die Wände mit satanistischen Parolen und Symbolen aus Blut und steckten die Leichen in Brand. Die Tat geschah in der Nacht zum 3. März 1999 in einem ehemaligen deutschen Bunker am Rande der Stadt. Die vier Jugendlichen hatten die Schwarze Messe gemeinsam vorbereitet. Ein Täter, der inzwischen ein Geständnis abgelegt hat, sagte: «Ich bereue meine Tat nicht. Ich habe es für den Teufel getan.» *Schwarzer Brief 18/1999*

Satanisten-Ehepaar bezeugt, im Auftrag Satans einen Menschen getötet zu haben

Von Univ.-Prof. Dr. Reinhold Ortner

Wir haben uns angewöhnt, nicht mehr an die Hölle zu glauben. Nun bekommen wir die bittere Lektion, dass es die Hölle in unserer Mitte gibt.

Kardinal Joachim Meisner

Am 1. Februar 2002 ging durch die gesamte Presse die Meldung mit Foto, wie das Satanisten-Ehepaar von Witten Satan ein Menschenopfer dargebracht hat.

Das Satanisten-Ehepaar von Witten wurde am Donnerstag, dem 31. Januar 2002, wegen Mordes zu 15 bzw. 13 Jahren Haft verurteilt und in eine Anstalt eingewiesen.

BOCHUM (SN, APA). Mit 66 Messerstichen und Hammerschlägen ermordeten der 26-jährige Daniel Ruda und seine um drei Jahre jüngere Gattin Manuela am 6. Juli 2001 einen 33-jährigen Bekannten. Den Ritualmord hatte das satanistische Paar lange geplant. Im Bochumer Prozess sprachen die Angeklagten davon, dass Satan ihnen eine verschlüsselte Botschaft geschickt habe, in der die Ziffern «6667» vorkamen. Daraus folgerten sie, dass sie am 6.6. heiraten und am 6.7. einen Menschen töten sollten – was sie auch taten. In der Wohnung wurde später eine «Todesliste» des Paares mit 15 Namen entdeckt.

Wegen des Mordes erhielt Daniel Ruda am Donnerstag 15 Jahre Haft, das Gericht erkannte auf verminderte Schuldfähigkeit. Für Rudas Ehefrau Manuela lautete das Urteil 13 Jahre Freiheitsentzug. Zunächst werden beide in die Psychiatrie eingewiesen, wo sie so lange bleiben, bis sie therapiert sind. Sollten sie vor Ablauf der Haftstrafen aus der Psychiatrie entlassen werden, müssen sie den Rest der Strafe im Gefängnis absitzen. Mit seinem Urteil ging das Gericht über den Antrag der Staatsanwaltschaft hinaus, die 14 bzw. 12 Jahre Haft gefordert hatte.

Die Richter attestierten den Teufelsanbetern eine schwere narzisstische Persönlichkeitsstörung und verminderte Schuldfähigkeit. Nach dem bestialischen Verbrechen waren die Eheleute *sechs Tage auf der Flucht. Im Juli 2001 wurde das Paar in der Nähe eines Friedhofs im thüringischen Maua bei Jena festgenommen. Die Leiche ihres Bekannten hatten die Satanisten in ihrer Wohnung zurückgelassen – neben einem Sarg.*

(Quelle: Salzburger Nachrichten, 1. Februar 2002)

Dieser Fall wirft einen aufflammenden Blitz auf das Abgleiten unserer Gesellschaft nicht nur in die Gottlosigkeit, sondern zunehmend erschreckend auch in Praktiken des antitheistischen Satanismus.

Ist das Verhalten des sich als Satanisten bezeichnenden Paares wirklich nur mit der Diagnose einer psychischen Krankheit und Verhaltensstörung erklärbar?

«Vor rund zweieinhalb Jahren», so sagt Manuela Ruda, «habe ich Satan meine Seele verschrieben.» Jahrelang habe sie an Satansritualen teilgenommen und beispielsweise auf Friedhöfen geschlafen und Blut getrunken. Davon geben auch Fotos im Wohnzimmer von Manuela Zeugnis. Diese zeigen sie «zwischen Grabstei-

Foto: Associated Press AP Foto / Frank Augstein

nen, in Leder-Dessous und mehrmals in Sadomaso-Pose» (Bild 11.7.2001). Ein Bekannter berichtet: «Manchmal hat sich Daniel Ruda sogar als gottgleich bezeichnet» (11.2.2002 Express online). Vor der satanischen Hinrichtung habe eine Stimme aus der Unterwelt befohlen: «Töte! Bringe Opfer! Bringe Seelen!» Ihr Mann schlägt daraufhin mit einem Hammer auf den wehrlosen Menschen ein. Satan habe ihr dann ein Messer gezeigt und befohlen: «Setze den Herzstich!» Am Ende des Blutbades ritzt die 23-Jährige ein Pentagramm in den Oberkörper der Leiche. Damit soll deutlich gemacht werden, dass die Seele für Satan ist (vgl. Spiegel online, 16.1.2002).

Die Berliner «Morgenpost» (1.2.2002) berichtet: «In dem teuflischen Mordfall dreht sich sehr viel um die Zahl ‹6›. Am 6.6. heiratete das Paar auf Geheiß des Satans, wie es in ihrem Geständnis heißt. Am Ende waren es 66 Verletzungen am Körper des Opfers. Später ritzten sie ein Pentagramm in den Bauch des Getöteten.» Die Obduktion attestiert 30 Schlagverletzungen am Schädel des Opfers. Insgesamt weist die Leiche des Ermordeten die «diabolische Zahl von insgesamt 66 Schlag-, Hieb- und Stichverletzungen» auf (Express online 11.2.2002).

Der Leiter der Mordkommission gibt zu Protokoll: «In 20 Jahren habe ich noch nie ein Delikt derartiger Grausamkeit, Brutalität und Rohheit erlebt. Es war eine regelrechte Hinrichtung» (Bild 11.7.2001). «Es war ein Ritualmord», sagt der Staatsanwalt (Bild aktuell 14.7.2001). Bei der Verhandlung findet sich bei dem Paar keinerlei Reue. Vielmehr zeigen beide unter obszönen Gesten das Satanszeichen (Faust mit zwei abstehenden Fingern). Reue und Schuldgefühl, so sagen sie, sei «eine Beleidigung Satans» (Spiegel online 16.1.2002). Nach der Verhaftung bezeichnet es Manuela als «Qual», ein weißes Anstalts-T-Shirt zu tragen. Seit Jahren trägt sie nur Schwarz, die Farbe des Todes (Bildzeitung 17.7.2001).

Die psychiatrische und psychologische Beurteilung des Paares («narzisstische Persönlichkeitsstörung» und «Minderwertigkeitsgefühle, die sie durch aggressives Auftreten zu überdecken suchten») zeugt von anthropologischer Hilflosigkeit angesichts des Faktums eines realen personalen Bösen, das ganz offensichtlich den Mann und die Frau geistig, psychisch und physisch massiv im Griff hatte: Weder extremer Narzissmus noch starkes Minderwertigkeitserleben allein führen zu einem solchen perversen und brutalen Verhalten, wenn es nicht zusätzlich dämonisch infiltriert und angeheizt wird.

Demgegenüber zeigen Erfahrungen deutlich: Satanskult unter Jugendlichen nimmt zu. Das muss eine dringende Warnung sein. Sektenexperten berichten von «regelrechten Okkult-Karrieren». Jugend-Satanisten praktizieren ihre Rituale: «Grabschändung, Schmerz- und Ekeltraining, Vergewaltigungen, Rituale mit Tierblut, menschlichem Kot und Totenköpfen ...» (Spiegel online 2001).

Von William Penn, einem der Gründerväter Amerikas, stammt das Wort: «Die Menschen haben die Wahl, Gott zu gehorchen, oder von Tyrannen beherrscht zu werden.» Die Befreiung von der menschenmörderischen und zerstörerischen Tyrannei Satans ergibt sich nicht dadurch, dass wir die personale Realität des Bösen leugnen, als unwissenschaftlich verdrängen und in psychische Krankheiten umdeuten, sondern indem wir uns der befreienden Macht unseres gekreuzigten und auferstandenen Herrn Jesus Christus anvertrauen.

Der Satanskult breitet sich aus

Kurz vor Drucklegung dieses Buches erreichte uns die Meldung, dass sich in Deutschland wiederum ein grausamer Ritualmord mit satanistischem Hintergrund ereignet hat. Ein 16-jähriger Schüler erstach seine Eltern. Dieser hatte laut «bild» (Service Archiv 2002/25.3.) einen «verhängnisvollen Hang zum Satans-Kult». Nach einem Streit nahm er ein 35 cm langes Fleischermesser und erstach die 47-jährige Mutter mit «mehr als zehn Stichverletzungen», den 44-jährigen Vater mit 5 Stichen. Hierauf schnitt er ihnen die Kehle durch. Nach Aussagen seiner 15-jährigen Freundin habe er die Satanisten bewundert, sei aber nur ein «Möchtegern-Satanist» gewesen. Er habe sich Pentagramme in den Arm geritzt und einmal in eine Kirche «Satan» hineingeschrien. «Björn fand Satan toll», so die Freundin. «Er bewunderte das Satanspaar, das einen Mann mit 66 Messerstichen getötet hatte» (vgl. «Satanisten-Ehepaar von Witten» auf den S. 351-354). Den Beamten erklärte der Junge, er habe die Tat auch begangen, «um sich von Satan zu befreien» (Fränkische Presse, Bamberg, vom 26.3.2002).